大学生心理健康教育管理与实践

姚子雪婷 周敏◎著

云南美术出版社

图书在版编目（CIP）数据

大学生心理健康教育管理与实践 / 姚子雪婷，周敏著．-- 昆明：云南美术出版社，2024.9． -- ISBN 978-7-5489-5790-4

Ⅰ．G444

中国国家版本馆 CIP 数据核字第 2024RU7426 号

责任编辑：方　帆
责任校对：赵昇宝　温德辉
装帧设计：凤　涛

大学生心理健康教育管理与实践

姚子雪婷　周敏　著

出版发行	云南美术出版社（昆明市环城西路 609 号）
制版印刷	重庆新视野快速印务有限公司
开　　本	889mm×1194mm　1/16
印　　张	16.375
字　　数	380 千
版　　次	2024 年 9 月第 1 版
印　　次	2024 年 9 月第 1 次印刷
书　　号	ISBN 978-7-5489-5790-4
定　　价	78.00 元

前　言

大学生作为当今社会中文化层次较高的群体，是国家未来建设的主力军，其自我发展、自我完善、自我实现的需求非常强烈。自改革开放以来，诸多社会的变迁带来了一系列复杂的问题，例如，大学生家庭经济条件的差别、多元文化的融合与冲突、家庭和睦程度的影响等。社会发展带来的问题对学生的心理素质提出了更高的要求，因此，提高大学生的心理健康教育水平是高等教育的一项重要任务。

21世纪是知识经济时代，全球经济一体化迅速发展，为培养出适应经济发展的建设性人才，教育任重道远。对现阶段而言，教育的意义不仅有知识文化和技能的传授，而且有健康的心理和生理知识的引导。当前，在提倡素质教育的背景下，大学生要拥有积极、乐观的人生态度，并具备适应各种环境及社会生活能力、自我调控情绪能力、人际交往能力、团队合作能力、创新探究能力、应对挫折能力、解决问题能力等，这是当今社会对高素质人才提出的基本要求。大学生心理健康课程的开设主要是通过课堂教学和相关人员的教育指导，让大学生掌握基本的心理健康理论知识，了解影响其心理健康的各种因素，学会评估自己的心理健康状况，提升其对心理健康重要性的认识，提高他们及时发现并自主采取各种措施解决自身心理问题的能力，帮助学生形成正确的、科学的健康理念，使其能正确认识自己、评价自己、提升自己，提高自己的心理健康水平，为将来的全面发展和美好生活奠定坚实的心理基础。因此，加强对大学生的心理健康教育和引导，已然成为摆在所有教育工作者面前的一项十分重要而紧迫的任务。

基于以上原因，笔者撰写了本书。本书以大学生心理健康成长为主线，围绕大学生心理发展的特点，深入浅出地探讨大学生心理健康教育的理论与实践，系统介绍了大学生在学习和生活中容易遇到的各种心理问题、诱因形成及调试方法。在内容的遴选上，本书共十二个章节，以促进大学生积极心理品质发展为目标，以大学生心理健康概述为基础，主要涉及大学生的心理健康理论、自我意识、情绪压力管理、健全人格、挫折与适应、人际交往、学习心理健康、大学生心理健康教育课程建设、大学生朋辈心理辅导工作的探索与实践、基于生命化教育的大学生心理健康教育实践路径、网络环境下大学生心理健康教育实践研究以及大学生心理健康教育方法与技术的探索与实践等方面的内容，旨在帮助大学生树立心理健康意识，促进其身心健康发展，让他们在积极心理的引领下拥有和谐幸福的人生。

在编排方式上，本书以建立体验式大学生心理健康教育教学模式为出发点，选择学生身边的事例，创设符合学生认知特征的情境，充分激发学生的求知欲望、学习兴趣和学习热情，使学生在教师的引导下发挥自主性，积极主动地参与到教学活动中，激发其"我想说""我要说"的主观能动性。

在编写过程中，我们力图体现以下特点：

（1）时代性。我们在编写中注意吸取最新心理学研究成果及积极心理学内容，如脑科学的最新相关研究成果，在每一个专题中都融入积极心理、心理资本内容，同时注意吸收心理健康教育中创造的各种有效方法和手段，力图使本书能更贴近当代大学生特点，具有时代性。

（2）可读性。作为大学生心理健康教育著作，我们注重系统性的常规，理论表述上注意语言的简洁性，尽可能深入浅出。整书内容较为丰富，更有趣味。

（3）创新性。将心理学理论与通俗性有机结合，以生动、简明的语言深入浅出地诠释了以人格发展、心理潜能开发为主线的理论体系。

本书既可作为大学生心理健康教育的理论读物，也适合高等学校思想政治工作者、学生工作人员、辅导员以及关注大学生心理健康的读者使用。

笔者在撰写本书的过程中，得到了许多专家学者的帮助和指导，在此表示诚挚的谢意。由于笔者水平有限，加之时间仓促，书中内容难免有疏漏之处，希望各位读者多提宝贵意见，以便笔者进一步修改，使之更加完善。

目 录

第一章 当代大学生心理健康教育的理论基础 ············ 1
    第一节 高校心理健康教育的目标 ············ 1
    第二节 高校心理健康教育的内容 ············ 7
    第三节 大学生心理健康教育的原则与方法 ············ 14
    第四节 高校心理健康教育的实施 ············ 19

第二章 大学生自我意识发展与自我管理 ············ 26
    第一节 大学生自我意识结构与发展 ············ 26
    第二节 大学生自我意识的发展水平与心理障碍 ············ 30
    第三节 大学生自我意识的自我管理 ············ 36

第三章 大学生情绪情感健康 ············ 39
    第一节 大学生情绪情感的心理结构 ············ 39
    第二节 大学生情绪情感的特征 ············ 43
    第三节 大学生情绪情感的自我管理 ············ 46

第四章 大学生个性心理健康 ············ 53
    第一节 大学生个性特征与心理结构 ············ 53
    第二节 大学生常见的个性心理障碍 ············ 61
    第三节 大学生个性心理的自我管理 ············ 68

第五章 大学生挫折心理健康与自我管理 ············ 72
    第一节 大学生挫折心理的成因 ············ 72
    第二节 大学生挫折心理的消极反应 ············ 75
    第三节 大学生挫折心理的自我管理 ············ 79

第六章 和谐人际关系 ············ 85
    第一节 人际交往概述 ············ 85
    第二节 当代大学生人际交往 ············ 89
    第三节 大学生人际交往问题及调适 ············ 96
    第四节 大学生人际交往能力的培养 ············ 102

第七章　大学生学习心理健康 ... 105
第一节　大学生学习及学习心理特点 ... 105
第二节　大学生合理的知识结构与智能优化 ... 109
第三节　大学生学习与心理健康 ... 113
第四节　大学生常见的学习心理问题及其调适 ... 116

第八章　大学生心理健康教育课程建设 ... 126
第一节　大学生心理健康教育课程建设的内涵 ... 126
第二节　大学生心理健康教育课程建设的现状 ... 135
第三节　大学生心理健康教育课程建设的策略 ... 143

第九章　大学生朋辈心理辅导工作的探索与实践 ... 150
第一节　开展朋辈心理辅导增强大学生心理健康教育工作实效 ... 150
第二节　大学生朋辈心理辅导的培训与评估 ... 154
第三节　加强心理委员的培训与培养，有效助力心理健康教育工作 ... 160

第十章　基于生命化教育的大学生心理健康教育实践路径 ... 164
第一节　生命化教育视阈下大学生心理健康教育体系构建 ... 164
第二节　生命教育视野中的心理健康教育课外活动 ... 175
第三节　基于生命化教育的大学生心理健康教育实践路径 ... 189

第十一章　网络环境下大学生心理健康教育实践研究 ... 204
第一节　网络环境下大学生心理健康教育模式的构建研究 ... 204
第二节　网络环境下大学生心理健康教育模式的构建依据 ... 207
第三节　网络环境下大学生心理健康教育模式的构建 ... 211
第四节　网络环境下大学生心理健康教育的策略体系与应用效果 ... 222
第五节　高校网络心理健康教育的评估 ... 230

第十二章　大学生心理健康教育方法与技术的探索与实践 ... 237
第一节　整合应用心理咨询方法增强心理咨询实效 ... 237
第二节　开展团体心理训练优化大学生心理品质 ... 241
第三节　运用校园心理剧提高大学生心理健康水平 ... 246
第四节　利用校园文化活动加强大学生心理健康教育 ... 250

参考文献 ... 254

第一章 当代大学生心理健康教育的理论基础

第一节 高校心理健康教育的目标

高校心理健康教育的目标是开展心理健康教育的导向和基本依据，是高校规定心理健康教育工作所要实现的对学生的影响以及心理健康教育工作所要达到的效果的预想。心理健康教育的目标定位是高校心理健康教育最基本、最重要的理论问题和实践问题。从理论上说，它直接决定心理健康教育的功能、内容、原则、途径、方法和评估等，是影响心理健康教育全局的关键；从实践上看，它决定着受教育者应该从心理健康教育中达到什么目的，形成什么样的素质，并最终成为什么样的人。因此，科学地构建高校心理健康目标对于规范我国目前正在实施的心理健康教育实践具有重要的意义。

一、高校心理健康教育目标制定的依据

(一)心理健康教育目标的制定必须以人为本

心理健康教育是以人为本的教育，它所关心的就是人本身，而不像其他学科侧重于自然或社会现象。因此，制定心理健康教育的目标，必须从人性出发。人性是什么？按照马克思主义的观点，人的需要即人的本性。他还指出："自由自觉的活动是人类的特性""他们的需要即他们的本性"。

那么，人的最基本需要是什么？1891年，恩格斯从物质资料的角度第一次论述了社会主义社会人的需要层次。他说，在一个全新的社会制度下，"通过有计划和进一步发展现有的巨大生产力，在人人都必须劳动的条件下，生活资料、享受资料、发展和表现一切体力和智力所需要的资料，都将同等地、愈益充分地交归社会全体成员支配"。

由此可见，在马克思主义看来，人的本性就在于，他是一个活生生的具有自觉能动性的有需求欲望的人。人的一切活动无非就是为了满足生存需要、发展需要和享受需要。因此，制定心理健康教育目标必须考虑人的自觉能动性和人生在世的最大追求，以人的切身利益为出发点。从心理学意义上讲，一个人生活在这个世界上的最大追求无非可以概括为三个方面：一是和人的生存需要相对应的，即要解决好适应问题；二是和发展需要相对应的，即人要解决好发展问题；三是和享受需要相对应的，即人要解决好幸福生活的问题。因此概而言之，人生的最大追求就是心理上的适应、发展和幸福。

(二)心理健康教育目标的制定必须以教育为本

心理健康教育目标是教育目的的组成部分。教育目的具有整体性，需要分解为若干方面，心理健康教育目标是其中的一个方面，属于高校教育的一个组成部分，必须受高校教育目标、功能的制约，教育性是心理健康教育最基本的属性。

（1）从教育目的上说，现阶段我国的教育目的就是要实施素质教育，以提高全民素质为根本宗旨，以培养学生的创新精神和实践能力为重点，造就"有理想、有道德、有文化、有纪律"德智体美等全面发展的社会主义事业建设者和接班人。受教育目的的支配，心理健康教育目标就是要以培养受教育者的心理素质来为其整体素质的提高奠定基础，以促进人的心理发展来推动人的全面发展。心理健康教育的目标毫无疑问就是要定位在为受教育者的素质提高和全面发展而服务。

（2）从教育功能上看，教育是一种有目的有计划地促进人的全面发展，加速人的社会化的活动。心理健康教育作为这样一种活动，旨在从心理层面上塑造人、促进人和提升人。因此，心理健康教育不应定位在仅满足受教育者心理上的适应、发展和学会生活，而是应该定位在使受教育者在心理上积极适应、主动发展和幸福生活。

(三)心理健康教育目标的制定要以人的心理为本

制定心理健康教育目标必须从人的心理出发。

（1）心理是人脑的机能。人脑是特殊的物质，有其独特的活动规律，心理健康教育目标的制定应该考虑科学地遵循人脑活动的规律，开发人脑的潜能。

（2）人的心理是对客观现实的能动反映。客观现实复杂多变，做到对复杂多变的客观现实的能动而积极地适应，应该是心理健康教育的应有之义。

（3）人的心理是不断发展的，呈现出一定的阶段性，心理健康教育目标就是要遵循心理发展的规律，促进其健康发展。

（4）人的心理是多种心理成分（认知、情感、意志、个性等）交互作用而构成的有机系统，心理健康教育目标就要使受教育者的心理元素得以优化并达到心理健康的标准。因此心理健康教育目标要具体落实在各种心理成分的优化上。

二、心理健康教育目标体系

关于心理健康教育的目标，学界已经进行了不少有益的探索，已经出版的较为流行的心理健康教育教材或专著均对此有不同程度的论述。纵观已有文献，目前，目标根据不同方式，心理健康教育可以分为不同类型，按目标的抽象性，可以分为总目标、一般目标或具体目标等；从纵向层面来考虑，纵向目标即从心理发展的层次或不同水平的角度来考察；从横向层面来考虑，横向目标即从心理素质的结构（包括认知、情感、意志、个性等）层面来构建心理健康教育的目标。

(一)心理健康教育的目标

总目标应能反映心理健康教育的基本精神，将心理健康教育和其他教育活动区分开来，因此心理健康教育总目标就是整个心理健康教育工作最终要实现的结果。既然心理健康教育属于教育的一种形式，其总目标必须为我国的教育服务。具体地说，心理健康教育的总目标就是优化全体受教育者的心理素质，促进受教育者心理健康发展，为实施素质教育，培养德智体美全面发展的人才奠定心理基础。其定位是：通过优化受教育者的心理素质和促进受教育者的心理健康发展而为教育目的服务。为心理健康教育制定这样的总目标不仅在理论上顺理成章，丰富了我国教育目标的体系和内涵，更重要的是，心理健康教育总目标的实现对实现整体教育目标有着不可低估的价值。

可以说，心理健康教育总目标是一种理论性和抽象性的目标，这样的总目标是心理健康教育航船的"灯塔"，在理论和抽象意义上规定着心理健康教育的总航向，但它必须转化为可操作的目标才有实际意义。

(二)心理健康教育的一般目标

接受心理健康教育是现代文明人的一个重要标志，心理健康教育的根本目标就是要全面提高受教育者的心理素质。一般目标是对总目标的分解，反映总目标的构成根据教育目标的有关分类法，对总目标可以做进一步的分解。

那么具体来说，心理健康教育包括如下三个一般目标：

首先，使受教育者形成健康的心理素质。具体到高校心理健康教育，就是要使大学生的人格得到和谐发展，帮助他们正确地对待自己、接纳自己，认识自己的内在潜力，充分发挥个人潜能。

其次，要维护他们的心理健康，减少和避免对他们心理健康的各种不利影响。具体来说，就是帮助他们确立符合自身发展的积极的生活目标，培养责任感、义务感和创新精神；学会认识环境，正确处理各种人际关系，更好、更快地适应生活、工作和学习环境。

再次，根据受教育者成长发展的需要和特点，采取多种形式和方法促进他们的心理健康，提高心理健康水平。使受教育者掌握社会规范，形成良好的道德品质、积极的人生观和价值观、积极的情绪情感、坚忍不拔的意志品质，养成良好的行为习惯，使他们适应学习生活，为适应未来的社会需要在能力上和心理上做好准备。

心理健康教育是每位教育工作者的任务，每项工作的开展都应符合心理健康教育的要求，为实现心理健康教育目标服务。

(三)心理健康教育的纵向目标

纵维目标即从心理发展的层次或不同水平的角度来考察。从上述心理健康教育的人的本性、教育性和心理性出发，我国心理健康教育的纵向目标可以表述为：使受教育者在心理上积极适应、主动发展和幸福生活。其中，心理上的积极适应是心理健康教育的基础性目标；心理上主动发展是心育的高级目标；而心理上的幸福生活是心理健康教育的终极目标。这样的表述贯穿了积极心理健康教育的理念，既体现了人性和教育的功能，又使得心理健康教育同其他教育区别开来，从而揭示了心理健康教育的本质特征。

1. 积极适应

"人们想要满足自己的需要，达到既定的目的，就必须适应外在环境，与外在环境保持平衡。适应就是人们与环境发生调和作用的过程"。积极适应侧重积极满足人的生存需要，做到心理上对内外环境的协调和统一。心理上的积极适应，指人在适应环境和事物时，心理各构成要素（认知、情感、意志、个性等）均处于有意识的、肯定的、活跃的和进取的状态。它不仅要适应环境，而且要改造环境；不仅是一种人生态度，而且需要相应的本领或技能。例如，学生在学习心理上的积极适应，就表现为他在认知上的积极态度，由"要我学"上升为"我要学"，是一种对学习材料的积极感知、积极记忆、积极思考、积极想象和积极建构，是情感上乐意学、意志上志于学、个性上好学、技能上会学的状态。这样的适应不是靠本能，而是靠教育，尤其要靠心理健康教育才能实现。心理健康教育不同于高校其他诸育的根本之处就是全方位培养和主动建构学生积极适应各种环境变化的心理品质。

外界环境（包括自然环境和社会环境）处在不断变化之中，特别是在今天，人们为了能生存生活或生存生活得更好，就必须善于适应多种多样的变化，特别是社会的急剧变化。事实上，当前大学生诸多心理问题的发生常常和不能够积极适应环境变化有关。因此，将心理上的积极适应作为心理健康教育目标具有时代意义。

2. 主动发展

所谓主动发展就是在积极适应的基础上，充分发挥个体的主观能动性，对心理潜能主动开发、对心理素质主动优化，从而使人的心理得到更快更好的发展。主动发展包括这样几层含义：发展需要充分调动个体的主体意识，需要主体自觉积极地参与；发展是有目的有计划的，对发展结果的憧憬往往是发展的诱因之一；发展是对心理潜能的主动开发，往往需要克服心理惰性和惯性，调动人的意志品质和个性的参与才能完成；主动发展是人的主动意识驱动的发展，心理健康教育的重要目标之一就是要培养人的这种主动性，使受教育者无论接受什么样的学科教育，参与什么样的学科活动，都能发挥主动性。

发展才是硬道理。这句话同样适用于心理健康教育。没有心理上的主动发展，一个人终将平庸一生，碌碌无为，更谈不上做出成就和自我实现。因此将主动发展作为心理健康教育的目标之一，有利于尽早尽快地为社会主义建设培养更多的高素质人才。

3. 幸福生活

这个心理健康教育目标同马克思所说的人的享受需要密切相关。这不同于物质上的幸福生活。这里的幸福是指主观感觉上的幸福，或称主观幸福感。因此，"幸福生活"展开来说就是"在主观上感觉幸福地活着或从事为生存和发展而进行的各种活动"。这个命题本身就体现了主观和客观的统一，体现了主观对客观的意识能动性，如果生活是幸福的，主观上意识到了这种幸福，他就会感到幸福，如果意识不到，就不会感到幸福；如果生活是不幸的，他意识到了可能会产生两种情况：若他是悲观型解释风格，就会感到不幸和痛苦；若他是乐观型解释风格，就会尽量减少不幸或痛苦感，甚至笑对人生的不幸，在不幸中看到发展的机会。一个人能否幸福地生活，体现着他的综合心理素质，是一个人心理健康与否的最终体现，也是一个人心理健康的最高境界。

区分幸福需要认识，需要感受和体验，还需要追求与创造。所谓幸福教育就是要教育学生善于调节生活，能够以欣赏的态度对待学习、工作和他人，并从中得到享受和乐趣，使其能够正确地认识幸福，培养正确的幸福观，增强感受幸福的素质和体验，培养学生创造幸福的能力。

(四)心理健康教育的横向目标

心理健康教育的横向目标是上述纵向目标的具体化。从心理健康的横向结构上看，心理健康教育的纵向目标可以分别在认知、情感、意志、个性、人际关系等方面得到实施，而且每个方面又可以用纵向目标来做出不同的要求，这是心理健康教育目标的具体表现。

1. 高校心理健康教育的认知目标

认知是心理学中的一个普通术语，它包括各种认识形式，如感知、记忆、想象、思维等。通常人们把它当作是构成人心理过程的一个方面，即简称"知"，与"情""意"相提并论。

(1) 认知的积极适应目标：在认知上，要避免观察的盲目性、片面性，做到观察的目的性和全面性；避免记忆的模糊性、无序性，做到记忆的精确性和有序性；避免想象的被动性、单调性，做到想象上的主动性和丰富性；避免思维上的定势或刻板，做到思维的灵活与机动；避免注意力不集中、精力分散，做到注意力集中、精力旺盛。对于大学生来说，积极适应的认知品质主要体现为积极认真的学习态度，掌握高效学习的认知策略和方法。

(2) 认知的主动发展目标：在认知方面，不仅要求达到积极适应，还应该使受教育者开发智力和创造力，帮助受教育者不断提高和挖掘自己积极的认知品质，改善自己的注意力、观察力、记忆力、想象力、思维力和创造力，增进自我效能感；积极认识人与人之间的智力差异，使受教育者了解、认识自己的优势智力，并鼓励、支持受教育者充分发展自己的优势智力，寻找适合自己的发展方向、发展途径和发展领域。

(3) 认知的幸福生活目标：使大学生发现美、欣赏美、创造美，正确认识幸福，具备感受幸福的素质，培养大学生感受和创造幸福的能力；使大学生以学为乐，欣赏学习过程，享受教育乐趣，培养"游于艺""乐而知之"的境界。

2. 高校心理健康教育的情感目标

情感是人对客观现实的态度和体验，情感教育是以培养大学生积极成熟的情绪和情感为主要目的的教育。对受教育者个体而言，一方面，认知和情感的发展是紧密相关的；另一方面，情感教育能促进大学生的心理健康，使其潜力得以充分发挥；情感教育既能通过培养大学生的情绪、情感的控制能力来预测心理和行为问题，也能成为矫治大学生心理和行为问题的突破口。因此，作为高校心理健康教育的重要组成部分，情感教育的目标主要包括培养受教育者的社会性情感品质和增强其情感调控能力。情感目标根据纵维目标做出不同要求，具体表现在：

(1) 情感的积极适应目标：在情绪上，要避免冷漠、冲动、紧张、焦虑、抑郁、嫉妒、喜怒无常等不良情绪，做到学会和善于情绪认知和情绪识别，情绪表达和情绪理解；学会情绪主导和情绪平衡，情绪控制和情绪宣泄，情感发展和情感培养。

(2) 情感的主动发展目标：培养受教育者爱祖国、爱集体、爱人民的高级社会情感，培养对人的关爱、情爱、友爱等；培养爱科学、爱知识、爱真理等求知情感；培养爱岗敬业的职业情感；注重义务感、责任感、成就感和荣誉感的培养；关注人的美感、愉快感与幸福感的培养；强化受教育者的情绪智力和情商培养，帮助受教育者形成对情绪的主动控制和调节。

（3）情感的幸福生活目标：侧重于增进大学生的主观幸福感，提高生活满意度，促进大学生的沉浸体验，即"投入到一种活动中去而完全不受其他干扰的影响，这种体验是如此的让人高兴，使人可以不计较任何代价与付出，人们完全出于对事物本身的兴趣而做它"。

3. 高校心理健康教育的意志目标

意志是自觉地确定目的，根据目的支配、调节行为，从而实现预定目的的心理过程。培养良好的意志品质，是高校心理健康教育的重要目标。高校心理健康教育的意志目标是帮助大学生提高承受挫折的能力，培养良好的意志品质。

（1）意志的积极适应目标：在意志上，要避免易受暗示性和武断性，优柔寡断和草率决定，动摇性和执拗性，易冲动和感情用事，做到意志的独立性、果敢性、坚毅性和自制性。

（2）意志的主动发展目标：培养大学生主动制订活动计划，在活动中既能尊重事物的客观规律，又能虚心听取别人合理的建议，为了实现合理的目的，能主动自觉地遵守纪律，克服困难，提高挫折忍受力和恢复力。

（3）意志的幸福生活目标：培养大学生坚持不懈地培养正当爱好和追求正当幸福，体验奋斗之乐。

4. 高校心理健康教育的个性目标

个性一词来源于拉丁语 persona，其意原指面具、脸谱。这个词沿用到心理学中，指的是将一个人的种种行为和心理活动看作个性的表现，换言之，对个性的注释是"个性指一个人的整个心理面貌，是具有一定倾向性的各种心理特征的总和"。高校心理健康教育的个性目标可以概括为以下两点：促进社会适应和完善个性品质。具体表现为：

（1）个性的积极适应目标：要避免孤僻离群、粗鲁狂妄、畏缩自卑、自由散漫、逃避责任等不良个性品质，培养学生自主、自信、自制、自立、自强、负责、利他、真诚等优良个性品质。

（2）个性的主动发展目标：着重培养大学生充满乐观和希望的个性品质；树立自尊和自信，完善积极人格，挖掘人格中的积极力量。具体说来，人格中的积极力量包括对世界的好奇和兴趣、爱学习、创造性、判断力、批判性思维和开放性思维等。

（3）个性的幸福生活目标：培养乐观豁达的积极人格。在休闲娱乐方面，积极主动地寻找并享受健康有益的各种活动。

5. 高校心理健康教育的人际关系目标

除了以上四种心理以结构的成分来阐述心理健康教育的横向目标外，我们还应该注意受教育者的人际关系的培养，这也是高校心理健康教育的一个重要组成部分。人际关系是人与人之间由于交往而建立起来的一种心理关系，它反映了个人或群体寻求满足其社会需要的心理状态，表明了人们在相互交往过程中关系的深度、亲密性、融洽性和协调性等心理方面联系的程度。人际关系的好坏对其心理健康有重要作用，大学生处理各种人际关系的能力直接体现了其心理健康水平。

（1）人际关系的积极适应目标：在人际关系上，要避免恐惧、敌意等心理，做到善于交往，在交往中保持独立，不卑不亢，尊重、信任、宽容、理解他人，能在集体中与人和谐相处。

（2）人际关系的主动发展目标：培养大学生主动建立和谐的人际关系的意识和能力，使大学生能够积极主动地交往、沟通并积极有效地处理沟通交往中的心理障碍，积极主动地培养和谐的亲子关系、师生关系和同学关系等。

（3）人际关系的幸福生活目标：使受教育者为能善于利用人际关系的资源而自得其乐。

最后，应该指出的是，心理健康教育目标是一个高度概括的集合概念，其内涵应该是一个完整的体系。本书是从宏观的角度来论述的心理健康教育目标定位，微观上的心理健康教育目标，诸如各级各类高校的心理健康教育目标、不同年龄段的心理健康教育目标、心理健康教育课程目标和教学目标等均属于心理健康教育目标体系的范畴，微观上的心理健康教育目标只有和宏观上的心理健康教育目标相结合并接受后者的指导才能坚持正确的方向，真正发挥心理健康教育目标的指向功能。

第二节 高校心理健康教育的内容

我们将心理健康教育的纵维目标界定为积极适应、主动发展和幸福生活，心理健康教育的内容是为目标服务并受目标制约的。因此，本书将心理健康教育的内容概括为三大方面：积极适应型心理健康教育、主动发展型心理健康教育和幸福生活型心理健康教育。

一、积极适应型心理健康教育

（一）学习上的积极适应

按照积极心理健康教育的观点，学习上的积极适应最重要的是要提升学生的学习力。学习力（狭义称学习能力）最初源于美国系统动力学创始人佛睿思特1965年提出的学习型组织思想。自学习力概念提出以来，学者们对学习力的构成要素形成了不同的认识，学习力可以分为组织学习力和个人学习力。

就个人学习力来说，人们一般倾向于认为学习力就是一个人的学习动力、学习毅力、学习能力的总和。另外一种观点与此大同小异，认为学习力就是团队或个人的知识获取动力（学习动力）、知识获取能力（学习能力）、知识内化能力（知识吸收）、知识外化能力（知识运用）的总和。它实际上是人们吸收知识和运用知识并改变工作、生活状态的能力。学习力主要包括知识获取动力、知识获取能力、知识内化能力和知识外化能力等要素。知识获取的动力即为学习动力，学习动力源于人们的学习动机。知识获取能力即顺利完成学习活动所必需的心理特征，它反映了人们完成学习任务的可能性，具体可表现为人们对知识获取的有效学习方法、良好的学习习惯和学习效率。知识内化能力即人们对知识记忆、吸收、思考、消化的可能性。知识外化能力即人们根据情境灵活运用各种所学知识，转化成财富并进一步创造知识的能力，表现为人们对知识的应用、复制和创新。

可见，学习力是学习动力、学习毅力、学习能力和学习创新力的总和。

(二)人际关系的积极适应

人际关系是人们为了某种需要通过交往形成的人与人之间相对稳定的心理上的关系。主要表现为心理上的远近、亲疏和厚薄。人们很在乎同周围人的人际关系。所谓人际关系的积极适应，即积极主动，乐于、善于建立并维持和谐的人际关系。作为大学生来说，就是要做到适应并处理好师生关系、亲子关系、同伴关系和异性关系。

要使大学生积极适应人际关系须对其进行相应的的教育与辅导，人际关系的辅导与教育又称社交辅导或人际交往教育，是指运用有关心理健康教育理论和技术，指导大学生的人际交往过程和人际交往活动，借此增进大学生的人际互动和社会适应，克服人际交往障碍，提高人际交往质量，进而促进大学生人格成长和成熟的一种教育活动。大学生的社会交往和人际关系对他们的成长至关重要，人际关系的好坏对其心理健康有重要作用，他们处理各种人际关系的能力直接体现了其心理健康水平。因此，与人际关系有关的心理健康教育就显得非常重要。人际关系中的种种不协调现象，往往会使大学生产生偏激行为，影响学习，人际关系的障碍还会导致心理健康问题。因此，高校心理健康教育要教给大学生处理人际交往的技巧和能力，使他们学会交往、合作，懂得尊重、理解、信任和宽容别人，增强人际协调能力，减少人际冲突，促进人际和谐。

从心理健康的角度来看，人际关系包含四种成分：个性成分、认知成分、情感成分和行为成分。据此，人际关系的辅导和教育的内容也要紧扣这四个方面来进行。

（1）在个性方面，要加强个性修养。一般来说，个性上正直诚实、豁达大度、谦和热情的人，人际关系较为融洽；虚伪滑头、心胸狭隘、猜忌多疑的人，不容易搞好人际关系。因此，加强人际关系方面的个性修养，对于搞好人际关系至关重要。

（2）在认知方面，要使大学生掌握有关知识、调整认知结构和克服人际偏见。首先要使大学生掌握有关人际交往的知识。其次，要善于调整认知结构。第三，要克服人际偏见。

（3）在情感方面，要主动、亲切、热情。做到真诚地关心他人，要尊敬师长、爱护同学、热情助人。

（4）在行为方面，一要学会交往技能。诸如聆听的技巧：耐心聆听、虚心聆听、会心聆听；谈话的技巧：选择话题、讲究对话、转移话题等；言语交往技巧：服饰技巧、目光技巧、体势技巧、声调技巧、距离技巧等。二要学会调适策略，要指导大学生对人际交往中出现的种种心理问题学会调适。

(三)应考、就业的积极适应

考试是教学评价的方法之一。作为检查学生基本知识、基本技能掌握情况和能力形成情况的一种手段，考试是教学过程的重要组成部分。对教育管理部门来说，考试是评估教学质量、检查教学效果和考核教师业绩的重要依据；对教师来说，考试是获得教学反馈信息、了解学生学习情况和检验教育教学效果，以便能更好地总结教学经验和改进教学工作的有效方法；对学生来说，考试是了解和检验自己的学习状况，明确努力方向、调整学习计划及激励进取精神的必要手段。

应考的积极适应就是要正本清源，恢复考试的本来功能，使学生正确对待考试，以坦然的心态对待考试。然而，要真正做到，绝非易事。许多学生在面临考试，特别是和升学、择业密切相关的重大考试时，常会出现焦虑、恐惧等应试心理问题。正因为这样，做好应试心理指导，也是高校心理健康教育不容忽视的内容。应试心理指导的内容颇多，但至少应包括：考前复习心理指导、克服考试焦虑的心理指导、应考方法心理指导、考试后归因指导（内因或者外因）、应试期的身心保健（复习阶段的身心保健、考试时的身心调节和考试矛盾的身心保健）等。

二、主动发展型心理健康教育

建构主义认为，学生积极的心理品质是可以主动建构的，心理健康教育的重要内容之一就是要充分发挥学生的主观能动性，培养学生积极的心理品质。这是心理健康教育的发展性目标所要求的，也是心理健康教育所追求的最高境界。主动发展型心理健康教育主要包括以下内容：

（一）主动建构积极的认知品质

所谓主动建构积极的认知品质就是要树立建构主义的理念，积极主动地培养大学生感知、记忆、思维、想象等方面优良的心理品质。人的智力是一个复杂的心理结构。不同的人的智力水平有所差别。从积极方面认识人与人之间的智力差异，认识不同的人有不同的优势智力，主张"扬长"。建构积极的认知品质即重视一般智力的开发与培养，帮助人不断提高自己的注意力、观察力、记忆力、想象力和创造力，更注重人固有的智力优势，在帮助人了解、认识自己的智力优势的前提下，鼓励、支持人充分发展自己的智力优势，寻找适合自己的发展方向、发展途径和发展领域。

（二）主动建构积极的情绪或情感品质

1. 积极情绪或情感的基本内涵

积极的情绪和情感体验是积极心理学关注的重点内容之一。积极情绪体验是从主观体验上主要探讨人类的幸福感、满意感、快乐感，建构未来的乐观主义态度和对生活的忠诚，与此同时，也对积极情绪与身体健康的关系进行了探索。

积极情绪是人们进行正性的、积极的行为和内心活动时的情绪状态。个体积极情绪水平不仅是心理健康的体现，而且对心理健康发挥着重要的维护和改善功能。人的情绪或情感涉及生活的各个方面，相应的教育内容是丰富多彩的。诸如培养人的爱憎情感，包括个人与社会间的爱祖国、爱集体、爱人民等；个人与他人之间的关爱、情爱、友爱等；个人与求知间的爱科学、爱知识、爱真理等；个人与事业间的爱职业、爱事业、爱劳动、爱岗位；注重义务感、责任感、成就感和荣誉感的培养，使人能够正确处理个人与社会、个人与他人的关系；培养人的美感、愉快感与幸福感，通过美感、愉快感、幸福感的培养与熏陶，人不仅能感受到生活的情趣，而且能够把握人生的意义；重视情商培养，帮助人形成对情绪的知觉、评估和表达能力，认识和分析情绪产生原因的能力，理解复杂心情的能力，对情绪进行有效调节的能力等。

2. 积极情绪的主要功能

虽然对于积极情绪这个概念的确切含义，目前学术界还没有取得一致的看法，学术界对和学生的学习关系密切的情绪——学业情绪的功能有不少研究，取得了一些共识。

(1) 积极的学业情绪能够促进认知。传统观点认为消极情绪会影响个体的注意力，进一步还会影响个体的认知资源，但最近也有学者通过实证研究发现，积极情绪同样也会产生影响。研究者根据学习任务的相关程度将情绪分为外在情绪与内在情绪。外在情绪是指与任务情境、他人或个体自身有关的情绪；内在情绪是指与任务本身的性质和处理任务的过程有关的情绪。

(2) 积极的学业情绪有助于自我调节。自我调节学习也就是说，个体以灵活的方式对自己的学习进行计划、监督以及评估。它是一种良好的学习能力，也是一种有效的学习方法，可以提升学生的学习效率，从而提高学业成绩，以往研究表明，学业情绪会影响自我调节学习的多种认知机制和激励机制。

(3) 积极的学业情绪有助于掌握良好的学习策略。有研究发现，积极学业情绪（除了放松之外）有助于灵活地、有创造性地使用学习策略，消极学业情绪对灵活的且有创造性地使用学习策略会产生消极影响，但是这种影响较小且持续性不强，高唤醒的情绪比低唤醒的情绪影响更大，而且消极学业情绪与刻板的复述策略存在正相关。

(4) 积极情绪能提高应对压力的能力。比其他人更容易产生积极情绪的人被称为弹性个体。弹性个体会从压力和消极情绪体验中迅速有效地恢复，并灵活地改变以适应环境，就像弹性金属那样伸缩、弯曲，但却不会损坏。采用高压力性任务来诱发被试者的消极情绪，发现高弹性个体在压力性任务前和任务中，有着更多的愉快、兴趣等积极情绪存在。

(三) 主动建构积极的意志品质

所谓主动建构积极的意志品质，一要注意培养意志的自觉性，帮助人力求使自己的行动具有合理的目的和高尚的社会价值，在活动中既能尊重事物的客观规律，又能虚心听取别人合理的建议，为了实现合理的目的，能自觉地遵守纪律。二要培养意志的独立性，善于独立思考，坚持真理，充满自信。三要培养意志的果断性，在生活和社会活动中善于观察事物的发展变化，掌握信息材料，通过分析比较，去伪存真，明辨是非，迅速而坚决地做出决定，停止或改变已经执行的决定。四要注意培养意志的坚毅性，能长久地坚持学习和工作，遇到任何艰难险阻都不会气馁，遇到任何挫折都不会灰心，具有一种百折不挠的精神。五要注意培养意志的自制力，能克服自我方面的担心、羞涩、恐惧等情绪的冲动或干扰，以及疲劳、负担过重、知识和能力不足等障碍；即使遇到失败和挫折，也能忍受各种痛苦和折磨，冷静地分析挫折原因并坚强地对待挫折。

(四) 主动建构积极的个性品质

心理学中的个性概念与日常生活中所讲的"个性"有所不同。在日常生活中，人们往往认为一个"倔强""要强""坦率""固执"的人很有个性；而"文雅""平和""斯文""柔弱"的人没有个性。这种看法是不对的，至少说是不全面的。其实，在心理学上，这正是两种人所分别具有的两组不同的个性，它们都是在一定的遗传的基础上，经过后天不同的生活和实践的磨炼而形成的、带有倾向性的个体心理特征，是一个人区别于其他人的精神面貌或者心理特征。然而，由于前者个性特征比较鲜明、独特，而后者比较平淡而不鲜明罢了。由此可见，不管是哪一种倾向性的个性特征，不管这种特征是鲜明的还是平淡的，它都表明了一种个性。心理特征与精神面貌是每个人都有的，因此世界上不存在没有个性的人。

个性对于一个人的活动、生活具有直接的影响；对于一个人的命运、前途有直接的作用；对于一个人的心理健康与否至关重要，良好的个性既是心理健康的核心内容，又是心理健康的重要标志。

三、幸福生活型心理健康教育

古今中外的思想家从不同的角度对幸福进行研究，提出了各种各样的幸福观。

我们这里所说的幸福生活型心理健康教育是指运用心理学的理论和方法，对个人学习和工作之外的生活，诸如休闲、娱乐、消费、健康、日常生活和社会时尚等进行指导和教育，通过培养个体健康的生活情趣、乐观向上的生活态度和良好的行为习惯，帮助个体感知、体验和创造幸福生活，学会享受生活，提高生活质量，增强个体的主观幸福感，以促进学习和工作效率的提高以及个性的健康发展。幸福生活型心理健康教育包括的内容和层面很多，我们侧重从以下几个方面进行阐述。

（一）休闲幸福教育

休闲活动是人们生活中不可或缺的重要组成部分，是人的社会化的重要组成部分，对人的素质培养、人格和价值观的形成及心理健康都有不可忽视的影响。休闲幸福教育就是指运用有关心理健康教育的理论和技术，帮助确立正确的休闲观念和态度，获得必备的休闲知识和技能，学会选择安排有益的休闲活动方式，从而使自己获得充实丰富的休闲生活，以提升生活品质，增强主观幸福感的教育。

就高校来说，休闲幸福教育的内容要从以下四个方面入手：

1. 培养树立正确的休闲意识和科学休闲观

树立正确的休闲意识是搞好休闲教育的前提。休闲教育的重点在于让人意识到休闲是生活中的重要组成部分，是个人提升生活质量的整体活动，明确自我休闲意识的意义以及正确理解工作、学习及休闲之间的辩证关系。将"休闲"与"游手好闲""玩物丧志"等同是一种误解，是把休闲的价值完全给抹杀了，休闲不是一般的消遣、娱乐和休养，而是为了恢复身心健康，重整创造力的一种活动。

休闲的本质是自由。如果休闲时间能够合理地利用，休闲就能进一步丰富人的生活，促进人的发展和社会进步。相反，滥用闲暇时间将损害身心健康，扰乱家庭和谐，降低工作效率。大学生在进行休闲生活方式选择时，要懂得选择符合自己价值和社会价值观的休闲方式，以真正发挥休闲活动的正面促进作用。

2. 适当开设休闲方面的选修课、讲座

高校应充分利用休闲时间适当开设一些选修课，如文学艺术、人格修养、历史、哲学、心理学等。根据当前大学生关心的热点问题及思想存在的一些现象，组织校内外专家学者进行有针对性的专题讲座，通过教育使大学生获得休闲技巧，培养休闲鉴赏力，以使他们现在和将来的自由时间能很好地利用。同时，还可举办各种知识技能培训班，如计算机培训班、英语培训班、公关礼仪培训班、书法美术健康歌舞培训班等，既丰富了大学生的休闲内容，又让其多学一门技能，也有利于养成良好的休闲习惯，在健康的休闲中发展自我，实现自我，促进身心健康。

3. 社团组织开展丰富多彩的校园活动

大学生社团在校学工部、团委的指导协调下，借助校园文化设施和文化活动载体，充分利用和发挥社会文化设施与大众传媒，开展健康高雅、丰富多彩的学术、文艺、体育、实践等社会活动。如理论学习型社团、学术科技型社团、社会公益型社团、社会实践型社团等，以充实大学生的课余时间，并给大学生提供展示青春风采和鲜明个性的舞台，激发大学生素质培养和锻炼的兴趣，促进大学生身心全面发展。

4. 进行社会实践活动

利用休闲时间组织大学生参加社会实践，在老师指导下，大学生参加支农劳动、支教活动、社会公益活动了解社会，认识国情，既可动脑，又可动手，能使大学生开阔视野，增长才干，提高觉悟，转变思想。通过这些社会实践活动，大学生能看到自身的价值，并使大学生在这一过程中感受到快乐，对培养他们积极向上的人生观和自信心有很好的作用。

（二）幸福能力培养

费尔巴哈认为，一切的追求，至少一切健全的追求都是对于幸福的追求。在现实生活中，人人都向往和追求着幸福，但追求幸福未必就能获得幸福。幸福是一种能力，无论获得幸福还是感受幸福，都需要能力，而这些能力并非与生俱来，需要培养和教育才能逐渐形成。幸福心理健康教育的重要任务，就是培养学生理解、感受和创造幸福的能力。

1. 个体理解幸福的能力及其培养

理解幸福的能力就是具备正确的幸福观，不断充实幸福内涵的能力。对于幸福，不同的人有不同的理解，同一个人也会因时、因地、因位的变化而产生不同的体验。由于人们的经济地位、生活经历、文化背景、思想倾向、个性品质、身体状况等的不同，所形成和持有的幸福观也不相同，对幸福的内涵有着五花八门、难以尽数的理解和体会。

目前，我国正处于不断加速的社会转型时期，各种享乐主义、拜金主义、利己主义等腐朽消极的思想给大学生的思想观念、道德意识带来了前所未有的冲击，一些大学生在社会不良风气的熏染下，其思想和行为逐渐发生了扭曲和异化，以追求所谓的"洋""奇""奢"为幸福。有些家境富裕的大学生把物质的满足当作幸福，盲目追求物质享受。有的大学生沉湎于格调低下的艺术作品和庸俗的娱乐方式，以满足感官需求。这种物质至上的消费观念、追求感官的享乐冲动，必然会导致大学生精神家园的荒废，以致把自己的心灵放逐到唯利是图的荒地。他们不懂得什么叫真正的幸福，应该追求什么样的幸福。让他们摒弃关于幸福的错误认识，就要在幸福教育中培养其理解幸福的能力。

2. 个体感受幸福的能力及其培养

感受幸福就是能够发现幸福，感觉到值得珍视与回味的东西，体验和品味到快乐、惬意、宽慰，产生各种各样舒适的感觉。面对同样的一件事或相同的境遇，有的人感到很幸福，有的人感觉很平淡，有的人甚至会感觉到不幸福。之所以会有不同的感受，除了受到不同的个体身心发展的特殊性以及不同的人生观和人生阅历影响等原因之外，还有一个重要的原因，就是人们感受幸福的能力有强有弱。

当今，虽然很多大学生拥有了优越的生活条件和良好的学习环境，但一些大学生却对人生的方向和生活的意义一片模糊，以至于产生消极悲观的情绪，甚至产生较为严重的心理障碍。这种身在福中不知福的现象，原因可能是多方面的，但其感受幸福的能力很差也是一个重要的方面。

3. 个体创造幸福的能力及其培养

人人都可以成为自己幸福的建筑师。创造性是人本质力量的体现，也是自由及幸福的源泉，创造幸福的能力和人的创造性紧密相连。人类的幸福不是既定的存在，而是现实的创造活动。

(三) 享受教育：把学习和工作作为一种享受

享受可分为消极享受和积极享受。一味吃喝玩乐甚至玩物丧志的享受是消极享受；注意挖掘学习、人际关系和工作中的享受资源，以适当的娱乐来调节身心，或将学习和工作本身作为享受，这样的享受是积极享受。享受教育旨在克服消极享受，提倡和培养积极享受。

享受教育和艰苦奋斗教育不仅毫不冲突，而且相辅相成，相得益彰，是对立的统一。相对于艰苦奋斗来说，休息、吃喝、娱乐或消遣是享受，没有这样的享受来再生或恢复精力，艰苦奋斗也就成了空话。这正如列宁所说，不会休息的人就不会工作。我国成语中的"劳逸结合""文武之道，一张一弛"，以及西方谚语"只工作不玩耍，聪明的杰克也变傻"等，讲的都是这样的道理。反之，相对于享受来说，勤奋学习、刻苦努力、殚精竭虑、日夜奋战是艰苦奋斗，没有这样的艰苦奋斗过程及其结果，就不会有奋斗的乐趣和奋斗成功所带来的精神享受。

享受教育和目前有些高校已经开展的挫折教育从表面上看是对立的，实际上二者并行不悖，殊途同归。挫折教育是教育大学生正确对待挫折，提高容忍力，进而提高自身意志品质的一种心理教育。它一般是针对那些面对挫折和不幸已经产生了消极情绪的大学生而定的，是一种补救性教育，重在预防心理疾病。而享受教育是一种提高大学生的情绪指数，使其情绪"锦上添花"的教育，属于发展性教育，重在优化心理素质。两种教育的目的都是为了促进大学生的心理健康。

第三节 大学生心理健康教育的原则与方法

一、大学生心理健康教育的原则
(一)针对性原则
在大学生心理健康教育过程中，首先应该针对大学生的心理发展特点来进行。其中针对的主要内容包括以下几个方面。

(1)针对大学生的年龄特点。教师在进行心理健康教育时，首先应该对大学生的基本特点进行具体的了解，选择出符合他们的年龄特点和需要的教学内容、方式和方法。

(2)针对性别特点。不同性别的个体，其心理发展也会有所差异，这就要求在进行心理健康教育时，要针对不同性别的特点，依据现代差异心理学的研究成果，帮助个体心理状态向健康方向发展。

(3)针对学习的表现特点。依据大学生在心理状态上的表现不同，选择适宜的内容、方式和方法来进行心理健康教育。

(4)针对学生的个性特点。"人心不同，各如其面"，学生的个性特点不同，只有针对不同学生的个性特点进行教育，才能收到理想的效果。

(二)学生主体性原则
进行大学生心理健康教育的主要目的就是帮助大学生形成良好的心理素质。在大学生心理健康教育过程中，要明确以学生为主体的原则，充分调动学生参与心理健康教育活动的积极性和主动性。几乎所有的教育活动，其教育方法、教育效果都需要由学生来体现。因此，离开了学生的主动、自觉参与，大学生心理健康教育很难达到预期的效果。而贯彻学生主体性原则要求教师必须尽其所能，全面了解学生；在教育过程中以学生为出发点与归宿点；尽可能地提供和创造条件，使学生成为心理健康教育过程中的主体。

(三)教育性原则
在大学生心理健康教育过程中，教育性原则主要是指要重视学生积极进取精神的培养，帮助其树立正确的世界观、人生观、价值观。虽然心理健康教育在任务和内容上，与思想政治教育和道德教育有着一定差异，但是，其根本目的是一致的，都是希望帮助学生明白做人的道理，使学生在树立正确的世界观、人生观、价值观的同时，形成良好的品德和心理素质，努力将其培养为符合社会主义现代化所需要的人才。大学生心理健康教育的内容一定要与时俱进，要能够充分体现出社会主义精神文明的本质和特征，应当把培养学生良好的心理素质，促进学生心理健康同学生的世界观、人生观和价值观的教育有机地结合起来，使学生在接受心理健康教育的同时，学习掌握正确的思想方法，建立积极的思维模式，养成高尚的道德情操，发展优秀的心理品质，不知不觉地受到辩证唯物主义思想的启迪。可以说教育性原则鲜明地体现了我国大学生心理健康教育的特点与要求。

(四)面向全体学生的原则

面向全体学生的原则是指大学生心理健康教育不能仅仅局限于有心理问题的学生，更应该面向全体学生。在以往的很长一段时间里，心理健康教育仅仅是局限在医学的范畴里，也就是我们常说的心理治疗。许多心理咨询、心理治疗专家在通过实践研究后发现，心理健康问题的预防要比治疗更为重要，从小抓起，开展面向全体学生的心理健康教育，防患于未然，对整体的心理健康水平的提高非常有效。这种认识和行为的转变是一个重大进步，标志着心理健康教育进入了新阶段。如今大学生心理健康教育已将面向全体，关注个别作为其工作的一个基本原则。

(五)发展性原则

大学生正处于发展时期，其心理发展并未成熟，这就要求大学生心理健康教育要采取发展性的教育模式。因此，大学生心理健康教育要将一切工作都围绕"促进个体心理发展"来进行，将重点放在通过积极地指导学生日常的学习与生活，培养学生良好的心理素质，促进学生身心全面和谐的发展。贯彻发展性原则，需要教师采用发展的、变化的观点来看待学生，要相信学生自我成长的意愿和潜力，对学生的未来持乐观态度。对于学生身上出现的各种心理问题，不必大惊小怪，怨天尤人，但要充分重视，积极地给予引导和帮助。大学生的各种心理问题，绝大多数与成长有关，如果给予适当的教育和帮助，完全是可能解决的。坚持发展性原则要正确处理防治各种心理疾病、心理问题和促进学生形成健全的心理品质之间的关系，做到以发展学生健全的心理素质为主，以防治各种心理问题、心理疾病为辅。

(六)协同工作的原则

在高校教育工作中，心理健康教育是一个非常重要的组成部分，它具有很强的渗透性，我们不能将其作为一项孤立的工作，要将其与学校的各项教育、教学工作进行有机的结合，实现相互之间的协同发展。具体表现在以下几个方面。

(1) 从教育体系来说，心理健康教育应渗透到各种教育活动之中，使心理健康教育的要求与德、智、体、美各育的教育要求结合起来。

(2) 从具体课程来说，心理健康教育应渗透于各门学科教学之中。

(3) 从学校工作来说，心理健康教育应渗透于教育、教学、学校管理之中。

(4) 从学生活动来说，心理健康教育应渗透于课内学习、课外活动、班团队活动之中。

(5) 从学校教职工分工来说，专职心理健康教育教师与其他教师应互相配合，共同承担学生心理健康教育的任务。

总之，只有多角度、多层次、多方面地协同一致地进行工作，才能使心理健康教育的效果最大化。

(七)平等尊重原则

在心理健康教育工作中，遵循平等尊重原则尤为重要。由于大学生处于心理发展的敏感期，很容易受到身体环境的影响。教师在进行心理健康教育时，如果出现偏向，就容易对学生的心理健康产生直接的影响。教师必须要用平等尊重的态度来对待每一个学生，对那些心理上不健康或有心理疾患的学生更应如此，以确保心理健康教育取得圆满结果。平等尊重原则与主体性原则是相辅相成、彼此依存的，如果教师没有对学生做到平等尊重，就很难在师生之间形成民主的气氛，学生的主体地位就更不可能实现。在大学生心理健康教育过程中，教师要认真贯彻平等尊重原则，杜绝居高临下式的说教，要采用彼此平等的讨论和沟通方式，避免采用强制性的手段逼迫学生接受教育和训练。就目前而言，我国大学生心理健康教育水平和大多数教师的认识与经验还存在着较大差距。

（八）艺术性原则

大学生心理健康教育工作不仅是一门科学，同时它还是一门艺术。这也是对广大心理健康教育工作者提出的一项新的学习任务。在大学生心理健康教育的过程中，教师要充分掌握心理健康教育工作的理论知识与技能、技巧，并通过生动形象的言语、表情和其他教育手段来理解学生的心灵，找到打开学生心灵的"钥匙"，促进学生的心理与行为朝积极的方向转变。

二、大学生心理健康教育的方法

为了更好地完成大学生心理健康教育的目标，高校教师会在心理健康教育过程中采取各种教育方式、手段和技术，来保证心理健康教学活动的顺利进行。教师在运用心理健康教育方法时，必须认真理解以下几个方面。

（1）要明确心理健康教育方法是为实现大学生心理健康教育目标而服务的。它是在长时间的心理健康教育实践中逐渐形成的，并会随着心理健康教育的发展而发展更新。

（2）心理健康教育方法包括了教育者和受教育者两方面的活动方式，它既不是教育者一方的活动方式，也不是以教育者为主的活动方式，而是教育者与受教育者共同活动、相互作用的方式。

（3）心理健康教育方法是心理健康教育中多种方式、手段和技术的总称。心理健康教育的复杂性等因素决定了心理健康教育方法的多类别、多层次性。在实际操作过程中，心理健康教育作为一个系统，任何方法都不是孤立使用的，而是相互结合在一起，综合地发挥作用。

从整体上来看，可以将大学生心理健康教育的方法分为三个层次，即指导思想的方法、心理健康教育方式总和的方法以及教育方式。其具体如下所述。

第一层次：指导思想的方法。它概括程度高，具有方法论意义。就其功能看，它不是具体指导某项教育活动如何开展，为某项教育活动提供操作程序和技能，而是提供一些在心理健康教育工作中必须遵守的基本要求和准则，是对各种心理健康教育活动具有普遍意义的指导思想，涵盖整个心理健康教育的开展。

第二层次：心理健康教育方式总和的方法。这一层次比前一层次概括性水平低，操作性强，但比第三层次概括性水平高，操作性水平低。它是由众多的具体的方式构成的。这个层次的方法是讨论的中心。

第三层次：教育方式。即在心理健康教育活动中采取的具体操作技能。我国心理学和心理健康教育工作者对此做出了初步的概括。

这里重点对大学生心理健康教育的第二层次的方法进行分析和讨论。

（一）全面渗透、多渠道推进法

在大学生心理健康教育工作中，采取全面渗透、多渠道推进的教学方法，首先就需要将心理健康教育全面地渗透到高校教学的各项工作、各科教学以及各项教学活动中去，并由任课教师根据本学科的教学内容与学习活动的特点渗透相应的心理健康教育内容。其次，就是要努力形成学校、家庭、社会的心理健康教育网络，将三股力量统一协调起来，这样就可以组成合力，更加全面而迅速地促进大学生心理健康的发展。

（二）优化环境法

优化环境法在大学生心理健康教育中就是创设良好心理发展环境的方法。在高校学习生活中，创造良好的心理发展环境是帮助学生形成健康心理状态和进一步发展的重要基础和前提条件。学校应该为学生创设出良好的心理发展环境，给予学生更多的安全感及愉快、和谐的氛围，实现师生关系的民主平等，形成开放、宽松、积极的学习气氛。在这样的环境中，学生的心理能够得到充分、健康的发展。

高校时期是学生个性成熟的一个重要阶段，学校环境如何，将会对学生的身心发展产生直接的影响。而作为个性主要基础的心理健康状况，与学生在学校生活中的体验更是有着极为直接密切的关系。如果一个学生在学校中的体验是紧张、压抑、沮丧的，那么他必然容易出现焦虑、恐慌、不安等心理问题、心理障碍，甚至心理疾病；反之，如果其在学校生活中的体验是轻松的、乐观的、积极的，那么他的心理状态就趋于良好，即使遇到心理问题和障碍，也能够比较容易地得到解决。

高校还要对校园的文化观念进行大力调整，对一些不正确的校园文化观念要及时扭转和更正。这里所说的校园文化观念就是指整个学校对各种现象、事件带有倾向性的看法和思想，包括校风、学风和舆论。当前特别是要扭转仅以学习分数和能否升学作为判定学生的唯一标准这种根深蒂固的观念。同时，应美化、绿化校园，消除噪声；美化教室，使教室内保持空气新鲜，照明和色彩适度、和谐，使学生在其中生活学习有恬静、舒适的感觉。

良好的人际关系也是创设良好的心理发展环境的一个重要方面，特别是师生之间的关系影响更为明显。高校师生关系的状况是构成其校园环境的一个主要因素。从学生心理健康的需求出发，学校必须建立以尊重学生为基础的，民主、平等的师生关系。在这样的师生关系中，学生能够获得充分的安全感和对教师的依赖感，从而毫无顾虑地表达自己的思想感情，自然地表露自己的困惑和疑问，并且随时得到教师的理解和帮助指导，学生才会具有最旺盛的精力去开发自己的潜能，去发展自我，完善自我。这对教师提出了传统的权威型教师角色中所没有的新的要求，面向每一个学生，理解每一个学生，接纳每一个学生，分享学生的喜、怒、哀、乐。为此，必须对教师进行全员培训，帮助教师树立创造良好心理发展环境的意识，掌握一些心理健康教育的知识，并通过教师教育家长。在继续教育中对教师进行培训，通过家长学校对家长培训，都是行之有效的办法[①]。

---

① 刘维良：《学校心理健康教育实施与管理》，重庆：重庆大学出版社，2006年，第182页。

(三)发展优先、防重于治的方法

在大学生心理健康教育中，发展优先、防重于治，不仅是一种教学方法，更是一种先进的教学策略，它要求学校心理健康教育将重点放在对心理健康的发展和普及上，而不仅仅是将关注点放在对已经出现心理问题的学生的矫正和治疗上。大学生心理健康教育的主要任务是为了促进学生正常健康的发展、成长、成才，所面对的是全体学生。因此，发展学生良好心理素质，维护和促进学生心理健康，必然是学校心理健康教育的重点。另外，预防工作是全面提高学生心理健康的一个重要途径，它可以防患于未然，可以避免学生出现心理问题，就算出现问题，在正确认识的指导下，也能够得到妥善解决。因此，从心理健康的角度来看，培养学生良好的心理素质是对心理问题的最好、最根本的预防。这就要求在心理健康教育的内容和具体安排上，坚持发展优先、防重于治，围绕发展、预防开展工作。

(四)心理辅导法

对大学生进行有效的心理辅导，可以快速帮助学生形成正确的心理状态。它可以根据学生心理发展特点与规律，由教育者设计和组织，以活动为基本方式，引发学生的主观体验和感觉，对学生的心理状态产生积极的影响，进而达到形成和改善学生心理健康的目的。例如，在心理健康教育过程中，采用团体讨论法、价值澄清法、角色扮演法等，都可以对大学生起到很好的心理辅导作用。

(五)心理咨询法

心理咨询是一种以"从心理上进行帮助的活动"为主要形式的心理健康教育方法。它是通过人际的交流，对学生进行帮助、教育和提高的过程。我们常见的心理咨询方法有精神分析法、采访者中心疗法、行为疗法等。

(六)心理评估法

心理评估是一种较为常用的心理诊断方法，它具有较强的客观性，通过心理学的方法和工具，对个体或群体的心理状态、行为偏移或障碍进行描述、分类、鉴别与诊断。在此过程中，心理评估者会采用各种测量方法和评价标准，来对所评估的对象进行一个客观的评价。具体的评估手段有问卷法、测验法等。

第四节 高校心理健康教育的实施

一、高校心理健康教育的模式

目前，就全国而言，还没有形成一套可以广泛借鉴的模式。为了满足心理健康教育实践的迫切需要，教育学、心理学工作者提出了一些心理健康教育模式的设想，一些地方也在实践中摸索出了富有特色的模式，可作为开展心理健康教育工作的参考。以下，我们主要结合俞国良的研究，对我国心理健康教育的模式进行大体概括。

首先，从心理健康教育作为一种活动本身所采取的手段来看，目前我国高校的心理健康教育的模式主要有以下几种：

（一）课程或专题讲座模式

我国的大学基本都开设了心理健康教育课程。大学的心理健康教育课程为选修课，目前已有专家呼吁，将心理健康教育课程作为大学的公共课。除了开设专门的心理健康课程外，也有不少高校举办心理健康教育的专题讲座。作为大学生喜闻乐见的一种形式，专题讲座可根据受教育者和教育工作的需要，选择合适的主题进行，如升学考试前举办"怎样克服考试焦虑"，新生进校后举办"如何适应新环境""异性交往的技巧"，毕业前举办有关"就业和求职心理"等专题讲座。这些讲座的内容都是大学生最关心的问题，受到他们的欢迎。

（二）辅导模式

在心理健康教育中，辅导模式是经常采用的一种形式，包括学习指导、升学指导、就业指导等不同内容。例如，学习指导是帮助大学生实现教育的价值，以教材为媒介所进行的各种活动。它包括如何安排学习内容、对学习方法进行辅导、学习成绩的评估及其反馈等，其中学习策略和学习方法的指导是大学生最需要的。还可以通过心理测量、建立心理档案等手段，对学生个体的能力、性格、家庭背景、经历、身体素质等进行综合考察，为他们将来的发展提供指导和帮助。它也可以分为发展模式和社会影响模式。发展模式主要是针对高校心理健康教育而言的，具体指高校心理健康教育应遵循大学生心理发展的一般规律，针对大学生在不同发展阶段所面临的任务、矛盾和个别差异，促使其心理矛盾得到妥善解决，心理潜能获得有效发挥，个性得以和谐发展。社会影响模式是指在心理健康教育中，教育者应依据社会心理学关于人际交往和社会影响的原理，注重社会文化背景、社会角色、性别差异、价值观念、民族习俗、个性倾向性等多种因素对教育对象的影响，以及高校、家庭、社区等社会环境对教育效果的影响，以便更好地达到心理健康教育的效果。

（三）咨询模式

定期开展心理咨询是心理健康教育的一种有效手段，能及时解决心理和行为问题，为教育者和干预措施的制订提供参考意见。心理咨询的原意是指对人们，特别是心理失常的人，通过心理咨询的程序和方法，使其对自己和环境有一个正确的认识，以改变其态度和行为，并对社会生活有良好的适应。受咨询者包括遇到心理问题的正常人和有心理障碍者。在经济发达国家和地区，绝大多数高校、社区都配备有专职或兼职的心理咨询人员，定期开展心理咨询和心理治疗活动。

（四）治疗模式

治疗模式指辅导员站在医学的立场上，对心理异常的教育对象给予严格的心理诊断和耐心的心理治疗，并注意发挥他们在治疗过程中的积极作用，减轻心理压力和精神痛苦，使他们的心理功能得到恢复和协调。治疗模式的理论来源很广，主要还是受精神分析、行为主义和人本主义心理学的影响。弗洛伊德的精神分析学说为治疗模式奠定了最初的理论来源，他的潜意识理论，关于本我、自我、超我的人格结构理论，关于心理防御机制类别和作用的探究，关于早期内在心理冲突对人的影响的分析，以及他发明的各种心理治疗方法，如自由联想、释梦等，对于治疗模式的发展具有重要的理论价值和实用价值。这一系列行为治疗方法奠定了治疗模式的方法和技术基础，尤其是为矫治心理异常者的当前表现和症状开辟了一条新的道路。

二、高校心理健康教育的途径

心理健康教育有许多途径，就高校心理健康教育来说，主要有开设专门课程、学科渗透、课外活动、环境优化、心理咨询和电脑网络等。

（一）专门课程

1. 高校心理健康教育专门课程设置的必要性

心理健康教育专门课程，指在一定社会的教育目标指导下，以受教育者的心理健康的维护、心理素质优化和心理潜能开发为目的，以必要的心理知识传授、常见的心理问题辅导、积极的心理品质培养为内容的一门心理教育课程。作为一门新型课程，必然有其规范的、科学的要求。心理健康课作为一门课程的基本特征是计划性、目的性、系统性的；是学科性、综合性和应用性的；其内容特点是人本性、生活性、心理性、教育性。另外，教学对象上的公众性、教学过程的活动性、体验性以及教学目标的发展性等也是本学科的特点。

专家认为，必须把专门的心理健康教育课程纳入课程体系之中，成为其不可缺少的重要组成部分，并以开设专门的心理健康教育课程为主线，使其与学科课程和活动课程紧密结合，形成一种协同效应，从而构成一个由学科课程、活动课程和心理健康教育专门课程组成的统一的全新课程体系。这是加强心理健康教育、优化课程体系、促进心理素质发展、带动大学生整体素质全面和谐发展的一条根本出路。

2. 高校心理健康教育专门课程的设计

（1）明确课程目标。明确课程目标是课程设置的核心问题。课程目标是指导、实施、评价心理健康教育活动课教学的基本依据。因此，为了使心理健康教育专门课程的教学工作得以顺利进行，必须保证心理健康教育专门课程目标的合理性、科学性和可操作性。

（2）确定课程内容。课程目标是确定课程内容的依据，课程内容则是实现课程目标的媒介和载体。课程内容是指课程项目的集合，而课程项目表现为各个课程单元。课程目标的实现是与适当的课程项目的确定以及高质量的单元设计密切相关的。课程项目和课程单元的选择和划分要做到合理有序，必须符合大学生的实际需要和接受能力。大学生的心理年龄特征和各种素质发展的关键期不同，课程的难易程度要体现相应的区别，应从简单到复杂、循序渐进。大学生的发展水平和发展需要因各地各校情况的不同而不同，在课程内容的选择上也要体现个体差异性的特点。当然借鉴我国港、台地区以及其他国家的成功经验，也有助于确定合适的活动内容。

3. 进行单元设计

心理健康教育专门课程教学主要是通过教师与学生的共同活动来进行的。单元设计是为顺利实施某一具体心理健康教育活动课程的内容而制订的计划。

(二)学科渗透

学科渗透是指教师在学科教学中自觉地、有意识地进行心理健康教育。由于学科教学的主要任务不是系统的心理健康教育，故只能"渗透"心理健康教育的内容。如果说列入高校课程表的心理健康教育专门课程是高校心理健康教育的主渠道，它发挥了"主导性"的功能，那么各学科教学中有意识地渗透心理健康教育内容，便是此种教育的副渠道，发挥了"濡染性"功能。

高校心理健康教育之所以要通过学科渗透的途径进行，主要有以下原因：从教育时空层面来说，各科的课堂教学是学生和教师占据时空最多的场所；从教育资源层面来说，各科教学本身就蕴含了十分丰富的心理健康教育资源，无论是工具课、人文课还是自然课、技能课，都有许多显性或隐性的心理健康教育内容可资利用；从教育队伍层面来说，学科渗透可以让更多的教师参与心理健康教育，有利于在高校中营造促进大学生心理健康教育的环境氛围；从心理学学科本身层面来说，学科渗透为心理学理论在课堂教学中的应用开辟了一个广阔的领域；从教师层面来讲，学科渗透可以促使更多的教师学习心理学理论，运用心理学理论，提高其理论素养和教学能力；从课程层面来说，学科渗透这一命题的提出，既是高校心理健康教育深入发展的标志，也是现代高校课程发展的必然趋势。

(三)寓于活动

这里的活动有别于心理健康教育课程中的活动课，是指作为课题教学的补充、扩大和延伸的有目的、有计划、有组织的课外教育活动。

1. 高校心理健康教育寓于活动的必要性

从理论层面讲，活动是指主体与客观世界相互作用的过程。人通过活动反映客观世界，又通过活动反作用于客观世界，使反映进一步受到检验与发展，因此，活动便构成了心理发生发展的基础。

从实践层面来看，丰富多彩的课外活动为大学生走向社会、接触自然提供了广阔天地，是培养大学生良好心理素质的有利场所。它不仅增加了大学生获得知识的信息渠道，而且有助于促进大学生的好奇心和求知欲，促使他们大胆想象、积极思维，进行独立探索和自我发现，激发灵感，从而提高创造力。苏霍姆林斯基认为，课外活动是学生智力生活的策源地，课外活动使学生迈上了科学思维的道路。他认定课外活动是学生个性发展的一个重要条件，只有当学生每天按自己的愿望随意使用 5～7 个小时的空余时间，才可能培养出聪明、全面发展的人才来。

2. 高校心理健康教育活动的设计

(1) 设计的原则。主体性原则：教师既要确定学生在活动中的主体地位，又不能放弃自己的主导地位；开放性原则：向校内开放，向家庭开放，向社会开放；多样性原则：活动设计要生动活泼、丰富多彩以调动大学生活动的积极性；有效性原则：设计者一方面要针对大学生的实际来设计问题，另一方面要考虑其可操作性；系统性原则：注意内容的系统性，是单个集体活动组成的系列活动。

(2) 设计内容。设计内容包括活动的目的、活动的内容、活动的形式、指导教师或主持人、参加者、时间、地点、活动准备、活动程序、活动要求、活动总结。

(四) 优化环境

1. 高校心理健康教育工作中优化环境的必要性

高校物理环境包括时空环境、设施环境、自然环境等。高校物理环境是高校教育工作赖以进行的物质基础，是高校生活的一种物质载体。如果物理环境不能尽如人意，则将对大学生的心理健康产生不良影响。

高校心理环境包括人际关系、信息环境、组织环境、情感环境和舆论环境。"随风潜入夜，润物细无声"，与物理环境相比，心理环境是看不见、摸不着的无形环境，但对大学生的心理活动、心理健康教育有着不可忽视的巨大的潜在影响力。尤其在高校的物理环境不可能得到彻底改善的情况下，先以改善高校心理环境为突破口，注重营造良好的校风班风、注重构建和谐的高校人际关系、注重挖掘和充分利用一切有利于大学生心理健康发展的积极心理环境因素，就有可能在校内形成强大的凝聚力。目前，一些高校的心理环境状况堪忧，重新构建良好的心理环境尤为重要。

2. 高校心理健康教育工作中优化环境的原则

(1) 教育性原则。教育性原则主要是指高校环境的一切设计、装饰和布置都必须有利于启迪大学生的思维，陶冶大学生的情感，磨炼大学生的意志，必须充分体现各种环境因素的心理健康教育意义。

(2) 科学性原则。科学性原则就是要求高校环境的建设和美化要符合大学生身心发展的特点和心理健康教育、教学工作的规律，遵循生理学、心理学、教育学、建筑学、美学、卫生学的基本原理，要通过科学合理地调控优化，使高校环境成为科学和艺术的统一体。

(3) 实用性原则。实用性原则指高校环境的设计、建筑和优化应当根据高校的实际情况和经济条件，本着经济实用的宗旨进行。

(4) 有效性原则。有效性原则指高校环境的优化应追求实际效果，防止形式主义。

(5) 特定性原则。特定性原则指在优化环境过程中，可以通过增强或突出环境的某些特性，有意形成某种特定环境条件来影响大学生的行为，以达到预期的目的。

(6) 优势性原则。优势性原则是指在高校环境的调控优化过程中，要充分利用已有的有利环境条件，以及突出自己的优势。

(7) 筛选性原则。在调控高校环境过程中，要对存在于高校环境中的各种信息进行一定的选择转化处理，实行信息优控，使信息成为促进大学生心理健康发展的积极因素。

(8)主体性原则。教育者不仅自己要重视调控高校环境，而且要重视大学生在调控学校环境方面的作用，培养大学生自控、自理环境的能力。

(五)心理咨询

关于心理咨询的定义，国内外学者众说纷纭。我们这里不妨只列举两个较有权威性的界定：一是1984年，美国出版的由国际心理学会编辑的《心理学百科全书》肯定了心理咨询的两种定义模式，即教育模式和发展模式。该书认为咨询对象（不是患者），是在应付日常生活压力和适应方面需要帮助的正常人。咨询心理学家的任务就是教会他们模仿某些策略和新的行为，从而能最大限度地发挥其已经存在的能力，或者形成更为适应的应变能力。二是2003年，上海教育出版社出版，林崇德、黄希庭、杨治良主编的《心理学大辞典》认为，心理咨询指由受过专门训练的咨询者，运用心理学的理论和技术，通过语言及非语言的交流，给来访者以帮助、启发和教育，使来访者改变其认识、情感和态度，解决其在生活、学习、工作等方面出现的问题，促进来访者人格的发展和社会适应能力的改善。

上述两个界定均将心理咨询纳入教育和发展的模式。作为高校心理健康教育途径之一的心理咨询更属于教育和发展的模式。结合上述两个界定，笔者对心理咨询定义如下，心理咨询就是运用心理学的理论和技术，对受教育者或受助者进行心理上的帮助和教育，以解决其心理问题，促使其心理健康发展的过程。

心理咨询是一项专业性和技术性较强的综合艺术。正如陈家麟所言："它旨在帮助个人成长，却不企图强加指导；它促使人维持心理健康，却不完全提供病理性治疗；它是一种人际交流，却又不是社交活动；它力图使人解除烦恼，却又不是简单地安慰人；它希望与人建立无话不谈的亲密关系，却又不能发展私人友谊；它使人头脑冷静，却又不能做逻辑分析；它是聆听，而不是说教；它是接纳，而不是训斥；它是引导，而不是教导；它是参与，而不是控制；它是了解，而不是侦讯；它是疏导，而不是制止；它是真诚，而不是做作；它是支持，而不是改造；它是领悟，而不是解答；它是使人内心悦服，而不是令人屈从。"

心理咨询是心理健康教育中最具专业特色的途径，具有高校任何其他教育形式不可替代的重要性。它有助于受助者从更为专业和技术的层面进一步认识和增进身心健康，进一步深化对自我的认识、进一步有效地面对各种现实问题，进一步纠正某些错误观念和不当行为，进一步建立和融洽新型的人际关系。

(六)利用网络进行心理健康教育

随着计算机和网络的迅猛发展，网络已经或正在成为心理健康教育的一条新的途径，以至于出现了网络心理健康教育的新概念。所谓网络心理健康教育具有广义和狭义之分。狭义上说就是指教学双方以网络为媒介或环境，传授有关心理健康的理论和方法，解决受教育者的心理问题，以维护和增进受教育者的心理健康，促使其心理素质提高，身心和谐发展的教育活动。广义上的网络心理健康教育除了狭义所指外，还包括运用心理健康教育的理论和方法解除网络带来的心理问题，教育受教育者科学健康地利用网络促进心理健康等内涵。

1. 利用网络进行心理健康教育的优势

（1）内容更丰富。网络使心理健康教育的内容变得丰富而全面，在这里，教师传授心理健康知识将不再是主要目的，而是帮助大学生去发现自我、了解自我、管理自我，最终引导他们完善自我。

（2）形式更活泼。网络使心理健康教育的形式从静态变为动态，通过网络，大学生自由地选择"教师"、"教室"、"教材"和授课时间等。

（3）教育面更广。网络克服了传统课堂受时空的限制，一次只能使数量有限的大学生受益的缺陷，从而大大减轻了教师简单重复的工作量，提高了工作效率，使教师能以更大的热情和精力投入到富有创造性的工作中去。

（4）空间更安全。网络的匿名性本身就能达到很好的保密效果。因此，大学生可以大胆地倾诉自己的苦恼与烦闷，而不必担心别人是否会知道。在传统的教育中，受时空或传统观念等条件的限制，大学生心理方面的问题很难暴露或被及时发现，通过网络，大学生可以随时随地、直接地向老师提出自己的心理困惑，不用担心被其他人知道。

（5）便于思考分析。当事人与心理健康教育工作者通过 E-mail、论坛或其他网络形式进行沟通，常常需要书写。书写本身也是一种整理思想、进行自我反思的过程，它不像面对面咨询和电话咨询一样需要即时领会对方的意图并做出反应，而是可以有一个相对宽松的时间仔细思考与进行分析，从而增强了对问题把握的准确度。

（6）便于储存和查询案例。以心理咨询为例，在传统的心理咨询中，案例的保存和查询是一件相当费时费力的琐碎事务，而借助于现代技术手段，这一点在网络咨询中很容易实现。因此极大提高了咨询师进行督导和研究工作的效率，同时也为当事者提供了更宽广的选择空间。当事者可以从各大搜索引擎中或根据网页的栏目设置找到相关内容，如果有兴趣还可以先看一看已有的案例，找一找是否有想要的东西。如果还不明白，再进一步确定是否去咨询。

网络作为"第四媒体"，一种立体式的媒体，它的功能是传统媒体无法比拟的，也使得心理健康教育的形式从平面走向立体化，从静态变为动态，从现时空趋向超时空。网络已经成为心理教育的最好手段、技术和途径之一。网络为人们创造了一个全新的生活空间，它可以带给人们一场全新的心理体验，进行一场全新的心理革命，为人类的文明进步书写新的篇章。

2. 利用网络进行心理健康教育的局限性

（1）问题的真实与否难于辨别。网络的匿名性使人们敢于更真实地表达自己，而不必担心社会评价，可以避免面对面交流中出现的顾虑和尴尬，却也带来了责任感的缺失，当事人可以毫无顾忌地展示自己的内心隐私和黑暗，甚至有些人为了填补内心的空虚而编造夸张离奇的故事。本着维护当事人的利益，为当事人服务的职业准则，咨询师应该立足于信任和尊重当事人，即使不免被捉弄。对方虚假，而我却要真诚以待。

（2）沟通信息不够全面。网络咨询是一种间接的人际互动，听不到对方的声音，看不到对方的长相、表情与动作姿势，双方沟通中许多有价值的信息就缺失了。仅仅通过文字表达有时难以起到与语言表达相同的效果。在面对面的交往中，咨询师会结合当事人的谈吐与表情举止，对其加以综合分析推断并及时做出恰当反应。而在网络咨询中，倘若当事人或咨询师文字表达能力不强，会十分影响咨询的进程与效果。

（3）咨询关系不够确定。心理障碍的解除不可能立竿见影、药到病除。因此，大多数的心理学研究者和临床工作者都十分强调建立一种彼此信任的咨询关系，要经过一段时间的双方共同探讨，才能将问题澄清，达到满意的治疗效果。而在网络咨询中，有一部分人是为了消遣而上网，或者说，他们把上网当作了一种休闲、娱乐的方式，他们的咨询行为带有很大的试探性与随机性。有些人只咨询一次便没有下文，有些人过了很久又再次进行咨询。有的人虽然希望通过网络咨询解决自己的心理困惑，但由于他们的阻抗或犹豫未能被咨询师及时察觉并给予有效回馈，或者咨询师的对质令他们感觉不舒服（而对质常常是有效咨询的必要条件），正当问题如剥茧抽丝般即将澄清时，十分令人遗憾：他们逃避了。

（4）受制于技术水平等客观因素。网络心理咨询要求当事人与咨询师具有便利的上网条件，具备一定的网络知识和电脑水平，要求网络运行正常，传输快捷。

3. 利用网络进行心理健康教育的方法

（1）建立坚强有力的心理辅导队伍。使网络成为大学生学习心理健康知识的新课堂，倾诉心声、宣泄情感的新场所。

（2）建立富有吸引力的心理健康网站。在网页的设计上，主题应严肃认真，立意应高远放达，内容应丰富多彩，形式应生动活泼。

（3）在线咨询。请专业心理辅导老师提供个性化心理服务，就有关的心理问题提供在线心理咨询，帮助咨询者认识自己、接纳自己，更有效地解决成长中的烦恼和挫折，更为主动、积极地迈向自我实现。大学生通过 E-mail 直接向心理咨询老师就有关心理问题寻求解答，老师以负责任的态度及时回答大学生提出的问题，从而使求助者建立起正确的体验生活的方法，使个体逐步形成完善的自我概念和对物质世界的适应能力。

（4）传统与网络相结合。传统心理健康教育比较人性化，沟通更直接，有时候人机对话的效果远远比不上面对面交流的沟通来得真切，比如心理学中的精神分析、催眠、沙盘游戏等是解决个体心理问题的重要手段，通学技术，可以起到事半功倍的效果，这是网络所不能达到的。而网络心理健康教育拓宽了教育面，教育内容与形式、教育方法与手段也更加多样化。尤其是网络教育的匿名性、虚拟性、即时性、开放性和平等性，更是传统教育所不能及的。因此，两者结合，扬长避短，优势互补就显得尤为重要。只有这样，才能最大限度地帮助学生。

第二章　大学生自我意识发展与自我管理

自我意识是对自己身心活动的觉察，即自己对自己的认识，具体包括认识自己的生理状况（如身高、体重、体态等）、心理特征（如兴趣、能力、气质、性格等）以及自己与他人的关系（如自己与周围人们相处的关系，自己在集体中的位置与作用等）。自我意识具有精神性、社会性、能动性、同一性等特点。自我意识的结构包括三个层次，即知、情、意三方面，由自我认知、自我体验和自我调节（或自我控制）三个子系统构成。自我意识是大学生个性心理的重要组成部分，它在人的自我评价和自身发展中起着重要作用；了解大学生自我意识的发生、主要表现和发展的规律与矛盾，对于塑造大学生健全的自我意识，使他们积极主动地认识自我，提高自我管理能力，不断完善自我，具有十分重要的意义。

第一节　大学生自我意识结构与发展

自我意识是人对自己以及自己与周围环境关系的认识，包括对自己存在的认识以及对个体身体、心理、社会特征等方面的认识。这种认识是个体通过自我观察、分析外部活动及情境、社会比较等多种途径获得的，自我意识不是个别的心理机能，而是一个完整的多维度、多层次的心理系统。自我和非我相对，有主体我和客体我之分，英语中的 I 和 Me 能很好地区分这一含义，前者为主体我，用来表示我是什么，我做什么；后者为作为宾语使用的 Me，表示怎样看待我，给我什么，则为客体我。

一、自我意识的心理结构

人不仅能认识自己以外的周围环境，而且也能认识自己。在这种情形下，自我被作为一个社会客体，像所有的客体一样，被社会定义。自我产生于相互作用中，在相互作用中得到定义，并不断地被重新定义。因此，自我像其他客体一样，有一个不断变化过程。如果说"客体我"是社会的我、客观的我，"主体我"便是自然的我、主观的我。"主体我"是一个人对社会情景做出的反应，是自我中积极主动的一面。把自己与自然界和其他社会成员区别开来，这是自我意识的最基本的特征，也是人和动物的最大区别。主体我和客体我的统一，个人对客体的认识与个人愿望的统一，个人和社会的统一，即"自我同一性"的形成，是良好自我意识的标志。

自我意识不是与生俱来的，是人所特有的一种复杂的心理现象，具有相对独立性，有其自身的发生、发展过程。由于自我是一个多因素、多层次的整体结构，它既包含生物的生理的因素，又包含社会的、心理的因素，因此，自我意识的内容和形式也必然是多种多样的。从结构上看，自我意识表现为自我认识、自我体验、自我控制三个方面。"我是一个什么样的人""我为什么是这样一个人"等问题属"自我认识"的范畴；以体验的形式表现出人对自己的态度，在同他人比较中评价自己，如"我是否满意自己""我能否悦纳自己"等，统称为自我体验；"自我控制"则涉及个人对自己的行为活动的调节，自己对待他人和自己态度的调节等，如"我如何控制自己""我怎样成为那样一个人"等。这三方面的有机组合，便构成了一个人的自我意识。

从内容上看，自我意识又可分为生理自我、社会自我和心理自我三个层次。所谓生理自我，是指个人对自己身体的认识，包括占有感、支配感和爱护感，它是自我意识的最初形态。随着社会化的发展，个体习得社会经验和社会角色，意识到自己在社会关系、人际关系中的作用和地位以及自己所承担的社会义务和权利。这种个人对自己在社会中角色的意识，就是社会自我。与社会自我出现的同时，心理自我也形成和发展起来。所谓心理自我，就是个人对自己心理的意识。包括个人对自己的智力、性格、理想和行为等的意识，个人对自己的生理的、社会的、心理的种种意识，也密切相连着，每一层次又都包含着不同的自我认识、自我体验、自我控制，比例和搭配的不同，构成了个体与个体自我意识之间的差异。也使得每个人都有对人、对己、对社会的独特看法和体验。

从形式上看，自我意识还可分为描述的自我意识和估价的自我意识两种，描述的自我意识如"我是时代骄子""我很幸福""我在学校里学得很好"。估价的自我意识作为测量个体自我意识中情感方面的因素，对更加准确地描述个体的自我意识非常有意义，另外，自我意识还有现实自我、镜中自我和理想自我三种类型之分。现实自我是个人从自己的立场出发，对自己目前的实际状况的看法；镜中自我是个人想象中他人对自己的看法；理想自我则是指个人想要达到完善的形象。三者之间可能会有距离和冲突，个体的某些心理问题也会因此而产生。

二、大学生自我意识的发展过程

几乎所有的心理学研究都在证明，在人生长的早期阶段自我认知能力就开始有所表现，但它不是与生俱来的，而是在后天的社会生活中通过学习而获得的，自我认知的发生和发展本身也是一个社会化过程。初生婴儿只有一些天生的固定的神经联系，他们的动作和周围环境刺激直接相联系，还不能把自己从环境中分离出来，他们完全在成人照料下生活和成长。随着年龄的增长，在与周围人的交往中，观察别人的态度，关注别人对自己的评价和判断，并把这些印象内化、整合为自己的心理模式。

儿童把自己作为主体从客体中区分出来是个体自我认知发生的标志。在生理的自我意识阶段开始以前的婴儿还不能把自己从环境中区分开来，不知道自己身体各部位是属于自己的。他们对待自己的手和脚如同玩具，举起手或脚自己观看，吸吮自己的手指就像吸吮自己身体以外的任何东西一样，真所谓"猪八戒啃猪蹄——不知自觉（脚）"。自我认知的形成和发展，是从能够感觉到自己身体和外界事物有区别开始的，是最初的主我与客我的分化。这时，婴儿接触玩具时能觉得它是身外之物，接触手和脚时能觉得是自身的，体会到自己的存在，这只是自我认知的萌芽。

有关研究发现，人对父母的镜中影像比对自己镜中的影像认识要早。8个月的婴儿能关心镜中自己的形象，10个月时能够自己转向自己在镜中的影像，但仍然不认识这是自己的影像。到了1岁7个月看照片时能认出自己，1岁8个月时能区分同伴的照片，2岁在看同伴照片的同时能够说出他的名字。根据这些研究说明，"你"的意识比"我"的意识发生得要早，"我"的意识从出生后的第二年才开始发生。此后，儿童逐渐明显地感到自己和父母或他人的不同，能把自己的东西和其他人相区别，意识到自己独立的空间。在与成人交往过程中，开始模仿父母或年长者的行为和作风，对周围环境对他们的限制或干涉有反抗意识。虽然此时自我认知还处于萌发阶段，但这已经是个体发展过程一个重大的飞跃，这种能力为他们接受环境影响和受教育提供了更大的可能性。

进入幼儿时期，儿童的自我评价能力开始发展。随着知识的增长和对周围事物的关心，母子关系进一步分化，能够把自己的行动对象化，自主性明显提高。在和同伴的交往和比较中，自我概念开始建立起来。个人在认识别人的品质时，就开始形成了对自己评价的能力，从依从性的评价发展到带有独立性的自我评价。最重要的是，这一时期，儿童习得了各种各样的行为准则，如果自己的行为不符合行为准则，就会感到不安。

儿童入学以后，随着交往的扩大和知识的学习，自我认知快速发展。儿童与同伴交往的比重增加了，与教师的关系成为他们生活中最关注的内容。在与同伴的比较和竞争中形成着自己的评价标准，萌发在幼儿身上的自我意识独立性继续增强。到小学三、四年级独立的自我评价有明显的发展，高年级的学生已能通过自我观察进行自我评价。低年级的学生是以具体行为和外部表现评价人，二、三年级的学生虽然仍以具体行为为主，但评价所涉及的内容和范围都有所扩大，在四年级以后开始从外部表现和内心品质来评价自己和他人。当然，小学低年级学生的评价能力很肤浅，也不全面，对别人的评价更多地是看别人的缺点。

青春期是人的自我意识发展的最关键的时期，这一时期自我认知发展速度是惊人的，是依据自我反思发现自我的时期。特别是随着第二性征出现和快速成熟，自我意识也在急剧变化。这个时期最明显的特点是关心自己身体特征和容貌，强烈关注周围的人对自己如何评价。对自己的信赖度随着年龄的增长而上升，对教师的信赖度则随年龄增长而下降。儿童逐渐从对父母的依赖关系中脱离开，开始形成独立的思想和价值判断标准，进入"心理断乳期"，开始"第二反抗期"。在心理上的急于独立倾向，使他们陷入新的欲求的产生而又不能得到满足的冲突中。一方面他们急于想把自主、独立变成志向，总觉得对父母的依从是一种压力和束缚，常有反抗的表现。但这一时期的青年，无论在经济上，还是在精神上或情绪上，都不能摆脱对父母的依赖。由于青年身心各种能力的显著发展，父母又不能完全满足他们内心世界的欲求，因此在同代人中选择知心朋友作为精神上的依托。当他们和父母发生意见分歧时，他们往往觉得同龄人或朋友更了解自己，更愿意听取他们的意见。

青年期是一个发展过程，在初中、高中、大学阶段，随着年龄增长，自我认知水平显著提高。进入高中后期和大学阶段，生活和学习等方面更富有独立性和计划性，自我认知的内容越来越丰富。能够从理性出发，进行自我分析，自我批判，自我否定，做任何事都有明确的目的性和计划性，有自己规定的行为准则，有强烈的讨论自己思想和确定自己理念的欲望。但是，青年情绪情感发展迅速，常常情绪冲动，自我认知活动容易情绪化。应该说，大学毕业阶段，青年的自我认知水平已经成熟起来，但缺乏实际生活经验，理想和现实的关系还存在很多冲突，很难给自己做出合理的职业生涯规划和人生定位。他们缺乏的是社会生活的历练，一旦他们走入社会，社会经验丰富起来，角色意识健全并贴近自己的实际，他们的自我认知可以说真正成熟起来了。

奥尔波特（G.Allport）把统一的自我称为"统我"（Proprium），认为"统我"是人格发展最高阶段的产物，是健康人格的内在组织者和所有内部特性的体现者。他根据"统我"的特征，把自我认知发展划分了八个阶段：0～1岁对躯体的自我认识，1～2岁自我同一感产生，2～3岁自尊感的出现，3～4岁自我扩展意识，4～6岁自我意象形成，6～12岁成为理性的应付者，12～22岁追求统我，成年期实现自我认识和整合。此时，个体实现了自我认识，将前七个阶段的发展统一并综合于一体，从而使自己超越了前七个阶段。

上述研究表明，在个体意识发展过程中，即从幼儿自我意识的萌发到青年的自我意识的确立，一般要经历以下几个转变：从依靠别人（父母、教师等）的评价向独立评价的发展；从评价别人向自觉评价自己发展；从具体行动的评价向对个性品德进行评价的发展；从单纯依靠表面现象或行为的效果向动机与效果相统一进行评价的发展。相关研究结果显示，多数大学生的自我意识是积极的，但也有不少学生需要相关的引导或支持，从而能够更好地完善自我，超越自我，塑造出有利于个人和社会的自我。

伴随着身心的迅速发展，以及社会对其态度和期望的改变，大学生的意识开始由对外部世界的关注转向了自己。"我是谁"除了姓名这个符号以外，我的内心世界是怎样的，我的能力如何，我在集体中处在一个什么样的地位，我到底能为祖国做些什么，成了他们最愿探究的问题，此期的自我意识经历了多次的分化—矛盾—统一，达到了高一层次的自我同一，可见，大学时代是自我意识迅猛发展的时代，也是自我意识初步确立的时代。

三、影响大学生自我意识发展的因素

首先，大学校园的竞争对自我意识的影响。进入大学的新生，势必要面对新的学习环境、方法，也要承受激烈的竞争，这必然深刻地影响到每位大学生的强烈的自我意识。

其次，成绩分数高低对自我意识的影响。进入大学以后，每一学期或每一学年，学生的成绩都要排一次队，而评选三好、先进、优秀学生干部、奖学金等常常由分数决定。因此，分数作为优劣标准具有无情的压力，对大学生的自我意识有着重要的影响。

再次，大学生的社会角色对自我意识的影响。在大学校园里，一个大学生究竟扮演什么角色，是众人瞩目的班、团干部、学生会社团干部，是各种活动中的积极分子，还是普通一员，极大地影响着大学生的自信心、自主性和自我意识。

由于心理尚未成熟，大学生自我意识的发展也不是一帆风顺。如果说儿童期的依赖成人所形成的自我意识是"初认同"的话，那么，随着年龄的增长和所处环境的变化，大学生开始重新估价世界，重新塑造自己，这个过程可称为"再认同"。两者一致，自我意识会得到顺利发展；如果两者存在矛盾冲突，再认同不能以初认同为基础，个人又缺乏自我塑造的能力，就难免陷入困难，甚至会在前进中丧失了自我。

第二节 大学生自我意识的发展水平与心理障碍

大学生正值青春年华，进入青春期以后，身体不仅长得更高，体能也增强了，生活在最富有活力且有着较高知识水平的同龄人中，角色不同，交往扩大，需求增多，大学本身也给大学生们提供了认识自己、展现自己、发展自己的极好舞台。因此，和其他年龄阶段相比较，大学生自我意识发展具有鲜明的特征。

一、大学生自我意识发展的总体特征

大学生处在人生中最美好的年华，不论是生理还是心理都是渐趋成熟的状态。他们能迅速感受到新事物并乐于接受，也能够及时关注到自我细微的变化，并去感受和体验这种变化，甚至想要调控和掌握这种变化。这使得大学生的自我意识不断完善和成熟。通过对问卷调查数据的分析发现，当代大学生的自我意识总体上表现出自我肯定、协调发展的趋势，即大学生自我认识水平较高，认识内容也逐渐丰富和深刻。

大学生对自己身体成熟状态、外貌形态等特点有了更为深刻的认识，生理自我的评分较高。多数大学生都能够相对比较认可自己的先天容貌，对自身的生理结构比较自信（64.3%的大学生对自己的外貌感到满意）；并开始注重对家庭、人性、责任、价值等方面的认识，逐渐开始思考"做什么样的人""成就什么样的事"等一些问题。

同时，当代大学生越来越重视对自我意识情感成分的表达，重视对自己的态度情感，更看重如何看待自己的个性、扮演的角色和存在价值等。他们喜欢知识、喜欢朋友也喜欢自己，赞赏自己的成功、坦然接受失败。学者於一的调查显示，53.38%的大学生对"我喜欢经常保持仪表整洁大方"给出肯定答案，40.4%的大学生认为"我觉得我这个人还不错"，56.95%的大学生认为自己"待人亲切友善"，也有12.59%的大学生认可"我有时会把当天该做的事拖到第二天"，8.65%的大学生同意"我有时会说谎"，12.03%的大学生承认"我偶尔会发脾气"[1]。可见，大学生从内心中越来越认可自我、接纳自我，包括接纳自己的不足和缺点。

大学生在道德伦理方面的自我意识平均水平高于其他维度。在回答"我的品德好""我对自己的道德行为感到满意""我在日常生活中常凭着良心做事"三题中，分别有55.64%、53.76%、68.05%的学生给出完全肯定回答。[2] 由此我们可以看出，当代大学生对于自我的道德品质的意识是持肯定态度的，反映出大学生的自我意识是健康、积极、上进的道德自我意识。

二、大学生自我意识的发展水平

总体而言，当代大学生的自我意识体验更加深刻，自我认识的深度和广度增加，自我认知愈发自觉，表明大学生自我意识水平达到了成年人应有的高度。

---

[1][2] 於一：《论职高体育教学中学生自主学习能力和自我创新意识的培养》，《当代体育》，2021（第40期）。

(一)大学生自我意识接近成熟

大学生自我意识的发展水平，可以从两个方面来考察：一方面，从大学生个人对自己的评价和他人对该大学生的评价比较上来看，黄希庭、杨永明等人的研究表明，绝大多数大学生在自我意识的评定量表上得分是高的，而且大多数各年级学生自己对自己的评价和别人对他们的评价是比较一致的。另一方面，从自我认识、自我体验、自我控制三者之间的关系上来看，三者比较协调一致。但也有研究显示，大学生自我意识的各类型之间的发展是不平稳的，根据每一类型均值高低为序依次是：理想自我、现实（主体）自我、镜中（镜像）自我，大学生自我意识类型发展状况比较同样表明，当代大学新生对自我意识的认识分布很不均衡，心理自我、社会自我的描述频率明显地高于其他类型。

从以上表述可看出，大学生自我意识发展不平衡，不仅表现在类型方面，而且在年级方面也有反映。研究结果表明，大学生自我意识的发展已达到较高水平。这不仅从大学生自我意识总体得分和自我评价的得分高可以证明，而且从自我认识、自我体验、自我控制三者之间的关系比较协调，成为一个有机整体，也体现了这一论断。当然这并不意味着大学生自我意识已成熟、完善。例如，在理想自我和现实自我，个体自我和社会自我等方面还存在着矛盾。在自我意识发展趋势上，大学生阶段已由中学阶段的急剧发展进入相对稳定时期。

形成这种状况的原因主要有以下几个方面：首先，大学生一般自视较高，在大学相对宽松的环境里，对自己对未来都有着美好的憧憬；其次，经过心理"断乳"的痛苦挣扎，加之远离父母、老师的细心呵护，大学生的独立性、怀疑性、批判性明显增强，不再轻易相信他人甚至权威，常常以自我为中心；再次，大学生的世界观、人生观尚不健全，缺乏认识和对待自我的科学态度；最后，大学生的自我意识仍在不断的发展变化之中。大学新生刚刚进入一个新环境，由于社会的高评价，自觉社会责任重大，自认已成为祖国的栋梁之材，自我意识往往偏高且不准确。到了大二、大三，面对崭新的知识和新的竞争对象，他们最初的自我意识和期望受到挑战，需要对自己有一个重新认识和评价的过程，很容易产生"我到底是什么样的人"之类的想法。不过应该指出的是，这时的自我意识尽管低于大一，但只有此时大学生们才真正有能力去认识和建立真正的自我。大四或大五，临近毕业，步入社会之前，由于未来的不确定带来了情绪的波动以及心理状态的不稳定，使得刚建立起来的自我意识再次受到考验。尽管大学生自我意识的发展经历了一个曲折的阶段，但这期间的每一次反复都意味着大学生的自我意识的发展向客观、成熟的方向迈进了一步。

(二)大学生自我评价能力显著提升

在中学阶段自我认识的迫切性已有明显的发展和表现。大学时期，由于大学生掌握了比较广阔的知识，面对社会对他们的期望和要求，深入了解自己的愿望更为迫切，"我究竟是什么样的人""我可能和应该成为什么样的人""我的前途怎样"等都是大学生们十分感兴趣而又紧迫思考的问题。他们还经常主动地与周围的人作比较来认识自己，主动参照内心所崇敬的英雄模范人物来评价自己。这一切都表明了大学生的自我认识具有更高的自觉性和主动性。大学生的自我评价进一步发展，日益成熟。研究结果表明，大学生的自我评价，不仅能摆脱对成人和同龄群体的依赖，具有较高的独立性，而且具有概括性和辩证性。研究结果还表明，他们的自我评价更符合客观实际，自我形象更具丰富性，评价涉及自己的优缺点、性格气质、道德品质、同学关系、理想确立、世界观、容貌体形、大学生活、能力才华、性别差异等各个方面。

诚然，大学生自我评价能力的发展亦存在着不平衡性，通常表现为两种类型：一种是过高的自我评价，另一种则是过低的自我评价。过高或过低的自我评价往往导致个体自我意识确立过程中的过分自负或过分自卑这两大心理缺陷。它们是妨碍良好自我意识形成的心理障碍。处于过低自我评价状态的大学生，在把理想我与现实我进行比较时，对理想我期望较高，又无法达到，对现实我不满意，又无法改进。他们在心理上的一个特征就是自我排斥。由于在成长过程中，理想我与现实我的距离过大所导致的自我矛盾冲突，他们往往会产生否定自己、拒绝接纳自我的心理倾向。这类大学生往往降低人的社会需求水平，对自我过分怀疑，压抑自我的积极性，并可能引发严重的情感损伤和内心冲突。他们的心理体验常伴随较多的自卑感、盲目性、自信心丧失和情绪消沉、意志薄弱、孤僻抑郁等现象，尤其是面对新的环境、挫折和重大生活事件，有时会产生过激行为，酿成悲剧。过高的自我评价，这是一种与过低自我评价相对立的自我意识状态。在这种自我意识的支配下，个体往往扩大现实的自我，形成错误的不切实际的理想自我，并认为理想我可以轻易实现。这种类型的大学生往往盲目乐观，以我为中心、不易被周围环境和他人所接受与认可，甚至引起别人的反感和不满。因此极易遭受失败和内心冲突，产生严重的情感挫伤，导致苦闷、自卑、自我放弃。有时会引发过激行为和反社会行为。

大学生自我评价形成的途径主要有三条：第一，根据社会上他人对自己的态度评价自己。学生一般都比较留心社会上其他人对自己的态度和评价，尤其是他所尊重的长辈、教师的评价，对他们的自我评价的内容有很大的影响。在一定意义上可以说大学生自我评价的成熟及自我意识的发展是在社会上其他人的态度和评语中形成的。第二，通过与社会上和自己的地位、条件相类似的人的比较来评价自己。大学生的自我评价总是在和与他相类似的人比较中做出的，其一般程序是：先与自己同宿舍的同学比，与同班同学比，再与其他专业的同学比，与他校的同学比，或与历届同学比等。第三，通过个人对自己心理活动的分析来实现自我评价。一个人常常是根据他人对自己的评价和态度来评价自己。在这同时，自己也对自身的心理活动及其行为表现加以主观的分析。因此，自我评价不等于是他人评价如实的反映。我们曾调查了大、中、小学生200多人，要求他们既作关于道德品质的自我评价，又评价小组中其他人，结果表明，比较多的学生的自我评价符合或基本符合他人评价，有少数学生的自我评价与他人评价有较大距离，个别学生的自我评价与他人评价距离很大。如，有的学生评价自己的品质都是"最好"，而小组评价他是"最差"；也有学生对自己评价偏低，但小组同伴却给他以公正而客观的评价。由此可见，大学生要摆脱长辈、教师、朋友的影响而进入独立的自我分析和评价，有一个艰难的过程。一般要待大学生的世界观、人生观基本确立之后，这个过程才算得上相对完成。因为成熟的、独立的自我分析和评价必须以自我对待世界和人生稳定的态度和评价为前提和依据。

(三)大学生自尊心明显增强

自尊心是指要求尊重自己的言行和人格，维护一定荣誉和社会地位的一种自我意识倾向，是一种与自信心、进取心、责任感、荣誉感等密切联系的、积极的心理素质。大学生有十分强烈的自尊心，好胜、好强、不甘落后的心理十分突出。同时由是否受尊重、是否能满足而引起的情感反应也十分强烈。比如一些大学生的学习动力之一就是维持一定的自尊。自尊心被认为是最强烈的一种内驱力，对于调节自身的思想、心理、行为有很重要的作用。因此，自尊心也直接影响到大学生的心理健康和发展。但是，自尊心也要防止两个极端：一是自尊心过强，有可能导致以自我为中心，唯我独尊；二是自尊心太弱，则容易自暴自弃，无所作为。自尊心屡屡受挫，有可能产生自卑感。如果自尊心和自卑感都很强，也可能导致虚荣心，这些都是自尊心尚不成熟的表现。

大学生的自我体验比较丰富，有喜欢、满意自己或讨厌、不满意自己的肯定和否定的体验，有喜悦或是忧虑的积极和消极的体验，也有紧张和轻松的体验。在这些丰富多彩的自我体验中其基调是积极、健康的。在一项关于大学生自我体验的调查中，研究人员列举了20对描述情感自我体验的相对的词或成语（如：热情—冷漠，憧憬—悔恨，自信—自卑，愉快—愁闷等），要求被试者从中选出10个能表达自己近半年来心情的词语。被调查的358名大学生选择结果表明，大学生自我体验基调倾向于热情、憧憬、自信、舒畅、紧张等。在丰富性发展的同时，大学生的自我体验更多地与自己的个性品质、集体荣誉、自我在社会中的发展前途等联系起来，日趋深刻。自尊心是个体要求人们尊重自己的言行，维护一定的荣誉和社会地位的一种自我意识倾向，是一种与自信心、尊严感、社会责任感、集体荣誉感密切联系的良好的心理品质，是个体积极向上的内部动力。研究表明，大学生具有较高的自尊心，表现为自尊的需要十分强烈，好胜好强、不甘落后、要求他人尊重、强烈的自我保护意识、对涉及自尊的事敏感且易做出强烈的情绪反应。正是这种强烈的自尊心激励着大学生更加积极向上，尽可能使自己的言行受到他人的尊重。值得注意的是少数大学生存在着自卑感，如不及时克服将会造成性格上的重大缺陷，严重的会产生自暴自弃的后果。大学生自我体验的基调中男生倾向于选择紧张、自信、热情、憧憬、急躁。女生的选择则是热情、急躁、舒畅、憧憬、愁闷。一般说来，在自我体验方面，男生比女生更具自信心，更富有活力，但容易急躁；女生则更热情，更迫切地要求取得成功，内心舒畅感更明显，但容易发愁。因此，处于青年中期的大学生，其自我体验带有强烈的情绪色彩，高兴时容易产生积极、肯定的自我体验，甚至忘乎所以，目空一切；遇到挫折时往往产生消极的自我体验，甚至自我否定、自卑，极不稳定。

(四)大学生自我完善的愿望日益增强

独立感是指个体摆脱监督、支配和管教的一种自我意识倾向。如大学生总是喜欢向周围的人，尤其是父母和教师宣布自己独立自主的要求，激烈地阐述自己的主张，喜欢独立思考和行动，不喜欢父母、老师管教和指点；希望自立和自制，不喜欢别人过多地干涉等。但大学低、中年级，这种独立感有时会显得过分而空虚。一般说来，到了高年级，由于知识和经验的积累，独立感才基本成熟，也显得平衡而实在。

大学生在生理上已完全具备了成人的特点，在以学生自理为主的大学学习的环境里，大学生们需要自己安排自己的学习、照料自己生活、组织自己活动、解决自己问题，也由于自我认识、自我体验的发展，从而进一步促使大学生的自我控制能力达到较高水平。在他们心目中，自己不再是"中学生娃娃"那样的自我形象，而是一个肩负历史使命，又有一定知识和才能的大学生形象，他们强烈地期望充分发展其独立性，摆脱依赖。他们经常在各种场合以各种方式向周围人们表达自己独立自主的要求，希望成为自己命运的主人，希望自己组织自己的活动，自己独立思考和动手解决学习、生活、恋爱、人际关系等问题，喜欢聚在一起相互交流思想、探索人生奥秘，对于约束自己自由、独立的环境和措施往往感到不满，甚至表现出较为强烈的反抗倾向。

自我设计、自我完善的愿望强烈是大学生自我控制能力发展的一个主要特点，他们经常考虑"我应该成为一个什么样的人""我怎样才能成为一个那样的人"等问题，大学生们的许多苦恼、不安以至痛苦的思索和争论也经常围绕着这两个问题。通过对自己的认识、体验，在心中开始建立一个崭新的自我，一个肩负着历史使命，又有着一定才能和人格的大学生形象，强烈期望摆脱幼稚和依赖，设计自我、完善自我，使自己也具备理想中的人物形象或刻意追求的标准。讨厌同学、老师或家长的管教或指点，喜欢自己组织活动，聚在一起讨论自己感兴趣的话题，以某种新潮标榜自己，包括用笔名甚至绰号来包装自己；自己动手解决问题，比如选择自己未来的发展方向，争取经济上的独立，包括在勤工助学中解决一部分生活来源问题等。同时，大学生的自我控制水平也明显提高，表现明显的自觉性和主动性，并逐渐以社会标准、社会期望、社会要求和社会条件为转移。当然，大学生的自我控制水平尚缺乏一定的稳定性，如他们在观赏一场足球赛时，时而会为一个精彩的进球而狂喜，时而又为一记臭脚而暴怒。有时同学间的争论也会演绎成一场小小的冲突。自信心是指个体相信自己的能力和精力的一种自我意识倾向。此外，自信心的建立也是大学生生活愉快、学习进步、潜能开发的重要保证，是促进心理健康的重要增力因素。但是，如果一个人的自信心过强，就有可能变得骄傲自满、狂妄自大、目中无人，或者行为莽撞、冒险，将影响到自身的发展及和他人的关系，也给工作带来损失；反过来，如果自信心不足，畏畏缩缩，则会影响自我意识健康发展的方向。

三、大学生自我意识发展的心理障碍

当代大学生的自我意识从整体上来看处于较高水平，是相对稳定的一个阶段。但是，大学生所处的阶段是心理快速发展、趋于成熟而又未完全成熟的阶段，加之社会竞争越来越明显、就业压力日益增大、理想信念受到多方冲击，所以当代大学生的自我意识也存在矛盾和不协调的方面。

（一）自我意识体现出矛盾性，自身角色的认同感不统一

大学生在自我认识和自我评价时趋于主观。大学生往往是通过自我反省来认识自己，但反省能力有限，大学生的自我认识存在一定程度的主观性，大学生对自我的认识和评价与别人对自己的认识和评价存在矛盾和差距，甚至，大学生在看待自己的表现和与别人的关系的时候，也存在不同结论。正是由于自我意识在现代与后现代、理性与感性之间沟通往复，因此自我意识具有两重性。大学生在探讨、评价和思考问题时，容易带有理想的色彩，一定程度上夸大自己的能力和优势，当遇

到挫折时，不能正确归因，容易产生自我否认和回避的态度。这种对自身角色认同感的不统一，必然影响大学生的自我同一性发展，并影响其目标设定和自我调控。

(二)自我思想浓厚，自我责任意识淡薄

人的责任，从本质上来说体现的是关系的范畴，是人与人、人与社会的关系，表达了人的一种社会必然性，责任与自己与社会都是息息相关的，任何人都不可推卸。但是，调查显示，当代大学生"自我"思想浓厚，"自我责任"意识较淡薄，尤其是"社会责任意识"较弱。具体表现为在个体的意识中占主要地位的是"自我性"，个体注意的中心也主要集中于自身，忽略自我与社会的联系，忽视"我与他"的内在价值关联。大学生更容易强化社会对自己的责任，而淡化个人对社会对家庭的责任，大学生的社会责任意识总体偏弱。并且，通过进一步分析还发现，男大学生的社会责任意识与成就意识均略高于女大学生。因此，在强调社会责任意识的时候，不要忽略对女大学生的引导和培育。大学生是社会主义事业的建设者和接班人，时代要求他们具备强烈的社会责任意识、角色职责要求，这样，才能将大学生个人发展与国家发展需要结合起来，才能体现自己更大的价值、承担更多的责任。这个比例与我们期待中的大学生的社会责任意识存在差距。

(三)目标性计划性不强，自我控制不足

自我控制对于大学生的成长成才起到至关重要的作用。个体每个心理活动或行为活动都涉及自我控制，个体对目标的选择、投入、坚持都依靠自我控制，个体的自我教育和自我管理也与自我控制密不可分，具有良好自我控制的大学生才能够更好地适应大学生活，成就自己的社会价值。进入大学，大学生自我控制的社会性开始增加，开始设定行动计划并能够不随外界环境变化而改变，生活开始有价值定向，社会责任感和成就意识开始出现。但总体来说，大学生的目标计划性不强，自我控制不足。调查显示，"有明确的人生目标，并为之努力"的大学生占到34.59%，但"生活很有计划性"的大学生只占24.62%，认为自己"每走一步都是踏实稳健的"也只占到24.62%。从中也可发现，大学生从众心理较重，规划意识不强。对自我不能准确定位、合理规划，体现的是自我控制不足。调查中发现，男大学生的目标设定和计划性较女大学生更弱，自我控制能力也低于女大学生。农村大学生的自我控制能力高于城镇大学生。

第三节 大学生自我意识的自我管理

健全良好的自我意识是人的心理健康的重要标志，是人赖以成长的重要内在机制，并且在人的人格发展过程中发挥着关键性作用。对于青年期的大学生而言，如果在主体我与客体我分化的基础上，能够形成新的认知水平上的协调统一的自我，那么就能建立良好的自我意识，反之则可能出现自我意识的混乱。在大学生中，良好自我意识的确立，意味着他们能够正确地认识自己的身份角色与社会地位，对这种认识有恰当而适宜的态度。自我意识对个体行为具有直接的支配作用。一般而言，具有恰当的自我意识的人，在采取行为时，也往往得体与适当，反之则往往与现实不相适应甚至发生冲突。因此，要教育和培养大学生对自我意识加强管理。

一、正确地认识自我

正确认识自己、评价自己是建立良好自我意识的基础，同时也是形成健全人格的重要保证。健全的人格能够推动亲社会行为的产生，而有缺陷的或不健康的人格则可能推动反社会行为。大学生在社会化和自我确立的过程中已具有一定的自我观察、自我分析和自我证明的能力，大学生不仅是教育的客体，而且也是教育的主体。加强自我教育和自我管理，是大学生发展积极的自我意识、完善自己个性的有效途径。最佳的自我教育和自我管理，应以社会发展的必然规律为准绳，正确地对待自我，不断地完善自我。

古人曰："人贵有自知之明"。"贵"字不仅表明一个人有自知之明是多么的难能可贵，而且意味着一个人要有自知之明也不是一件轻而易举的事。大学生应当学会用马克思主义的观点去考察社会和人生，学会用辩证唯物主义的观点来衡量和评价自己，积极投身社会，在社会实践中找到适合自己的参照系，并且经常反省自己。要想认识自己，须先了解自己。了解自己可不是一件轻松的事，这不仅因为"当事者迷"，而且还因为人的确难以客观地观察和把握自己。

二、宽容地悦纳自我

宽容地悦纳自我是自我意识健康发展的关键与核心。具体地说，接受自己是指无条件接受自己的一切，包括优点、缺点。接受自己是自我意识发展调控的核心步骤，也是适应社会发展的前提所在。当然，接受自己存在两个结果，一个是积极接受自己，即形成自尊的状态，而另一个则是消极地接受自己，即形成自卑的状态。帮助大学生积极接受自己，就要从以下三方面出发：（1）理智地看待自己的优点、缺点。每个人都有优点、缺点，但是，要相信自己长处多、短处少，就算有很多短处，那也会逐渐向好的方向转变。做到不自大，不自贬，才能理智地接受自己；（2）正确地对待自己的短处。从科学的角度出发，短处可以分为两种情况，一种通过努力是可以改进的，比如人在生活、学习中的不良习惯，而另一种是先天的、无法改进的，比如天生的身材矮小等。对于可以改进的缺点，我们要勇敢、积极地改正，通过不懈努力减少自己的缺点。而对于无法改进的缺点，则要勇敢地面对、包容与接受，这样才是正确地对待自己的短处；（3）勇敢面对失败。俗话说，失败是成功之母。每个人在成长过程中都会有成功，但必然也会有失败。部分学生在成功时不可抑制地欣喜，在失败时却如跌入了谷底，一味地贬低自己，一蹶不振，从此丧失自信，成为自卑的人。但是，我们一定要清楚地认识到，一时的成功不代表永远成功，失败亦是如此。大学生在生活、学习过程中，碰到任何失败的情况，都应该勇敢面对，坚强度过。

三、有效地控制自我

控制自己是人主动地去改变自己的过程，而这个过程还是定向的。调查发现，随着自媒体的普及，一些大学生沉迷于网络不能自已。对网络的依赖，与大学生过多的自我否定与自我批评、较低的自我认同与自信心不足、消极的自我应对有关。有效控制自己，是定向改变自己、完善自己的直接途径，鼓励大学生有效控制自己，具体可从以下两方面展开。首先，设定一个理想的自我目标，即要通过定向改变达到的目标。设定目标时，要根据实际情况，从自身的知识文化程度、处事能力水平、日常生活经验等角度出发，设定一个通过切实努力可以达到的目标。目标太高，容易因无法实现而失去信心。相反，目标太低，轻而易举就能达到，则会失去努力奋斗的动力。其次，努力培养自己的意志力。在每个人的人生中，都会有欲望的出现与干扰，还会时不时有外部诱惑的存在，很容易使人偏离轨道，尤其是大学生这个意志力还没有完全成熟的人群。一旦偏离轨道，就丧失了不懈努力的斗志，就会放弃了达到目标的决心。所以，想要成功就要有抵挡各种诱惑的意志力，不断约束自己的思维，把握自己的行为。只有意志力顽强的人，才能在思维、行动时有良好的自觉性与自制力。通过各种具有挑战性的校园活动，如体育比赛、实践活动等，加强大学生克服困难的毅力与水平，培养其意志力。再次，增强自信、培育坚强。增强自尊和自信，使自己有为实现理想自我而努力的更强大的动力，激励自己不断奋进，培育顽强的意志和坚强的性格，发展坚持性和自制力，增强挫折耐受力，使自己能自觉主动地认清目标，为实现目标而努力排除干扰、克服困难，正确地面对成功与失败。

四、积极地完善自我

认识自我绝不是终极目的，认识自我是为了扬弃自我、改造自我、超越自我、完善自我，使自我达到一个更高的水平。认识自己改造自己的最简单最可靠的方法，就是在别人面前，如实地表现出自己的本来面目。

小组讨论会和敏感性训练以及自我分析等可以帮助你实现这一目的。小组讨论会是以小组的形式，在独特的气氛（集体感）之中，暴露自己、正视自己。但由于各人的目的和性格不同，对有的人合适，对有的人不合适。敏感性训练，从自我层面，是在如下的假设和理论的基础上形成的。A部表示自己所发觉的，以及由于自己的表现，别人也发觉的部分，也就是自己和别人的看法（I和ME）一致的部分。A部占的面积大，表示你的自我是健康的、自由的，也是积极向上的；B部是自己虽已发觉，但别人尚未发觉的部分，应尽可能把它表现出来；C部是别人发觉而自己未发觉的部分（如虚荣心、自卑感等），在这类会议以及活动中，由别人所指出；D是自己和别人都未发觉的部分。

但是，也有少数大学生由于自我训练没有达到一定的强度，一旦经受这样的刺激或获得解放，抑制就将失去作用，由于混乱而暂时陷入模糊的状态中，在做这样的训练时一定要因人而异，并且要配合小组交谈和指导。改造自我的最大障碍之一便是缺少毅力。缺少毅力的人往往把毅力看作一种固有的心理品质，而自己却不具备。其实，每个人都是在某些方面很有毅力，在另一方面没有毅力，有的人在学习上很有毅力，可以没有午休，没有课间；另一些人在体育锻炼方面很有毅力，可以早起。应当看到，毅力总是因环境而异的，是相对的。不同的人就不同的行为而言可有不同的毅力。因此，毅力主要取决于对自我的了解和改造自我的明确性与迫切性，也取决于人的价值观。

要知道，每天的太阳都是新的，每个清晨中醒来的自我都是新的。你缺少的并不是前进的力量。而是彻底摆脱昨天阴影的力量；你不能前行是因为你不能轻装，是因为你习惯于向后看。请转过身吧，你会发现一个全新的自我。

成为自己，是当代大学生的思想行为热点之一。成为自己，就是做一个"自如的我，独特的我，最好的我"。大学生成为自己的过程，是其自我同一的过程，是其自我不断走向完善的过程，也是其从个人"小我"走向社会"大我"的过程，是既注重自我又不固守自我，而是根据社会要求不断改造自我；既注重自我价值的实现又不仅仅局限于追求个人自我价值的实现，而是把自我价值实现的过程与为祖国现代化建设做贡献的过程统一起来，在为他人和社会的服务中实现真正的自我价值的过程。完善是一种境界，更是一种过程。只有坚持正确的方向，本着科学的态度，投身于火热的社会实践中，辩证地看待社会，分析自我，把握自我，才有可能最终超越自我。

第三章 大学生情绪情感健康

处在青年期的大学生，情绪情感上正经历着急剧的变化，表现为情绪起伏波动大，情感体验深刻、丰富和复杂，容易陷入情绪困扰。抑郁是困扰大学生的情绪问题之一。2022年中国精神卫生调查显示，抑郁症发病群体呈年轻化趋势，我国成人抑郁障碍终生患病率为6.8%，其中抑郁症为3.4%，50%抑郁症患者为在校学生，18岁以下的抑郁症患者占总人数的30%。社会亟需重视青少年心理健康。

这一特点明显地影响到大学生的学习、生活等各方面，长期持续的不良情绪还会严重危害大学生的身心健康。正确了解大学生情绪和情感发展的特点，培养大学生学会情绪情感的自我管理，消除不良情绪，培养良好的情绪和情感，对于增进大学生的心理健康有着重要的意义。

第一节 大学生情绪情感的心理结构

情绪与人类的健康有密切关系，情急百病生，情舒百病除。有益于健康的是"长寿三要素"，即情绪稳定、运动适量、饮食合理，可见情绪稳定对健康有重要的影响。据世界流行病学调查，发现有40%～80%的常见癌症（如胃癌、肝癌、宫颈癌等）患者具有较长期的不良情绪，好生闷气、抑郁。还有人对离婚分居人群癌症发病率升高的情况做了分析研究，说明情绪压抑是导致情绪恶化，进而影响身体健康的重要因素。

在情绪表达中，通过表情的渠道使人们相互了解，产生共鸣；它为人们建立相互依恋的纽带、培植友谊，以十分微妙的表情动作传递着交际的信息，成为无词通信的手段。实际上，人与人之间，人与社会之间的关系，都可以通过情绪反映出来，诸如爱与恨、快乐与悲伤、期望与失望、羡慕与嫉妒等情绪和人的语言调节着人际行为。人有许多基本情绪，诸如愉快、悲伤、愤怒、惧怕、惊奇、厌恶等，在人际交往和社会关系中，人们用不同的表情来待人接物，各种表情都是不同情绪的反映，体现了人们适应环境的不同价值，这更说明了情绪在社会交往中的敏感作用。

一、情绪情感的含义

情绪和情感是人的心理活动的一个重要方面，产生于认识和活动的过程中，并影响着认识和活动的进行。概括地说，情绪和情感是人对客观事物是否满足自身需要而产生的态度体验。人们在进行认识和活动的过程中，总要和客观事物发生各种各样的联系，并对它们产生不同的态度，这种态度又以带有独特色彩的体验的形式表现出来,例如考试取得好成绩使人感到轻松、愉快,失去亲人则令人悲哀、痛苦,遭人打骂会感到愤怒、敌意,处境危急时则感到焦虑、恐惧。人的情绪状态是复杂多样的,按照持续时间长短、强弱程度和影响深浅,可将其分为心境、激情和应激三种状态。情感是人类在社会历史发展过程中形成的,它和人的社会观及评价体系密不可分,反映了个体和社会的一定关系,体现出人的精神风貌。情感主要分为道德感、美感和理智感。

人对客观事物采取何种态度,取决于其是否符合和满足人的需要。与人的需要毫无关系的事物,不会引起任何细微的情绪体验;只有那些与人的需要紧密相联的事物才能令人产生种种情绪和情感体验。凡是能够满足人的需要或符合人的愿望的事物,就使人产生肯定的态度,引起积极的体验,如愉快、喜悦、满意、爱慕、尊敬等。反之,凡是不符合需要或与意思相违背的事物,则会使人产生否定的态度,引起消极的体验,如不愉快、愤怒、憎恨、恐惧、悲哀、羞耻等。有时,即使是同一件事物,由于不同人不一样的需求,也可能引起不同的内心体验。如同一轮圆月,恋爱中的情侣看到它时,体会到愉悦、爱慕的美好情感,而独在异乡的游子却被勾起无尽的思乡愁绪。此外,由于客观事物和人的需要的复杂性、一件事物可以其不同的方面与人的需要同时处于不同的关系之中,因而产生诸如百感交集、悲喜交加等复杂甚至矛盾的情绪和情感体验。

大学时期是人生情感体验最丰富的阶段,是内分泌激素中与情绪兴奋有直接关系的肾上腺激素进入旺盛分泌阶段,该阶段大学生易兴奋、易激动,情绪体验强烈,常易出现"急风暴雨"式的激情状态。我们经常可以看到,课堂上教师的一个生动例子,立即会引起学生热烈的情绪反应。大学生的激情状态具有二重性:积极的方面,他们热情奔放,豪情满怀,勇往直前。例如,可以表现出为真理、正义、斗争而献身的热忱和壮烈,如五四运动中的爱国青年;消极方面,则表现为易冲动,不冷静,盲目的狂热,因而可以导致做出一些蠢事和坏事。如他们常常为一点小事被激怒、怄气、对抗,出现不理智的行为。另外,由于大学生辩证逻辑思维发展水平还不高,对待问题易产生偏激,也由于影响大学生情绪的各种社会因素(如学习成绩、师生关系、同学交往、社会工作等),致使大学生的情绪、情感易起伏波动。他们会因一时的成功(如获得奖学金)兴高采烈、兴奋不已,又会因一时挫折(如考试成绩不好)垂头丧气、懊恼不止。有时还会出现莫名其妙的情绪波动。但与中学生相比较,大学生们在学习、生活以及人际交往过程中,知识经验日益丰富,对情绪、情感的控制调节能力逐渐增强,他们的情绪情感出现了较稳定的特点,有明显的心境化趋势。他们会因考试受挫或人际关系矛盾而在相当长的一段时间,处于不良的情绪状态中,也会因获得成功而生活在良好的心境里。与此同时,大学生的情绪表现具有文饰、内隐的性质,即他们的内心体验和外部表现一致,有的甚至完全相反。如考试不及格时,装得若无其事;上课明明未听懂,却装出已听懂的样子。这种情绪文饰、内隐现象,表明大学生对情绪已具有相当的自我控制能力。

二、大学生情绪情感的结构

人的情绪情感由三个要素构成。

(1)特殊的主观体验。指人在主观上感觉到、知觉到的情绪状态。如喜、怒、哀、恐等,这些都是独特的主观体验色彩。

（2）情绪的生理基础。中枢神经系统对情绪起着调节和整合作用，在情绪反应产生时，神经、呼吸、循环、消化、内分泌等系统都要发生一系列变化。所以情绪产生时必然伴随着显著的生理变化，必然影响到人的生理健康。

（3）情绪的外部表现形式。面部表情是情绪表现的主要形式，如眉开眼笑、愁眉苦脸、目瞪口呆、面红耳赤等都表示了不同的情绪状态；体态表情是身体各个部分姿态的变化，如手舞足蹈、垂头丧气、坐立不安等；言语表情主要指语言的声调、音色、节奏、速度方面的变化，如悲哀时语调低沉、言语缓慢，喜悦时语调高昂、速度较快、语音高低差别大。

从大学生情绪情感发展的纵向构成看，大学生情绪和情感的发展呈现出明显的阶段性特点。单就大学阶段而言，有着显著的年级差异。

（1）低年级学生情绪和情感的特点：刚刚跨入大学校园的新生，心中涌动着成为一名大学生的自豪感，对校园中的一切都感到新鲜、好奇，体验到高考成功后的轻松和愉快；同时，由于没有考上更好的专业和学校，或理想中的大学生活与现实的巨大落差，许多大学生感到强烈的失望、迷惑和自卑。激烈的竞争、繁重的课程、不同的教学方法使大学生在短暂的轻松感过后很快便体会到压力和紧迫感；陌生的环境和人、生活上的不适应使得低年级大学生产生恋旧感，深深地思念父母家人和过去的同学。因而，一年级大学生的情绪和情感体现出自豪感和自卑感交织、轻松感和压力感交织、新鲜感和恋旧感交织的特点。

（2）中年级大学生情绪和情感的特点：二三年级的大学生经过一年的调整后，已逐渐融入大学生活和学习之中，适应性情感增强，表现在专业思想渐趋稳定，学习兴趣浓厚，求知欲强，思维活跃，以及对自我的认识进一步深入，独立感、自尊感和自信心得到发展。此时大学生的人际交往逐渐增多，与班级同学的感情较为密切，并建立起深厚的友谊，一些大学生还收获了爱情。中年级大学生爱好广泛，积极参加社会活动和审美活动等。社会责任感、义务感、荣誉感和美感进一步发展并成熟。情绪和情感总体看来较为平稳。

（3）高年级大学生情绪和情感的特点：经过近四年时间的大学学习，高年级学生即将告别学校，走上工作岗位，此时他们的社会责任感明显增强，社会性情感日趋丰富，主要表现为更多地关心个人与社会的关系，思考人生价值和意义的倾向。毕业在即，高年级学生大多面临毕业考试、论文答辩、求职择业、个人感情等诸方面的抉择和压力，因此紧迫感和忧虑感十分明显，同时对母校和班级、同学产生惜别留恋之情。但也有个别大学生，因学习或择业中遭到挫折，产生愤怒、焦虑、紧张情绪，在冲动中做出毁坏公物、打架斗殴等恶劣行为，需要引起注意，并加以教育和引导。

从大学生情绪情感类型结构上看，不同层次大学生情绪和情感有不同特点。按在校学习成绩、表现及能力，可将大学生分为优秀生、中等生与后进生三个层次。现就优秀生和后进生的情绪和情感特点作一简单介绍。

优秀生的情绪和情感特点：优秀生的独立感、自尊心和自信心较强，情绪大多积极、愉快、乐观。他们的求知欲极强，学习兴趣浓厚，能体验到获取知识和有所创造时的快乐，对班集体的责任感和荣誉感较强。

后进生的情绪和情感特点：后进生的内心充满了矛盾，一方面他们想努力学习，奋发进取，甩掉后进帽子，另一方面又常因缺乏毅力和恒心，半途而废，徘徊不前，因而内心常常感到苦恼、痛苦、自责，他们既有强烈的自卑感，又有一定的自尊心，最忌别人揭短，怕人瞧不起。科学认识大学生情绪和情感发展的特点，有助于准确把握他们的心理和行为，调适不良情绪，促进良好情绪和情感的培养。

三、大学生情绪情感的形成

人们的情绪和情感都有着从简单到丰富、从不成熟到成熟的发展进程，每个发展阶段各有不同特点：婴幼儿（1～3岁）在出生后不久基本上只有愉快和不愉快两种情绪，渐渐会形成快乐、害怕、发怒、害羞等情绪，和母亲产生感情依恋；童年期（3～14岁）各种情绪继续丰富发展，同时理智感、道德感、美感等社会性情感产生并逐渐发展；青年期（14～25岁）的人情感丰富复杂且体验深刻，情绪的波动起伏大，易冲动；到了壮年期（25～45岁），情绪和情感则渐趋稳定成熟，能够自我控制和调节情绪，此时社会责任感强烈；中老年期（45岁以后）情绪基本是平静、恬淡，顺乎自然，但受更年期、疾病衰老、家庭生活变故等影响，易出现忧郁悲观、孤独寂寞、多疑易怒等消极情绪。

情绪情感的形成条件很复杂，概括而言，主要包括三个方面。

（1）客观现实是情绪产生的源泉。一般来说，人类的基本情绪及表现形式是生来就有的。如视觉障碍与听觉障碍儿童虽然不能实现、模仿他人的情绪表现，但遇到刺激时，也能与正常儿童一样，表现出恐惧、欢喜、痛苦等情绪。然而个人丰富的情绪体验及复杂的情绪表现却是后天学习的结果，即根据客观事物的不同特点及事物与人之间存在的关系不同，人们就对这些事物拥有不同的态度，有不同的情绪体验。如人之所以会哭，是因为伤心，人之所以会笑，是因为快乐，人会战斗是因为恐惧。但是，客观事物刺激情绪并不是情绪产生的直接原因，其中认知因素起了重要的中介作用。比如，当大学生成绩优秀时，就会十分愉快，当他们有一天突然发现自己丢失了很重要的东西时，就会感到悲伤等。

（2）人的需要是情绪产生的基础。快乐实际上是人的需求得到满足时的情绪体验。美国经济学家萨缪尔森提出一个"快乐公式"，即快乐＝满足：欲望。

（3）各种具体的内心体验。首先，愤怒是欲望和要求被阻止时所产生的情绪。愤怒从强度的大小可以分为轻微不满、气恼激怒、大怒、暴怒、狂怒等形式。愤怒的强度越大，越容易使人失去理智控制。从时间上说，有即时产生的愤怒和延缓产生的愤怒两种。一般来说，文化修养越高，立即产生的愤怒越少。生气（气愤）会耗费人体大量精力，不亚于参加一次1000米赛跑。生气时的生理反应十分剧烈，人体产生的内分泌比其他情绪都复杂、都更具毒性。因此，动辄生气的人很难健康。其次，恐惧是一种企图摆脱危险的逃避情绪。从强度上看，恐惧是从轻度的担忧到惧怕恐慌、恐怖。恐惧感强度越大，产生的消极作用就越大。再次，悲哀是人类原始情绪之源。悲哀是喜欢、热爱的对象遗失、破裂或所盼望的东西幻灭等情绪体验。悲哀程度取决于所失去的东西的价值。比如深切的悲哀是由失去亲人或贵重的东西引起的。悲哀根据其程度不同可以分为遗憾、失望、难过、悲伤、悲痛等，悲哀有时伴随哭泣，它是一种消极的情绪。较强的悲哀常发生失眠、食欲不振、精神涣散等反应，有伤身体，也影响思想和信念。

第二节 大学生情绪情感的特征

大学生正处在青年期，具有青年人共有的情绪和情感特征，情感丰富、复杂、不稳定。青年人对人、事、社会现象十分敏感、关注，对友谊、美、爱情、正义等的追求十分执着，爱思考、辩论，甚至于以行动来维护心目中的真善美；他们的情感体验深刻强烈，感情容易外露，喜怒哀乐常形于表面，在外界刺激下容易冲动、凭感情用事，过后又懊悔不已；情绪起伏波动较大，呈两极趋势，有时兴奋激动如火山爆发，有时消沉忧郁甚至失去活下去的勇气。此外，由于大学生独特的社会地位、知识水平、心理发展特点以及生理状况，使得他们的情绪和情感具有鲜明的特点。

一、大学生情绪情感的两极性

大学是人生面临多种经历与选择的时期，包括学习、交友、恋爱等人生大事都有所涉及。社会、家庭、学校及生活事件，都会对大学生的情绪产生影响。尽管大学生的认识水平有了一定的提高，对自己的情绪已有了一定的控制能力，情绪亦趋于稳定，但同成年人相比，大学生相对敏感，情绪带有明显的波动性，一句善意的话语，一个感人的故事，一支动听的歌曲，一首情理交融的诗歌，都可以致使青年情绪发生骤然变化。特别是在社会转型过程中，社会的变迁、体制的变革，新与旧价值观的更替，种种复杂的社会现象更容易使大学生产生困惑和迷茫，产生情绪的困扰与波动。同时，由于大学生正处于情绪表现的"动荡"时期，自我认知、生涯发展及心理发展还未成熟等原因，他们的情绪起伏较大，带有明显的两极化特征：胜利时得意忘形，受挫折时垂头丧气；喜欢时花草皆笑，悲伤时草木流泪，情绪的反应摇摆不定、跌宕起伏。有人对大学生进行调查，发现70%的人情绪都是经常两极波动的，也就是像波动曲线一样，忽高忽低，忽愉快忽愁闷。

情绪、情感的两极性是指，不论从哪个角度来分析，情绪与情感都存在两个对立的方面，其基本表现形式有肯定与否定、积极与消极、紧张与轻松、强与弱等。在一定的条件下，相反两极的情感可以相互转化。大学生的生理发展已经成熟，由于性成熟和性激素分泌旺盛，使大脑皮层和皮层下中枢之间出现暂时的不平衡，易产生情绪波动。另外，从人体生物节律来看，人的体力、情绪和智力都有周期性的变化，处在高潮期时，人感到体力充沛、心情愉快、思维敏捷；处在低潮期时则正好相反，人会觉得疲劳乏力、心情沮丧、思维迟钝，这种周期变化呈现波动的特点。两极性是指大学生的情绪摇摆不定，容易从一个极端跳到另一个极端。情绪的两极性表现在紧张与轻松、激动与安静、肯定与否定、从弱到强等状态。情绪两极性的心理原因主要有三个方面：一是由于大学生对事物的认识还不稳定，还缺乏完整的把握，因而在思维方式上往往轻易地加以绝对的肯定或否定，容易走向极端。二是大学生的内在需要日益增长并不断变化，与现实满足需要的可能性之间存在一定矛盾。三是大学生理想与现实的不一致引起的矛盾和波动。

大学生情绪的冲动性常常与爆发性相连。大学生的自制力较弱，一旦出现某种外部强烈的刺激，情绪便会突然爆发，借助于冲动的力量驱使，以至于在语言、神态及动作等方面失去理智的控制，忘却了其他任何事物的存在，极易产生破坏性的行为和后果。心理学家霍尔认为青年期处于"蒙昧时代"向"文明时代"的过渡期，其特点是动摇的、起伏的，他把这一时期称为"狂风暴雨"时期。由于知识水平和认知能力的提高，大学生对自己的情绪能够有所控制，但由于他们兴趣广泛，对外界事物较为敏感，加之年青气盛和从众心理，因而在许多情况下，其情绪易被激发，犹如急风暴雨不计后果，带有很大的冲动性。他们往往对符合自己信念、观点和理想的事件或行为迅速发生热烈的情绪；对于不符合自己信念、观点和理想的事件或行为，则迅速出现否定情绪。个别的有时甚至会盲目的狂热，而一旦遇到挫折或失败又会灰心丧气，情绪来得快，平息也快。

研究发现，一般情况下，大学生出现强烈的心理反应之后，不仅心理状态会受到严重的影响，同时，其思维判断能力也同样会受到一定程度的干扰，出现痛苦感、记忆力下降等症状，并伴随出现行为失常和意志力减退等多种问题。出现强烈心理反应之后，大学生将会出现较强的痛苦感，并且心理状态急剧恶化，甚至会产生轻生的念头，其社会功能的实现也难以为继。

二、大学生情绪情感的复杂性

大学生的情绪心理发展过程既有明显的层次性，又有纵横交错的复杂性，体现在不同年龄（年级）的大学生情绪有差异。一般认为，随着年龄的增长、年级升高，情绪稳定性增加，波动性与冲动性减少；但另一方面，不同的个体在情绪表现上显示出一定的差异，男女之间情绪差异更明显。

大学生的情绪和情感极为丰富。不论在日常生活、学习、交往中，还是从事社会活动时，无不带有浓厚的感情色彩。大学生在自我情感体验方面敏感丰富，注重独立感、自尊心、自信心和好胜心；在学习活动中有强烈的求知欲、好奇心，热爱科学和真理，恨迷信和谬误；大学生对祖国、社会和集体有着深厚的情感，他们有强烈的民族自豪感和自尊感，有"天下兴亡，匹夫有责"的责任感、义务感，嫉恶如仇，善恶分明，正义感鲜明；大学生对纯洁的友谊和爱情十分向往，还积极地在发现美、创造美的活动中体验美等。这些丰富的情感在表现形式上复杂多样，呈现出外显和闭锁、克制和冲动交错的特征。通常情况下，大学生对外部刺激的反应迅速、敏感，喜怒哀乐溢于言表，内心体验和外部表现是一致的，呈现出鲜明的外显性特点，例如为比赛胜利欢呼雀跃，因考试失败而垂头丧气。然而，在一些特定场景和事件上，大学生的情绪外在表现和内心体验往往并不一致，有时会把内心真实的情绪和情感隐藏起来，显得冷淡、无所谓，如当大学生感受到不友好、不公正的对待和压制时，在得不到理解和尊重的场合中，在对立紧张的情况下，他们就会把心扉紧闭起来，不轻易表露自己的真情实感。有时，还会采用文饰、反向的办法来掩饰内心情感，就像伊索寓言中的狐狸那样，吃不到葡萄说葡萄酸，或说自己从来就不爱吃，也不想吃。这就是大学生情绪和情感的闭锁性的特点，它与情绪的外显性是交错共存的，只要有适当的场合和理解、关心的对象，大学生就会敞开心扉，表露真实情感。

从生理发展分段来看，大学生正处于多梦的年龄阶段，几乎人类所具有的各种情绪，都可在大学生身上体现出来，并且各类情绪的强度不一，例如有悲哀、遗憾、失望、难过、悲伤、哀痛、绝望之分；从自我意识的发展来看，大学生表现出较多的自我体验，自我尊重的需要强烈，易产生自卑、自负等情绪体验；从社交方面来看，大学生的交际范围日益扩大，与同学、朋友及师长之间的交往更细腻、更复杂；在情绪体验的内容上，大学生的情绪呈现出相当丰富多彩的特征，以惧怕的情绪来说，大学生所怕的事物，主要与社会的、文化的、想象的、抽象复杂的事物和情势有关，诸如怕考试、怕陌生人、怕惩罚、怕寂寞等。

三、大学生情绪情感的层次性

大学阶段由于不同年级培养目标和培养重点不同，教育方式和课程设置有所区别，各个年级面临的问题不同，大学生的情绪特点也不同，呈现出层次性特点。

大学生情绪情感的层次性，最突出的表现是高级情感日趋成熟、稳定，并逐渐成为个性特征的一部分。随着认知水平的提高，知识经验的积累，使大学生对自己的情绪已有了一定的控制能力，情绪趋于稳定。如在中学时期，情绪容易一触即发，而现在则有趋于迟发的趋势，如果被别人激怒，不一定立即做出情绪反应，而能使自己的情绪冷静下来再做反应。这就是说，大学生已具备控制或压抑自己强烈情绪的能力。但是，与成年人相比，大学生的情绪仍带有明显的波动性，情绪起伏较大，时而激动时而平静，时而积极时而消极。如学习成绩优劣、身体健康状况好坏、奖学金的多少、同学关系的好坏、恋爱的成败等，都会引起情绪波动。当遇到顺利的事情时，就显得格外兴致勃勃。在高校教育环境中，随着大学生知识经验的增多，能力的提高，他们的道德感、理智感和美感获得了高度的发展，日趋成熟、稳定，并逐渐成为个性特征的一部分。在道德感的发展上由于大学生道德认识不断提高，使道德情感进一步深化，符合社会准则和期望的道德感逐步形成。他们热爱祖国和人民，有高度的使命感和责任感；他们期望平等和谐的人际关系，憎恨不正之风；他们颂扬助人为乐无私奉献的道德行为，鄙视损人利己的丑恶行为；他们珍惜集体荣誉，崇尚团结、正义。大学生在理智感方面的发展更为突出，他们的求知欲望、认识兴趣趋向深刻和稳定，对社会、自然和自身的探索已变成一种自觉的追求。研究结果表明，求知需要在大学生众多的需要中占据了首位。正是这种强烈的求知需要，为大学生理智感的高度发展提供了内在的基础。他们在学习新知识的过程中经常会出现迫不及待的紧张感，会因理论观点争得面红耳赤，也会因一道难题冥思苦想而倍感学习中的甘苦喜忧；在科学实验和社会实践过程中表现出好奇心和惊讶感。在美感发展方面，大学生的审美观和审美情感日益深刻。他们对美有着敏锐的感受性，对美好事物不论是自然美、社会美、艺术美还是人格美均有着强烈的需要和执着的追求。因而他们喜爱在大自然的美景中陶冶崇高情操，渴望良好和谐的社会风气和人与人之间的真挚友情，并不断从品德、心灵、语言、行为等方面加强修养，以追求人格的完美。

第三节　大学生情绪情感的自我管理

人们通常按照需要的满足与否，把情绪和情感分为积极的和消极的两大类，前者如轻松愉快、满意、爱慕等，后者如悲伤、绝望、愤怒仇恨、羞耻等，都是人们对内外界刺激做出的反应。其中那些看似只有害处、毫无价值的不愉快的情绪体验，实际上对人们的身心亦有着一定的意义和作用，是不可缺少的。例如恐惧、焦虑、愤怒等情绪，往往是一种"危险""注意"的信号，警示个体高度警觉，同时机体产生巨大的能量，以帮助人们避开或逃脱危险的情境，它是一种个体的自我调节和自我保护机制。因此，凡是由内外刺激引起的适当情绪反应，无论它是令人愉快的还是不愉快的，对人体都具有独特的意义和价值，缺乏任何一种，情绪和情感体验都是不完整的。

健康的情绪是健全人格的必要条件之一。一般而言，情绪的目的性恰当、反应适度，不带有幼稚的、冲动的特征，符合社会规范的要求，就是情绪健康的标准。对大学生来说，情绪健康具体表现为：情绪的基调是积极、乐观、愉快、稳定的，对不良情绪具有自我调控能力，情绪反应适度；高级的社会情感（理智感、道德感、美感等）能得到良好的发展。现代生理学、心理学和医学的研究成果表明，情绪和情感对人的身心健康具有直接的影响，可以说是情绪主宰健康。大学生若能经常保持心情愉快、舒畅、开朗乐观，则人体免疫功能活跃旺盛，可减少疾病感染，有益健康。俄国生理学家巴甫洛夫说："愉快可以使你对生命的每一跳动，对于生活的每一印象易于感受，不论躯体和精神上的愉快都是如此，可以使身体发展，身体强健"。中国俗语说"人逢喜事精神爽"；"笑一笑、十年少"，就是说愉快乐观的情绪和情感可以延缓衰老、增进健康。良好的情绪和情感不仅可以促进生理健康，更与大学生的心理发展密切相关，情绪和情感发展健康、良好的大学生往往对生活充满热爱，对自己充满自信，好奇心和求知欲浓厚，思维活跃，富于创造性，爱好广泛，行为积极主动，乐于交往，并能与人建立相互信任、理解的友好关系，有利于大学生提高学习、工作效率，激发潜能，实现全面发展。

一、大学生的不良情绪反应

所谓不良情绪是指持续的消极情绪和过度的情绪反应，例如因不幸事件引起的悲伤、忧郁，持续数周、数月甚至数年都不能消除，或情绪反应过于激烈，都会对身心造成危害，有时即使是愉快的情绪，因反应不适度，也可能成为不良情绪。如范进中举后狂喜致疯，就是众所周知的例子。不良情绪对人的身心健康危害极大，在压抑、紧张、焦虑、恐惧等消极情绪的长期作用下，人体免疫功能下降，容易罹患各种传染性疾病，同时内脏器官尤其是消化系统和心血管系统受到影响，易导致高血压、冠心病、消化道溃疡等疾患。大学生中常见的偏头痛、心律失常、胃溃疡等疾病也多和紧张、压抑、焦虑等不良情绪有关。强烈的情绪反应和持久的消极情绪还会影响到神经系统的功能，破坏大脑皮层的兴奋与抑制的平衡，使人的认识范围变窄，分析判断力减弱，失去自制力，严重的甚至会引起精神错乱、行为失常和神经病等。调查表明，大学生中常见的心理障碍和疾病大多与持久的消极情绪有关。如神经衰弱的病因，就和长期处于紧张、焦虑的情绪状态有直接联系。有些大学生还因无法调适、消除不良情绪，长期陷于苦闷、压抑、抑郁等状态中，感到悲观、痛苦，严重地影响了正常学习和生活。

大学生的不良情绪有两类表现：一是过度的情绪反应。包括因一些重大的生活事件而引起的激烈情绪反应，如狂喜、暴怒、悲痛欲绝等；还包括情绪反应过于迟钝，遇到事情无动于衷，淡漠无情。二是持久性消极情绪。即当引起忧愁、恐惧、愤怒等消极情绪的因素消失后较长时间沉溺在焦虑、抑郁、冷漠、愤怒、嫉妒、压抑等不良状态中难以缓解。从表面上看，大学生心理危机的产生似乎是突发的，具有偶然性、不可预期性。相关研究证实，大学生心理危机有特定的产生、发展过程，并且它也有着一定的表征，大学生在心理危机状态下会在情绪、言语、行为等方面有所改变。情绪反应主要包括情绪不稳定，过于紧张焦虑、容易烦躁愤怒、长期情绪低落和抑郁悲观、无聊空虚等；认知反应主要包括学习无法集中注意力，记忆困难、反应力减慢、思维理解出现困难或异常，不能将注意力从危机事件中转移等。行为反应方面包括言行异常，经常旷课或在课堂上睡觉、生活过于散漫没有规律、拒绝帮助、沉默、社交退缩或回避、习惯改变、过度活动等。生理反应包括失眠、多梦、食欲下降或暴饮暴食、容易疲倦、腹泻、头晕、胸闷、心跳加快等。

大学生的不良情绪不仅会引起生理疾病，而且易导致各种心理疾病和障碍，危害极大。首先，不良情绪会引发生理疾病。不良情绪影响内脏器官功能，最明显的是心血管系统和消化系统。比如人在有恐惧或悲哀情绪时，胃酸停止分泌引起消化不良；在焦虑、愤怒、恐惧时胃黏膜充血，胃酸分泌增多，常导致胃溃疡。据一家医院统计，在500个肠胃病人中，因长期情绪不好而致病的高达7.4%。大量研究发现，情绪冲突与高血压有关；情绪急躁、易激动、好与人争斗与冠心病有明显的关系；不良情绪可导致癌症，因为不良情绪长期过度刺激，会导致大脑皮层兴奋与抑制的失调，使机体内分泌功能发生紊乱，免疫功能受到抑制，使人体内原有潜伏的恶性细胞激发增生、诱发癌症。大学生中常见的消化性溃疡、紧张性头痛和偏头痛、心律失常、神经性皮炎等都与不良情绪有关。其次，不良情绪导致心理障碍，影响心理健康。强烈的紧张情绪会导致大脑皮层功能紊乱，引发神经衰弱。根据调查，抑郁症、恐惧症、强迫症等，大多与持久的消极情绪密切相关。

在现实生活中，大学生不良情绪反应多种多样，不良反应的成因具有不确定性。对于同一件事，不同的人会有着截然不同的情绪体验。如同样面对竞选班干部失败，有的人痛苦失望、烦躁易怒，有的人心情平静；同样是考试得了六十分，有的同学十分满意、高兴，有的则伤心不已。因此，我们必须坚持具体事物具体分析。下面，列举的是大学生中常见的不良情绪反应。

(一) 焦虑

焦虑是一种紧张、害怕、担忧、焦急混合交织的情绪体验，当人们在面临威胁或预料到某种不良后果时，便会产生这种体验。焦虑是人处于应激状态时的正常反应，适度的焦虑可以唤起人的警觉，集中注意力激发斗志，是有利的。例如考试对大学生而言，是一种紧张刺激，因而引起焦虑反应是正常的。教育心理学的研究表明：中等程度的焦虑最有利于考生水平和能力的发挥，而过高的焦虑或无焦虑则不利于考生能力的正常发挥。所以说，只有不适当的高焦虑才会影响大学生的学习和生活，对身心健康造成不利影响。被焦虑感困扰的大学生内心感到紧张、着急、惶恐害怕、心烦意乱，注意力难以集中，思维迟钝、记忆力减弱，同时常常伴有头痛、心律不齐、失眠、食欲不振及胃肠不适等身体反应。引发大学生产生焦虑情绪并深受其困扰的原因主要来自社会、学校和个人三方面：一、社会因素。现代社会正处在变革期，生活节奏不断加快、竞争日趋激烈、信息量急剧膨胀，人们的思想、观念、心理和行为受到巨大冲击，大学生也不例外，加之人生观尚未稳固形成、心理发展尚未完全成熟、前途未定，因而更容易产生困惑迷惘、紧张、焦虑和无所适从。此外，社会上的不正之风也对大学生产生一定的消极影响，一些大学生担心"毕业即失业"，十分焦虑。二、学校因素。教育体制的改革使"60分万岁"成为历史，现在的考试成绩往往与大学生的深造、就业等紧密联系。面对激烈的竞争、繁重的学习任务、门类众多的考试，许多大学生感到紧张、担忧、焦急。一些大学生还因害怕考试失败影响自尊或前途，担心准备不足、对成绩过分看重等原因，形成考试焦虑，在考试前忧虑紧张，在考试中怯场，甚至平时也陷入焦虑感中。另外在人际交往和性心理、性生理方面的错误认识，也是大学生陷入焦虑困扰的重要原因。三、个性因素。研究表明，具有谨小慎微、优柔寡断、依赖性强，对困难过分估计、常自怨自责等个性特征的大学生更易产生焦虑感。

（二）易怒

愤怒是由于自我评价偏高，鲁莽、冲动性强的大学生也容易发怒。

（三）压抑

压抑是当情绪和情感被过分克制约束，不能适度表达和宣泄时所产生的内心体验，它混合着不满、苦闷、烦恼、空虚困惑、寂寞等诸种情绪。有的时候，人们知道自己在压抑什么，但更多的时候常常只是感到压抑，却不知压抑来自何方，更不知如何消除。处在压抑苦闷状态中的大学生常常精神萎靡不振，缺少青年人应有的朝气和活力、对生活失去广泛兴趣，不愿主动与人交往，感觉迟钝容易疲劳，不满和牢骚多。长期严重的压抑会诱发高血压、冠心病、消化道溃疡等疾病，极易导致心理障碍。青年大学生思想活跃、兴趣广泛、精力充沛，无不渴望体验丰富多彩的大学生活，但现实中却是繁重的课程、激烈的竞争、沉重的考试压力和单调枯燥的业余生活，大学生丰富的文化需求得不到满足，感到乏味压抑。大学生在自身心理、生理和社会性发展中的矛盾性特点，也是他们易产生苦闷压抑情绪的重要原因，例如，一方面他们强烈地希望与人交往，得到理解和友谊，体验爱情的甜蜜，另一方面由于自我评价不当、认识错误、缺乏交往能力等原因，使得他们在交往中畏缩不前甚至自闭自锁，感情无处寄托，体验到郁闷、痛苦、压抑，又如因性欲望、性冲动被社会规范约束而产生的压抑感等。此外，大学生受不良社会风气和现象的冲击而产生的困惑、迷惘，以及个性上的缺陷，如固执、刻板、退缩、过分敏感等，都易使其产生情绪困扰，若不及时调适、宣泄，长期累积便会形成压抑。

（四）抑郁

抑郁是一种持续时间较长的低落消沉的情绪体验，处于抑郁状态中的大学生，看到的一切仿佛都笼罩着一层暗淡的灰色，对什么事都提不起兴趣，常常感到精力不足、注意力难集中、思维迟钝，同时伴有痛苦、羞愧、自怨自责、悲伤忧郁的情绪体验，自我评价偏低，对前途悲观失望。长期处在抑郁情绪状态，会使大学生的学习、工作和生活受到极大影响。情绪抑郁消沉的大学生往往对学习、交往和活动失去热情和动力，体验不到生活的乐趣，学习效率大大降低，由于自我评价偏低，常常自怨、自责，认为自己无能无用，愧对父母师友，甚至对生活失去信心。持久的严重抑郁情绪还可能导致抑郁性神经症、肿瘤、胃溃疡、结肠炎等多种身心疾病。由于大学生心理和社会性发展的不成熟，在遇到挫折时、往往难以接受，认为是不该发生偏又落到自己头上的事，在对社会、他人和自我进行评价时，容易片面化、极端化，如把生活看成非黑即白、非好即坏，且多看其消极、黑暗面，极易陷入悲观沮丧情绪低落的抑郁状态中。遭受如亲人亡故、罹患重病或家境贫困、负担过重，以及长期努力却不能得到相应回报，也是导致抑郁情绪的原因。此外，性格内向、敏感多疑、依赖性强、易悲观的大学生相较其他同学更易陷入抑郁情绪。

（五）冷漠

冷漠是一种对外界刺激漠不关心、冷淡、退让的消极情绪体验。处在青年期的大学生正是感情丰富、兴趣广泛、情感体验深刻强烈的时期，但有些大学生的表现却与这一特点明显不符合，他们对学习应付了事、缺乏兴趣，对成绩高低也不甚在意，对集体和同学态度冷淡，大多独来独往，十分孤僻，整天昏昏欲睡，仿佛对一切都无动于衷。冷漠状态对大学生的身心危害极大，它往往是个体内心压抑愤怒情绪的一种表现，他们表面冷漠，内心却备受痛苦、孤独、寂寞、不满与愤恨情绪的煎熬，有强烈的压抑感，由于没有宣泄途径，巨大的心理能量无法释放，便会破坏心理平衡，导致各种疾病和心理障碍。冷漠是个体受到挫折后的一种消极的情绪反应，它通常在个体不堪承受挫折压力，攻击行为无效或无法实施，又看不到改变境遇的可能时产生；长期反复遭受同一挫折却又无力改变，即长期的努力得不到相应回报时，也会用退让、回避、冷淡的方式进行自我保护，产生冷漠反应。家庭环境也是影响大学生情绪与情感发展的重要因素，如从小缺乏父母的关心爱护、与家人关系冷淡疏远，家庭矛盾尖锐、气氛紧张等因素也易阻碍大学生情绪与情感的良好发展，产生冷漠情绪。另外，性格内向、固执，心胸狭隘，思维方式片面的大学生更易在挫折打击下产生冷漠反应。

二、大学生不良情绪的消除

掌握消除不良情绪和情感的途径，可以尽量减少或避免其对大学生身心的消极影响，保持愉快的心境，促进情绪和情感的成熟、稳定，从而形成良好的情绪和情感。

（一）宽容待人

每个人都有着不同的气质、性格、爱好和生活方式，以及缺点和过错。在不违背原则的基础上，宽容待人是一种较高的修养，是心胸开阔的表现；心胸狭隘的人不能宽容别人，这样既会被他人怨恨，也会使自己的心情不愉快，身心受到损害；而不能宽容自己的人则容易陷入自责、自怨、悔恨的情绪之中。有了宽容大度的胸怀，在发怒时才会理智地克制和约束自己，扑灭心头的怒火。克制不良情绪可采用以下方法：一是平心静气法。在激烈争论，即将发生冲突时，通过有意识地降低说话的音量放慢语速、避免身体前倾，就可淡化、缓和紧张冲突的气氛，渐渐心平气和。二是冷静处理法。在怒火中烧时，先从1数到10再开口，或接受俄国作家屠格涅夫的忠告，将舌头在口内转10

圈，以加强自我克制。三是暂离现场法。在感到即将控制不住愤怒时，可迅速离开现场，避开"气头"，待回来后往往已风平浪静了。此外，还可以通过移情换境来转移注意力，约束和消除不良情绪，当你被烦恼、忧愁纠缠不休时，可做些自己喜爱的事，或置身于另一种环境气氛中，如读书、练字、看电影、打球、散步、跳舞、旅游等都能使你摆脱原来不愉快的情绪，重新振奋起来。

(二)合理疏泄

虽然可用理智暂时约束压抑它，但不能彻底排除，这种心理能量的积聚，如果超过一定的负荷，就会破坏心理的平衡，引起心理疾病。采用适当的途径合理宣泄，才能把不愉快的情绪释放出来，消除压抑感。一是倾诉。在内心充满烦恼和忧虑时，可以向知心朋友或信任的老师、家长倾诉心声，也可以用写信的方式来倾吐心中的不快，写过后并不一定要寄出，把它撕毁或付之一炬都行；记日记也是简便易行的方式。二是哭泣。在极为伤悲、委屈的时候，不论男女都不必强忍眼泪，尽情地痛哭一场必定会感到一种特别的轻松、平静。三是剧烈的活动。如较大运动量的体育活动、体力活动、激烈的快节奏的喊叫等，亦有助于释放紧张的情绪，消除烦闷和抑郁。情绪的疏泄要做到适时适度，注意时间、场合和方式方法，既不能影响他人的工作、学习和生活，也不能有损自己的身心健康，更不能触犯法律法规、危害社会。

(三)自我暗示

暗示是一种特殊的心理现象，它通常是通过语言的刺激来纠正和改变人们的某种行为或情绪状态。根据语言刺激的来源不同，暗示可分为自我暗示和他人暗示两种。自我暗示是指自己有意识地将某种观念不断强化，从而影响自己的情绪和行为，它一方面可以增强自信心，促进自我悦纳、激励奋进，例如用一分钟时间描述自己的优点和能力，对自己进行赞美和鼓励就是一种增强自信、获得激励的有效途径，还可以针对自己的不足，专门设计一些话语，以克服缺点，告别自卑。另一方面，自我暗示可以松弛紧张的情绪，克制愤怒，例如，在冲动易怒时，心里默念"冷静一些，别发火"，在考试时，告诫自己"别紧张，放松点，这次一定能考好"。一些大学生还将写有自己喜爱格言的条幅挂在墙壁上，时刻鞭策提醒自己。

(四)放松调节

当人感到身心疲惫、情绪紧张、焦虑烦躁不安、心理压力过重时，采用放松技术进行自我调适，可以排除杂念干扰，平静心绪，有效地缓解心理压力和消除不良情绪实现身心放松。一是想象法。可先选择一个比较安静的环境，然后全身放松，闭上眼睛，开始进行想象，一般是想象一些美好的景物、幸福的经历，如想象自己在海边散步，头上是繁星满天，脚下是柔软的沙滩，这时可以充分发挥你的想象力，体会海浪的哗哗声，海风拂面带来的凉爽、潮湿和咸腥，脚底踏着沙砾和贝壳的感觉，是柔软还是扎人，接着想象自己在海边小憩一下，然后离开海滩回来，深呼吸数次后，从1数到5，再慢慢睁开眼。此法刚开始进行时，心里不易宁静，但坚持下去就会感到大有裨益。二是肌肉放松法。可采用站、坐、卧的姿式，但以卧式为主，在放松之前，先充分体验全身紧张的感觉然后从头到脚依次放松，同时可伴以想象，如想象一股热流从头顶流向全身，肌肉放松可以使人全身松弛，轻松舒适、内心宁静。此外，气功、瑜珈等也是进行放松调节的有效途径。

(五)认知干预

应树立调整情绪的自觉意识，不能盲目地"跟着感觉走"。人类的智慧在于它不仅能对客观环境事件进行思考和评价，而且能把智慧的锋芒指向自己，对自己的身心状态加以认识、评价和思考，通过思维和意志，对它们进行干预，使它朝着有利于生存发展的方向变化。情绪的起伏波动经常会发生，如果我们能树立起主动调整情绪的自觉意识，当负面情绪出现的时候，正视它，分析它，并想方设法进行积极的调整，就能主宰自己的情绪。由于大学生涉事不深，认识较为片面，如能通过心理咨询和思想上的开导使他们改变原有的不合理观念，以合理的观念来指导自己的行为，情绪上也就会平静和愉快起来。

三、大学生健康情绪的培养

情绪调节作为情绪研究的前沿和热点问题是个体社会适应和心理健康等方面的重要预测变量。大学生在日常生活中，内心会有各种各样的体验，或高兴、或悲伤、或烦躁，这就是情绪。情绪是人内心世界的晴雨表，我们对生活的感受都体现在情绪中。几乎每个大学生的生活都受情绪的影响和控制，在一定程度上情绪左右了他们的生活和命运。判定情绪健康与否主要有五个指标：情出有因，反应适度，情绪稳定，心情愉快，自我控制。健康的情绪是受自我调节和控制的。情绪健康的人，应是情绪的主人，可把消极的情绪转化为积极的情绪，也可把激情转化为冷静。

(一)充实生活

培根曾经说："嫉妒是一种四处游荡的情欲，能享受它的只能是闲人，每一个埋头于自己事业的人，是没有工夫去嫉妒别人的。"因此，大学生应把精力集中在专业知识、技能学习上，同时积极参加各类有益身心的活动，如体育比赛、文艺演出、集邮、摄影、旅游、社会实践等；要培养广泛的兴趣，使生活充实愉快，在学习、工作和生活中不断丰富知识、发展能力、完善个性、陶冶情操，与同学朋友携手并进，共同发展。积极乐观的生活态度使大学生情绪愉快、稳定，充满热情和朝气。尤其是在遇到挫折和失败时，大学生往往会变得消沉苦闷，痛苦不堪；而积极乐观的大学生却能正视困难，相信自己有能力战胜它，即使身陷绝境，心中也仍然充满希望，坚信黑夜必将消逝，曙光终会来临。

(二)直面挫折

大学生由于过去的成长环境比较顺利，往往对生活中的挫折和失败缺乏心理准备，一旦挫折出现，便措手不及，引起一系列强烈的消极反应，如焦虑、紧张、不安、攻击、冷漠等，极易陷入情绪困扰之中，因而要培养大学生良好的情绪和情感，就必须对挫折、失败有一个正确的认识。一是要做好迎接和战胜挫折的心理准备。挫折和失败遍布在生活的方方面面，贯穿人的一生，遭受到挫折是生活中的正常现象，不必为此悲观消沉，认为这是不该发生的或生活的苦难不幸都落到了你一个人身上。二是要掌握主动，化挫折的不利因素为有利因素。如果把挫折视作生活的挑战、成长的机会、人生的磨刀石，在逆境中接受磨砺、自强不息，必能使自己发展得更加坚韧、聪慧、成熟。这样就能化阻力为动力，化不利为有利。三是要学会合理运用积极的心理防御机制。应懂得在自我保护的本能驱使下，采取恰当的方式消除因挫折引起的焦虑、痛苦不安等不愉快的情绪体验，恢复心理平衡。

（三）乐于实践

大学生良好的情绪和情感的培养，离不开丰富多彩的实践活动，尤其是高级社会性情感，如道德感、理智感和美感，只有在进行社会、科技、艺术、体育等实践活动中才能被激发和深化，这是其他任何抽象说教不能替代的。生活是丰富多彩的，有着各种美好的事物：大自然中的山光水色、鸟语花香，凝聚人类智慧结晶的优秀书籍和尖端科技，怡情悦性的艺术作品，同学间的互助，亲人的关怀，青年人健康的身体，孩子明亮的眼睛……对生活充满热爱的人，就能深深地感受到这一切，享受到生活的乐趣，但也有很多人对这一切缺乏深入体会，漫不经心，或只看到不顺利和阴暗面，整天满腹牢骚，这都是对生命的不珍惜和浪费。大学生应以对自己认真、负责的态度激发兴趣，倾注热情，投身各项活动，深入体验各种丰富的情绪和情感体验，感受生命。

第四章 大学生个性心理健康

　　心理健康是指人的基本心理活动的过程内容完整、协调一致，即认识、情感、意志、行为、人格完整和协调，能适应社会，与社会保持同步。个性是个体身上最具色彩的闪光点，是一个人在其兴趣、爱好、气质、能力与天资、性格等方面区别于他人的稳定的、独特的、整体的特征。个性心理健康一般指的是人格心理健康，是心理健康的核心。个性心理健康的人都能够善待自己，善待他人，适应环境，情绪正常，人格和谐；能够深切领悟人生冲突的严峻性和不可回避性，也能深刻体察人性的善恶；能够自由、适度地表达、展现自己个性的人，并且和环境和谐地相处；善于不断地学习，利用各种资源，不断地充实自己；会享受美好人生，同时也明白知足常乐的道理。他们不会去钻牛角尖，而是善于从不同角度看待问题。当代大学生普遍智商高，独立、要强，乐于表达自己，眼光敏锐，善于创新挑战。但是由于种种原因，大学生不能形成全面完善的人格特质，大学生的心理健康状况也急需提高。各高校十分重视大学生心理健康状况，纷纷成立心理健康教育中心，专门负责大学生心理健康工作。

第一节 大学生个性特征与心理结构

　　个性是一个极其复杂的、多层次的、内容众多庞大的概念和实质；既包含生理学的概念和内容，也包含社会学的概念和内容。就内容来说，有积极的生气勃勃的内容，也有消极的、暮气沉沉的内容。个性问题的研究和了解，不仅有心理学、生理学、神经生理学的意义，当前更重要的是社会学的意义。现代社会，特别强调人性、人本位。而人的品质中最重要和最关键的是个性心理。在一场势均力敌的体育竞技较量中，优胜者的关键因素，莫过于稳定的心理素质。大学生入学后学校首先进行个性心理测试。现在的各级学校，心理素质教育已被列入重要的教育日程。

一、个性的内涵

　　个性品质在生物学、生理学上的要求是强健的体质、敏捷的速度和灵敏的反应，强大的抗挫折力和承受力以及对各种环境的快速适应力，强大、均衡、稳定、灵活的兴奋性与抑制性的快速转换能力。在社会学上的要求是坚强的意志，高尚的人格、纯真的情操、合群的个性性格。个性是后天发生获得的，生物学上的品质是在与自然环境的相互适应、争斗过程中磨炼出来的，社会学上的品质是在接受教学、学习和社会实践锻炼中感悟磨炼、锻炼出来的。个性是个体的特性，每个人各不相同，个性的品质也互有差异。因此也就有优良、良好、一般、不良与很差的区别。能适应自然环境与社会环境并能获得发展的个性是好的个性，不能适应，难以获得发展的个性是不好的个性。能适应恶劣艰险环境的个性是极其优良的个性，是能在任何环境下都能发展的个性。

一个人的心理活动，总是带有本人的特点，而且这些个体心理活动的特点还会以某些形式固定下来，使这些特点带有经常、稳定的性质，如某大学生学习成绩较好，总是会向同学们大加宣扬，他这种心理活动的特点长期以来都是如此的，心理学上把在某个人身上经常地、稳定地表现出来的心理特点的总和称作个性（individuality）。顾名思义，个性是个人所持有的特点，世界上不存在两个相同个性的人。

在日常生活中，我们还常用到人格（personality）这个词。人格这个词源自拉丁语"persona"，其含义最早指演员所戴的面具，后来又指演员本身和其所扮演的角色。据现代心理学研究，人格和个性两个词含义是一致的。一个人的个性常体现在气质性格能力等方面。一个人的个性可以分为两部分：一部分是天生的，这部分个性较为稳定，如气质；另一部分是在社会生活中形成和发展而成的，在某些特定的条件下会发生变化，如性格、能力等。大学生个性有两层含义：其一，指每一个大学生身上经常地，稳定地表现出来的心理特点。从这个意义上说，每个大学生具有自己的个性。其二，指整个大学生这个社会群体角色身上体现出来的同其他人不同的稳定的特点，如大学生与其他青年人的不同的心理特点。这些特点往往是大学生在大学的学习生活环境中逐渐形成、发展起来的。

二、大学生个性心理的特点

大学生时代是人生发展的关键时期，由于生理的成熟，知识的增长，自我意识的增强，使心理发展加速，产生了各种新的需要，如独立意识，学习热情，人际交往，获得尊重和理解，选择职业和专业，爱慕异性和希望得到异性的爱慕等等。可是这些心理需要常常与现实发生矛盾，如果缺乏必要的引导，就会产生焦急、紧张、苦闷、沮丧等情绪，从而失去心理平衡。因此，加强大学生个性心理的培养和辅导尤为重要，而学校的思想品德教育、日常行为规范训练、组织各种教育活动、指导正确处理各种现实矛盾，是培养学生个性心理的主要途径。

心理学认为，个性是个体带有倾向性的、本质的、比较稳定的心理特征的总和，其中包括气质、性格、能力等。人的个性心理具有三个方面的特点：第一，人的个性具有独特性。正如一棵树上没有完全相同的两片叶子，世界上也没有完全相同的两个人。每个人都与别人有不同的能力、气质和独特的性格与爱好；第二，人的个性心理具有综合性，即每个人所有特点的综合表现。它既包括一个人在能力与兴趣方面的特点，也包括一个人在气质与爱好以及性格等方面的特点；第三，人的个性心理具有稳定性，是在一个人身上经常表现出来的比较稳定的东西。一个人的个性向什么方向发展，发展到什么水平，不是由遗传决定的，而是由后天环境决定的，特别是由社会生活条件决定的。个性是受周围环境和社会关系制约的，它所反映的是具体的、活生生的、行动着的人。每个人的个性都有他不同于别人的特点，在一定条件下，这种特点又是可以改变的。因此，学生个性心理的形成和发展受两个方面的影响：一是受父母、兄长和朋友、环境的熏陶和影响。"孟母三迁"的佳话，颜之推"与善人居，如入芝兰之室，久而自芳也；与恶人居，如入鲍鱼之肆，久而自臭也。"说的都是这个道理。另一方面，学生个性心理的形成和发展要受学校教师和同学的影响。这方面对学生的影响较深，能使学生的个性心理按照一定的规范去实践。因此，良好的校风、班风是培养学生良好个性心理的外部条件；教师的授课、辅导员的思想工作，则是影响学生个性心理发展的内在因素。对辅导员而言，应对每一个学生的家庭情况、社会背景、学生特点、兴趣、爱好、理想等有全面、深入地了解，以便针对学生的不同情况，不同特点，因势利导，适时教育，促进大学生个性心理的健康成长。

一般来说，大学生个性有四个主要特点。

（1）实践性。大学生的个性大多是在大学生活中形成和巩固下来的，有的还与本专业的活动有密切联系，如理科学生的个性与文科学生的个性有较大区别。又如某大学生本来活泼开朗，但自从某次实验事故后就变得沉默寡言、谨慎小心了。再如某学生的学习一直很突出，并不断取得好成绩，经常受到系领导和学校领导的赞扬，他逐渐形成自夸、自负等心理特点。这些个性的形成与大学生活的活动是分不开的。

（2）经常性（习惯性）。大学生的个性对本人的行为有指导意义，即个性经常会在自己的心理和行为中表现出来，成为这个大学生的一种习惯性倾向，致使这个学生的心理和行为带有这种特殊的心理状态的色彩。如某学生性格外向，他的行动常带有这一色彩：喜欢与同学们一起走，路上遇到熟人会主动打招呼或说上几句话，常向别人吐露自己的想法，常喜形于色等。

（3）相对稳定性。大学生的个性一经形成就比较稳定。如某大学生蔑视体力劳动，养成懒惰的性格，这种个性可以延续若干年，甚至一辈子。

（4）可塑性。大学生个性的稳定性是相对的。随着社会环境因素的变化，个性也会发生某些改变，这就是个性的可塑性或称相对可变性。因此，大学生的个性既有稳定的一面，又有可变的一面。有了前一方面，才能体现出一个人心理活动的特点；有了后一方面，个性才能形成和发展。个性就是在这两种因素的平衡中形成、维持和发展变化的。个性的可塑性是一切教育的重要基础。如果没有个性的可塑性，任何教育就无法生效了。学校管理部门和教师要充分利用这个特性，改变某些学生个性中不太好的方面，培养其良好的个性。下面我们根据个性所包括的主要几个方面来介绍。

三、大学生个性心理内在结构

心理学认为，个性心理主要包含两方面的内容，即：个性倾向性与个性特征。个性倾向性包括需要、动机、兴趣、理想、信念、世界观等。个性特征包括能力、气质、性格（人格）。人的个性心理就是这两部分的总和。人的个性是在生命成长过程中经历几年、十几年、几十年心理过程的发育、发展及至终生的接受教育、自我学习、锻炼，最终培育形成了具有自我特征的个性。优良的个性品质当然就具有了优良的才能智慧和技能。我们应当注重大学生的个性差异与个性发展，同时，应着力培养大学生个性中的德行、社会性、相容性、责任心，以促进大学生形成优良的个性。大学生的心理活动具有特色，个性又千差万别。本章主要介绍大学生个性心理的知识和特点，以及如何培养良好个性的调适措施。

(一)大学生的气质

气质是一个人心理活动的动力特征,是内在的个性本性,主要指大脑皮层神经细胞的特性类型,如稳定或不稳定;反应的速度,是灵敏还是迟钝,是兴奋型还是抑制型。因此它是性格的内在基础,是决定个性类型的基础。

气质是一个古老的概念,相当于日常所说的脾气、禀性、本性。早在公元前5世纪,古希腊医生希波克拉特和罗马医生盖伦就曾提出气质学说。他们认为人体内有四种体液:血液、黄胆汁、黏液和黑胆汁。现代心理学研究也沿用了这一分类,并且发现不同气质类型的人具有不同的特点:胆汁质的特点是精力充沛,能经受强烈的刺激;主动与他人交往,乐于交际;直率而急躁,情绪容易被激起,情绪明显外露,难以控制;思维、言语、动作反应快但不灵活;缺乏准确性。多血质的特点是:活泼好动,不甘寂寞;易于适应新环境,善于交际而有朝气;易于接受新事物,但注意力不稳定,兴趣容易转移;情绪发生快且易变,表情丰富、外露,但体验不深刻;思维、言语、动作敏捷灵活。黏液质的特点是:安静稳重,沉默寡言,交际适度;善于克制自己,善于忍耐;注意稳定,但不易转移;情绪发生慢而弱,不易外露;思维、言语、动作反应慢,不够灵活。抑郁质的特点是:好静,喜欢独处,孤僻,但如果在友爱的集体中,又可能是一个很容易相处的人;情绪具有高度易感性,但发生慢,体验丰富、深沉、持久而不外露;动作反应迟缓,但准确性高;较多地注意自己的内心世界。

在我们的现实生活中,具有典型的某一种单一气质类型的人为数极少,更多的人则是混合型。还需要指出的是每一种气质类型都有积极的一面和消极的一面,因此不能认为气质有好坏之分,例如多血质的人灵活敏捷,适应能力强,但往往注意力不稳定,兴趣容易转移,而黏液质的人比较稳重沉着,但往往有反应缓慢与固执的特点。并且在每种气质的基础上都有可能发展某些优良品质或不良品质,因为高级神经活动神经类型有可塑性,因而人的气质虽然比较稳定,但也不是完全不变的。另外气质本身不能决定一个人活动的社会价值和成就的高低,不同气质的人都可以有所成就。同样,一个有理想、有道德、有文化、有纪律、热爱社会主义祖国和社会主义事业的人才,是完全可以从不同气质类型的学生中培养出来的。气质是一个人天生的心理活动的动力特征。所谓心理活动的动力特征,是指心理活动和状态的强度、速度、灵活性和稳定性。例如有些人活泼、好动、反应迅速,有些人安静稳重、反应迟缓;有些人直率、热情、易冲动;有些人孤僻、体验深刻等。气质的差异,仿佛给每个大学生的全部心理活动涂上了个人独特的色彩,并在不同的情境不同的活动中都表现出来。一个人的气质特征是相当稳定的。但是,凭借我们的主观能动性对它的表现加以控制、调节,以至于改造,也是可能的。

一个人的气质特性在社会环境的影响下虽然也会有所改变,但与其他个性因素相比,变化要缓慢得多。因而,气质是最稳定的个性成分。现代心理学认为:气质与人的高级神经活动的类型密切联系,气质对人的心理和行为的影响主要在动力方面,它规定了人的心理过程的速度和稳定性(如认知的速度、态度转变的难易,注意力集中时间的长短等)、心理过程的强弱(如动机的强弱、情绪变化的强弱等)、心理活动的趋向(如有的人易注意自己,经常体验自己的情绪,分析自己的动机、态度等)。由于气质的作用,每个人的心理活动都带有个人独特的色彩。

(二)大学生的性格

性格是指一个人对现实的稳定的态度以及与之相适应的习惯化的行为方式。是个性的外显表现，是显露的气质的外形，是在社会实践中对外界现实的基本态度和习惯的行为方式。例如：性格温和、热情、奔放、对人忠诚、嫉恶如仇、礼让关怀；行动举止优雅大方、神态温和端庄、谈吐幽默等。

性格这个词最早是古希腊学者提奥夫拉斯塔首先提出来的，其意思是：人的特征、标志、属性、特性等。现代心理学家对性格的定义各不相同，其中比较一致的看法是：性格是一个人较稳定的对现实的态度以及与之相应的习惯化的行为方式。性格是个性的主要组成部分。如有些人大公无私、勇敢、勤劳，有些人则自私、懒惰，还有些人沉默、懦弱等；我们还常常见到有的人诚实、谦虚、乐于助人，有的人则狡猾、傲慢、自私自利。每个人都有一些性格特征，其中有些是积极的，有些是消极的。这些特征结合为一个整体，便形成为一个人的性格。性格集中反映了一个人的心理面貌，是个人素质的重要组成部分。

当今社会，人们越来越深刻地认识到生活的幸福和工作的成效直接受性格状况的影响。健全性格的塑造已成为人类教育工程的重要目标。性格是人的个性中最重要、最显著的心理特征。它在人的个性中起着核心的作用，是一个人区别于其他人的集中表现。它表现出一个人的社会性及精神面貌的主要方面。大学生正处于身心急剧发展和自我意识由矛盾趋于统一的特殊时期，而性格的发展正处于统一和完善的关键期。良好性格的形成使大学生在学习和生活中如虎添翼，而不良性格的形成使大学生屡屡受挫。由此看来，如何在这"关键期"内培养大学生健全的性格就成为大学生心理卫生工作者和高校教师的重要任务。

性格是指那些表现在人对现实的稳定态度上的特征。如人对社会、集体、他人和自己的一贯态度，表现为诚实或虚伪，一心为公或自私自利；对劳动和工作表现为勤劳或懒惰，有创新精神或保守。任何人在任何时候都处于各种社会关系之中，作为某个社会集团的一员而活动着，这就决定了他对现实的态度。这些不同的态度使人形成各自的性格特征，而多种多样的性格特征又总是通过态度表现出来的。同时，性格也指那些表现在一贯行为方式上的特征。如做作业遇到难题时，勤奋的学生总爱钻研，探索解决问题的答案，马虎而又懒惰的学生则知难而退，抄袭别人的作业；在灾难面前，有的人临危不惧，挺身而出，救灾抢险，怯懦、自私的人则畏缩不前或逃之夭夭。这种勤奋、懒惰、勇敢、怯懦的性格是通过某种行为方式而形成的，而又总以一定的行为方式表现出来。应当注意的是，一个人一时的、偶然的表现不能代表他的性格特征。如一个素来细致、谨慎的人偶尔有一次粗心大意，不能据此就认为这个人是个粗心的人。又如某人一向稳重，但有一次却一反常态对工作伙伴发了脾气。这个人的性格还是稳重的，而急躁是偶然表现出来的，不能算作他的性格。只有那些经常性的、习惯化的，甚至在不同的场合都会出现的表现，才是一个人的性格特征。

人的性格有典型性和个别性。性格的典型性是指某个社会集团的人们共有的性格特征。一定社会集团的成员具有大致相同的政治、经济和文化生活条件，因而在成员身上形成了该集团成员共同具有的、典型的性格特征。这些性格特征便表现为民族性、阶级性和从事某种职业活动的人们共同的性格特征。性格的个别性是由于个人的生活条件、所从事的活动、所受的教育以及知识经验的千差万别，这一切反映到人的性格上，便形成了个人与众不同的、独特的性格特征。人的性格都是性格的典型性和个别性的统一。

性格特征是自儿童时期由于社会环境的影响、教育的熏陶和自身的实践，长期塑造而成的。正因为如此，性格一经形成就比较稳定。但是，客观现实是十分复杂的，环境也是经常变化的，人们之间的相互交往也是多种多样的，这些客观现实影响的多样性和多变性又决定了性格不是一成不变的。这也就是说性格也是可以改变的，生活中某些重大打击会使一个人的性格变得判若两人，如当某人得知自己患了癌症，性格就变得沉默寡言了。性格既然在个体生活过程中形成，也必然存在可塑性。正是因为这种可塑性，我们才能培养性格和改变性格。人的性格不是天生的，它是由社会关系决定的，所以人的性格能表明人的社会实质，而这又跟反映社会关系的意识倾向是联系在一起的。需要、动机、兴趣、理想、信念、世界观都是意识倾向，它们经常支配着人对现实的态度和行为方式，因此，它们在性格中居于统领和主导的地位。

人的性格特征表现在四个方面：人对现实态度的性格特征、性格的意志特征、性格的情绪特征和性格的理智特征。人们对现实的态度是多种多样的，基本上可以分为对己、对人、对事三个方面。在对己方面有谦虚或自负、自信或自满、自豪或自卑、开朗大方或狭隘羞怯以及有没有自我批评精神等；在对人方面（包括对集体和社会）有诚实或虚伪、善交际或孤僻、大公无私或自私自利等；在对事方面（包括对工作、劳动）有勤劳或懒惰、细心负责或粗枝大叶、革新创造或墨守成规等表现。这些表现，各自从一个侧面反映了人的特点。多方面特点的综合，便体现出人的性格特征。如果从心理学的角度来看，人对现实态度的性格特征主要有三种，一是对社会、对集体、对他人态度的性格特征。积极的性格特征有热爱祖国、助人为乐、富有同情心、正直、诚实、热情等；消极的性格特征有自私自利、懒散、虚伪、粗暴、冷漠等。二是对学习和劳动态度的性格特征。积极的性格特征有勤劳、认真、细致、敢于创新、俭朴等；消极的性格特征有懒惰、马虎、粗心、保守、浪费等。三是对自己态度的性格特征。积极的性格特征有谦虚、自信、严于律己等；消极的性格特征有骄傲、自卑、放任、自暴自弃等。

在性格的分类方面，瑞士心理学家荣格关于内外倾性格类型的分法已在世界上广为传播，人们常常用性格内外倾的特征衡量自己与别人。因此可认为性格内外倾的划分和对其特征的描述是比较符合实际的。荣格认为外倾是一种客观的心态，内倾是一种主观的心态。这两种心态彼此排斥。一个人可能在某些时候是外倾的，而在另外有些时候是内倾的，但是，在一个人的一生中，通常是其中一种心态占据优势。如果是客观的倾向占据优势，这个人可以被认为是外倾的；如果是主观的倾向占据优势，他就被认为是内倾的。性格外倾的人，心理活动倾向于外部，经常对外部事物表示关心和兴趣。性格内倾的人，很少向别人显露自己的喜怒哀乐。他们在情感方面经常自我满足，珍视自己内心的体验。他们在外人面前容易害羞，说话慌张，不愿在大庭广众面前抛头露面，做事深思熟虑，缺乏实际行动，常有困惑忧虑、郁郁不乐之感。心理学家对外倾性强和内倾性强的人进行了研究，结果表明：长期苦恼的人倾向于内倾；领导品质与外倾性格呈正的相关；内倾性和外倾性与智力水平的高低无关，外倾性强的人，他们的手部运动、语言反应和决断简单事物的能力，要强于内倾性强的人。一般来说，外倾性强的人适于培养成开拓型人才，成为实业家或领导管理人才。内倾性强的人适于培养成学术型人才或从事会计、实验员等精细的工作，心理学研究还证明，性格类型的心态特征与气质一样，不能成为一个人的事业和社会价值的决定因素。

(三)大学生的能力

能力是顺利完成某种活动所必需的并直接影响活动效率的个性心理特征。人在生理、心理发育成熟后，就有了从事生产劳动的本事，这就是能力。

能力总是与人的某种活动联系在一起并表现在活动之中的。只有在一个人所从事的某种活动中，才能看出他具有某种能力的程度。在数学运算时，一个学生迅速准确地理解题意，采用简捷的方法进行运算，说明他有数学能力；在音乐活动中，一个学生的节奏感、曲调感和听觉表象都很强，演唱十分动听，说明他有音乐能力；有的学生在绘画活动中，在透视、色彩鉴别、视觉表象等方面都较强，画得一手好画，说明他有绘画能力。但是，不能认为凡是与人的活动有关，并且在活动中表现出来的所有个性心理特征都是能力。只有那种直接影响活动的效率，并且使活动的任务能够顺利完成的心理特征才是能力。例如，急躁、沉静、活泼等虽然也是个性心理特征，并且和活动有一定关系，但它们却不是顺利完成某种活动的最直接、最基本的心理特征，因而不能称之为能力。教师的观察力、作家的书面语言表达能力、工程师的技术想象力和计算能力等都是顺利完成他们的本职工作所必需的和最基本的个性心理特征，缺乏这些特征，就会影响他们的活动效率，使这些活动不能顺利进行。因此，我们把这些顺利完成某种活动的个性心理特征叫做能力。人们也把某一种心理特征叫做能力，如观察力、视觉想象能力、色彩鉴别能力等。实际上，任何一种单独的心理特征都不可能完成比较复杂的活动，要成功地完成某种复杂的活动必须是多种能力的有机结合。如教师需要有逻辑思维能力、语言表达能力、组织能力、观察力、注意分配能力等的有机结合；画家需要有色彩鉴别能力、形象思维能力、形象记忆能力、视觉想象能力等有机结合。

一个人如果具有完成某种活动所必需的各种能力，并且能够把这些能力很好地结合并成功地、出色地完成某种活动，那么就可以说这个人具有从事这种活动的才能。才能就是各种能力的完备的、独特的、质的方面的结合。如果成功地完成某种活动所必备的各种能力得到最充分的发展和最完善的结合，并能创造性地完成相应的活动，通常把这种能力叫做天才。天才不是天生的，而是人们凭借先天带来的健全的生理条件，通过后天环境、教育的影响，还有自己的主观努力而发展起来的。作为一名大学生，要想出色地完成自己的学习任务，自身必须具备许多条件，如观察确切、思维敏捷、分析全面、判断准确，善于表达、语言生动等。我们完成某项任务，往往是多种能力集体作用的结果。例如，大学生要出色地完成学习任务，需要较强的观察能力、记忆能力、概括能力、理解能力等。能力可以分为一般能力（俗称智力）和特殊能力两大类：一般能力是指在各种活动中必须具备的基本能力，它保证人们较容易和有效地认识世界，所以也叫做认识能力。例如，学生的观察能力、记忆能力、思维能力、想象能力等，这些能力有机地综合，即构成智力。智力的核心是思维能力。特殊能力是指顺利地从事专业活动必须具备的能力，例如数学能力、写作能力、绘画能力，音乐能力等。一般能力和特殊能力是紧密联系、相互依存、相互促进的。一般能力的发展为特殊能力的发展提供了必须具备的内部条件，特殊能力的发展积极地促进一般能力的发展。大学生的能力一般高于同龄人。这是由于，一方面，大学生通过了高考的检验，另一方面，在大学学习期间，受到基础知识和专业知识的教育，能力的广度和深度发展很快，尤其涉及本专业的特殊能力更有飞速的发展。然而，大学生的知识主要是在听老师讲课、钻研教材、阅读参考书、做实验，以及参加社会调查中获取的，其中以书本知识为主。大学生的实践活动太少。大学生还得在今后的实际工作中弥补自己能力欠缺的地方。

  判断大学生的能力，可以通过下述四个方面加以考察：一是考察分析问题的水平。能力高的学生能较准确地认识问题，较迅速地抓住问题的要害；能全面、客观地从多种角度分析问题，既从正面看，又从反面看；能既分析这一问题本身，又研究这个问题与其他问题之间的关系；能既搞清楚这个问题的现状还能初步预测这个问题的发展趋势等。而能力低的大学生分析问题常常带有片面性，有时把现象和本质搞错了；有时就事论事，把这个问题与其他问题孤立开来等。二是考察解决问题的水平。能力高的学生解决问题时有一定的原则，并在实践中自始至终都贯彻这个原则，以这个原则为指导；他们还具有处理具体问题的技术和经验。能力低的学生办事往往缺乏原则性，或开始时按原则办事，后来就违背原则；常用感情代替原则；缺少解决问题的技巧和方法；工作常生硬或过于简单化等。三是考察组织能力。能力强的学生不但能自己搞好学习，做好工作，而且还能配合老师、同学协调开展工作；工作顺序合理，先做什么，后做什么，心中有数。一个能力较差的学生工作无秩序，常"眉毛、胡子一把抓"；只管自己单干，不懂怎样与同学协调。四是考察学习绩效。一个能力强的学生善于考虑学习效率和效果，他们的学习常能达到或超过预期目标，工作中有创造精神。而能力弱的学生常采取一些华而不实的措施，不太考虑学习的实效；往往事倍功半，常达不到预期目标。

第二节 大学生常见的个性心理障碍

每个大学生的个性都不是十全十美的，都或多或少地存在一些不足和缺陷。作为高等学校教师，了解大学生常见的个性心理障碍才能有针对性地开展心理教育；作为大学生个体，了解自身的个性心理障碍才能有计划地实施自我心理管理。

一、大学生的不良性格品质

性格中的不良品质包括偏激、依赖、孤僻、自卑、嫉妒等，这些不良的人格品质会影响人的心理健康，严重的还会导致疾病，危害社会。

（一）偏激

偏激是一种不良性格品质，偏激在认识上的表现是看问题绝对，片面性很大，要么就全好，要么就全坏，偏激在情绪上的表现是根据个人的好恶和一时的心血来潮去论人论事，缺乏理性的态度和客观的标准；偏激在行动上的表现则是莽撞从事，不顾后果。

性格和情绪上的偏激，是做人处世的一个不可小觑的缺陷。性格和情绪上的偏激是一种心理疾病。它的产生源于知识上的极端贫乏，见识上的孤陋寡闻，社交上的自我封闭意识，思维上的主观唯心主义等。偏激表现为三个方面：一是认识上的片面性。总是戴着有色眼镜，以偏概全，固执己见，钻牛角尖，对善意的规劝和建议一概不听不理。偏激的人怨天尤人，牢骚太盛，成天抱怨生不逢时，怀才不遇，只问别人给他提供了什么，不问他为别人贡献了什么。偏激的人缺少朋友，人们交朋友喜欢"同声相应，意气相投"，都喜欢结交饱学而又谦和的人，老是以为自己比对方高明，开口就梗着脖子和人家抬杠，明明无理也要辩三分，试想，这样的人谁愿和他打交道？比如，有的学生一次考试考好了，就以为自己什么都好，洋洋自得，容易产生骄傲情绪。而一次考试不理想，就消沉到底，一蹶不振。二是情绪上的冲动性。偏激在情绪上的表现是缺乏理性的态度和客观的标准，易被自己的感觉和他人的态度支配。如果对某人产生了好感就认为他一切都好，明明知道是错误、是缺点，也不愿意承认。三是行为上的莽撞性。中学生往往认为友谊就是讲义气。当他们的朋友受了别人欺负时，他们往往二话不说，马上就站出来帮朋友出头，把蛮干、鲁莽当英雄行为。大学生在这方面稍好一些。从这几点可看出产生偏激心理的原因有两点：知识经验不足是一个方面。辩证思维的发展尚不成熟，不善于一分为二地看问题，往往抓住一点就无限地夸大或缩小，自以为看到了事物的全部，极易出现以偏概全的失真判断，导致错误的结论。另一方面是中学生正值青春期，内分泌功能迅速发展，大脑皮层及皮层下中枢的兴奋度常迅速地增强或减弱，从而形成情绪的波动不安，出现偏激认识和冲动行为。

（二）依赖

依赖是一种不良的个性倾向，主要表现为对个人的自理能力缺乏信心，遇事乞求他人帮助，生活上寻求父母的保护和照顾。具有依赖倾向的大学生如果得不到及时纠正，发展下去有可能形成依赖型人格障碍。因此，要充分认识到依赖心理的危害。要纠正不良习惯，提高自己的动手能力，多向独立性强的同学学习，不要什么事情都指望别人，遇到问题要做出自己的选择和判断，加强自主性和创造性。学会独立思考问题，以此体现独立的人格。要在生活中树立行动的勇气，恢复自信心。自己能做的事一定要自己做，自己没做过的事要锻炼做，正确地评价自己。同时，要丰富自己的生活内容，培养独立的生活能力。在学校中主动要求担任一些班级工作，以增强主人翁的意识，使我们有机会去面对问题，能够独立地拿主意、想办法，增强自己独立的信心。在家里，自己该干的事要自己干，不要什么都推给家长。在学校，除了学习好外，要多参加集体活动，学会去帮助他人。

(三) 孤僻

孤僻的人一般为内向型的性格，主要表现在不愿与他人接触，待人冷漠。对周围的人常有厌烦、鄙视或戒备的心理。具有这种个性缺陷的人猜疑心较强，容易神经过敏，办事喜欢独来独往，但也免不了为孤独、寂寞和空虚所困扰。因此，孤僻对大学生的身心健康十分有害。孤僻的人缺乏同学朋友之间的欢乐与友谊，交往需要得不到满足，内心很苦闷、压抑、沮丧，感受不到人世间的温暖，看不到生活的美好，容易消沉、颓废、不合群，缺乏群体的支持，整天提心吊胆地过日子，忧心忡忡，易出现恐怖心理。孤僻的主要表现是不合群，对周围人怀有戒备心理或厌烦情绪，做事喜欢独来独往，疑心较重，好神经过敏。孤僻的学生容易把不良情绪积聚于身，引起严重的心身疾病。孤僻的人，往往是从小缺乏关心和爱，或者在情感上受过重大打击，所以形成了冷眼看世界的特征。在他们眼里，这世界是灰色的，人是自私的，是不可信赖的。所以他们总是与人们保持一定距离，既不主动关心他人，也拒绝别人关心、帮助自己。久而久之，形成一种恶性循环。

孤僻形成的原因有两个方面：一是幼年的创伤经历。研究表明，父母离婚是威胁当代儿童精神健康的重要因素。此外，父母关爱的缺失，伙伴欺负、嘲讽等不良刺激，使儿童过早地接受了烦恼忧虑、焦虑不安的不良体验，会使他们产生消极的心境甚至诱发心理疾病。缺乏母爱或过于严厉、粗暴的教育方式，子女得不到家庭的温暖，会变得畏畏缩缩、自卑冷漠，过分敏感、不相信任何人，最终形成孤僻的性格；二是交往中的挫折。由于缺乏必要的社会交际能力和方法，使得他们在人际交往中遭到拒绝或打击，如耻笑、埋怨、训斥，使他们的自主性受到伤害，便把自己封闭起来。越不与人接触，社会交往能力就越得不到锻炼，就越容易形成孤僻的性格。

(四) 自卑

自卑属于性格上的缺陷，它是由不适当的自我评价所引起的自我否定、自我拒绝的心态。自卑，即对自己的知识、能力、才华等做出过低的估价，进而否定自我。自卑的人在交往中，虽有良好的愿望，却总是惧怕别人的轻视和拒绝，在与人交往中患得患失。有自卑感的人往往体现出过分的自尊，常表现得非常强硬，难以让人接近，在人际交往中变得格格不入。自卑心理源于心理上的一种消极的自我暗示，很多心理学家指出自卑感和本人的智力、受教育程度、所处的社会地位等因素无关，而仅仅是对"自己不如他人"的确信。自卑有多种表现方式，最明显的表现是退缩或过分地争强好胜，这些都妨碍一个人积极而恰如其分地与他人交往。一般来说，自信的人容易与他人相处，他们往往显得乐观、宽容，能客观评价自己和他人，既顾及他人，也不委屈自己。自信的人有安全感，所以有力量抵御交往中的挫折。而自卑的人则容易消极地评价自己和他人，在与人交往过程中，时时会担心别人对自己的看法。由于自我评价低，对别人的反映也往往做出偏低的认知，容易从他人言行中"发现"于已不利的评价。他们缺少安全感，所以往往一句玩笑话就可能激怒他们；有时虽然表面上一团和气，但心里已是翻江倒海了。有些人为了减少挫折和伤害，尽力避免与他人过多交往；另一些人则以一副盛气凌人的架势出现，以此掩饰自己自卑脆弱的心理。

(五)嫉妒

嫉妒是由于别人胜过自己而引起抵触的消极的情绪体验。黑格尔曾说，嫉妒是"平庸的情调对于卓越才能的反感"。嫉妒是一种心理缺陷。在日常生活中，嫉妒的存在是很普遍的。英国科学家培根说："在人类的一切情欲中，嫉妒之情恐怕要算作最顽强、最持久了。"大学生正处在发育和成长之中，这种嫉妒之心也就更多一些。当看到别人比自己强时，心里就酸溜溜的不是滋味，于是就产生一种包含着憎恶与羡慕、愤怒与怨恨、猜嫌与失望、屈辱与虚荣、伤心与悲痛的复杂情感，这种情感就是嫉妒。嫉妒者不能容忍别人超过自己，害怕别人得到自己无法得到的名誉、地位等，自己办不到的事别人也不能办成，自己得不到的东西，别人也不能得到。嫉妒是一种忧虑、愤怒和怨恨他人优于自己的复合体验。嫉妒者总把他人在才能、地位、境遇或相貌等方面的优越视为对自己的威胁，因而感到忧虑、愤怒和怨恨，于是往往采用贬低甚至诽谤他人的手段来维护自己的自尊心和虚荣心，以求得心理上的平衡。嫉妒心有严重的危害性，嫉妒常潜藏在个体的内心，嫉妒者总是有意无意地掩盖它，结果使嫉妒者终日处在被揭露的焦灼不安和备受折磨的痛苦中。被嫉妒心所支配的人，对被嫉妒者的每一次成功，都感到内心不舒服。因此，他们的内心总是处于极度的压抑状态。易嫉妒者总是把自己的心思用于窥探他人的"隐秘"，整天寻找别人的挫折和失败，使自己长时间地处于紧张体验中，无谓地消耗精力，结果造成积愤成疾，严重损害身心健康。在生活中，因嫉妒引起的人际关系疏离、紧张及冲突可谓不胜枚举。几乎每个人都或多或少、或轻或重体验过嫉妒之情。嫉妒发生的重要原因之一，是人们往往通过与他人比较来确定自身的价值。如果别人的价值比重增加，便会觉得自己的价值在下降，这往往是一种痛苦的体验。尤其是所比较对象原来和自己不分上下甚至不如自己时，更觉得难以忍受。这种情绪很容易转化成为对所比较对象的不满和怨恨，在行为上很容易从对立的立场上寻找对方的漏洞、不足，或认为对方的成功只是由于外部原因，通过诋毁对方达到自我心理上的暂时平衡。即使控制自己不表现出上述行为，但由于一种防御心理作怪，原本轻松而无拘束的交往气氛也会变得紧张起来。维护"自尊"的需要常使人以一种傲慢的、难以接近的面目出现。轻微的嫉妒，使人意识到一种压力，产生一种向优秀者学习并赶超的动力，促使人拼搏、奋进。但严重的嫉妒会导致焦虑和敌意，进而成为个人成长与人际交往中的严重障碍。

二、大学生两种典型不良性格

人的性格的发展、完善并非一帆风顺，总是坎坷而曲折的，其间充满了险阻和辛酸，由于受到来自社会环境、家庭、学校等不良因素的影响，内心在受到了各种挫折和动荡之后，对性格的形成也产生了不利的打击，导致了不健康的态度和行为习惯。大学生也存在着各种各样的不良性格特征，这些特征给大学生的学习、生活、交往等活动带来了消极的影响，严重者因此中断了学业。这些不良性格特征应引起大学师生、教育研究人员、心理咨询人员的高度重视。

现代医学模式认为，健康不仅仅是一个医学的范畴，它所描述的也不再仅仅是人体器官的一种功能性与器质性的状态，更多的，它还应该包括人们所处的那个社会环境、人们的社会行为取向及其方式对他们自身身体状况的影响。换句话说，健康与疾病更多的应该是一个社会概念，它应该同时兼顾生理、心理和社会三方因素。一种疾病的发生和发展，往往是诸多社会环境因素影响的结果，也是人们社会行为与行为方式自身不断刺激和作用的结果。大量的临床和研究资料表明，人的行为方式不仅会直接影响到工作和学习效率，同时与健康也存在极大的关联性。随着社会发展，以及人们对健康的全面了解和日益重视，社会行为及其方式愈来愈成为左右人们生理健康和心理健康的主要因素之一。20世纪70年代以来，世界医学界和心理学界发现了人普遍存在的三种典型性格，称为A型性格、B型性格和C型性格。其中，A型性格和C型性格被视为不良性格。A型性格是易患冠心病性格，C型性格是癌症倾向性格。

美国心脏病医生梅伊·弗瑞德曼（M.Friedman）在诊室里接待了一位来修家具的家具商。家具商说诊室一定接待了许多焦虑不安的人，医生问他为什么，他说办公室里沙发和椅子的手柄磨损得特别快，这表明许多病人坐下以后都因焦虑不安而握住扶手。根据这一灵感，弗瑞德曼和他的同事瑞·罗森曼开始了他们的研究工作，最后形成了A型行为类型的理论。A型性格或称A型行为模式的提出是心理学对于身心疾病研究的一大贡献，长期以来医学界认为诱发心脏病的原因是高血压、高胆固醇等疾病，以及吸烟等有害行为，但这些诱因不到发病病例的半数。后来心理学提出易患心脏病的人有一种共同的行为模式，称为A型行为模式。A型以外的行为模式称为B型行为模式。目前在临床上，用患者是不是A型行为模式来判断其是否患了心脏病具有很高的准确性。

在现实生活中，有这么一种人，做一件事总想一下子干完，不干完不踏实。他总觉得时间紧张，不够用；走起路来风风火火，上楼梯也是三步并两步；坐公共汽车，遇到交通拥挤车开得慢，他坐立不安，恨不得把司机换下来，自己开；若要排长队买东西，他宁可不买；做工作总要尽善尽美，比别人好，让领导说不出什么；也不喜欢别人插手他的工作，总觉得不如自己干得好；他有很强的竞争欲，也有很强的嫉妒心，人际关系也比较紧张。这种行为方式被称为"A型行为"。与之相对的行为方式则被称为"B型行为"。B型行为的人是非竞争性的，悠闲自得，处世有耐心，容忍力强，很少有敌意，情绪稳定。弗瑞德曼对三千多名中年男性雇员进行的长达十年的跟踪观察发现，A型行为者的冠心病发病率、心肌梗死和心绞痛等的出现率是B型行为者的2倍。1978年美国心肺血液病中心的专家会议确认在有工作的美国公民中，A型性格是冠心病的主要危险因素之一。

为什么说A型行为容易罹患冠心病呢？通俗来讲，生活中过于紧张的行为方式，使人经常处于应激状态，此时人的身体会出现一系列的反应，如血压会升高，心率加快，胃肠液分泌减少，蠕动减慢，呼吸加快，尿频，出汗，手脚发冷，厌食，恶心，腹胀以及失眠多梦等。这些反应有利于人体充分调动全身来面对外来的各种压力。打个比喻，人体的各种机能就像千千万万条弹簧在那里，外来的各种压力作用于上面，弹簧会产生一种强大的推力，以保证身体恢复到没有压力时的状态。但是如果这种状态持续存在，弹簧长期处在一种被压缩的状态，那么弹簧的弹性就会发生改变，也就是说，人体就会发生一系列机能的改变，持续时间越长，出现的病理性反应就会更加严重，疾病就容易产生了。在现代社会里，人难免要面对紧张和压力，如何对付它以及调整自己的性格就很重要。科学家的调查也表明：许多企业家都具有 A 型行为模式，因为他们内心都有紧迫感，自己赶自己往前跑，觉得自己有使不完的劲，承担过多的任务。把自己的发条上得太紧，弹簧长期处在一种被压缩状态，从来不放松自己，只会工作，不会享受，结果缩短了自己的人生道路。

1977 年，德瑞哥狄斯（Derogatis）在对 25 例恶性乳腺癌的随访调查中发现，病人具有压抑、抑郁、内疚等不良情绪特征。格瑞（Greer）和莫瑞（Morris）发现乳腺癌病人具有对愤怒情绪和其他情感的极度压抑倾向，情感表达困难，由此认为人格特征或行为方式是导致癌症的主要原因之一。特姆肖克（Temoshoke）首先提出 C 型行为模式的概念。C 型行为的基本特征是：不善于宣泄和表达焦虑、抑郁的情绪，对自己的不良情绪，总倾向于选择压抑，而不是发泄出来。与此相对应的是一系列的退缩表现，如过分屈从、过分自我克制、回避矛盾、姑息迁就、忍让、依顺、合作性强，因害怕得罪人而放弃自己的需要，因无力应付生活压力而感到绝望。研究证明，C 型行为者癌症的发病率可高出正常人 3 倍以上。

C 型性格者通俗来讲就属于"忍气吞声型"，这一类人往往过度克制自己，压抑自己的悲伤、愤怒、苦闷等情绪，不让发泄。这些不良的情绪被长期压抑下去，压抑到哪里去了呢？压抑到人盛装各种情绪的"口袋"里面了，但是这个口袋的容量是有限的，我们不可能无限制地来盛装，因此有些人压抑久了，就会寻找发泄方式，找个地方把这些东西倒掉，然后再盛装新的东西，这是一种健康的行为方式。C 型行为的人却不这样，他们时时刻刻往这里塞东西，但是却不懂得往外发泄，久而久之，口袋破损了，问题也随之出来了。恶性情绪长期作用于大脑会导致内分泌紊乱，降低人体免疫功能，从而给癌症以可乘之机。所以，医学专家以英文 Cancer（癌）的第一个字母 C 为这种性格命名。

三、大学生易发性人格异常

人格障碍又叫变态人格，或称人格异常。它是指有一种或几种人格特质的强度超出了正常范围，从而妨碍了正常的人际交往，表现为持久而牢固的适应不良的情绪和行为反应模式，通常有不同的具体类型。人格障碍并非精神病，亦非神经病，但能给病人本人或社会造成精神痛苦和危害。

心理活动的"常态"和"变态"是相对而言的，人格异常的人与普通人实际上并无明显的界限。人格障碍，临床表现通常为焦虑、恐惧以及习惯性退缩，以行为狭窄为特点。人格障碍与正常人格的主要区别在于：一是社会的接受性。凡是符合社会规范、道德标准与价值观念而为社会所接受的人格表现，则居优良人格之列；否则即为人格障碍。二是生活的适应性。凡是适应其所生活、工作的环境则属正常人格，而人格障碍者则或多或少的与其生活、工作的环境不相适应。三是主观的感受性。正常人格者和人格障碍者的主观感受是有区别的，例如，正常人格者在主观感受上总是接受他们所生存的社会，而有人格障碍者则难以接受他所生存的社会。人格障碍的主要特征是：心理紊乱，与人难处，如偏执、怀疑、自恋、自怜、被动性侵犯等；把自己遇到的一切困难都归咎于命运和别人的错误，把社会和外界对自己不利的条件都看作是不应该的，而对自己的缺点却无所觉察，也不改正；认为自己对别人不负任何责任，对不道德的行为没有罪恶感，对伤害别人的行为不后悔，对自己的一切行为都执意地偏袒与辩护；在任何环境中都表现出猜疑和认识上的偏颇。具有人格障碍的人，由于其内心体验背离生活常情，外在行为违反社会准则，所以经常给社会和他人造成伤害，给自己带来痛苦。人格障碍的类型很多，但在大学生日常的生活中，比较常见的人格障碍主要有如下一些类型。

(一)偏执型人格异常

偏执型人格，属于变态人格或人格异常的一种。这种病态人格的特点是性格固执，多疑，过分敏感，心胸狭窄；常认为别人在跟他过不去，把别人并无恶意的、中性的和友好的表示看作是轻视、蔑视或敌对行为，因而造成许多误解与冲突，与上下级、同事、亲人、朋友都不易相处融洽；自我评价过高，自负且好嫉妒，同时又很容易自卑，常固执己见，言行易冲动，好诡辩。对别人的言行总是不服气，缺乏幽默感。在遇到挫折或发生错误时，好强词夺理，喋喋不休，或推诿于他人，归咎于客观原因，认为自己成了别人阴谋的牺牲品或替罪羊。这种异常表现在遭受严重挫折或不顺心的逆境中会加重，有的人甚至发展成为偏执型精神病。偏执型病态人格大都形成于青少年时期，其主要原因是某些儿童受到家长无原则地迁就与宠爱，他们在百依百顺的家庭环境中听惯了家长的肯定与客人们的颂扬，习惯于以自我中心主义的眼光来看待周围的人与事，成为家庭中的"小皇帝"；缺乏正确的自我评价和社会评价，即使明知错了，也由于家长的庇护和宽容，以及自己爱面子的虚荣心，不愿或缺乏改正缺点的勇气。在这种环境中孩子养成倔强、固执和自以为是等性格弱点。由于在日后的社会生活中，社会环境根本不可能像娇生惯养的家庭环境那样随心所欲，不可避免地会遇到很多不顺心的事或挫折，这些性格弱点就很容易发展成为偏执型人格。

(二)强迫型人格异常

强迫型人格障碍是人格障碍中较常见的一种，也称强迫固执性格。属于轻微的人格异常。这一类型的人格异常开始于青年期，在各种环境背景下所表现的广泛模式是：过分地注意自己的行为是否正确、举止是否适当，因而表现得特别死板，处世缺乏灵活，缺少弹性；强烈的自制心理和自我约束。其主要表现为：做事要求严格和完美，容易把冲突理智化，具有强烈的自制心理和自控行为，甚至因此而妨碍工作的完成。做事专注于细节、规则、次序、组织或时间表，反而失去工作重点。要求他人应完全遵照自己的方式做事，或不相信别人而拒绝别人。过度献身于工作，因而放弃休闲活动或友谊（但无明显财产的需求）。对有关伦理、道德或价值观的事物，表现得过于诚实，一丝不苟而毫无弹性。这种人平时有不安全感，他们的感情表现以焦虑，紧张，悔恨居多，轻松愉快、满意为少。这种人不能平易近人，难于热情待人，缺乏幽默感。常因反复核对、过分注意细节而忽视全局，自己也感到紧张和苦恼，但不能自拔。强迫型人格障碍的形成一般在幼年时期，与家庭教育生活经历直接相关。如父母管教过严，要求苛刻就造成了子女的拘谨和小心翼翼，做事怕父母惩罚。久而久之，便使孩子形成焦虑，紧张的情绪。另一方面，一些家庭成员的生活习惯，也可能对孩子产生影响；若在幼年时受到过较强的挫折和刺激，也可形成强迫型人格。

(三)自恋型人格异常

自恋型人格是指以自我为中心，不顾及别人感受，仅把个人想法作为自己的行为准则。属于轻微的人格异常。这一类型的人格异常开始于青年期，在各种环境背景下所表现的广泛模式是：幻想或行为上表现自大，缺乏同情心，对他人的评价很敏感，对他人的批评感觉愤怒、羞耻或侮辱（即使未表现出来）。其主要表现为：过分的自我关心、自我中心和自尊自夸，常幻想自己了不起、有才学、有美貌。不能接受别人的建议和批评，需要经常受到注意或赞美。相信自己的想法很独特，需要懂得自己的人的了解。专注于充满成功、权利、成就、理想化的幻想中。注重权利的争取，不合理的期待、特殊待遇、享受特权。缺乏同情心，不能体会谅解他人的感受。专注于嫉妒他人的感觉。

(四)回避型人格异常

又称逃避或焦虑型人格。属于轻微的人格异常。这一类型的人格异常开始于青年期，在各种环境背景下所表现的广泛模式是：对社交感觉不适，害怕负面的评价以及害羞、胆小。其主要表现为：心理自卑，行为退缩，面对挑战采取逃避态度或无能应付，容易因为批评或不同意而受伤害。除非得到保证会给予友善接纳，否则不愿与人建立关系，避开或不接触重大的社交或职业活动。在社交场合保持沉默，因为害怕说话不适当或表现愚蠢，或无法回答别人的问题而受窘。回避型人格形成的原因主要是自卑心理。不少学派认为，自卑感起源于人的幼年时期由于生理缺陷或某些心理缺陷（如智力、记忆力、性格等）而产生的轻视自己，认为自己在某些方面不如他人的心理。在大学生的表现中较多的是社交恐惧、自责心理和消极的自我暗示。

(五)依赖型人格异常

属于轻微的人格异常。这一类型的人格异常开始于青年期，在各种环境背景下所表现的广泛模式是：行为表现为依赖和顺从。其主要表现为：自己无法做决定，也无法进行工作或执行计划，必须要依靠别人给予过多的指导或保证。不果断，也缺乏判断能力。因害怕被拒绝，即使坚信别人错误，仍同意对方的意见或建议，为博取他人好感而愿意做自己不愉快或降低自己身份的事。经常恐惧自己会被抛弃，容易因为批评或不同意而受伤害。

研究发现，人格障碍始于青春期或成年早期，具有跨时间和情境的持续稳定性，其对个体的社会功能具有广泛的负性影响，而这种人格功能的损伤和个体病理人格特质的表现并非由物质滥用、躯体疾病或另一种精神疾病所致。造成大学生人格障碍的原因非常复杂，涉及遗传和环境两个方面，其中不少因素是遗传和环境的交互作用。概括而言，主要是三大因素所致。一是人格特质。个体的人格异常是人格特质发展、表现不均衡，超出正常范围的结果，某些人格特质异常是人格障碍的心理基础。人格特质多种多样，但它们引发人格障碍的作用并不相同，有的作用明显，有的作用较弱。至少如下一些特质对人格健康或障碍具有举足轻重的作用：自卑、抑郁、恐怖、强迫、焦虑、悲观、敏感、多疑、幻想、浮躁、厌世、偏执、逆反等。大学生个体只要这些特质有一个是异常的，就可能存在人格障碍。二是家庭背景。家庭中父母及其他成员具有一定的世界观、信仰、性格等心理特征，是对他们所处的各种社会关系的反映。社会关系就是通过家庭及其成员对儿童施加影响的，对儿童心理的发展及个性的形成特别重要。一方面，遗传可能与人格障碍有关，家属中有人格障碍者，则大学生发生人格障碍的可能就较大。这不仅仅是遗传素质的问题，还存在人格障碍的父母家人对个体的教养问题，或者说，障碍的家庭教养障碍的个体。另一方面，人格障碍的遗传素质使个体对家庭、社会、文化中的致病因素有着特殊的敏感性，增大了个体发生人格障碍的概率。此外，即使家族中没有人格障碍的遗传素质，那些不和谐的家庭及不合理的教养方式，也可能使个体产生人格障碍。父母关系不和，家庭缺乏温暖或者父母过于溺爱或苛求孩子，都会严重影响个体人格的健康发展，而容易出现异常现象。三是成长经历。成长经历包括但不限于上述在家庭中的生活情况，这里尤其强调个体在社会中的生活经历，特别是那些意外事件对个体人格的影响。

第三节 大学生个性心理的自我管理

大学生个性或人格心理障碍发展到严重程度，不仅危害个人，并可在医学上和社会上构成严重问题。为此，对大学生个性或人格障碍能及早发现、及早治疗是非常必要的。由于大学生人格障碍是个体在长期的生活中形成的，稳定性很强，病态行为模式也比较顽固，完全依赖家庭和学校教育极难奏效，大学生本人的充分配合和有效的自我管理至关重要。

一、大学生个性心理自我管理的标准

美国心理学家奥尔波特认为：成熟、健康的人有七个主要特征：①心理健康的人活动范围广，他们有多种爱好，有许多好朋友，积极参与政治和社会活动。②与他人关系融洽。心理健康的人能容忍他人的缺陷和不足，和他人的关系是亲密的，并富有同情心，对他人温暖、理解和亲密。③情绪上有安全感。心理健康的人可以接纳自己的一切方面，他们不受自己情绪的支配，能够忍受挫折、恐惧和不幸。④知觉的客观性。心理健康的人能够客观地认识周围的现实，而不是把它们看成所希望的东西。⑤心理健康的人的自我形象是客观的、公正的，能够正确理解真实自我和理想自我之间的差别，也能知道自己看待自己和别人看待自己之间的差别。⑥心理健康的人能全心全意地投入工作，能高水平地完成任务。⑦心理健康的人具有统一的人生观和价值观，并能够把它应用到生活的各个方面。他们面向未来，行为的动力来自长期的目标和计划。

我国学者胡寄南教授研究了多种现代人物的传记，发现现代中国优秀人才具有以下个性心理品质：①远大的理想。为实现理想，为实现目标而拼搏的品德；自我牺牲的献身精神；对生活的意义和价值的深刻理解；对工作和事业的高度责任感；全心全意为人民服务的精神。②高尚的情操。具有爱国主义、国际主义和革命乐观主义精神。③坚强的意志。④富有才能。⑤人际关系协调。⑥自我意识完善。

大学生如何才能观察敏锐、注意集中、思维活跃、想象集中、记忆力强、志向远大、兴趣稳定、情感热烈、意志坚定、性格独立呢？一是依靠自己本人的努力，二是利用环境，接受他人的影响。心理学十分强调自己挖掘潜能，实现自我价值，相信个性是可以改造的，人是可以主宰自己的，人生

的成功与否完全在于你自己。对大学生来说，塑造良好的个性的措施有：充满信心，希望自己成为一个有用的人；一个成功的人；充分发挥自己的想象力；使自己长期处于积极的心境中；让自己生活在快乐中；消除对自我的压抑；抓住机遇，与人真诚相处；自我接受，接受自己的失败与成功；信念坚定不移，不达目的誓不罢休；有时间冷静地独处反省；保持自己的独立性；维持良好的人际关系等。

二、大学生个性心理自我管理的路径

经过高考奋力拼搏的大学生，带着"金榜题名"的喜悦，带着五彩斑斓的梦想与追求，带着一种新鲜感和自豪感，满怀信心的新生们趾高气扬地跨入了优美的大学校园。近一个月的紧张而严整的军训拉开了大学生活的序幕，他们憧憬着、期盼着那充实、浪漫、充满朝气而又富有诗意的大学生活，然而几个月下来，许多同学却发现，大学生活远非自己想象的那样美好，这里同样汇聚了痛苦与忧伤，心里挥不去几多的烦躁与焦虑，生活中快乐与痛苦并存，阳光与阴霾同在。有的思家、恋旧，常常偷偷以泪洗面；有的厌学、彷徨、无所事事；有的失眠、抑郁、在焦灼中度日子，更有的则想休学、退学，打起了退堂鼓。与入学时比，那种舍我其谁的雄心壮志已渐渐削弱，那种无与伦比的"天之骄子"的身份感和无比非凡的力量已不复存在。本是辉煌灿烂的黄金时代却为无尽的烦恼和痛苦所替代，心灵上茫然一片，不知该走向何处，那种无助、无聊、无力的哀愁侵扰心间，一时间，犹如从幸福的峰巅跌入到痛苦的谷底，那种无奈，那种难耐与不甘集结而成了"新生适应综合征"，他们感到极度的不适应，久而久之形成不良个性。

实践证明，在大学生心理健康谱系中，个性心理健康是关键。同理，大学生的个性心理障碍也最难消除。不仅家庭和学校教育极难奏效，大学生本人的自我管理也往往成效甚微，原因在于：家庭和学校教育往往"头痛医头，脚痛医脚"，难于从根本上解决问题；大学生本人对个性心理形成条件知之甚少，找不到个性心理自我管理的正确路径。根据多年大学生管理的实践经验，笔者认为，以下诸方面是大学生个性心理的自我管理有效路径。

(一)个性立足于"德行"

信仰和理想是人的精神需要，是人们在实践中形成的对未来的憧憬、向往和追求，"人活着不是单靠事物，还靠支撑起灵魂的信仰。"大学生应该懂得并承认人类社会因存在不同的利益集团而划分为不同的阶级，因有代表不同集团利益的统治阶级而有不同的社会制度。当代大学生应该站在绝大多数人的长远、根本利益这一边，自觉维护并代表人民利益的社会主义制度，不断审视自我、端正理念、改造行为、规划未来，经得起挫折和失败，在任何复杂的情况下、在任何艰难的历程中不动摇信念。大学生高尚德行的树立与良好个性的形成是一个互动的过程，前者是后者的基础。

(二)个性寓于社会性

只有当集体与社会具有强大的凝聚力和坚定的共识目标时，个性发展才能有充沛的能量、宽广的领域和有益的效果。反之，也只有个性发展才能促成集体与社会的前进。所以，大学生必须把个性的自我纳入历史的、社会的坐标系中，以历史使命和社会需要为根据，能动地完善自我，才能铸就为社会发展期待的、为集体利益需要的、不拘一格的良好个性。

(三)个性基于相容性

在 1989 年联合国教科文组织召开的"面向 21 世纪的教育"国际研讨会上,各国代表一致认为应培养未来的青年一代学会"关心":关心社会、关心他人、关心自己。要教育大学生树立公平竞争的理念,倡导个人具有以提高能力水平和强化努力程度为基础的、超越他人成就的个性,在校内也要努力营造公平竞争、共同发展的良好氛围,从而促进大学生培养遵守规则、团结协作的习惯,养成既能认可他人、容纳他人,又能超越他人、取胜他人的良好心理特征。

(四)个性出于责任心

受社会主义高等教育的人,其道德素质的最低水准应该是在利他的前提下利己,即所谓"先公后私";其最高水准则应是完全利他的自我奉献,即"大公无私"。这一原则指导和规范着其他具体的道德方面,如职业道德、公共道德、婚恋道德等。当代大学生应该遵守道德准则,具有为人民、为社会更好服务的奉献心理,他们的动力是责任感而不是侥幸心理,他们的手段应该是艰苦奋斗而不是投机枉法,他们的人生目标首先应是利他而不是利己。从而自觉地把社会政治思想准则、文化内化为自己的个性,把"自我成才、自我实现"的人生理想与"振兴中华"的历史使命感和社会责任感结合起来,最终成为符合时代精神以及社会要求的人。

三、大学生个性心理自我管理的方法

无论家庭还是社会都希望大学生能成为栋梁之才,大学生自己也应该充满信心。因此,大学生应该借鉴吸收心理学改造个性的方法,结合中国传统的慎独、反省、批评与自我批评的方法,积极接受家庭、学校和社会的教化,使自己的智力因素发达,素质能力优良,成为一个具有良好个性的人。

(一)依靠自己

大学生应该树立通过自己努力获得成功的信念,同时,学校、社会也应该为塑造大学生良好的个性共同努力。尤其是高校,在制定学校的管理措施时,要考虑到哪些措施会对学生个性的发展有利。大众传播、媒介传播的内容,应该积极、健康,体现精神文明建设成果,助力大学生形成良好的个性。班集体、学生社团都应该提倡团结友爱、奋发向上的精神。教学内容既要考虑到与传统的衔接,社会的需要,更要考虑有益于学生个性的发展。教学方式应灵活多样,不应死板教条。学校应该多宣传有成就的校友,增强大学生的自信心、荣誉感。学生家庭一方面在经济上、情感上对学生关心和支持,另一方面要教育学生增强独立观念。

(二)培养自我接受的态度

有些大学生不能接受自己,并采取各种方法避免认识自己。首先,他们不和别人来往。不与别人结交,不但看不到别人对自己的反应,而且不愿意看到别人的成功,因为别人的成功会使自己感到渺小。其次,他们没有勇气接受失败,没有把握时不愿参加竞赛。最后,他们也会把不满和自责的态度投到别人和外界事物上去,把"我不喜欢自己"或"我讨厌自己"等心理转变成"别人不喜欢我"或"别人讨厌我"。不能自我接受的人容易造成性格异常。了解自我是接受自我的前提。一般认为,了解自己好像是不成问题的,事实上却不是一件容易的事情。了解自己的生理状况是容易的，但了解自己的心理特点和性格特点就不那么简单了。了解自己比较难，喜欢自己就更难。有些人不满意自己，自卑感强。有些人则觉得怀才不遇，因而愤世嫉俗，甚至狂妄自大。这些都是不喜欢自己的表现。个人的容貌生理缺陷、家庭背景等是无力改变的，了解自己而又不喜欢自己，必然导致焦虑和痛苦。只有承认现实，悦纳自己，才能心安理得，保持良好的心态。

(三)保持良好的情绪状态

良好的情绪是维护健康性格的灵丹妙药。性格正常的人遇到愉快的事就会高兴，遇到不称心的事就会烦恼。高兴或烦恼都是正常情绪的表现，但情绪过度就是有害的。狂喜、暴怒、绝望等都属于情绪过度。青年人容易爆发激情，激情行为往往带有冲动性。减少情绪的冲动，应该在加强修养上下功夫，逐渐学会控制情绪。控制情绪不等于压抑情绪，年轻的大学生们不必处处"喜怒不形于色"，情绪应该有适当的表现。

(四)建立良好的人际关系

人的许多个性特点都是从与他人的关系中发展起来的。这些关系中的大多数是良好的，但也有一些是不好的。别人遇到苦恼的事，你会感到同情吗？对那些你不喜欢的人，你也会有同情之心吗？要学会设身处地地为别人着想，同别人建立良好的关系。不要让别人对你期望太多，你也不要对别人期望过多。融洽的人际关系使人乐观、开朗和进步。众所周知，人与人之间的关系从来都是相互影响、相互作用、相互依赖的。我们每个人都需要爱和尊重，需要友谊，需要以自己的智慧和能力为社会做出贡献。大学生有自己的个性和独特的行为方式，他们尊重自己的立场，坚持自己的原则，保持自己性格的完整性。但是，有时又需要迁就别人的需要，采取随和的态度。一般来说，不是原则性的问题，要学会妥协，照顾别人的感受。如果违背了自己的原则，既要坚持原则，又要不伤害别人的自尊心，在拒绝别人要求时，不要过分强调自己的道德，标榜自己的公正清高和良好的品德，使别人感到难堪。

(五)参加丰富多彩的文娱活动

兴趣过于狭隘，那么在克服精神、情绪上的困扰时，就会受到很大的限制。广泛的兴趣会使生活丰富多彩，因而容易摆脱过于紧张的困扰。实验证明，兴趣广泛的人总比兴趣狭隘的人更容易、更有效地使自我得到调节。大学生参加丰富多彩的文娱活动，既有助于增加知识、发展技能，又能调节精神轻松愉快，产生充实感。

第五章 大学生挫折心理健康与自我管理

所谓挫折，是指人们为实现目标而采取的行动遭遇到无法克服的困难或阻碍时，产生的一种紧张的情绪反应和体验。它是人的一种消极的心理状态。大学生挫折心理是指在多元化的社会背景和独特的家庭环境下成长的大学生，当其面临学习、生活、情感、人际和就业等个人发展和自我成才过程中的压力、障碍和困惑体验到挫折而不能顺利实现目标时所产生的消极情绪。大学，是令人神往的知识殿堂。大学生通过自己的艰辛努力与奋斗进入大学，然而，在现实的错综复杂的生活中，大学生有目的的活动受到各种因素的制约，这些因素可能阻碍大学生目标的实现，影响他们需求的满足，引发大学生的挫折。挫折已是大学中许多同学所面临的问题，如得不到正确的引导和教育，极易产生严重的心理问题，因此对大学生进行抗挫折能力教育意义重大。

第一节 大学生挫折心理的成因

人们在日常生活和工作中，并非总是一帆风顺。在人的需要与动机推动下产生的行为，在达到某种目标的过程中，常常要遇到各种各样的障碍，因而体会到挫折。大学生在学习与生活中，同样不可避免地会遭遇各种各样的挫折。挫折对大学生心理与行为都会产生直接的影响，引起的消极心身反应，可能导致心理与行为障碍。研究发现，当代大学生以独生子女居多，他们不但有优越的物质生活，还有丰富的精神文化生活。在飞速发展的网络信息时代，大学生接触到了更开阔的人文理念，养成了自信、张扬、有主见的个性。同时，由于他们一直在顺境中成长，一旦遭遇挫折和失败，就会产生焦虑急躁、自卑怯懦、愤世嫉俗、抑郁冷漠等情绪，不能从容面对学业、人际关系和竞争上的压力与失败。另外，大学生刚刚成年，心理发育尚未成熟，遇到挫折时会产生消极心理，严重影响自己的身心健康。

一、大学生挫折心理产生的一般条件

个人在实现目标的过程中，动机性行为会有不同的结果：一是无须特别努力即可达到目标，需要很容易得到满足；二是遇到干扰和障碍，但经过努力或采取某种方法仍可达到目标；三是遇到了干扰和障碍使目标不能达到，需要不能满足，因而产生种种不安、焦虑情绪。在心理学上，把个人遇到的第三种情况称为挫折。

挫折产生应具备下列五个条件：

（1）有行动动机和明确的行动目标。例如，大学生为取得奖学金，争取各门功课的好成绩，或者刻苦学习，争取考上研究生。

（2）有满足动机和达到目标的手段或行动。例如，大学生通过刻苦学习，排除其他干扰和影响，争取达到优良成绩。

（3）有挫折的情境发生。如果动机和目标能顺利获得满足或实现，就无所谓挫折。如果在实际生活中，虽然实现目标过程中受到阻碍，但通过改变行为，绕过阻碍达到目标，或阻碍虽不能克服但能及时改变目标与行动方向，也不会产生挫折情况。只有在实现目标的道路上遇到阻碍而又不能克服与超越时，才构成挫折情境。例如，某大学生要求自己必须考上研究生，但却未考上，这样就形成了挫折情境。如果这个大学生仅把考研究生作为一种尝试和经历，即使没有考上，也不会形成挫折感。

（4）人们在实现目标的行为受到阻碍时产生挫折，行为主体必须对此有知觉。如果客观阻碍存在，但人们主观上并无知觉，就不会构成挫折情境。

（5）人们必须有对挫折的知觉与体验而产生的紧张状态和情绪反应。具体来说，行为主体在受挫后往往有焦虑、失眠、恐惧、愤怒、自卑、自疑等消极的紧张情绪体验。

一般而言，挫折有两个方面的含义。其一是挫折情境，指阻碍目标实现的种种主客观因素。其二是挫折反应，指由某种阻碍和干扰致使需要不能满足而产生的愤怒、恐惧、不安等情绪反应。个体在受到挫折时，挫折情境和挫折反应总是密切联系在一起的。大学生作为学习的成功者理应有自己的雄心壮志。但是，"人生不如意十之八九"，无法事事顺心。在实际生活中，成功会使他们欢欣鼓舞；失败会使他们悲观失望、焦虑。

二、大学生挫折心理产生的客观因素

由于社会生活是复杂的，因而引起大学生挫折的原因也呈现复杂情况，一般从客观因素和主观因素上分析把握。在引起大学生挫折的众多因素中，有相当多是由于客观外界阻碍，大学生不能达到目标，这是引起大学生挫折的客观因素，包括自然环境因素和社会环境因素两个方面。许多研究提示大学生恶性伤害事件与多种因素存在关联性，其中童年经历（教育因素）、社会支持（环境因素）和人格特征（个体因素）受众多研究者关注。

自然界的一切事物，都按照自己的固有规律发展着。人们一方面不可能穷尽对自然界所有事物的认识，另一方面，即使认识了也不能绝对地征服自然。因此作为每一个在自然环境中生存发展的人，必然会遇到由自然因素所引起的种种挫折。例如，自然灾害（台风、地震、酷热、洪水）以及由于自然因素影响而引起的疾病、事故等等，这些都是人们无法克服的客观的因素。对于生活在社会中的大学生而言，自然环境因素都可能是引起他们挫折的因素。某高校一名二年级大学生，其人生道路展现一片光明时，却患上了严重的肝萎缩而影响学业和个人社会发展，无疑是遭遇重大挫折。一名来自贫困地区的大学生，十分节俭地花着父母为他积攒的每一分钱时，忽闻家中亲人的不幸或遭遇天灾，这对他同样也是重大挫折。

大学生生活在社会之中，社会的政治、经济、道德、宗教，甚至风俗习惯等等，都可能是引起大学生挫折的因素。在高校中，某一段时期，一些大学生放松了政治理论学习和思想上的世界观的改造，受资产阶级思想意识影响，结果出现了思想偏差，走了一点弯路，这是政治因素引起的。一些家境贫寒的在校大学生正常的学习、生活受到影响，使学习积极性受挫，这是经济因素引起的。此外，大学生生活的校园内的种种因素，也可能是导致大学生挫折的直接原因。例如，有的大学生对学校不满意，有的大学生学习生活与理想中的相差甚远，都可能产生挫折感。这些大学生往往把大学想象成世外桃源，似乎校园里应是鲜花四季、环境优雅，老教授风度翩翩、侃侃而谈，学习轻松愉快、生活舒舒服服。但来到学校后，在他们的眼里是教学设备落后、课程内容枯燥、教学方法老套、管理方法不妥、娱乐条件缺乏等。大学生活似乎只是日复一日的"宿舍—教室—食堂"三点一线的无限循环，有些大学生感到枯燥、无聊、孤独、空虚，有一种说不出的失落感。

三、大学生挫折心理产生的主观因素

在大学生挫折的因素中，相当大的部分是由于大学生自身的能力与认识等方面因素引起的。当然，首先是个体条件因素，一个介于主客观之间的因素。这是因个体体力、智力条件或性格、能力、思想等心理特点因素引起的心理挫折。主要有两个方面。第一，因受个体条件差异制约和限制不能达到目标。例如，大学学习无论在内容的深度，还是知识的范围，都是高中不能相比的，一些大学生由于智力条件或学习方法因素，不能较好完成学习任务而引起挫折。又如人际交往中可能由于其貌不扬或性格内向而处于劣势，往往无法在交际场合潇洒自如、谈笑风生，展示自己的才能。甚至正常交友也受影响，使自己陷入孤独。第二，可能因个体条件卓越的影响而给大学生个体带来挫折感。

人们常说"树大招风""枪打出头鸟"，古人云："木秀于林，风必摧之；堆出于岸，流必湍之；人出于众，众必非之。"都是说的这个道理。

在大学生的挫折中，不少是由于大学生认识能力或思维方法引起的。由于大学生是社会中值得骄傲的青年团体，缺乏社会经验，心理发展不完全成熟，因而在学习生活、社会活动中可能出现思想不符合实际，好高骛远，从而达不到目标导致的挫折。一位大学生一入学就给自己提出了很高的要求：拿特等奖学金，评三好学生。这位大学生积极向上的精神，当然应当鼓励。然而这位大学生并不充分了解该大学学生的整体水平，也不十分了解奖学金、三好学生评比的有关规定和要求，主观盲目地给自己制定了过高的目标，其结果当然是实现不了。而失败的结果无疑对这位大学生来说是一次不大不小的挫折。

相关研究发现，在引发大学生心理挫折的因素中，动机冲突因素引发挫折心理感受的概率最高。个体在有目的的活动中，常常因一个或数个目标而产生两个或两个以上的动机。如果这些同时并存的动机不能同时获得满足，并且在性质上又出现彼此相互排斥的情况时就会产生动机冲突的心理现象。对于大学生而言，丰富多彩的大学生活以及复杂多元的社会，为大学生的全面发展提供了有利的条件和广阔的天地，同时也给大学生带来了选择的冲突。这些冲突引起了我国大学生种种挫折，表现为以下四种情况：

（1）双趋冲突。大学生往往面临两个期待事物之间的选择的冲突，这两个期待事物对自己都很重要，并且都有相同强度的动机，于是出现"鱼和熊掌不可兼得"的难以取舍的心理冲突。

（2）双避冲突。大学生往往面临两个希望避开事物之间的选择的冲突，自己对这两个事物都不感兴趣，甚至是厌恶的，但却不能同时避开，于是出现"二者必居其一"的心理冲突。

（3）趋避冲突。大学生可能面临一个既对自己有利，又对自己有害的事物或目标的选择的冲突。大学生对这个事物或目标，一方面想达到，但同时又企图避开，于是出现极为矛盾的心理冲突。

（4）双趋双避冲突。大学生有时面临的心理冲突相当复杂，他们面临的两个目标各有长与短，因而他们在都想达到的同时，又都试图避开。

第二节 大学生挫折心理的消极反应

消极行为反应也是大学生受挫以后常常表现出来的行为特征。消极的行为反应在一定时期、一定程度上可能缓解受挫的大学生的紧张心理，但这种行为反应缺乏积极的社会价值，其后果是，一方面对大学生个体心身发展十分不利，甚至诱发精神疾病；另一方面也可能危害社会和他人。大学生消极的行为反应应引起各方面重视。

一、攻击与反向

攻击最根本的含义是朝某个方向运动。这个起源于拉丁语的简单语，蕴含着能量与方向。人们在受挫以后，在非理智情况下把"高能量"的愤怒的情绪指向造成其挫折的对象——人或者事物，表现为对他人讥讽、谩骂、殴打，甚至加以杀害，以及损害物品等情况，这是一种破坏性的行为。根据受挫者攻击对象，大体分直接攻击和转向攻击。攻击的这两种情况在大学生中都有发生，只不过是直接攻击行为不及转向攻击行为普遍。直接攻击行为是指受挫者受挫以后，把愤怒的情绪发泄到直接使之受挫的人或物上，由于缺乏理智，往往不考虑后果，因而可能造成极为严重的后果。在高校发生的攻击行为，往往发生在那些缺乏生活经验，比较简单、鲁莽、冲动性大的学生身上。

转向攻击行为是指受挫者在受挫以后，愤怒情绪十分强烈，由于种种原因不能攻击使之受挫的对象，于是把愤怒的情绪指向自己，或者指向与其挫折情境无关的对象（或称之为"替罪羊"）。转向攻击行为造成的后果同样是严重的。某高校一名男大学生失恋以后，他不能攻击他曾深爱的女友，就用菜刀剁下自己二节手指。虽然发泄了情绪，却留下终身残疾，并直接影响正常学习。转向攻击行为大多数发生在比较克制、力量较弱、自信心比较差的大学生身上。大学生的直接攻击行为与转向攻击行为在高校都是存在的，受挫的大学生通过攻击行为虽然可以暂时发泄心中的愤怒与不快，但并不能消除原有的挫折感，还会引起新的挫折，同时危害他人与社会，尤其要引起关注。

一般来说，个人的行为方向和他的动机方向是相一致的，即动机发动行为促使行为向满足动机的方向进行，但是，遭受挫折后，自己的内在动机不能为社会所容，由于他不敢正面表露自己的真实动机，于是便从相反的方向去表示出来，这种把自己一些不符合社会规范、不被允许的愿望和行为，以一种截然相反的态度或行为表现出来，以掩盖自己的本意，避免或减轻心理的压力的行为反应，称为反向，例如，一些内心自卑感很强的大学生，往往在同学中以自高自大、夸夸其谈等自我炫耀方式掩盖自己内心的自卑和孤独。有的大学生对某异性非常倾慕，然而由于害怕遭到拒绝而装出一副不屑一顾的样子。反向行为由于与动机相互矛盾，因而表现得过分夸张、做作。它虽然可以在一定程度上掩饰个体的真实动机，但是，掩饰包含着压抑，长期运用会从根本上扭曲自我意识，使动机与行为脱节，造成心理失常。

二、固执与倒退

一些大学生在遭受挫折后，往往不分析失败的原因，反而盲目地重复着导致其挫折的无效行为，这就是固执的行为反应。其特点是行为呆板且无弹性，并具有强制性。它可以表现个体和群体的固执行为反应。例如，大学生因违反学校有关纪律而受到比较严厉的批评后，往往不见其改过和收敛，反而类似的违纪行为反复发生，甚至与其他不守纪律的学生结成不良群体。对于大学生固执行为一方面要加以重视，它直接影响大学生个人的健康成长，也影响学校正常活动的开展。另一方面，准确把握大学生固执行为反应，它不同于习惯，因为如果习惯性的行为不能满足需要，人们会努力去改变，而固执不仅不会改变，反而会愈演愈烈。固执也不等于意志坚强，意志力强的人如果知道某种行为不能达到预定目标，就会改变策略，再作努力。固执行为的最大特点是非理智性，企图通过重复无效动作以对抗挫折压力。

倒退是固执的另一种表现。所谓倒退的行为反应，是指受挫者在遭到挫折以后，表现出与自己的年龄不相称的反常行为。当人们受到挫折以后，如果以成熟的成人的行为方式面对挫折，就会产生心理上的焦虑、不安。受挫者为了避免上述情况，往往放弃已经习得的成熟的成人的正常行为方式，而恢复使用早期幼儿幼稚的方式加以"应对"，从而减轻内心的心理压力。倒退的行为反应在高校中只要细心观察，还是很容易发现的。例如，一位学生会干部在受到系领导批评后，自己感到委屈，无法进行理智分析和对待，竟一连三天抱被子睡觉，不吃不喝，以赌气发泄心中的不满。

三、逃避

逃避是大学生受挫和预感受挫时表现出来的一种消极行为反应。在现实生活中大学生受挫或预感受挫，便逃避到自认为比较安全的情境中。

逃避主要有三种表现方式。

（一）逃到另一种状态

这种情况在大学生中比较常见。某大学生过去在学习上一直很努力，但由于种种原因受到挫折后，他往往不从主观上分析原因，而一改过去刻苦学习为漫不经心、得过且过，同时在娱乐、谈朋友上倾注其精力，他是以学习之外的活动避开因学习压力给自己带来的焦虑与不安。其实，大学生逃避与自己成长与发展最直接关系的学习环境到其他活动中去，可能在某个时候有一定缓解作用，但并不能真正消除内心的紧张，因为紧张的心理以潜意识方式从当前现实转入另一现实之中，它在一定条件、一定时期，可能对大学生产生更大的不良影响。

(二)逃向幻想世界

受挫的大学生在受挫以后，往往沉溺于不合实际的幻想之中，以非现实的想象方式来应付挫折。这是受挫的大学生为了暂时脱离现实问题的困扰，展开不受制约的想象，在幻想中求得平静和安宁。幻想在一定时期、一定程度上使人暂时脱离现实，有缓解挫折感的作用，得到暂时的精神解脱，因而有助于对挫折的容忍和提高人们对将来的希望。但是幻想毕竟是幻想，在多数情况下无助于现实问题的解决。因此，大学生在幻想之后，应实事求是地面对现实去应付挫折。例如，某大学生学习不好考试失败以后，幻想将来克服困难取得好分数和走上好的工作岗位的愉快情况，这可能使他鼓起勇气学好功课，这样幻想有积极意义。但如果不面对现实，一味耽于幻想，就会形成一种逃避的坏习惯。

(三)逃向身心疾病

在日常生活中人们对一个人的行为总是有一定要求的。对于一个健康的大学生，应该是能很好适应社会、学习刻苦、对人热情、精力充沛、奋发向上等。但如果对象是一个病人，社会对他的各种要求都可能暂时取消或减轻，对他的过失，也不作严格的计较。例如，一个大学生面对一个重大的考试，本应与其他同学一起参加并取得好成绩。但是由于种种原因，他感到没有把握，内心极不愿意参加这场考试，但又找不出任何不参加考试的理由，内心极为焦虑。但是如果这个大学生在考试之时正好生病了，一切又另当别论，他不仅可以十分安全地躲过这一"劫"（一是考试没把握，二是考砸了将面子丢尽），而且还会得到老师、同学的同情。因此，一些大学生在失败或可能失败之时，如同上述恐惧考试的大学生，就巴不得能生病，在这样的心理作用下，有可能真的生病。这一类病，心理学上称为机能性障碍。当事者的器官是正常的，在检查时没有发现什么肌体性的疾病，而它们的功能却出了问题。比如眼睛是健康的，却看不到东西；四肢是正常的，却呈现瘫痪的现象。这样的大学生不自觉地将心理方面的困难，转换成为身体方面的症状，借以逃脱他人及自己的责备，而维护了自我的尊严。

四、压抑与冷漠

压抑的行为反应在大学生生活中比较常见。大学生在其学习、生活中，常常把不愉快的经历不知不觉地压抑在潜意识里，不再想起，不去回忆。由于压抑，痛苦的经历似乎被遗忘了，使人在现实意识中感受不到焦虑和痛苦，例如，某大学生因一时糊涂偷了寝室同学的钱，事后他羞愧难当，内疚不已，心理冲突所带来的痛苦时时折磨着他，可又没勇气向同学承认错误。过了一段时间，他似乎把这件不光彩的事忘了，内心恢复了平静。可这并不是真正的遗忘，而是压抑起了作用。以后每遇到同学丢失东西，他就怕被怀疑，甚至在同学面前语无伦次，举止失常，以致发展到怕见同学怕见任何人，把自己封闭起来不能进行正常的生活。压抑是行为主体的一种"主动遗忘"，它和由于时间延续过久而发生的自然遗忘不同，它只是个体把不为社会接受的本能冲动、欲望、情感、过失、痛苦经验等不知不觉地从现实意识压抑到潜意识中去，使之不侵犯自我或使自我避免痛苦。但是这些被压抑的东西，并没有消失，它在日常生活中往往不知不觉地影响人们的日常心理和行为，并且一旦出现相近的场景，被压抑的东西就会冒出来，对个体造成更大的威胁与危害。它不仅影响个体的正常活动，而且会引起心理异常和心理疾病。

大学生在遭受挫折以后，往往还表现出对挫折情境漠不关心、冷淡，活动上表现出茫然与退让，情绪情感上失去喜怒哀乐，对一切无动于衷。冷漠一般是在行为主体反复遭受挫折，对引起其挫折的对象无法攻击，又无"替罪羊"宣泄，也看不到改变境遇的希望等因素下发生的。例如，高校中一些学习困难的大学生，虽然他们尽了相当大的努力，但学习成绩却没有多大进展，每学期总有几门课"红灯"高照，这些大学生承受着外界（学校、家长、同学）和内心越来越大的压力，他们对大学生活、同学关系、社会活动往往持冷漠的反应行为，表现出暮气沉沉，缺乏责任感。

五、文饰与投射

文饰即文过饰非的行为反应。当个体达不到追求的目标时，为避免或减轻因挫折而产生的焦虑和维护自尊，总是要在外部寻找某种理由或托辞，对自己的行为给予某种"合理"的解释，这种解释可能自圆其说，但从行为的动机来看，却不是行为的真正理由。

文饰行为反应在大学生学习、生活中时常发生。文饰的行为反应表现有两种形式。一是"酸葡萄效应"。在《伊索寓言》中，有一只饥饿的狐狸，它看到一串串甜熟的葡萄，垂涎欲滴，但因葡萄架过高，三跃而不得食，为了维护自己的面子，就对身边的动物说："葡萄味酸，非我所欲也。"可见，是因为自己真正的需求无法得到满足产生挫折感时，为了解除内心不安，编造一些理由自我安慰，以消除紧张，减轻压力，使自己从不满、不安等消极心理状态中解脱出来，保护自己免受伤害。如某学生本来下决心要在外语考试中夺魁，不料只考了第十名，为了维护自尊，便用不屑的口吻说："为那几分而死读书有什么意义，我可不想做书呆子。"二是"甜柠檬效应"。这也是借助《伊索寓言》中的一个故事。有只狐狸原想找些可口的食物，但遍觅不着，只找到一只酸柠檬，这实在是一件不得已而为之的事，但它却说："柠檬味甜，正我所欲也。"甜柠檬效应的特点在于夸大既得利益的好处，缩小或否定它的不足之处。如某学生极想报考研究生，但无奈功底不足，便自我安慰道：中国现在大学生占总人口的比例还很低呢，大学学历也就够了。文饰方式虽然是人们面临挫折时自觉或不自觉地采用的一种心理防御机制，但它除了暂时缓解内心冲突，保持暂时的心理平衡之外，对心理发展更多的是起消极作用。因为文饰自我的理由往往是不真实或次要的理由，起着自我欺骗和自我麻痹的作用，长期地过分地使用这种方式，会使自己不去认真吸取教训，放弃对自我的认识改造，以至于降低积极适应环境的能力。

投射是受挫者把自己内心的不被允许的愿望、冲动、思想观念、态度和行为，转嫁到他人或其他事物上，以摆脱自己内心的紧张心理，从而保护自己，并为自己的行为辩护。例如，某大学生上课迟到了，老师批评他，可是这位大学生却这样回答老师："我们的班长还在后面！"以此减轻内心紧张和压力。投射作用与文饰在性质上较接近，同样是以某种理由来掩饰个人的过失，但二者是有区别的。在一般情况下，运用文饰行为的人都能了解自己的缺点，主要是找冠冕堂皇的理由为自己的缺点辩护。例如，有的大学生考试失败了，明明是自己不用功，却说老师教得不好，或出题不明确、评分不公正等。运用投射行为的人，否认自己具有不为社会认可的品质，反而将它加之他人予以攻击。例如自己作风不正派或想有不正派的行为，反而猜测他人有不轨行为，或说是由别人引诱造成的。

第三节 大学生挫折心理的自我管理

现代社会充满竞争、充满挑战、充满风险，也充满机会，青年大学生就是在这样的环境中拼搏、奋斗、成长。因此，一个大学生要想有所作为、有所成就就必须正确对待挫折，战胜挫折。面对日益激烈的社会竞争，当代大学生在学习、人际交往和就业等各个方面面临的压力也越来越大，难免会在生活中遇到各种挫折。但是因其社会经验不足、心理发育还未成熟等原因，他们面对挫折的表现让人堪忧。对当代大学生开展挫折教育，培养他们面对挫折的正确思维模式和行为模式是当务之急。大学生的成才之路，可以说就是不断战胜挫折，不断前进的过程。人们常说，"解铃还须系铃人"，战胜挫折，社会、学校等外界环境是重要的。但是，在众多的挫折中，许多是由大学生自己主观因素导致的，并且挫折是大学生自己的挫折，它引起大学生自己种种不良、痛苦的体验。因此，正像大作家雨果所说，"应该相信，自己是生活的战胜者"，要真正战胜挫折，更主要是依靠受挫的大学生的自我管理。

一、正确认识挫折

积极的行为反应有助于大学生适应挫折，化解困境，健康成长；消极的行为反应只能起暂时平衡心理的作用，不能解决问题，有时会使当事人在一种自我欺骗中与现实环境脱节，降低了积极的适应能力，甚至形成一些恶习，埋下了心理疾患的种子，影响大学生身心健康和全面发展。正确认识挫折，是大学生战胜挫折的先导和前提。

（一）克服错误认知方法

大学时代是大学生一段重要的人生旅程，其间充满紧张与竞争。因而，在大学生成才之路上，不可避免地遭受各种挫折，这是每个大学生都明白的道理。然而，在对大学生挫折的分析过程中，人们发现，真正引起大学生挫折感的，与其说是他们遭遇的困难与失败本身，还不如说是当事人对挫折的认识和态度。一些本算不上什么挫折，却被当作挫折；一些挫折只是日常生活中鸡毛蒜皮的小事，却被当作天崩地陷的大事。因此，要战胜挫折，大学生就要克服对挫折的一些错误的认知方法。首先，要克服挫折认知上的主观性。在现实生活中，大学生常常发生主观与客观、认识与实践相分离的情况，从而导致错误认识。这种情况在一些受挫的大学生身上有时表现十分明显。他们由于一方面初涉社会，难以分析、把握和评价复杂的社会现象；另一方面他们内心处于青年期特有的一系列心理变化与矛盾之中,因而他们遭受挫折以后往往不能对挫折进行客观分析,以主观判断和评价面对挫折,从而得出了与事实不符的消极结论,加重了挫折感。其次,要克服挫折认知上的片面性。不少大学生的挫折感受与他们认识上的片面有直接的关系。一些大学生若在某件事情上失败了,就认为自己是个失败者、弱者;碰到一些不幸,就觉得自己命运不佳、前途渺茫。某一次考试不理想,就认为自己不是读书的材料,将来肯定不会有什么大的前途;某个同学对自己缺少认同,觉得自己人缘太差,缺乏交际能力;一次失恋,就断定自己不讨人喜欢,对异性没有吸引力,等等。这种以一两件事来评价自己整个人,评价自身价值的认知,其结果往往会引起强烈的挫折反应,导致自责、自卑、自弃心理,产生焦虑和抑郁情绪,容易走上自我否定、悲观失望的狭路。最后,要克服挫折认知上的夸大性。由于缺乏社会经验和挫折经历,现实生活中一些受挫大学生往往夸大挫折及其对个体的影响,把小事无限夸大,直至不可收拾。在高校发生的一些大学生自杀行为,相当大的一部分与当事人认识上的这种错误的思想方法有关。当面临挫折而出现情绪困扰时,应当主动地检查一下自己对挫折认识上可能存在着的思想方法上的偏差,用正确的思想方法克服自己对挫折的错误的认识与态度,减少挫折感,使自己尽快地从悲观、失望、焦虑的情绪中摆脱出来,从而找到战胜挫折的有效方法。

(二)树立正确的挫折观

大学生初涉社会,对失败比较敏感,害怕失败,恐惧挫折。因此,大学生首先应对失败有科学认识,建立正确的挫折观念。在社会生活中,人们总是把没有成功或没有达到目标视为失败,已成为定式,但实际上这种看法并不科学。因为人生的许多目标,往往都不可能一蹴而就、圆满完成,常常是经过多次尝试失败后的不断努力,才能有机会达到成功的境界。其中每一次失败都使人们获取了更多的知识与经验,使其在下一次的努力时,更进一步地接近成功。可以说,没有失败,就没有成功,因此,在这个意义上说,失败也是成功。大学生面对挫折失败之时,应坦然面对,泰然处之,没有必要过分担心与害怕。

(三)培育"失败也是我所需要的"信念

"失败也是我所需要的"是爱迪生一生奋斗的经验的总结。爱迪生一生有1328项发明,其中每项发明都不是一帆风顺的。例如他从1900~1909年一直研制蓄电池,历经10年,共失败100296次,最终研制成功,其艰辛与挫折可想而知。然而正是从10万多次的失败与挫折中迎来成功,因此,可以说没有一次又一次的失败,爱迪生绝不会有他那骄人的成绩。爱迪生的事例对不愿面对失败与挫折的大学生有很大的启发意义。第一,在现实生活中,一切事情决不会是一帆风顺的,都是充满各种困难与艰辛,而成功者的成才之路只能是脚踏一个又一个失败与挫折,去夺取胜利,换句话说,成功者需要一个接一个地战胜挫折,才能取得成功。第二,挫折是一种心理预警系统。它要求人们坚强,面对现实,探明受挫折的根源,找出失败的原因,根据具体情况继续努力奋斗。一个人是强者还是弱者,如何对待挫折便是一面镜子。大学生在自己的人生道路上,这样的心理预警是必需的,能够引导大学生在人生道路上正确认识,锻炼意志,不断发展自己。第三,挫折是人生的催熟剂。那些担心挫折、害怕失败的人,总是把自己沉溺于万事如意的想象之中,不敢面对复杂的现实社会，更不能搏击人生，稍遇挫折就意志消沉，甚至痛不欲生。这样的人不仅不能成为社会和国家的栋梁之材，而且必将被社会所抛弃。而那些不断进取、不断奋争的人，他们在不断战胜挫折中锻炼了才干，培养了坚韧不拔的意志。因为，当一个人身处顺境时，一般很难看到自身的不足和弱点，唯有当他遇到挫折后，才会反省自身，弄清自身的弱点与不足，调整自己的理想和需要，促进人的成熟和全面发展。大学生要成为卓越的人，应当投身社会，历经磨难，不断克服困难，战胜挫折。

二、理性对待挫折

在正确认识挫折的基础上，大学生需要采取科学、理智的方式正确对待挫折。

（一）避免挫折后的不良行为

一要避免愤怒生气。美国生理学家爱尔马为了研究心理状态对人的健康的影响，设计了一个很简单的实验：把一支支玻璃试管插在有冰有水的容器里（此时容器中冰水混合物的温度正好是0℃），然后收集人们在不同情绪状况下呼出的"气水"。当一个人心平气和时，他呼出的气变成了水后是澄清透明、无杂无色的；悲痛时水中有白色沉淀；悔恨时有蛋白色沉淀；生气时有紫色沉淀。爱尔马把人生气时呼出的"生气水"注射在大白鼠身上，几分钟后，大白鼠便死了。由此爱尔马分析：人生气（10分钟）会耗费人体精力，其程度不亚于参加一次300米的赛跑；生气时的生理反应十分剧烈，分泌物比任何情绪时都复杂，都更具毒性。因此，动辄生气的人很难健康。大学生受挫后发生的"怒发冲冠"，不论对大学生个体身心健康，还是对社会，都是极为不利的。应当尽可能冷静，以具有高等教育素养的大学生的理智加以正确对待。二要避免自暴自弃。大学生受挫后常常表现出消极的自暴自弃的行为，直接影响大学生正常学习与生活。大学生在遭受挫折时，要懂得最大的罪过莫过于自暴自弃，也不要忘了培根的人生哲理："灰心生失望，失望生动摇，动摇生失败。"大学生遇到困难和挫折，应该以青年的朝气和勇气，以积极的方式，克服困难，战胜挫折。三要避免借酒消愁。大学生受挫后借酒消愁的情况在高校时有发生。对此，大学生应当了解，大量饮酒会造成神经系统和肝脏的全面损害，影响大学生身体健康；同时还要认识到酒并不能真正消愁，只是对自己大脑产生一时的麻醉作用，其结果只能是"举杯消愁愁更愁"。此外，饮酒还会引发诸如打架斗殴等一系列社会问题。

（二）掌握正确方法与途径

一是要树立奋斗目标。人区别于动物的最大特点是人的一切活动都是与社会发展相联系的，是有目的的有意识的活动。并且人一旦树立自己的目标以后，就会产生一种积极的愿为之努力的动力，激励他不畏艰难、百折不挠、积极进取。大学生是国家培养的人才，并寄予无限的希望。大学生应当把社会、国家的希望与自己的发展紧密结合起来，树立为国为民作贡献的目标。有了明确的学习与生活目标，就会调动自己各方面的能力与潜力，克服一切困难，直到获得成功。二是要正确归因。美国心理学家韦纳（B.Weiner）对人们失败的归因进行了研究。认为一般情况下，失败由客观因素（包括任务难度和机遇）和主观因素（人的能力与努力）造成。人们把失败归因于何种因素，对以后的活动、积极性有很大影响：把失败归因于主观因素，会使人感到内疚和无助；把失败归因于客观因素，会产生气愤与敌意。大学生应正确分析自己的成败归因模式，特别要注意避免韦纳指出的两种错误的归因模式。应当冷静、客观地分析自己失败的原因，找出造成挫折的真实原因，对挫折做出客观准确、符合实际的归因，从而有效战胜挫折。三是要善于灵活应变与情绪转移。大学生遭受挫折以后情绪往往处于不安焦虑之中。善于灵活应变，及时理智地转移目标和情绪，对克服挫折感相当重要。在日常学习生活中遭受失败时，要善于转变近期目标，及时改变行动的方向，就有可能摆脱挫折情境与挫折感。

（三）增强挫折容忍力

挫折容忍力是指个人遭受打击后免于行为失常的能力，即个人承受环境打击或经得起挫折的能力。对挫折情境有正确认识、对挫折作客观评价的大学生，往往比那些对挫折判断有误、认识偏颇的大学生更能把握挫折。挫折容忍力是大学生个体在后天生活过程中为适应环境而习得的能力之一，它和其他心理品质一样可以经过学习和锻炼而获得提高。生活中经历过人生坎坷的大学生比一帆风顺的大学生更能适应环境，直面挫折。初涉社会、生活道路比较平坦的大学生的挫折反应往往十分强烈，应对挫折的能力亦差。高校是一个竞争相当激烈的场所，大学生进入高校后，一些大学生往往在各方面，特别在学习上给自己提出了非常具体而又很高的要求，一些大学生经过奋斗达到目标，成为佼佼者。但也有相当多大学生因种种原因而达不到目标，他们由于对目标期望水平过高，在达不到目标时的挫折感因而也就越大。挫折容忍力低的人遇到轻微的挫折，就消极悲观、颓废沮丧、一蹶不振，甚至人格趋于分裂而形成行为失常或心理疾病。挫折容忍力高的人，能忍受重大的挫折，就是大难临头、几起几落，也能坚韧不拔、百折不挠，保持人格的统一和心理的平衡。大学生个体表现出来的挫折容忍力高低差异很大，甚至同一大学生在不同时候、不同情况下表现出来的挫折容忍力也有不同。大学生中被挫折打得措手不及的人，往往是那些过去一直很顺利，对挫折毫无心理准备的大学生。

三、寻求社会支持

社会支持是指包括朋友、同学、亲属等社会群体给予个体的物质和精神上的援助，它体现了自己与社会之间的紧密程度。较多的社会支持有助于个体的压力排解，从而提升个体的情感幸福感。与情感幸福感紧密相关的另一变量是情绪智力。情绪智力是指个体加工和使用情绪的能力。有较高情绪智力的个体可以很好地感知、使用并调控自我与他人的情绪，从而频繁体验到较多的积极情感以及较少的消极情感。到目前为止，我国的高等教育仍然是以应试教育为主的教育模式。这种教育模式所培养出来的学生不少是高分低能，书生气十足。毕业后遇到实际问题便无所适从，或显得力不从心。由于引起大学生挫折有主观与客观因素，因此，大学生要有效地战胜挫折，必须依靠社会、学校和大学生自身各个方面的努力。

（一）从他人宽容中获取力量

对于受教育的大学生而言，社会、学校对他们的健康成长具有无可推脱、无可非议的责任，在大多情况下人们对大学生挫折行为反应报以宽容的态度。人们清楚地知道，大学生虽然身体已完全发育成熟，但心理发展尚未完全成熟，他们是正在高校中接受高级专门知识教育的青年学生，以受教育为主是他们生活的中心内容；他们刚刚步入社会，缺乏正反两方面社会经验的体验，更缺乏如何面对挫折、战胜挫折的勇气、方法。因此，人们对大学生受挫折以后的行为反应，包括其积极的和消极的行为反应，能够给予理解与容忍的姿态。首先，人们应对受挫的大学生予以深深的同情。把遭受挫折的大学生视为需要帮助的人，并尽可能营造一个有利于大学生摆脱困境的环境和氛围，帮助他战胜挫折。其次，人们对大学生受挫后的某些消极行为反应予以谅解。大学生受挫以后，由于应激情绪支配，甚至表现出某种攻击行为。对此，社会、学校及教育工作者都不过分计较，并在予以理解的同时尊重受挫大学生的人格。正是这种对受挫大学生持宽容态度，是受挫后大学生强大的后盾和支撑。大学生如果认识到这一点，就不会轻易产生消极反应，相反，从社会的宽容中站起，可以增强战胜挫折的力量。

(二)从课业中汲取心理养分

大学生在受挫以后，许多人通过自我调整或主动寻求帮助，战胜挫折，这样的大学生是积极的、进取的。但现实中，也有不少大学生遭受挫折以后，陷入消极的行为反应之中，不能自拔。上述两种情况的大学生都存在热情帮助的问题，第一种情况下的受挫大学生获得帮助，可以促进他们尽快摆脱困境。第二种情况下的受挫大学生是迫切需要新的知识，补充战胜挫折的能量。首先，大学生应自觉从课业学习中提升社会规范（法律和道德）的认识，预知行为后果，进而减少过激冲动和杜绝不良行为反应。其次，大学生应该善于在课业学习与训练中恢复自信心。在这方面，要特别注意下列两种倾向：有的大学生盲目自信，自我评价过高，即使在学习中遇到多次失败，仍固执己见，不承认实际的学习成绩与抱负水平之间差距过大。对于这类大学生，应引导其客观地剖析自己，在正确认识自己的基础上，提出切实可行的目标；有的大学生对学习缺乏信心，对成功不抱希望，自暴自弃，萎靡不振。这类大学生大多有较多的失败经历，应在原有的基础上取得一些较好的成绩，从新的成功中得到愉快的体验，把愉快的情感同自己的努力联系起来，产生获得成功的希望，恢复对学习的信心。最后，大学生应在课业学习中学会以辩证方法认识挫折、分析挫折，找出战胜挫折的方法与途径。由于大学生年轻，又缺乏生活磨炼，他们在遭受挫折时，往往不能客观分析，致使自己日益深陷消极的挫折情绪之中。大学生应当从理论与实践上学会以全面、联系、发展的观点认识自己，分析困难和挫折，克服孤立、片面、静止的错误思想方法，构建正确的挫折观念。第一，树立挫折难免观。人生失意常八九，在人生的旅途中，压力、困难、挫折不可避免，遇到挫折情境不必抱怨。第二，培养挫折辩证观。挫折对人既是威胁，又是挑战。经历挫折有助于我们认识自己的弱点、长处和发展潜力；可以使人表现出个人能力的极限，激发出个人的生命活力；挫折让人增长人生经验，使我们有机会增强自信，学会对自己负责，变得更加成熟；挫折经验充实了我们多姿多彩的人生，是构成我们有意义的生命历程的华彩乐章。当重大挫折或灾难是由集体承担的时候，可以激发出人性的光辉，显露出平常人的美好品质。第三，形成挫折可控观。挫折情境多数是可以控制的，主观努力即使不能战胜挫折，至少也能减轻挫折造成的损失程度。改变无能为力的外控观念，勇敢地面对现实，善于利用各种有利因素，是有效地应对挫折环境的先决条件。因此，在激烈竞争、困难重重的现实面前，拼搏，未尝不是一种适宜的生存状态。第四，建构挫折承受观。当挫折过大个人一时无法抗拒时，我们不妨抱着"豁出去"的态度，默然承受之，暂时放弃无谓的忙乱，减少精力的损耗，不失为一项明智之举。我们相信，任何挫折的破坏力和持续时间总是有限的，一旦挫折过去、有利条件具备时，我们就可以采取积极措施予以补救。

(三)主动接受心理健康教育

大学生受挫以后，往往引起忧郁、焦虑、不安等情绪，甚至产生某种心理障碍。这些心理问题的发生，令受挫大学生产生困惑或迷惘，如不及时加以解决，可能导致精神疾病。此种情况之下，大学生应主动咨询心理学家、心理医生，倾听他们通过语言或文字对自己面临的心理困惑、心理障碍和心理疾病所进行的启发教育和心灵慰藉。实践证明，社会和各高校开展大学生心理咨询，有利于大学生正确认识挫折，正确认识和分析自己受挫后的行为反应（特别是消极的行为反应），从而采取积极方式，消除心理紧张情绪，平衡心理，以良好的心境、饱满的情绪投入到学习及其他活动中去。大学生应该相信社会和学校对他们的心理咨询工作是重视的，将极大地促进他们的心理健康。实践告诉我们，经受过挫折磨难，在逆境中成长的人，往往有良好的适应环境的能力和较强的心理适应能力。挫折能给人以打击，带来痛苦和烦恼，但挫折也能给人以振奋，使人在磨炼中变得成熟。大学生是未来社会主义现代化的建设者和接班人，他们不仅要形成合理的科学文化知识结构，更要使他们在未来的社会中学会如何适应环境、形成和练就在磨难和挫折中求生存与发展的实力。

第六章 和谐人际关系

人区别于一般动物的重要特征就是社会属性。大学生自我成长的过程中也必然要与人交往并形成自己的人际关系，这是人社会化的必然途径。大学生的所有活动都是在与人交往的过程中进行并实现的，社会交往是大学生健康成长的根本保证。不良的人际交往使大学生感到紧张和压抑，而良好的人际关系不仅有利于他们调动积极性。完成知识互补，而且能增强安全感和归属感，塑造自我，完善个性，实现由个体向社会化的飞跃。对于正在学习和成长之中的大学生来说，培养良好的人际交往能力，是自身发展与大学生活的需要，更是将来走向社会适应社会的需要。因此，学习和掌握人际交往的相关知识，有助于提高大学生的人际关系的质量，从而达到身心健康的良好发展。

第一节 人际交往概述

从健康心理学的角度讲，大学生积极进行人际交往，处理好人际关系，有着十分重要的现实意义。和谐的人际关系，适当的交往能力以及观察能力、表达能力是人的心理素质的展示。在当今社会的转型时期，在紧张激烈的社会竞争中，与他人的合作能力、协调能力都要提升到前所未有的高度。开放的社会，要以开放的心态面对人际关系。为此，学习人际交往的相关理论、提高交往中的心理素质，已成为大学生的人生必修课。

一、人际交往的概念

人际交往是指人们在社会生活中，运用语言符号系统或非语言符号系统相互之间传递信息、沟通思想、交流情感、协调行为的互动过程。

人际关系是指人们在相互交往中所形成的关系，表现为个体形成的对其他个体的某种心理倾向及相应的行为。人际关系的好坏反映了人们心理距离的远近。任何一种人际关系都包含着认知、情感和行为三个组成成分。其中情感成分是人际关系的核心成分。人际关系的变化与发展取决于人际交往中双方社会需要的满足程度。如果双方在相互交往中的社会需要得到满足，才能发生并保持相互间亲近、信赖、友好的关系。反之，双方的关系就终止，发生疏远或形成敌对关系。

人际交往和人际关系是两个既有联系又相互区别的概念。人际关系是在人际交往的基础上形成和发展的，是人际交往多次反复并凝结为一定的模式的结果。人际关系的性质、亲密程度既从交往中表现出来，也影响着交往内容和频率。人际交往和人际关系各有侧重点和特定内容。人际交往着重反映社会群体中人与人之间相互联系的过程和形式，而人际关系则侧重反映交往联系后建立的各种心理状态和行为特征。因此，人际交往是形成一定人际关系的前提，没有交往就不可能建立人际关系。交往使人们彼此传达思想、交换意见，表达情感和需要。反复多次的人际交往固化，就构成相对稳定的人际关系。

某种心理倾向及相应的行为。人际关系的好坏反映了人们心理距离的大小。任何一种人际关系都包含认知、情感和行为三个组成成分，其中情感成分是人际关系的核心成分。人际关系的变化与发展取决于人际交往中双方社会需要的满足程度。只有双方在相互交往中的社会需要得到满足，才能发生并保持亲近、信赖、友好的关系。反之，双方的关系就终止，发生疏远或形成敌对关系。

大学生人际交往是指大学生之间以及大学生与其他人之间沟通信息、交流思想、表达情感、协调行为的互动过程。

二、人际交往的意义

人的成长、发展、成功、幸福都与人际交往密切相关。没有人与人之间的关系，就没有生活基础。对任何人而言，正常的人际交往和良好的人际关系都是心理正常发展、个性保持健康和生活幸福的必要前提。

（一）人际交往是发展健全人格的条件

一个人的个性除了受先天遗传因素影响外，更重要的是后天社会环境产生的影响。心理学研究表明，儿童与其照看者之间通过积极交往形成稳定的亲密关系，是其心理乃至身体正常发展不可缺少的条件。与此同时，如果儿童缺乏与成人的正常交往及由此建立起来的亲密关系，不仅性格发展会出现问题，连智力也会出现明显障碍。

交往是个性发展和人格健全的必经之路。个体只有通过与其他个体发生联系，学习社会知识、技能与文化，才能更好地融入社会生活。狼孩由于失去了与他人交往的最佳时机，从而失去了作为"人"的成长环境，即使后来被人发现，也很难成为一个正常的"人"了。"物以类聚，人以群分"，人有交往的需要，有合群的倾向。

1954年，心理学家贝克斯顿等在加拿大的麦克吉尔大学进行了首例感觉剥夺实验研究。他们在付给大学生每天20美元的报酬后，让他们待在缺乏刺激的环境中。具体说就是在没有图形知觉（让被试者戴上特制的半透明的塑料眼镜），限制触觉（手和臂上都套有纸板做的手套和袖头）和听觉（实验在隔音室里进行，只有空气调节器发出的嗡嗡声）的环境中，静静地躺在舒适的帆布床上。当时大学生打工一小时只能挣大约50美分，这让很多大学生都跃跃欲试，认为利用这个机会可以好好睡一觉，或者思考论文、制订课程计划。但结果却令很多人大跌眼镜。没过几天，志愿者们就纷纷退出。他们说，他们感到非常难受，根本不能进行清晰的思考，哪怕是在很短的时间内注意力都无法集中，思维活动总是"跳来跳去"。更为可怕的是，50%的人出现了幻觉，包括视幻觉、听幻觉和触幻觉。视幻觉出现光的闪烁；听幻觉似乎听到狗叫声、打字声、滴水声等；触幻觉则感到有冰冷的钢板压在前额和面颊，或感到有人从身体下面把床垫抽走。在过后的几天里，被试者注意力涣散，不能进行明晰的思考，智力测试的成绩不理想等。通过对脑电波的分析，证明被试的全部活动严重失调。有时被试者甚至出现了幻觉（白日做梦）现象。而且，参与实验的人需要3天以上的时间才能恢复原来的正常状态。

如果长期生活在友好和睦的人际关系中，人的个性就会变得快乐、开朗、积极、主动；相反，个体长期生活在不和谐的氛围中，就会被孤独感所笼罩，就会表现得孤僻、郁闷、悲观，甚至敌意、愤怒。大学阶段是人的个性定型的关键时期，积极的人际交往、和谐的人际关系有助于大学生培养良好的个性，形成健全的人格。

人生在世，就需要与他人、社会交流信息，沟通情感，在困难时，他人一句温暖的话语、一个真诚的关怀，会令人倍感亲切、慰藉；在成功时，与他人分享自己快乐与喜悦，会令人更加开心、畅快。

（二）人际交往是个体认识自我、完善自我的重要手段

孔子曰："独学而无友，则孤陋而寡闻。"人际交往可以提高对自己和他人的认识。人对自己的认识总是通过与他人的交流、比较，把自己的形象通过他人反射出来。他人是认识自己的一面镜子，他人既是评价者，又是参照者，能帮助个体澄清观念，建立健全的自我认知。由于大学生年龄、智力、身心发展水平相近，又有相同的兴趣和爱好，容易产生情感的共鸣。在交往过程中，大学生往往以同龄人作为参照系，从他人对自己的反应、态度和评价中发现自己的优点和缺点，找到恰当的社会位置，从而选择更为恰当的行为。交往面越宽，交往越深，对对方的认识就越完整，对自己的认识也就越深刻，才能得到别人的理解、同情、关怀和帮助，自我完善才可能实现。

（三）人际交往是保持身心健康的重要保证

我国已故著名医学家、心理学家丁瓒教授指出："人类的心理适应，最重要的就是对人际关系适应。"1990年美国密执安大学教授考斯研究表明：人际关系紧张会导致许多心理与生理病变。可见，人际关系是保持身心健康的重要保证。

山东师范大学的调查显示，对"当代大学生最想得到的是什么"这个问题，有88%的学生回答是"真挚的友谊"；而"当代大学生最怕失去的是什么"，有75%的学生回答是"最怕失去朋友"。某学院的一次学生信息调查，有一个题目是"在学校，你最渴望得到的帮助是什么"，选择比例最高的是"解决人际关系方面的困惑"。

研究表明，如果一个人长期缺乏与别人的积极交往，缺乏稳定、良好的人际关系，那么这个人往往有明显的性格缺陷。在心理健康教育实践中，我们也注意到，绝大多数大学生的心理危机往往是与其缺乏正常的人际交往和良好的人际关系相联系的。在宿舍里，同伴之间的交往状况，往往决定了对大学生活满意度。在那些生活在没有形成友好、合作、融洽关系的宿舍中的大学生，常常表现出压抑、敏感、自我防卫、难以合作等特点，情绪的满意程度低；在关系融洽的宿舍里生活的大学生，则以欢乐、注重学习与成就、乐于与人交往和帮助别人为主流。可见，人的性格与情绪直接受到同伴间的交往和关系状况的影响。

心理学家曾从不同角度做的大量研究表明：健康的个性总是与健康的人际交往相伴随的。心理健康水平越高，与别人的交往就越积极，越符合社会的期望，与别人的关系也越深刻。心理学家奥尔

波特发现，个性成熟的人都同别人有良好的交往与融洽的关系，他们可以很好地理解别人，容忍别人的不足和缺陷，能够对别人表示同情，具有给人以温暖、关怀、亲密和爱的能力。人本主义心理学家亚伯拉罕·马斯洛发现，高水平的"自我实现者"对别人有更强烈，更深刻的友谊与更崇高的爱。

还有的研究结果表明，那些心理健康水平高的优秀者，往往来自人际关系良好的家庭，这也从一个侧面提供了人际交往状况影响个体心理健康的佐证。

（四）人际交往能够促进大学生成才

大学时期是青年走向成熟的关键时期，也是青年面临各种各样复杂人际关系的时期。大学生在这一段时期的交往经验将会对今后的成长产生重要影响。

21世纪是人才竞争的时代，但对于一个事业成功的佼佼者来说，能在人才竞争中脱颖而出，靠的不仅仅是出众的才华，更重要的在于是否具有良好的适应社会生活的能力和人际协调能力。在科技知识日新月异的年代，知识更新换代极为频繁，每个人都需要不断地进行知识的补充和更新。但是，个人的能力是有限的，光靠书本上的知识很难适应社会发展的实际需要。而积极的人际沟通与交往，是个人获取新知识的有效途径。对于大学生而言，他们思想活跃，取得成就的动机强，但是，社会经验的不足、知识的局限，致使他们在看待问题时难免会出现偏差。因此，大学生彼此间的畅所欲言、互通有无，将会使他们在思想碰撞中产生新的火花，增长对事业、人生、成功的积极看法。

纵观科学发展史，不难发现科学家间的合作，极有可能创造科学的奇迹。控制论之父维纳在建立控制论早期，曾组织过一个科学方法讨论班，参加的人有数学家、物理学家、工程师、医生等，他们分别从不同角度对新理论进行质疑、补充和完善，结果使原来许多问题都得以澄清。在现代社会，各门学科间的互相渗透越来越强。单靠一门学科的知识很难有大的成就。对于大学生来说，应该学会与不同学科的人才进行交流，从而在心灵上相互沟通，行为上互相协调、共同促进、共同提高。

第二节　当代大学生人际交往

一、大学生人际交往的特点

处于社会转型、体制转轨时期的当代大学生，既是改革浪潮的推动者，又是新观念、新的行为方式的积极践行者。社会变革不仅使整个社会发生一系列历史性的新变化，而且使社会成员在思想观念、行为方式等方面发生一系列深刻的变革，这些在大学生人际交往中被打上了深深的烙印。

(一)迫切性与开放性

迫切性是指大学生在人际交往的需求方面具有急切性的特征，处于青春期的大学生，他们思想活跃，精力充沛，兴趣广泛，好奇心强，活泼好动，进入大学后人际交往的需要极为强烈。每个学生都希望去了解社会、了解他人，都希望获得友谊、成为别人的朋友。随着招生分配制度的改革，上学要自费，就业要自谋，这已是学生必须面对的现实。因此，寻求勤工俭学和就业前途，几乎从一入校就开始了，这些加剧了大学生的交往迫切性。开放性主要表现在与异性的交往上。由于社会的发展和来自多方面的相关因素的影响，正处于青春期的大学生随着生理的成熟以及性意识的产生，对于爱情特别关心和敏感；加之大学生们对校园里广泛的异性交往大多持认同态度，因此而呈现出明显的开放性特点。

(二)广泛性与时代性

广泛性是就大学生交往的内容和范围而言的。他们除了寻求友谊，交流学习工作体会外，还常常在一起探讨人生，传递各种信息，开发智力和技能等，并通过参加各种社会活动，使得交往活动越来越广泛。以某重点大学调查结果为例，50%的学生认为"以寝室为中心"是最有效、最现实的社交方式，而在另一半的学生中，"社会工作"和"QQ、BBS、MSN、微博、微信等新兴网络社交"分别以26%和18%的比例占据主导地位，远远高于6%的"好朋友为主的小圈子型"的传统方式。这一结果反映了大学生人际交往的时代性特点，主要体现在交往方式的改变。大部分的学生不再抱有狭隘的交友观念，转而追求建立更加广泛、多样的人际关系。计算机、通信、网络技术为大学生的交往提供了先进的信息传递手段，开辟了超时空的广阔天地，因此，以非直面性，身份隐蔽性，思想情感表达的随意性、自由性、超时空性为主要特征的网络交往已成为大学生们时髦的、新型的人际交往的重要方式和主要选择。

(三)平等性与不平衡性

大学生自我意识强，独立自尊。他们期待交往的双方彼此尊重，相互容纳。他们不能接受一方委曲求全，一方居高临下。即使是师生，他们也期待与师长的平等相处。实践证明，平等交往的需求使得那些谦和、真诚、善解人意、通情达理、乐观向上的人成为大学生乐于交往的对象。不平衡性主要体现在大学生的贫富差别上。由于学校招生制度的改革，学生的学费大幅度提高，有些学生特别是下岗职工家庭和贫困家庭的大学生，与家庭经济条件比较优越的大学生在人际交往中形成两个不同的群体。有调查显示，经济上的拮据使前者在人际交往中较多地表现为被动、性格内向等，甚至个别学生还会由此产生自卑、孤僻等心理。

(四)理想性与实惠性

大学生经济的压力相对较小，人际交往的动机相对较单纯，情感的因素占绝大多数。他们在交往中真诚、坦率，注重精神方面的交流，因此，对人际交往抱有较高的期望值，并将其理想化。但随着社会市场经济的发展与毕业自主择业的要求，大学生的人际交往显示出新的变化。某重点高校团委日前在校内进行的一次问卷与访谈相结合的调研显示，有过半的大学生进行人际交往是为了"结交更多的朋友"和"丰富大学生活"，但有18%的大学生把"有利于将来事业发展"作为人际交往的首要目的。并且，大学生进行人际交往的目的也呈现出年级差别，低年级学生是为了丰富大学生活，而高年级学生则注重寻求有利于将来事业发展的社会资源。这在一定程度上说明在大学生人际交往中实惠性需求增加的特点，表明大学生交往的社会化特征有所强化。

(五)不稳定性

大学生是同龄人中文化程度较高的群体，思维、认知能力比较强，自我意识不断增强，在关注自我的同时，对社会和人生问题也比较关心，善于思考人生的意义。在交往中往往注重思想上的交流，感情色彩浓厚，讲求情投意合。但是，大学生的心理发育还没有成熟，大学生的自我意识增长与认知能力发展不太协调，情绪经常处于不稳定状态。当意愿得到满足时欢呼雀跃，没有得到满足时又垂头丧气，情绪一落千丈，甚至陷入焦虑、悲观的情绪状态。因此，这种情绪波动导致大学生人际交往经常处于不稳定状态。

二、大学生人际交往的主要类型

良好的人际关系是大学生心理健康发展，培养安全感、归属感、幸福感的必然要求。提高人际交往能力，对于大学生的校园生活、个人发展及将来适应社会都十分重要。大学生的人际交往包括同学交往、师生交流、老乡交往、舍友交往、恋人交往等等不同关系，比中学生的人际交往更加复杂、广泛，而且独立性强，具有社会性。

(一)同学关系

同学是大学生人际交往的主要对象。同学关系是大学生人际关系的主要内容。高校中大学生关系总体上是和谐的、友好的，并且具有亲情化的趋势。在大学校园里，常常可以看到三三两两的大学生结伴而行，逛街、逛公园、吃饭、看电影、下棋打牌，课间生活很丰富。大学生大都十分重视同学关系，崇尚相互帮助、相互照顾、相互倾诉的学友情谊。尽管有时候也会和某个同学闹点小矛盾，但通常能够理性地解决问题，很快恢复友谊。

(二)舍友关系

舍友关系是同学关系的一种，但又具有一些特殊性。舍友都喜欢按年龄大小排行，于是有了"老大""老二""老三"等称呼，而且叫习惯了，把名字都代替了，把寝室搞得像个大家庭。宿舍生活是大学生活中不可缺少的一部分。舍友"抬头不见低头见"，交往得好，大家都愉快，而且可能是一辈子的知己；但如果处理不好对同学情谊会造成严重伤害。

(三)师生关系

老师与学生是大学校园里两大基本群体。师生关系是大学生人际关系的重要内容。高校里的师生关系与中小学师生关系相比，交往、交流不够多，关系不够密切。大学生只有遇到"功课""学分"等与学习、考试有关的问题时，才会去寻求老师的帮助，至于其他个人的心理问题、情绪问题、家庭问题、交友问题、恋爱问题等，很少有人会去找老师帮助，而老师对此也少有问津。

三、影响大学生人际交往的因素

人际交往是指个体与周围人之间的一种心理与行为的沟通过程。大学生人际交往是指大学生与其他人之间沟通信息、交流思想、表达情感、协调行为的互动过程。

大学生在人际交往方面的困惑、障碍是影响大学生心理健康的三大问题之一，仅次于学业问题。分析影响大学生人际交往的各种因素，有助于大学生调整和改变自己的适应不良状态，改善人际关系。

(一)环境因素

大学生集体生活的环境为交往创造了条件，但常常成为矛盾冲突的根源。社会环境对大学生交往也会产生一定影响。

1. 家庭环境影响

家庭环境的影响主要包括父母日常交往行为对子女产生的潜移默化的影响，父母的养育方式对子女人际关系定位的影响，父母有关人际交往的专门教育对子女人际交往能力的影响。有些父母只关注子女的学习成绩却忽视其全面发展，有的父母太过溺爱使子女养成唯我独尊的心理定势，还有的父母本身人际交往的缺陷直接影响子女的人际交往能力。

在青年中、后期阶段，家庭对个体的影响虽有所削弱，但由于仍然存在着血缘上的关系、经济上的联系、感情上的维系，家庭生活对大学生的影响仍很大，尤其家庭成员间的关系亲疏，家庭结构的突变，都会影响大学生在人际交往中的正确认知与态度趋向。不少大学生尤其是独生子女，在生活上长期依赖家长，加上阅历、能力、知识、经验等方面的原因，大多数无法在新的环境中依靠自己的力量主动解决人际交往中的问题，如交往中习惯以自我为中心，不善于接纳别人，一旦意见或行事方式不被别人接受或者遭受挫折，便陷入极端的苦恼与矛盾冲突中，不敢再交往甚至不愿交往。

2. 学校教育影响

上大学以前，大学生似乎尚未涉及真正意义的人际交往，因为他们缺少人际交往的机会和自主性。因此，到了大学之后立刻陷入人际交往的窘境。大学教育不可能完全弥补人际交往的启蒙课，所以只有在发现问题之后，才能组织一些讲座、班会、团体辅导等形式的教育活动，显然这种教育是被动的，而学校对学生的考核当然是以学习为主，因此大学通常比较重视专业课，而在心理健康公修课传授的人际交往知识毕竟有限，这样就无法实现人际交往理论与实践的结合。

在相当长的一段时间内，人们的教育观念存在着偏差，过分强调学生的政治思想素质，科学文化素质而忽视心理素质，对学生的心理稳定和社会成熟重视不够。我国基础教育在心理素质教育方面长期缺位，缺乏完善学生健康人格形成与发展的机制，没有使学生具备良好的心理自我调控能力。因而，大学生的心理脆弱程度增加，面对新的学习生活环境以及新的同伴群体，难以及时适应，产生人际交往中的焦虑情绪，甚至出现回避人际交往的行为。

学校文化作为一种亚文化对青年大学生心理健康的影响是直接而深远的，大学生的心理具有闭锁性特点，同时又非常渴望与人交往与沟通。但近年来师生关系疏远，教师与学生的沟通仅限于课堂，教师不主动了解学生、接近学生，摄于教师的权威，性格内向的学生不敢主动接近老师，在课堂中的交流更加被动甚至回避与老师交流。人际关系商品化、庸俗化、复杂化，使不少大学生产生了孤独感和寂寞感，出现了既想交往又怕交往的矛盾。

3. 社会因素的影响

随着社会主义市场经济的发展、竞争机制的引入、生活节奏的加快，人际关系也日益复杂起来。人们面临着传统观念的变革、价值体系坐标的重新定位，新生活方式的适应等问题。这些对交往构成了复杂而多元的影响，然而，社会阅历浅、心理应对和承受能力普遍较弱的大学生，生活在这样一个无法预期的变化的社会环境中，增加了心理适应的负担，也阻碍了在人际交往中自我重新认识及定位。

在社会转型期，西方文化价值观念的渗入使长期积淀下来的我国传统文化价值观念受到前所未有的冲击。在人际交往中，大学生身处中西价值观相互冲突且交互存在的环境中，难以依据自己已有的认知经验，合理而准确地认同和选择某一社会价值观念系统，从而造成人际交往中的个体价值观念冲突。

其次，网络的负面影响。互联网的迅猛发展打破了人与人在时间和空间交往上的限制，也替代了人与人之间直接的情感交流。有些大学生将自己的心理活动寄托于虚拟的网络世界，只是在网络中抒发自己的情感，在现实的生活中却遇到交际困难，陷入心理孤独的境地。这种状况直接导致大学生在现实生活中与人面对面交往的封闭和交际能力的下降。

(二)心理因素

大学生正处在学习知识、了解社会、探索人生的重要时期。大学生的主要活动都是在与人交往的过程中进行和实现的。美国学者卡耐基指出：在现代社会，人们事业能否取得成功只有15%靠他自身的能力，而85%则取决于人际关系。人际交往以及交往基础上建立起来的人际关系不仅直接影响大学生在校期间的学习、生活，而且也直接影响其心理健康。良好的人际关系使人获得安全感和归属感，得到支持与理解，给人以精神上的愉悦和满足，促进身心健康；不良的人际关系则使人感到压抑和紧张，承受孤独与寂寞，损害身心健康。

就人的心理因素而言，人际交往常受到许多心理因素的影响：

1. 认知偏差的影响

认知心理学认为认知就是认识。生活在社会中，人会产生对自我、对他人及对各种意义关系的认识。从认知心理学的观点出发，人生活在社会中，都会产生对自我、对他人及对各种自然实体及其关系的认知。在人际接触中，如果不能正确地认知就会出现认知偏差，认知偏差主要有两种：对自我认知的偏差和对他人认知的偏差。

对自我认知的偏差分为两种：一是自我评价过高，孤芳自赏；二是自我评价过低，自轻自贱。这两种不正确的自我认知都会影响人际交往，过高评价自己会引起自大，导致交往中盛气凌人，对别人不屑一顾；过低评价自己则会引起自卑，羞于与他人相处，导致交往中的畏惧心理。

对他人的认知偏差一是以貌取人。常表现为第一印象；二是以成见待人；三是从众，缺乏主见，没有个性，人云亦云，不能或不愿正确判断别人的看法正确与否。采取这种方式认知他人，结果会导致认知失真，影响与他人的交往。

在人际交往中，除了正确认识自己之外，还要正确认识他人，知己知彼才能建立和谐的人际关系。同时，对双方交往的目的、内容、方法也要正确认知，以维系健康正常的交往。

2. 情绪因素的影响

情绪在人际交往中极为重要。交往过程中的情绪因素包括对交往的情绪反应、人与人之间的情感关系及心理距离的远近。情感成分是人际交往中的主要特征，对人的好恶决定交往者彼此间的行为。大学生感情丰富，心境易变，有时对人对事过于敏感，容易凭一时的好恶改变看法，使得人际交往缺乏稳定性，产生各种障碍。此外，交往过程中的情绪反应是否恰当、适度，也影响交往的持续发展，情绪反应过分强烈会给人以轻浮不实之感，情绪反应过于冷漠则被视为麻木无情。

3. 人格因素的影响

所谓人格，指人在各种心理过程中经常地、稳定地表现出来的心理特点，包括一个人的兴趣、爱好、需要、信念、世界观、性格、气质、能力等。每个人都有自己的个性，人际交往受到人格品质的影响。

人格差异会带来人际交往中的误解、矛盾与冲突，正是所谓的"话不投机半句多"。当与性格相投的人相处时，感到难舍难分，与性格不合的人相处时，则处处觉得别扭。人格不健全，如偏执型人格、表演型人格、强迫型人格等也是造成人际冲突的常见原因。同时，人格不健全的人常常缺乏自知之明，过分苛求他人，放纵自己，且情绪无常、行为怪异。难以与人相处，人际关系一般都处理不好。

(三)能力因素

根据社会各类招聘条件的要求，越来越多的大学生感受到人际交往能力的重要性，同时也增强了交往意识，但在交往能力方面还有很多不足。根据对大学生的问卷调查，97%左右的学生认为人际关系非常重要，个别人认为一般；6%的学生在求职过程中过于怯懦、紧张，不敢在用人单位面前表现自己；21%的学生在求职中不会察言观色，不懂得照顾别人的感受，不熟悉人际交往的礼貌礼仪；28%的学生在异性面前面红耳赤、语无伦次。31%的学生很少甚至没有站在讲台上面对大家讲话的经历；23%的学生不知如何与人相处、沟通、交流。由此可见，大学生尽管有丰富的理论知识，但在现实的人际交往中却出现了语言表达能力、人际融合能力的欠缺。

虽然大学生的人际交往的深度、广度都有所增加，但大学生对人际交往的知识仍旧欠缺，比如对人际交往中的禁忌、人际交往原则、人际交往风度、人际吸引魅力等常识依旧知之甚少，这无疑会影响大学生人际交往的效果。另外，人际交往的能力还包括对自我的认知能力、对他人的理解能力、对事情的判断能力、个体的语言表达能力等方面。这些能力的不足会导致人际交往中产生如自卑、自负等心理障碍，出现人际交往中的刻板印象、晕轮效应，人际交往的怯懦与被动等都会直接影响人际交往的正常进展。因此，只有具备上述的条件才能领悟大学生人际交往的内涵，才能构建和谐的人际关系。

(四) 其他因素

心理学家研究发现，影响人际交往的因素很复杂，除了环境、心理与能力因素等，还有许多因素在人际交往中起作用。

1. 空间与时间因素

空间因素是指交往双方的距离远近。空间距离近，交往机会就多，易建立并保持良好的关系。时间因素是指交往的机会、频率。交往次数多、频率高容易相互了解而建立良好关系。而交往次数少，相互了解就少，建立良好关系的可能性相对降低。

2. 类似与互补

类似是指交往的双方在文化背景、人生、经历、兴趣、态度等方面的共同程度。人与人之间的相似之处越多越相互吸引。互补是指在交往过程中，交往双方互相获得心理满足的心理状态。当双方的需要以及对对方的期望正好成为互补关系时，就会产强烈的吸引力。

3. 外表与特长

外表包括一个人的长相、穿着、仪态、风度，这些因素会明显地影响交往双方彼此间的吸引。特长指人的特殊能力和专长。一般来讲，有某些特长的人会增加自身的吸引力。

4. 态度

态度是人们对一定对象一贯的、较固定的综合性的心理反应倾向。它不是某种心理过程而是全部心理过程的具体表现，认知、情感同时在其中起作用。态度在人际交往中形成，对人际交往也会产生影响。在交往中，态度给交往一方造成心理压力，因为态度总是指向并倾注于某个对象，具有压迫性。例如，态度和蔼、真诚、坦荡会使人产生安全感并愿意亲近之；反之，态度圆滑、狂妄会使人产生危机感并疏远之。有的大学生在别人面前自以为是，即使有求于人也表现出一副高傲的架势，长此以往，只会引起别人的反感；有的大学生只喜欢听好话，对批评意见不屑一顾，甚至不满，这种交往态度令人避之唯恐不及。大学生应当意识到善待别人和容纳别人，得到的不仅是朋友，还有精神上的愉悦。

偏见也是一种态度，是人们固有的且具有否定性和排斥性的看法倾向，是在否定一个人或一些人、一个群体等的时候出现的态度。表现在人际距离上是排斥性的，它不仅是否定，含有瞧不起、蔑视的成分，而且是不愿意接近、远离，含有不友好、反感的成分，故有人说它是非善意的甚至恶意的态度，偏见是固有的见解，缺乏现实根据，又执意坚持自己的看法，这种固执、先入为主有一定的事实经验，但却把它夸大为任何时候都存在的理论，每每搬出来套用，从而影响对人对事的看法，妨碍交往。这种态度表现在人际交往中就是对人不宽容，不善于接受别人和肯定别人，总是找别人的毛病、缺点、不足，吹毛求疵，或以家庭出身等区别对待。这样的偏见影响同学之间的正常交往。

大学生在人际交往中，对家庭、身份、地位低的人持轻视、看不起的态度，带着偏见去交往，只会导致彼此的隔阂和对立。人际交往是一种互动，一个看不起别人的人也一定会被人看不起，甚至遭人唾弃。

5. 语言

语言是人际交往的重要工具，也是重要手段，人与人相互交流沟通，离不开语言的重要作用。语音歧义、语言差异或不得体都会造成人际交往的障碍。使用语言交际的过程中，语言的表达对交际也有明显的影响，如有的人说话夹枪带棒，或者尖酸刻薄、言外有意等，这样常会引起人们的反感，影响人际交往的效果，有时甚至会引发纷争等不良后果。

第三节 大学生人际交往问题及调适

远离父母在学校过集体生活的年轻大学生面临的一个重要生活课题就是如何与周围的同学友好相处，建立和谐的人际关系。由于他们从小生活的环境不同，接受的基础教育和家庭教养不同，因而导致他们待人接物的态度、人格特征不同，加之青春期心理固有的矜持、闭锁、羞怯和冲动，使他们在人际交往中出现各种问题。成功的交往使他们振奋，失败的交往使他们痛苦。渴望友情和不善交往的矛盾心理，对友谊追求完美的理想化心态，自尊和清高带来的孤芳自赏，以及社会转型期所带来的道德价值观转变，都会使当今大学生在交往上感到焦虑和困惑。然而大学生有着强烈的交往需求，他们渴望友谊，厌恶离群索居的孤岛生活。美国宾夕法尼亚大学心理学家马丁·塞利格曼最近所做的"大学生自我幸福的感觉程度"研究证明：影响大学生幸福的最重要的因素是他们内心最深层的归属感，以及与他人的交流的需要。可见，在大学生心灵深处，有着强烈的情感归属和交流需求，这一需求是否得到满足关系到他们能否健康成长。

一、人际交往的认知偏差及调适

在当今大学校园里我们经常看到，有些学生能被周围绝大多数的人喜欢，甚至仰慕，众人都以能和他交往而感到荣幸和愉快；而有的学生却非常不合群，总是被周围的人所嫌弃和疏远，孤零零地被排斥在群体活动圈子之外。被群体所排斥的当事人除了个人品质因素外，往往还存在人际交往中的认知偏差。和谐的人际关系对构建和谐校园和促进大学生健康成长具有重要作用，然而大学生人际关系现状并不乐观。汪雪莲等报道，大学生人际关系困扰总检出率为47.8%，其中轻度人际关系困扰者达32.1%，较严重人际关系困扰者达15.7%，具有明显人际关系障碍者为4.4%。大学生人际关系及人际交往质量直接影响了在校期间的学习、生活乃至身心健康。

人际交往中的认知偏差是对交往对象真实情况的委曲和错觉，反映了人在人际认知中的非理性和主观性，并且由于人际交往的复杂性和可变性，这种认知偏差往往不易被人觉察，但却可能严重地影响到人际交往的顺利进行和人际关系的良好建立。有研究表明，对于社交恐惧症患者，认知偏差直接导致并维持焦虑，引发相应行为反应，症状很难自行缓解。

大学生刚刚脱离父母的管控，渴望自我表现，对未来生活充满理想化的追求，缺乏科学的社会认知，容易偏离实际水平，产生主观偏差或障碍，主要表现有六个。

（一）首因效应（又称第一印象）

首因效应是指凭直觉把与人第一次见面的印象作为对他人的评价，并在日后的交往中占主导印象地位。以此来决定与他人的关系及亲密程度。显然这种先入为主的认知是有失偏颇的，俗话说，"路遥知马力，日久见人心"，仅凭第一印象就妄加判断。往往会带来不可弥补的后果，只有长时间、多次数地接触、交往才能保证全面地认识一个人。

(二)近因效应(又称最后印象)

近因效应是指多种刺激依次出现时，印象的形成主要取决于后来出现的刺激。也就是对他人最近、最新的认识占主要评价印象，有可能掩盖以往形成的对他人的全面、客观的评价。这是一种片面的认知方式，考察一个人要依据综合、整体的情况，而不能只看重某一次的表现。

(三)光环效应(又称晕轮效应)

光环效应是指一个人的一种或几种品质给人以非常好的印象，这种印象就像月晕的光环一样，向周围弥漫、扩散，掩盖其他品质或特点成为此人的最终、最主要的印象。同样，如果某人身上具备特别让人反感的点，也会导致掩盖其他优点的强烈印象。大学生在人际交往中应当有意识地从不同角度、不同方面、不同层次去考察他人。

(四)投射效应

投射效应是指将自己的情感、意志投射到他人身上并强加于人的一种认知障碍。假定他人也一定会有与自己相同的感受和品质，通俗说就是"以己推人""以己之心，度人之腹"，往往会带来对方的排斥与反感，因此大学生要学会站在第三者的立场上客观地看待人和事。

(五)定势效应

定势效应是指人们早已形成的对认知对象的心理准备状态。这种心理准备状态使人根据有一定倾向性的解释获取的信息，从而为客观因素带上了主观色彩。"疑邻偷斧"讲的就是定势效应。定势效应有一定的积极作用，它可以使人在对象不变的情况下对事、对人知觉得更迅速，更有效。但也有消极作用，当条件改变了，固有定势的影响会妨碍知觉的顺利进行，甚至造成歪曲反映。

(六)刻板印象

刻板印象是一种特殊的心理定式，又叫定型化效应，是指人们对某一类事物，特别是对某一类人形成的一种较固定的、笼统的看法。当刻板印象形成后，在知觉具体角色和个人时，便不再加以分析，把某一角色的个人归入对某一群体的刻板印象中。因而产生偏见。克服刻板印象，首先应从思想上认识到，人们对各类人群一般特征的概括，正确性常常是相对的；其次，个人虽有与所属团体趋同的一般特征，更有自己独特的个性特征。大学生应时时提醒自己把交往对象看成一个独特的人，以此为基础进行交往，这样才能弱化刻板印象。

应该看到，人际交往中的这类心理现象常常是许多人在不知不觉中产生的，而且在心理学上也能找到与人对应的理论，但它们会为人际交往带来不同程度的影响。因此，因势利导，扬长避短，方能使人际交往变得更令人满意。

二、人际交往中的情绪障碍及调适

大学生富有朝气，个性较强，情感丰富热烈，让人羡慕。但激烈的表现也容易引发情绪障碍，影响正常的人际交往。几种常见的情绪、情感障碍有：

(一)猜疑

猜疑心理的产生主要源于对环境、对他人甚至对自己的不信任，在特别注意留心外界和别人对自己的态度的基础上无限度地夸大事实，认为人人都不可信、不可交。一个人一旦对他人开始产生猜疑，必定会由怀疑别人发展到对自己心存疑惑，从闷闷不乐到自卑、怯懦、消极，不仅会拉大与他人的心理距离，损害正常的人际关系。也会影响个人的身心健康。有猜疑心理的大学生应多看到事物阳光的一面，不要盯着细枝末节不放，同时多参加丰富多彩的校园文化活动，培养乐观开朗的性格。

(二)嫉妒

嫉妒是对他人的优越地位或优势产生的一种不愉快的情绪体验，是一种主观臆想。"尺有所短，寸有所长"，每个人都有自己的优点，当嫉妒心理萌发或有一定表现时，大学生要注意积极主动地调整心态，理性地认识自己与他人，将嫉妒转化为羡慕，以自己的短处与他人的长处相比较，努力追赶，最终将嫉妒变为催人上进的一种动力。

(三)愤怒

大学生年轻气盛，愤怒是在愿望不能实现或行动受挫时产生的一种紧张而不愉快的情绪反应。比较常见的表现是用激烈的言辞和肢体语言表达不满，这样容易伤害自己也伤害他人，严重时会失去理智，后果无法挽回。另一方面，极力地压制愤怒情绪也是不可取的。大学生应当清醒地认识愤怒，以暂时改变环境、转移注意力、正确途径发泄等方式合理宣泄愤怒情绪，保持心平气和的态度处理人与人之间的关系。

(四)恐惧

恐惧是人在感到危险时企图摆脱、逃避而产生的心理体验。这里的恐惧主要是指对公共社交活动的恐惧心理，在与人交往中害怕暴露自己的缺点，生怕"出丑"惹人笑话，感到紧张、拘谨、害怕，于是从心里抵触，拒绝参加集体活动，引起社交恐惧。要克服恐惧心理首先要注意放松心态，客观认识自己和他人，同时通过学习提高综合素质，树立自信心，循序渐进改善社交质量，必要时可以借助心理咨询等科学手段来缓解。

(五)冷漠

冷漠是指在交往过程中对他人所传达的信息，表现出无动于衷、漠不关心的态度，似乎毫无反应的情绪状态，冷漠的人往往比较孤僻，缺乏感情，我行我素。一般是从小缺乏关心和爱或者在情感上曾受过重大打击，形成了冷眼看世界的特征。在他们眼里，这世界是灰色的，人是自私的、尔虞我诈的、是不可信赖的。所以总是与人保持一定的距离，封闭自己的心，很少主动了解他人，关心他人。同样，也让别人无法了解、接近，进而去关心他们。

克服冷漠的关键是改变不正确的人生观，故可用认知疗法。第一，要在老师的帮助下，正确分析社会、分析他人，得出社会上还是好人多的正确信念；要多接触具有优良人际关系的人群以坚定正确信念。第二，正确分析自己，明确自己原有的观念是错误的，必须意识到，愤世嫉俗、与世隔绝的生活是不可取的。一定要下决心改变自己。其次，要鼓励自己以热情的方式待人，逐步开放自己的心灵。在人际交往中，人的感情具有互动性，自己待人友好，别人也会对自己友好。诚然，有时会有些例外，但必须认识到，那并不是主流。第三，要培养自己多方面的兴趣爱好。从了解各种不同事物和不同类型活动的知识开始，然后积极参加活动，加深理解，提高情趣，增加对生活的热爱，从而改变对人生的消极看法，克服冷漠感情的存在。

(六) 自卑

自卑是因过低的自我评价而产生的消极情绪体验。大学生人际交往中常见的社交自卑感，一种表现为忧郁、孤僻、退缩、避让，不敢主动交往，怕当众出丑，怕失去自尊与面子；另一种则表现为过分地争强好胜，因怕暴露内心的软弱和自身某些欠缺，而喜欢采取一副盛气凌人的样子来加以掩饰。这都是由自卑感引起的。大学生成功欲望非常强烈，在做一件事前满怀信心，但因对失败没有心理准备，一旦出现差错，遇到困难和挫折，便灰心丧气，产生自卑。严重的自卑会给学习、生活及为人处世带来很大的精神负担，长期处于极度的自卑状态会造成心理变态。在日益开放、竞争激烈的现代社会，社交自卑感是影响大学生成功的最主要的心理障碍之一。

三、人际交往中的人格障碍及克服方法

大学生正处于人格品质形成和完善的关键时期，真诚友善的态度、不畏艰险的意志品格、以大局为重的胸襟、处处为他人着想的行为等品质能极大地增强个人人际吸引力，从而结识多层面的朋友，给自己带来更多的学习、发展机会，有利于良好人际关系的建立、维护和发展。同样，和谐、健康的人际关系也会促进个人品格的完善。相反人格方面的缺陷会损害健康的人际交往，阻碍大学生身心健康成长，这主要有以下几种不良的表现：

(一) 自私自利，缺少责任感

一些大学生在人际交往中一切以自我为中心，追求个人利益，不愿承担责任，交往的目的性和功利性很强。在利益发生冲突时，昨天还是好友，今天就是"敌人"，造成人际关系缺乏恒常性，助长校园坏风气，也造成个人道德的缺失。殊不知，人际交往应遵从平等、公平、互惠的基本原则，在交往过程中必须考虑到双方共同的利益，满足共同的心理需要才是建立、发展良好人际关系的关键。大学生在与人交往过程中应当设身处地多为他人考虑，以宽广、无私的胸怀赢得尊重与理解，这才能获得最大程度的进步与提高。

(二) 不守诚信，缺乏礼貌

大学生人际交往同样必须遵循诚实守信、宽容谦让等原则。以诚为本，言出必行。用真诚的心才能换取对方心灵的响应，建立彼此之间的信任。由于在交往过程中要和不同文化品位、不同生活背景的人打交道，一些无伤原则的小误会、小摩擦在所难免。此种情况下大学生应当注意在相互信任的基础上宽以待人，求同存异，多体谅他人。培养豁达、宽广的心胸，以获得他人的尊重与认可。在与人交往的具体言行中不懂得尊重他人的感受，不遵循理性、得体的礼节，无论有意所为还是无心之举都会破坏大学生良好人际关系的建立。

(三)气质不同

虽然气质类型虽无好坏之分,但它使人的行为方式表现出不同的特点。使人在处理问题的方式上出现许多差异,并在一定程度上影响人际交往的行为模式。如胆汁质的人待人热情,但易冲动,不善于听取别人意见,易形成交往障碍;黏液质的人为人稳重,但情绪不太外露,给人以冷漠之感,易形成人际交往的障碍,等等。因此在人际交往中要学会控制调节自己的气质。扬长避短,并对别人的气质多一些宽容的态度。

(四)性格差异

与气质类型不同,性格有好坏之分。良好的性格,如开朗、诚实、善良会有利于增强自身的吸引力,反之不良的性格如自私、猜疑、虚伪等则会阻碍和谐美好的人际关系的建立。

四、人际交往中的网络障碍及调适

(一)大学生网络人际障碍

1. 人际情感疏远

大学生如果长时间沉浸于网络,他们在现实中与人打交道的机会就会越来越少,"人—机—人"的交流取代了"人—人"面对面的交往。人际情感是需要人与人的社会交往来维持的,而在网上交流时,人的言谈举止被转换成机器语言。在这种新的语境中,人的音容笑貌以数字化方式在屏幕上传播,缺乏现实情感体验,导致个体对现实情感的疏远,现实社会中亲朋好友的感情联系淡化了。

2. 人际信任危机

网络社会中,"人是符号的动物",网民可以隐去真实的社会身份,难以判断人们的言论是否具有真实性,也难以评价其真实的程度。甚至以多个"虚拟"身份进行网上交往,而不需承担任何责任。这就使很多网民以游戏的心态进行网上交际,从而造成人际信任危机。现实社会人际交往中的诚信制约机制在虚拟网络中明显弱化,网上交往为虚假的甚至带有欺骗性质的人际关系的出现提供了方便。大学生会把这种网上人际信任危机迁移到现实社会。由于在网络交往中已经习惯于以虚假的身份和语言进行交往,大学生在现实的人际交往中就会缺乏真诚性,从而影响他们的现实人际交往态度,网络的特点带来的负面效应、网络安全方面的缺陷明显,网络立法不健全是大学生网络侵犯行为以至网络犯罪的客观原因。从心理方面分析,大学生网络成瘾、大学生网络情感心理问题以及大学生网络人际交往问题等,导致了大学生人际交往受阻,感情冷漠,虚拟世界与现实生活脱节。

3. 个体心灵封闭

利用虚拟的"人机交往"替代实体的"人际交往",不仅淡化了同学之间在现实生活中的交往,也使师生和晚辈与长辈间的交往次数呈现下滑趋势。一些大学生终日坐在电脑前,虽然缩短了时空距离,却造成了大学生对近距离沟通的忽视,变得不在乎近在咫尺的亲情和友情,对他人总是表现出漠不关心的样子,迷恋于网络带给他们的快乐,把更多的时间和精力投入网络交往。如果他们在现实生活中遇到挫折时更倾向在信息网络中寻求安慰。网络可改变情感沟通方式,削弱道德责任感,诱发冷淡、无情、自私的性格。坐在网络终端,通过缺乏社会交往的媒体与匿名的陌生人交流时,会变得与社会隔离，与真实的人际关系断绝往来。美国的一项调查表明，每周上网一小时，会有40%的人孤独程度增加20%。因此，长时间与网络交往，会逐渐丧失与现实交往的技巧，容易造成人际情感的逐渐萎缩和淡化，使大学生趋向于社会分隔化和个人孤立化。

网络对人际交往的负面影响对大学生的身心健康产生了极大威胁，甚至形成了网络人际交往的心理障碍。

(二)大学生网络人际的心理调适

互联网为大学生的人际交往开辟了崭新的空间。正确认知网络人际关系是大学生预防网络成瘾、保持情感和谐和人格统一的重要前提。那么，如何进行网络成瘾的心理调适呢？

1. 戒除网瘾

首先要让上网成瘾者承认并正视网瘾问题，这是矫治网络成瘾的困难所在。因为很多人在网上体验到的是兴奋和愉快，而不是痛苦。成瘾者认清成瘾行为的危害，并主动寻找帮助，是重要的一步。但一般来说，成瘾者仅凭自身的力量是难以摆脱成瘾行为的，要真正克服，需要专业人员的指导和家人、朋友，特别是老师、父母、同学的监督、支持和帮助。

2. 把握好现实与虚拟的关系

大学生产生网络心理障碍的一个重要原因是网络的虚拟性，在虚拟的网络空间中，内向的人会说得眉飞色舞，可以向陌生的人倾诉内心深处的小秘密，也可以发表平时不敢发表的观点……但是，人终究是活在现实世界中的，只有现实的东西对于每一个人来说才是有意义的。偶尔不开心，通过网络来排解心中的苦闷是可以理解的，但是活在一个虚拟的世界中却是没有理由的。大学的意义不仅仅是学习，还有很重要的一点，就是在这个小的社会中学会适应。只有处理好现实与虚拟的关系，在现实生活中接触真实的人，学习处理人际关系，当走出大学校门的时候才不至于产生不适应。

3. 不能自助时要积极求助

网络空间到处都是新鲜的事物，而且在不断地增加，因此对易于接受新鲜事物的大学生有着无限的吸引力，这种吸引力往往会导致大学生对网络的极度迷恋。在现实中，类似患上"网络迷恋症"的大学生正变得越来越多。同时，在虚拟空间里，一切都比现实世界自由，容易使人放任自己，不再关心现实世界，而回到现实世界时就会产生一种孤独感。出现"网络成瘾综合征""网络孤独症"等网络心理障碍时，对大学生身心健康产生危害与威胁，而自己又不能走出心理误区时，应积极求助于他人。包括老师、家长、医生、朋友、同学等等。通过找同学和朋友倾诉、向心理咨询员咨询、请心理医生治疗等手段，可以释放网络心理压力，缓解痛苦心理，形成健康向上的心理状态。也可以利用电话、网络等进行远程心理咨询，特别是可以向本地心理咨询网站了解有关心理健康方面的知识，同时，还可以进行网上预约，"以其道还治其身"，通过网络解决网络心理问题。

(三)解决网络成瘾行为所引发的深层次思考

仅仅矫治网络成瘾问题，治疗只是成功了一半。在很多情况下，大学生之所以沉溺于上网，是为了逃避生活中的问题和压力，如父母教育方法不对、考试失败、学习困难、人际交往受挫等。只有解决这些表象背后的真正问题，才能治标又治本。比如，当人际交往受挫时，大学生应学会理性认知和基本的人际交往技巧，通过角色扮演法、代替法等模拟人际交往过程，锻炼和提高自身的人际交往能力，解决人际交往冲突。以免碰到类似交往问题时采取逃避的办法。大学生网络成瘾与家庭相关，要实行结构式家庭疗法，通过发掘家庭内部积极性的资源和加强适应性的关系，改变家庭的结构和功能，使大学生生活在比较积极健康的生活环境和教养方式中，才能阻止这种逃避现实、寻求精神寄托的行为再次发生。

第四节 大学生人际交往能力的培养

一、遵守人际交往的基本原则

人的行为都是在一定的观念指导下进行的。积极、全面而良好的交往认知是健康交往的基础。为了使自己的交往行为引起交往对象良好的反应，引发积极的交往行为，在交往中应遵循一定的原则。人与人之间的交往应遵循的原则包括以下六个方面。

(一)平等原则

平等主要指交往双方态度上的平等，平等待人应该是为人真诚、待人诚恳。每个人都有自己独立的人格、做人的尊严和法律上的权利与义务，人与人之间的关系是平等的关系。坚持平等的交往原则，就要正确认识自己，不要光看自己的优点而盛气凌人，也不要只见自身弱点而盲目自卑，要尊重他人的自尊心和感情，这是人际交往的基础。大学生来自四面八方，年龄、学识、经历相近，虽然家庭环境、经济条件、个人能力有差异，但绝对没有高低贵贱之分，彼此之间应该相互尊重、相互帮助，尊重他人、理解他人，建立良好的人际关系。

(二)真诚原则

真诚待人是人际交往中最有价值、最重要的原则。以诚待人是人际交往得以延续和深化的保证。人与人之间以诚相待，才能相互理解、接纳、信任，才能和谐相处。真诚是大学生高尚品德的重要表现，只有真心付出，才能获得别人的友谊。在人际交往中，首先要做到与人相处有诚心，襟怀坦荡，表里如一。这样才能使对方放心，获得他人对自己的信任，在感情上产生共鸣，彼此相互理解，并为进一步交往奠定基础。

(三)宽容原则

宽容要求相处时为人要豁达开明，做事不能斤斤计较，善于接受他人的意见和批评。宽容有助于扩大交往空间，消除彼此间的紧张和矛盾。在人际交往的过程中，难免由于认识不一致而产生矛盾和冲突的现象，遇到这种情况，要求同存异，虚怀若谷，要学会忍耐和控制，要理解个性之间存在的差异，允许不同的思想和行为方式的存在，要用宽容心去对待别人的缺点与不足。

(四)互助互利原则

互助互利表现在交往的过程中，交往的双方相互关心、相互帮助、相互支持，既满足了双方各自的需要，又促进了相互间的联系，深化了感情。如果一方只是索取，而不付出，就会影响双方的关系。大学生在交往的过程中，要学会尽义务，相互付出多献爱心，解人之困，救人之危，从而建立良好的人际关系。

(五)适度原则

适度原则是指人际交往中要注意行为得体、恰到好处。适度原则影响着其他原则。有很强的普遍性。适度原则体现在许多方面，常见的有：自尊适度、热情适度、豪爽适度、言谈适度、信任适度等。大学生在交往的过程中尤其要注意自尊适度、热情适度和信任适度等。自尊适度一是防止因自尊心太弱产生自卑心理，另一方面是要防止因自尊心过强而产生自傲、自负心理。热情适度也是一样的，一方面不能热情过度，另一方面也不能热情不足，两者都会令人产生不快的感觉。

(六)信用原则

人际交往要讲究一个"信"字。信用有两层含义：一是言必信，即说真话，不说假话。如果一个人满嘴胡言，经常说假话骗人，到头来就会形成"狼来了"效应。二是行必果，即说到做到，遵守诺言，实践诺言。如果一个人到处许愿而不去做，必然会引起人们的反感和唾弃。

"言而无信非君子也"，要取信于人。首先要守信，即言行一致，说到做到。其次要信任，不仅要信任别人，而且要争取赢得别人的信任。第三不要轻易许诺，即不说大话，不做毫无把握的许诺。第四要诚实，即自己能办到的事才能答应别人去办，办不到的事要讲清楚，以赢得对方的理解。第五要自信，即要有一种自信心，相信自己能行，给人以信赖。

二、掌握人际交往的艺术

大学生处于一个渴望交往、渴求理解的心理发展时期，良好的人际交往，是大学生心理健康发展和具有安全感、归属感及幸福感的必然要求，但只有良好的愿望还不够。不少大学生不知道如何与人交往，事与愿违是因为没有掌握交往的技巧。

(一)真诚的肯定对方

自尊是人类普遍存在的需要，人对肯定的渴望绝对不亚于对食物和睡眠的需要。人们在交往中总是倾向于选择能给予自己肯定的人。大学生正处在青年时期，有着极强的自尊心，所以在交往的过程中，一定要尊重对方，努力发现交往对象身上的闪光点、长处，并给予对方真诚的赞美，赞美对方时要选准角度、恰如其分，同时要具体、实在，还要真诚，不能华而不实，这样才能使对方感觉到友善，为良好的关系奠定基础。

(二)善用语言的技巧

语言是人际交往的工具和手段，人际交往离不开语言的交流和沟通。在交流中善用语言、乐于交谈，有利于人们交往的顺利发展。运用语言的技巧，首先说话要看对象，不能千人一律；其次，表达要准确，用简洁明了、幽默生动的语言表达自己的思想和观点，切忌词不达意、喋喋不休；第三，要随时注意对方的反应，不能自说自话，不顾及对方的感受：第四，说话要注意时间、地点、场合；最后，交谈要选择双方都感兴趣、能够交流、沟通的话题。

(三)耐心地聆听对方

在交谈中要学会倾听。首先，态度一定要诚恳、认真；其次，姿势要恰当；再次，就是要配合对方讲述的内容，不时进行恰当的回应。在聆听时，最好的方式是站在对方的立场上，设身处地地为对方着想，集中精力倾听对方说的话，真诚地投入情感，切忌在聆听中频频打岔或发表评论甚至不耐烦。

(四)展现友善的微笑

在交往过程中，真诚、友善的微笑会给人留下美好而深刻的印象。自然、得体、大方的微笑，能照亮所有看得到它的人，尤其是在对方遭受不幸和不快、承受着压力时，一个笑容能够让对方感受到生活充满希望。笑不仅能够使自己心情舒畅、精神愉快、驱除疲劳而且能将快乐传递给对方，使对方也从中感受到快乐。

(五)展示幽默的光辉

人际交往过程中，产生摩擦是难免的，如果不涉及原则问题，双方没有恶意，用幽默来化解应该是一个好办法。幽默是人类智慧的光芒，是人际交往的润滑剂，人们往往将它与机智、诙谐联系在一起。但幽默不是讽刺、挖苦别人，因此在交往中宁可取笑自己，也不能取笑别人。总之，大学生人际交往的建立在形式上是多种多样的，在现实的人际交往中有的人一见如故，有的人同处一室却形同路人。而正常的人际交往和良好的人际关系对大学生健康成长有十分重要的意义。

马克思指出人是一切社会关系的总和。在这个社会关系的总和中，由人际交往构成的人际关系是最为活跃的部分。运用人际交往艺术，可以建立和谐的人际关系，进而促进生活、学习和工作质量的提升。

(六)要热情交往

人际关系是互动的，不要总是消极地等待别人来主动关心自己，而要主动地与周围的同学交往沟通。开放自我是有感染性的，你对别人开放，别人也会对你开放。当对方走出故步自封、自我封闭的死圈子的时候，你不仅会对对方有更深一层的认识。更重要的是对自己也会有新的认识和体验。

(七)消除依赖感

在人际交往中还有一种不健康的心态，就是依赖感过强，总是希望别人像父母兄姐一样关心自己，凡事都要别人替自己拿主意，这是缺乏独立意识的表现。过强的依赖感会发展成为控制欲，他们强求别人和自己一起学习，一起复习功课，向自己通报行动计划，甚至限制别人同其他同学的交往。

第七章 大学生学习心理健康

进入大学以后,中学阶段的学习方法已经不能适应大学学习的需要,学习不仅仅是基础知识的学习,也不只是"学会",而是专业学习、自主学习和创新学习,"会学"才是根本,"学会学习"已经成为大学生学习的主题。歌德曾说:"人不光是靠他生来就拥有一切,而是靠他从学习中所得到的一切来造就自己。"可见,学习能力已成为一项基本的生存能力,也是大学生实现人生理想的关键。当今世界,随着社会的发展,网络传播渠道的学习已经成为大学生成长发展的重要途径。在新形势下,如何理解学习的真正含义,如何有效地学习,如何通过学习来提高自己的素质、培养自己的创新能力,如何正确认识和处理学习中的心理问题,这些都对大学生的学习生活和未来的发展有着重要作用。本章将从学习与心理健康的角度,介绍大学生学习的心理特点、智能结构与优化、学习与心理健康的关系以及常见的学习心理问题及其调适方法,希望能够帮助大学生树立正确的学习观念、激发学习动机、调适不良学习心理、提高学习效率。

第一节 大学生学习及学习心理特点

一、什么是学习

提到学习,人们首先想到的是学生的学习或新手掌握技能,如学习外语、骑(驾)车、游泳等。虽然这些活动都包含着学习,但从心理的角度来看,它们所表示的只是学习活动中较典型的事例。学习是一种十分复杂而又普遍的心理现象,学习有广义和狭义之分。广义上的学习,是指人和动物在生存和发展的过程中经验的获得及行为变化的过程。对这一概念的理解要把握四个要点:

(1)学习是一种行为,但不是本能的行为,而是后天习得性行为,是由经验或实践引起的。人和动物的行为有两类:一类是本能行为,一类是习得行为。本能行为是通过遗传而获得的种族经验,是生来就有的。例如,鸭子会游水、母鸡会孵蛋、婴儿会吸奶等,这些行为都是不学自会的。习得性行为即是在后天环境中通过学习而获得的个体经验。例如,狮子滚绣球、小狗跳地圈、熊猫骑自行车等。因此,不能把有机体的一切行为都看成是学习。

(2)学习所引起的行为或行为潜能的变化是相对持久的。药物、疲劳、疾病等因素均能引起行为或行为潜能的变化,如运动员服用兴奋剂而提高了比赛成绩、大学生因疲劳而降低学习效率,等等。

但是这些变化都是非常短暂的，一旦药效消失或疲劳恢复，行为表现又会与过去等同。而学习则不然，学习所引起的行为或行为潜能的变化则相对持久。比如，我们学会了游泳、滑冰、骑（驾）车等，这些技能几乎终生不忘。知识观念的学习虽然有时也会发生遗忘或被新的学习内容所干扰，但相对于那些因药物或疲劳等所引起的暂时性行为变化来说，它们保持的时间还是比较持久的。

（3）学习是由反复经验而产生的。个体的成熟乃至衰老也会使其行为产生持久的变化，如青春期少年的嗓音变化，这种变化是由于身体的生理发育而引起的，是成熟的结果，与经验无关，因而不能称之为学习。因此，不能把引起有机体行为或行为潜能相对持久变化的行为都看成是学习。

（4）学习所引起的行为变化，有的是外显的，而有的则是潜在的。当人们表现出一种新的技能时，如游泳、驾车、打字、编织等，我们即可推知，学习已经发生了。有时，人们通过学习获得的是一些一般性的知识、观念，这类学习往往不一定会在人们的日常行为中直接地表现出来，但是它们却影响着人们在将来对待某些事物的态度和价值观念，即它们改变的将是人的行为潜能。因此，不能从行为变化是否发生来判断学习行为发生与否，如不能因考试成绩不好，就断定学生学习不用功。

广义的学习包括人和动物后天获得经验的过程，而狭义的学习只是指学生的学习，即学习是学生在教师的指导下，有目的、有计划、有组织地获得知识、形成技能、培养才智的过程。与人类其他学习相比，学生的学习具有以下特点：

（1）学生学习是有目的、有计划、有组织、有系统地进行的。学校通过课程设置、教学计划安排，对学生的学习进行控制，学生必须在规定的、有限的时间内完成一定的学习任务并接受考核。

（2）学生的学习是集中统一进行的。一般来说，同一年龄段、同一层次的学生总是被集中在同一集体（通常为班级或年级）中进行学习的，学习内容、学习材料、学习任务、学习要求以及学习条件基本上是相同的、一致的。

（3）学生的学习是在教师指导下进行的，教师的传道、授业、解惑作用非常重要。

（4）学生的学习内容是多方面的，一般来说，大致可分为三个方面：一是知识的掌握和技能的形成；二是智能的开发和非智力因素的发展；三是行为规范的学习和道德品质的培养。

二、大学生学习的特点

大学生学习是人类学习的一种特殊形式，属于狭义的学习，但也是更高层次的学习。大学生正值智力发展高峰，良好的记忆力、创造性的学习加上专业化的教育，使大学生的学习活动与普通中小学学习教育活动既有共同之处，又有明显不同的特点。它既不同于中小学的学习活动（主要为了掌握基础知识），也不同于一般职业家的活动（完成一定的职务职能，具有一定的职业方向），而是有一定的专业性、目标性和研究方向，同时有深刻的意义、广泛的兴趣和各种方式方法。具体反映在大学生学习活动中就表现为学习内容的专业性、学习过程的自主性、学习途径的多样性以及学习目的的探索性。

（一）学习内容的专业性

专业性是指大学生的学习有其一定的专业指向性。这是大学生学习与中学生学习的明显不同所在。中学是基础教育阶段，中学生是不区分专业的，学生主要是按年级划分的，各年级开设的主要课程基本相同，只是程度有差异，学生对开设的各门课程都必须学习。而大学则不同，大学是专业教育阶段，大学学习的课程内容都是围绕某一类专门人才的培养目标设置的，大学的教学过程以学习专业理论知识和技能为主要任务。步入大学后，每个学生都有自己的专业领域，大学的学习除了强调在各方面能力都有发展外，还要求学生的专业知识和技能得到更大程度的提升。所以需要大学生从入学起就应该对所学专业形成正确的认识，制订学习计划，将专业领域的学习向纵向深度扩展，掌握专业的知识与技能。

(二)学习过程的自主性

自主性是指在学习过程中，大学生的主观能动作用的增强，主要表现在自觉性和主动性两个方面。大学的学习虽然也强调教师的课堂教学，但教师授课之后的理解、消化、巩固等各个环节主要靠学生独立完成，这样一来，除了上课之外，大学生还有大量时间可以自由支配。其次，在大学里没有家长和老师盯着、管着，可以做自己感兴趣的事情，这就要求大学生的学习要更具自觉性。此外，在学习内容的自主选择上，也是大学生独立自主学习能力得以展示的重要方面。大学教育的课程设置，一般来说，除了公共必修课和专业课外，各高校还有形式多样的专业选修、通识教育等课程，可以供大学生们根据自己的兴趣、爱好、能力、精力等各方面的条件加以自由地选择，从而达到扩充知识、发展各种能力的目的。

可见，不论是学习时间的自由安排，还是学习内容的自主选择，都需要大学生在学习过程中充分发挥主动性、积极性，独立自主地进行学习，这是大学教育对大学生们提出的一个要求，也是大学学习活动的特点之一。

(三)学习途径的多样性

多样性是指学生除了通过课堂教学这一途径外，还可以通过多种渠道来获得知识。大学生要获得知识，陶冶情操，发展能力，光靠课堂教学时获得的知识，是远远不能满足需要的。除了自己抓紧时间自学外，还必须依靠如各种学术报告、知识讲座、专题讨论会等不同类型的第二课堂以及社会调查、各类咨询服务等课外实践活动。随着科技和网络的发展，大学生学习的渠道更加灵活多样。面对这些种类繁多、形式多样的学习途径，采取什么样的学习方式才能处理好课本知识与课外知识、专业学习与能力培养等各方面的关系，是许多大学生需要思考和解决的问题。

(四)学习目的的探索性

探索性是指大学生在学习过程中对于书本结论之外新观点的寻求和钻研。大学阶段是学生接受系统教育的高级阶段，是"求学期"向"工作期""创造期"转变的过渡阶段。学生的学习方法和思维方式也逐渐从正确再现教学内容向汇集众家之长、确立个人见解的方向转变。比如，学生从在教师指导下完成作业、课题到独立完成毕业论文；有些学生还开始在某些学科领域内做有一定价值的创新探索；不少学生在实习期间主动走向社会，结合社会实践，在实地考察的基础上写出了有较高学术水平及应用价值的论文，并主动举办论文报告会，把自己最新的见解公诸同学；有些优秀学生已经能参与学校科研项目，承担一定的课题研究，甚至走向社会着手承担生产实践中的科研任务。随着教育改革的不断深入，培养大学生独立思考能力和探索科学世界的方法将会愈来愈显著和重要。

以上是大学生学习活动的四个特点。这四个特点既有区别，又有联系。其中自主性是大学生学习活动的基础，多样性是大学生学习活动效益的保证，专业性和探索性是大学生学习活动的目的。这说明大学生的学习活动是复杂的、紧张的，需要很大的心智能量、良好的心理素质、多方面的能力和健康的身体来保障。

三、大学生学习心理的特点

大学阶段的学习与中学相比是更高层次的学习，在学习内容上更精细，专业性和应用性更强，同时也要求具有探索性与社会性等。在这种独具特色的学习中，需要大学生的自主意识、学习动机以及学习策略等多方面的心理机能参与，形成大学阶段独特的学习心理特点。

（一）学习意识基本成熟

随着大学生自我意识的基本成熟，学习意识也逐渐成熟。大学生学习意识的形成是学会自主学习的关键。大学生的学习意识具有更强的独立性、自主性和可控性。意识独立性是指大学生在学习过程中除了接受老师的教授和指导，还表现出独立发现问题的能力；敢于质疑课本的能力；具备一定的收集、处理信息的能力以及独立思考解疑等能力。大学生学习意识的自主性有很多方面的表现，例如，花大量时间研究自己感兴趣的事情，学习过程中主动与老师沟通，敢于说出自己的见解，有自己的学习策略，创新意识强等。学习意识的可控性是指大学生能够觉察到自己的学习过程和学习状况，并对自己的学习动机、学习兴趣、学习方法等进行调整，如发现学习策略不适合，适时转变，以符合学习的要求。

（二）学习动机多元化与复杂化

由于人生观、世界观、理想抱负和个性心理特点的不同，使得大学生的学习动机也呈现出多元化与复杂化的特点。在同一个学生身上可能同时存在几种学习动机，而有些学生不愿表露自己的学习动机。作为一种心理倾向的动机，有时是一种潜意识的体验，有些学生说出的动机与实际起主导作用的动机并不一致。这些都使当代大学生的学习动机变得复杂。虽然大学生的学习动机具有多元化与复杂化的特点，但是总的来说，大学生的学习动机是积极向上的，在大学生的学习动机中，发展成才的需要始终占据主要地位。

（三）学习智力与能力发展已经达到最佳期

韦克斯勒用标准化的智力测验研究从7岁到65岁不同人的智力，结果发现智力发展的高峰一般在22岁左右。虽然不同研究对于个体智力发展速度和高峰期的看法并不特别一致，但是一般认为，儿童、青少年时期是智力快速发展时期，20～35岁发展保持高水平。大学生的年龄一般在18～23岁之间，这说明大学时期是人生智力发展水平的最佳时期，这利于个体接受复杂、深刻、专业的学习。

第二节 大学生合理的知识结构与智能优化

知识结构是指一个人的知识构成状况,即其掌握的知识的相互比例、相互联系与相互协调、相互作用,以及由此形成的整体功能。大学生合理的知识结构是既有精深的专门知识,又有广博的知识面,具有事业发展实际需要的最合理、最优化的知识体系,其包括基础知识结构、专业知识结构和动态知识结构三个部分,合理的知识结构总是处于经常的动态调节之中。智能结构是人们认识周围事物及解决实际问题的诸种能力的构成及排列组合,它是由多种能力所组成的多序列、多要素、多层次的动态综合体。大学生的智能结构主要包括自学的能力、运筹时间的能力、调查研究的能力、社会活动的能力、表达能力与创造能力,对智能结构进行整体优化具有十分重要的意义。

一、大学生合理的知识结构

从事不同的专业,研究不同的学科,对于知识结构有着不同的要求。一般来说,合理的知识结构在于既满足专业的需要,又有自己的独特之处,博而不杂,专而不偏,基础雄厚,适应性强。

大学生合理的知识结构是金字塔式结构,它包括基础知识结构、专业知识结构和动态知识结构三个部分。

首先,大学生合理的知识结构应该具有包括自然科学知识、社会科学知识和个体生理、心理知识三个方面的基础知识储备。自然科学知识主要包括物理学、化学、天文学、地质学、动物学、植物学、数学等学科;社会科学知识主要包括哲学、逻辑学、政治学、经济学、历史、文学艺术等学科;个体生理、心理知识主要包括脑生理学、心理学、思维科学等学科。

其次,大学生合理的知识结构应该包含与自己所学专业相一致的专业知识结构。专业知识结构包括专业基础知识、专业知识、专业前沿知识。专业基础知识是学科专业赖以存在和发展的基础知识,通常的情况是基础知识与专业知识的融合。专业知识是一个人知识结构中的主要部分,其他部分都是作为辅助性的知识,能否在本专业创造性地进行工作,集中表现于专业知识的深度和广度。专业前沿知识,主要是学科发展的新动向、新观点、新思潮、新突破。这部分知识往往不是很成熟,处于研究和探讨之中,而一旦发展成熟并得到广泛应用,也就转化为专业知识或专业基础知识。

第三,大学生合理的知识结构还应包含能够随时进行调节的动态知识结构。大学生追求的知识结构决不应是僵化不变的,而是能够不断进行调节的,这是为适应科技发展知识更新、研究探索新的课题和领域、职业和工作变动等因素的需要,不然跟不上飞速发展的时代步伐。动态知识结构主要是包括现代科学发展的最新成就和潜科学等。

大学生合理知识结构的三个部分是相互联系、相互制约的,其划分并没有明确的界线,其功能则是通过各部分的相互融合、相互渗透、相互补充来体现的。

二、合理知识结构的建立

建立合理的知识结构，是大学生的一项重要任务，也是大学生成才的一项基本建设。怎样才能建立合理的知识结构呢？

（一）要正确地处理"博"与"精"的关系

基础知识要广博、宽厚，专业知识则要精深、透辟，有人形象地称之为"T"形结构。一方面，在广博的基础知识上争取专业知识的精深，另一方面，围绕专业知识精深的目标寻求基础知识的广博。这里有几点值得注意，一是基础知识的广博，并不意味着面面俱到，而是要围绕设定的专业目标去组织基础知识结构，这就要深刻地理解知识结构的层次性特征。二是要正确地理解"博"与"专"的相对性。基础知识要广博，并不是不要精深。基础知识结构中的工具性知识等，不但要博，更要精深，在需要的时候，才能信手拈来，正确运用。譬如，学理工的数学知识不可不精；学文科的驾驭语言文字应能得心应手。同样，专业知识的精深，也不是不要广博，也需要广泛地涉猎相关专业学科，致力于探寻自己的专业与相关专业的"内在通道"（内部联系），以免一叶障目，不见泰山。

（二）要正确地处理理论与实践的关系

合理的知识结构，在很大程度上是依靠理论知识的积累来建立的。但理论本身是从实践中提炼、发展而来的，更重要的则是要应用并服务于实践。在实践过程中，最能发现知识结构的缺陷。同时，在实际工作中，有着许多经验性的知识。这些"实践火花"尚未经过科学的整理而上升为理论，暂未登上科学的"大雅之堂"，但也是合理的知识结构所不可缺少的，说不定还会发展成为"绝招"和"秘密武器"。

（三）要正确地处理普遍性与特殊性的关系

从客观上看，人们的知识结构有很多共性的东西，但具体到每一个人，则应有自己的独特之处。根据个体的具体情况，扬长避短，建立有某种特色的独特的知识结构，这可称得上是成才的"捷径"了。在人才学的研究中有一类特殊的对象，他们基础知识薄弱，知识结构中有大片的空白区，但却有很多发明创造。过去人们难以理解这种现象，称他们为"鬼才"。其实，鬼才成功的秘诀在于他善于利用自己的优势去组织自己的知识结构，通过知识的互补作用，独辟蹊径而成才。

合理的知识结构总是处于动态发展和变化之中，一个人不能在较短的时间里就建立起合理的知识结构，已经存在的合理结构也不会一劳永逸地合理下去。调节知识结构的方法有：

（1）精选法。对各类各层次的知识分类排队，精选吸收最需要的知识武装自己的知识结构。

（2）补缺法。在学习和实际工作中，发现自己的知识结构中缺少一些必备的知识，可以在短时间内，集中力量打"歼灭战"，并及时学以致用，掌握提高。

（3）逾越法。对一些特殊情况下需要运用，但从长远来看价值不大的知识，可以边用边学，"现炒现卖"，迅速越过，囫囵吞枣、不求甚解也无不可。对一些难点，还可以暂时放在一边，在学习、运用、研究相关学科的知识时，通过互补作用，常可以化难为易，逐步解决。

应该指出，调整知识结构的方法也是互补的。比如运用补缺法、逾越法就要以精选法为基础，补缺法、逾越法也要联系起来运用，这样才能最大限度地发挥调节的效能。

三、大学生的智能结构及其优化

大学生的智能结构一般包括自学能力、运筹时间的能力、调查研究能力、社会活动能力、表达能力和创造能力等等。其中有些方面如表达能力，更多地属于技能要素，按习惯仍称为"能力"。大学生是现代化建设所需要的专门人才的预备队，走向社会以后，将要遇到许多新情况，必须解决许多新问题。只有在大学学习阶段不断地完善和优化智能结构，才能尽快地适应社会，临危不乱，处变不惊，勇于探索，善于创新。

（一）自学能力

自学能力包括阅读、理解中外学术著作和期刊的能力，查找和积累文献资料的能力。由于新学科、新知识的不断涌现，终身教育已经提上议事日程。终身教育的核心是良好的自学能力。在现代社会，"文盲"的含义已经有了变化，不具有自学能力的人，将是新的"功能性文盲"。在大学阶段，教师的授课方式与中学相比有了显著的变化，教师的授课时间少了，学生学习上可供自由支配的时间大大增加了，没有一定的自学能力，学习就会相当被动。从长远看，不在大学阶段培养出较强的自学能力，大学毕业以后就很难进入创造期，无法适应社会的需要。

培养自学能力，主要是加强逻辑思维能力，如分析和综合、归纳和演绎、比较和判断、类比和推理、抽象和概括等；其次是自律能力，能够约束自己的行为，克服惰性和依赖性；再次是能够及时总结经验教训，反馈调节自己的自学活动，并不断提出新的合理的学习任务和学习目标。

（二）运筹时间的能力

运筹时间的能力，也就是合理地安排和使用时间的能力，能够在有限的时间内完成最多的工作，取得最大的效益。

要最大限度地发挥时间的效益，首先要具有现代化的时间观念。现代化的时间观念的核心，就在于主动地、积极地提高工作效率，最大限度地利用每一"寸"光阴。其次，要科学地支配时间，掌握运筹时间的艺术，以免在繁重的学习和工作中顾此失彼，疲于应付。安排好时间有以下几个步骤：①要合理地计划时间，制定大学阶段时间上的总体规划，并根据每学年、每学期的学习任务订出具体安排，同时还要考虑计划外工作占用的时间，在时间安排上保持一定的弹性。②要经常检查时间的利用情况和学习任务的完成情况，避免遗忘。③要根据自己的生理特点，掌握体内的"生物钟"，在一天当中的最佳工作时间内完成最重要、难度最大的工作。④每天休息前后要考虑当天及第二天的学习和工作，不断地调整、改进时间的利用情况。

正确地认识时间、科学地支配时间、有效地管理时间，这是大学生成才应该具备的基本功。

（三）调查研究的能力

调查研究是获取和利用信息的重要方法。调查研究获得的往往是第一手资料，可信度比较高。因此，大学生应该掌握一般的调查研究方法。例如，访问调查法、书面调查法、普遍调查法、抽样调查法、典型调查法、文献调查法等。

(四)社会活动能力

主要是指组织管理能力,即把人们组织起来有效地完成某种任务的能力。这其中包括计划能力、组织实施能力、决策能力、指导能力以及平衡协调能力等内容的综合管理能力。

随着科学技术向整体化、综合化、网络化的方向发展,在科学研究上也经常需要组织力量协同攻关,可以说,任何大的科学工程项目,没有过硬的组织管理能力是不可能完成的。大学生可以通过社会调查、实验、实习、社团活动、勤工助学、担任各种社会工作等多种途径锻炼提高自己的组织管理能力。

(五)表达能力

学术思想、科技信息的交流,科技成果的转移,都需要或语言、或文字、或图表、或数字的表达。对于理工科大学生,除了需要语言、文字表达能力以外,还要更多地侧重于图表和数字表达能力,人们常把图表和数字表达能力称为"工程师的语言"。需要指出的是,语言、文字表达能力指的不仅仅是母语,还应该包括外国语。总的来说,为了有效地进行学术交流和信息传输,语言简洁、文字精练、图表严谨、数字准确是对科技人才的基本要求。

培养良好的表达能力,首先要克服心理障碍,争取在各种公共场合练习发言、参加演讲比赛,并学习与研究一些演讲理论;其次是勤学苦练、一丝不苟,长期坚持,提高文字、图表和数字表达能力。

(六)创造能力

创造能力是指对已积累的知识和经验进行科学加工,从而产生新知识、新思想、新概念、新成果和新产品的能力。创造能力是一种高层次的思维能力和行动能力。在大学生的智能结构中,创造能力是核心,在成才活动中起决定作用。

创造能力是在实践中不断地锻炼和培养出来的。怎样才能培养创造能力呢?

(1)要有强烈的创新意识和创新热情,这是创造能力的内在源泉。创新意识就是创造的激情,革新的渴望,勇于探索,善于探索的思想观念。创新热情是对于科学的热爱、对于真理的追求的强烈感情,是探索和创造的内在动力。

(2)要有敢于冲破传统观念的勇气和胆略,不迷信权威,不拘泥于陈案俗套,这是培养创造能力的心理因素。

(3)合理的知识结构是创造能力的基础。合理的知识结构能激发创造性思维的积极性,不断地强化创造能力。

(4)要勤于思考,善于质疑。"思"与"疑"是创造的起点,创造的过程就是不断地质疑、释疑,不断探索的过程。在这一过程中,仅仅依靠自己的努力往往是不够的,需要依靠集体的智慧,相互激励、相互启发,不断地提高创造能力。

以上是大学生智能结构的六个组成部分及其优化的方法。在此基础上,还要进行"整体优化",也就是"结构优化",结构决定功能,因此结构优化具有更为重要的意义。结构优化主要是智能结构中各方面能力的相互补充、相互促进及其相互联系与相互配合。结构优化能够弥补某方面能力的缺陷与不足,更有效地发挥整体结构的功能。

培养合理的知识结构，进而不断地优化智能结构，这是大学生早成才、成好才的关键。只要坚持不断地探索，不断地实践，不断地总结，知识结构、智能结构就会不断地完善、优化，不断地趋于合理。

第三节 大学生学习与心理健康

一、学习观念的转变

在传统的学习理念里，考试成绩是评价学习好坏的唯一标准，在这标准的指导下，大学生的任务就是努力学习和掌握好老师课堂教授的知识，弄清楚教材的内容和考试的考点。然而随着社会的进步和发展，很多在校期间考试成绩好的大学生不见得能找到好工作，甚至找不到工作，人们开始思考过去学习的观念。学习观念的转变，对大学生的学习心理也带来许多挑战。

（一）由依赖型学习观向自主型学习观转变

依赖型学习观，指的是一种学习上表现被动和依赖等特征的学习观。自主型学习观也称为主体型学习观，表现为自觉地、能动地、有目的地从事学习活动。在大学之前，学生主要在老师和升学考试的指挥下为了考出一个好分数、上一个好学校而学习；进了大学以后，家长不在身边，老师的精力也不再全身心放在学生身上，这就要求大学生能根据自己的兴趣和目标自主学习。

（二）由知识型学习观向能力型学习观进而向人格型学习观转变

知识型学习观，指的是一种重知识、轻能力、轻实践的传统学习观。能力型学习观既强调学习者能力的提高，又重视学习者职业适应和发展能力的提高，这种学习观满足了现代社会能力本位人才观对学习提出的要求。人格型学习观不仅重视知识和能力的相互促进和共同提高，而且更重视受教育者人格的健全发展，"要成才，先成人"，成人是成才的基础和前提。

（三）由封闭型学习观向开放型学习观转变

封闭型学习观，指的是一系列"以课堂为中心、以课本为中心、以教师为中心"的学习观的总称。开放型学习观是面向社会、面向生活，多层次、全方位开放的学习观。在过去，大学是象牙塔，教师和学生都沉浸在小小的校园里，"一心只读圣贤书，两耳不闻窗外事。"按照这种模式培养出的人才，不符合社会发展的要求，没有社会经验以至和社会脱节，招聘单位也不欢迎这样的大学生，招聘单位更欢迎那些有社会经验、懂得人情世故和能力强的毕业生。

（四）由学会型学习观向会学型学习观转变

学会型学习观，指的是"教什么学什么，学什么会什么"的观念，以"学懂""学会"评价学得如何的问题，突出了实用，而忽视了创新。会学型学习观指的是学会学习、善于学习的观念，用"懂学""会学"来回答"如何学"的问题。古人所说的"授人以鱼，不如授人以渔"指的正是这两方面观念的关系。

二、大学生学习与心理健康

绝大多数学生都是经过中学学习阶段的努力拼搏才考上大学的。在经历激烈的竞争之后，有一部分同学认为大学的学习可以放松一下了。有些人虽然主观上没有这么想，但是由于思想观念上习惯于中学时期那种学习靠学校抓、靠老师管的学习方式，不了解大学的学习要求学生有高度的自觉性、主动性的特点，客观上放松了学习。实践证明，进入大学以后，学习非但松懈不得，还必须加倍努力。学生以学为本，学习是学生的首要任务，学习活动则是学生的主要活动形式。因此，学习效果将直接影响大学生的自我形象和心理健康。

(一)学习对大学生心理健康的影响

1. 学习对大学生心理健康的积极影响

（1）学习能够开发大学生的智力。人们常常说"刀越磨越快，脑子越用越活"，这句话有一定的道理。大学生的观察力、注意力、记忆力、思维力以及想象力只有在实际学习过程中才能得到开发、利用和提高。一个人的智力再好、智商再高，如果不学习，智能就得不到开发和利用。

（2）学习能够提高大学生的能力。大学生的能力包括：自学能力、运筹时间的能力、创造能力、表达能力和管理能力等等。一方面，上述能力是通过学习获得的；另一方面，只有通过学习，才能使能力不断得到提高。

（3）学习能促进大学生认知水平的提高和自我概念的发展。只有多学习，才能提高理论水平，从而提高认识问题、分析问题的能力，掌握科学的认知方法；也只有多学习，才能发现自身的不足，才能正确认识和评价自己和他人，也才能不断根据社会需要进行自我调节。

（4）学习能够调节大学生的情绪和情感。学习能够带来愉快和满足。乐于学习的人常常能从学习中找到乐趣和精神寄托，每当完成一项学习任务、取得一定成绩后，就会感到喜悦和快乐。而在遇到不如意的事情时，若能埋头学习，也会冲淡或忘掉烦恼。

2. 不良学习对大学生心理健康的消极影响

不良学习会对心理健康产生消极的、不良的影响。学习负担过重，容易造成心理压力，造成精神高度紧张；学习内容不健康，容易造成心理污染，使一些辨别能力差、抵抗力弱的大学生受害；学习难度过大，容易使人产生畏难情绪，甚至失去信心；学习方式、方法不当，学习成绩长期得不到提高，容易导致自卑心理，甚至自暴自弃；劳逸结合不当，过度疲劳，容易对身体健康造成危害，进而影响心理健康。凡此种种，都应该引起足够的重视。

(二)心理健康对大学生学习的影响

在相当长的时间里，大学生在学习过程中的心理健康问题没有得到应有的重视。通常人们会把那些突然对学习产生厌倦、学习成绩下降、考试不及格、受到警告、留级乃至不能坚持学习而辍学的学生视为学习不刻苦、对自己要求不严、智力不足或缺乏理想等等。不可否认这些因素确实在一定程度上对大学生的学习造成了影响。但是严峻的事实告诉我们，大学生的心理健康状况也是影响大学生学习的重要原因。因此，大学生应自觉地关注自身的心理健康状况、提高心理健康水平以促进学习，从而建立学习与心理健康的良性循环。

学习活动是智力和非智力因素共同参与的过程。对于具备一定智力基础的大学生来说，非智力因素比智力因素对学习更具有影响力。非智力因素是个体内部的动力系统，影响着人们认识和行为方式的积极性，它实现着对人的认识活动和行为的驱动、定向、引导、持续、调节和强化等功能。非智力因素与人的需要、兴趣、情绪、态度、意志、个性特点等心理因素有直接关系，在学习过程中，学习动机来自学生的非智力因素，成为推动人们进行学习的内在动力。

学习活动是艰苦的脑力劳动，长时间的学习也会产生疲倦、松懈、枯燥乏味等情绪，如果不消除这些不良的心理状态，学习将不会长时间保证质量和效率的提高。

一般而言，心理健康的大学生，学习成绩优于心理不健康者。良好的心理健康状况，即正常的智力、健康的情绪、坚强的意志、良好的个性、正确的自我意识、和谐的人际关系、较强的适应能力等等，对大学生的学习有很大的促进作用；反之，如果心理健康状况不佳、甚至有心理疾患，则不同程度地妨碍大学生的学习，抑制大学潜能的开发，甚至使某些大学生中断学业。

（三）大学生健康学习心理的培养

教师或心理咨询人员对大学生健康学习心理的培养，旨在帮助大学生摆脱学习困境、发挥内在潜力、获得学习成功。根据大学生学习的特点，可以从以下几个方面入手进行培养：

（1）培养良好的班风、学风。入学后，大多数新生对大学生活抱有新鲜感，对自己的前途充满信心。所以要不失时机地给予正面引导，帮助新生较快较好地完成思想上、心理上、学习上从高中到大学的过渡。另外，加快班级内同学之间的相互了解，增强凝聚力，也是保持学生顺利学习的一个重要条件。

（2）引导大学生设立正确恰当的学习目标。学习动机是学生学习积极性的关键。可以采用听报告、参观访问、讨论等多种形式，让大学生能把握时代的脉搏，感受到自己身上的重担，自觉地把个人命运同国家、人民的命运联系起来，端正思想，从而产生强烈的学习愿望。另外，要帮助大学生学会客观地认识自己、评价自己，考虑各种实际情况，确定一个适宜的个人奋斗目标，避免由于对自己的期望值过高或过低而造成焦虑不安或松懈的情绪。

（3）掌握有效的学习方法和自学能力。如何学习是学生进入大学首先要学习的一课。适合大学学习的方法很多，学生应根据自己的特点选定一种或几种学习方法，如整体与部分的学习方法、集中和分散的学习方法、过度学习的方法等。为了提高学生的自学能力，指导学生学会如何读书、做笔记、利用图书馆、制订切实的学习计划，并合理安排课余时间也是非常必要的。

（4）注意用脑卫生，学会科学用脑。指导学生掌握科学的用脑方法，即学会适度用脑，保证规律起居和科学的休息方法以及均衡营养、锻炼身体等。

（5）注意考试的心理卫生。考试是大学生学习生活的重要方面，考试焦虑是目前大学生中普遍存在的心理问题。产生考试焦虑往往与生理、认知评价、知识经验、应试技能、外在环境等多方面因素有关。因此，消除过度的考试焦虑，可以从充分备考、增强考试信心、形成对考试的正确评价、学习和掌握必要的应试技能等方面对学生进行指导。

对大学生进行健康学习心理的培养，主要基于以上几个方面进行，其培养方法有团体培养和个体培养等。团体培养主要可采用讨论、班会、参观、板报宣传等形式进行。对个体的培养，灵活性较大，没有固定模式，但一定要在坚持大学生学习心理特点和心理咨询原则的基础上，由浅入深地予以指导。

第四节　大学生常见的学习心理问题及其调适

在大学校园里，大多数学生能经受住紧张的学习以及各方面素质的综合考验，顺利地完成学业。但是也必须看到确有相当数量的大学生存在时间或长或短、程度或轻或重的学习困难，导致学习困难的原因虽然多种多样，但是分析的结果表明，心理问题是主要的原因之一。心理学研究表明，心理健康状况良好，对学习有积极的促进作用；心理健康状况不佳，则会或多或少地妨碍大学生的学习，抑制大学生潜能的发挥，若心理长期处于不佳状态则可能罹患心理疾病。大学生常见的心理问题有：学习方法不适应、缺乏学习动机、注意障碍、学习焦虑、严重的学习疲劳以及考试忧虑等。

一、学习方法的不适应

(一)表现

一年级大学生对大学学习的不适应主要是对大学学习方法的不适应，表现在学习的心理条件具备但心理准备不足。所有考上大学的同学在过去十几年的学习过程中，差不多都有一套适合中学学习和自身特点的学习方法，但是这套方法并不一定适用于大学。大学的学习特点和方法与中学相比发生了许多变化。

(二)原因

1. 教学方式的不适应

中学的教学方式一般以灌输为主，教师日日在班，几乎天天辅导，学习的内容少且较为浅显，多为基础理论知识，多数课程是多年一贯制，教师安排着学生的学习及活动内容，学生对所教内容没有任何选择的余地，只是被动接受教师的意见随从学习，养成了学习上的随从性。而大学的教学方式则不同，教师每天上课来，下课走，课程多，内容深，速度快，跨度大，抽象性强。教师授课是提纲挈领的，往往只讲授有关内容的重点或难点，介绍有争议的问题和学科发展趋势，较多的内容则要求学生通过自学掌握，学生在学习上要有独立性和自觉性。

2. 学习方式的不适应

这种学习内容和学习方式的转变，要求学生由态度上的被动随从到主动自觉，由教师灌输到自主自觉，由追求分数到真正获得知识和能力。大多数一年级大学生反映对大学的学习方式不适应或不太适应，使他们产生了心理压抑。面对新的学习和教学方式，他们茫然不知所措，学习不得章法，不得要领，有人甚至怀疑自己的学习能力，从而处于一种学习焦虑的心理状态。

(三)对策

1. 培养自主学习的习惯

大学阶段学习方法的一个显著特点就是自学占很大比例。因此，一年级学生应培养自己的自学习惯和自学能力，有选择地学习，有计划地学习。学生应根据大学学习涉及课程多、包含内容多、难度大、范围广以及教师讲课方式灵活、教无定法的特点，克服依赖心理，树立起自我识别、自我选择、自我控制、自我评价的自主学习观，掌握各种学习渠道和手段，养成良好的学习习惯，在学习中要开拓思路，探索专业领域的相关问题，逐步形成自己独立的知识体系和学习方式。

2. 学会管理时间

要把主要的精力投入到学习中，取得较好的学习效果，学会管理时间是至关重要的。具体地说就是制订并执行学习计划，即明确要做的事情，决定哪些事先做，哪些事后做。执行的过程中要随时注意时间安排，及时反思时间花费，知道何事是浪费时间，懂得何时的学习效果最好。

二、学习动力缺乏

学习动力缺乏，是指学习没有内在的驱动力量，没有明确的学习方向，无知识要求，不想学习，也就是有的学生常讲的"学习没劲"。

(一)表现

学习缺乏动力常常有如下表现：

（1）逃避学习。不愿上课，上课也无精打采，不能积极思维；课后不学为妙，常把主要精力放在打扑克、下棋等与学习无关的活动上；无成就感，无抱负和期望，无求知上进的愿望。

（2）焦虑过低。缺乏自尊心、自信心，即使学习不好也不觉得丢面子，甚至考试成绩不及格也不在乎。这些学生缺少必要的压力、必要的唤起水平和认知反应，因而懒于学习。

（3）注意分散。学习动力缺乏会使注意涣散、兴趣转移，易受各种内外因素的干扰，因而上课时听课不专心，不能集中精神思考问题，课后不肯下功夫复习巩固所学的知识。写作业不认真，满足于一知半解，对学习基本上采取的是应付的态度。对学习以外的事，如玩网络游戏、做社会兼职等，则表现出强烈的兴趣和恒心。

（4）厌倦、冷漠的情绪。学习动力缺乏常会导致冷漠、厌倦情绪，说到或想到学习就头痛，硬着头皮上课，无心写作业，应付课程、考试，甚至家长，有的学生索性辍学。

（5）缺乏适宜的学习方法。学习动力缺乏的学生对学习总体上持一种消极的态度，没有总结、归纳适合自己的学习方法，难以适应紧张、繁忙的学习。

(二)原因

造成大学生学习动力缺乏的原因是多方面的，但是大体上可以归为两类：内部原因和外部原因。

1. 内部原因

这是指来自学生自身的原因。主要有：

（1）学习动机不明确。凡动力缺乏的学生被问到为什么学习、为什么读书、为什么上大学等问题时，他们往往会给出一个共同的答案：以前念书就是为了考大学，考大学是为父母，为了将来找一个好工作，为了离开穷乡僻壤等等。这些学生没有崇高的学习目标，没有把个人成才与祖国的前途命运联系在一起，没有树立起为振兴中华而努力学习的信念，所以缺少或者没有什么奋发向上努力学习的原动力，对待学习基本上采取一种放任的态度。

（2）对所学专业缺少兴趣。这是造成学习动力缺乏的重要原因之一。在高考填报志愿时，学生和家长对专业缺乏了解，家长从当前社会就业"热点"出发为子女填报了所谓好找工作又挣钱多，或相比之下将来工作较轻松的专业，事实上学生本人对所选的专业缺乏了解或经过学习后并无兴趣；还有些学生则是受考试成绩的限制，只能服从分配，不具备选择专业的条件。心理学认为兴趣是力求认识、探究某种事物的心理倾向，是一个人对某事物所抱的积极态度。既然对所学专业没有兴趣，那就必然不会有学好它的积极态度。

（3）错误归因。归因是个体寻求导致某种结果之原因的一种心理倾向。心理学根据个体在进行归因时常涉及的能力、努力、任务难度和机遇等几方面的问题，把归因分为四种：①内归因。把成败归结为自己的努力与能力；②外归因。把成败归结为任务的难度和机遇；③稳定性归因。把成败归结为任务的难度和自身能力不够；④非稳定性归因。把成败归结为机遇和努力。不同归因的大学生对成败的理解不同，从而影响到他们的学习动机、兴趣和态度。如当考试未通过时，做内归因的大学生会认为是自己努力不够，今后还需要付出更大的努力。这样，每一次学习活动，不论成功与否，都能增强学习动力。相反，做外归因的学生则不同，他们会认为失败是由于运气不好、考题太难或老师教学无方等，从而把失败的原因归结于他人。

2. 外部原因

除了上述内部原因外，大学生学习动力缺乏还和外部影响有关，即所谓外因。具体地说，外因是指来自社会、学校和家庭等方面的原因。例如：改革开放以来，商品经济大潮的冲击，知识贬值、脑体倒挂的社会现象长期没得到根本解决；学校专业设置过细、口径过窄，课程设置不合理，教学内容陈旧，方法刻板等；有的家庭急功近利，更多地考虑什么专业挣钱多、好找工作就让子女学什么专业，而不考虑他们对这些专业是否有兴趣、是否适合子女学习等。这些因素都对学生造成了不良影响，甚至成为学生中途退学的隐性原因。

（三）对策

1. 帮助学生树立正确的学习目标

期望——价值理论告诉我们，学习任务的难易水平是影响学生学习动机的一个非常重要的因素，直接影响着学生对目标实现可能性的评估，如果是太难以实现的目标，哪怕此目标的实现对于个人有着重要的意义，也难以激发个体的成就动机。相反，太容易的目标，虽然不用怎样的努力就能完成既定目标，但此目标的完成对于个人几乎没有什么激励作用，也无法激发个体的成就动机，因而，只有恰当难度水平的任务，对于学生才有最佳的激励作用。为此，我们应该帮助学生根据自己的实际情况确立适宜的期望目标，以期最大可能地激发学生的学习动机。

2. 培养学习兴趣

兴趣是指在积极探究某种事物或从事某种活动的过程中，伴随着一定的情感体验的心理倾向。兴趣是引起和维持注意的一个重要的内部因素，是学习过程中的一种积极的心理倾向。大学生要想在学习中发挥积极性和创造性，就要对自己所学的知识培养浓厚的兴趣，这样才会心驰神往、保持积极的学习态度。

学习兴趣，是可以在学习过程中逐步培养的。做到多读、多听、多看、多动手、多参与。多读，就是多读书，古人说"开卷有益"。多读书不仅能增加信息量，扩大知识面，更重要的是能够养成良好的阅读习惯，培养学习兴趣。多听，就是要多听学术报告，了解学术动态和本学科当前最新研究成果，这样不仅可以加深对所学知识的理解、消化，更重要的是可以激发求知欲和探索欲。多看，就是要多参观一些学术成就展览，多看一些科技资料，这样往往能对大学生起到很大的鼓舞和启示作用。多动手，就是要多参加实践活动，并要坚持亲自动手操作，在实际操作中增长技能，使理论能联系实践。多参与，就是要积极参与学校各种科技文化活动，包括各种小发明、小创造活动，有条件的可参加教师的科研项目，撰写论文。

3. 加强学生的归因训练

归因训练是指通过一定的训练程序使人掌握某种归因技能，形成比较积极的归因方式。教育工作者对学生进行的归因训练大致可以经历这样几个步骤：第一，了解学生的归因风格；第二，通过学生在学习活动中的成败体验，让其对自己的成败进行归因；第三，引导学生进行积极的归因。归因训练的目的主要在于让学生形成良好的归因习惯，把成功归因于自己的能力和努力，而把失败归因于努力（包括对学习方法的掌握和运用）不够，使那些"习得性无助"的学生形成适当的归因方式，帮助他们增加自信心和提高学习动力。

4. 改善学习的外部条件

针对学生学习动力缺乏的外部原因，应通过多方面的努力改善外部环境和条件。例如，创造良好的学习气氛和环境；宣传、呼吁有关部门切实注意提高知识分子的社会地位和经济待遇，落实知识分子政策，提高教学质量；注意更新知识；严肃校规校纪和奖惩条例等。

三、学习疲劳

学习疲劳是因长时间持续进行学习，在生理、心理方面产生的劳累，致使学习效率下降，甚至头晕目眩，不能继续学习的状态。

（一）表现

学习疲劳可分为生理疲劳和心理疲劳两种。生理疲劳通常表现为肌肉痉挛、麻木，眼球疼痛、发胀、腰酸背痛、动作不准确、打瞌睡等。常见的心理疲劳症状是感觉器官活动机能降低，注意力涣散，思维迟钝，情绪躁动、忧郁、厌烦、易怒，学习效率下降。

学习疲劳是一种保护性反应，经过适当的休息即可得到恢复，这是合乎生理、心理规律的。但是如果长期处于疲劳状态，使大脑有关部位持续保持兴奋，就会导致大脑兴奋和抑制过程的失调，严重的还会引起神经衰弱。

(二) 原因

造成学习疲劳的主要原因有：学习时过分紧张，注意力高度集中；持久的积极思维和记忆；学习内容单调乏味；缺乏学习的兴趣；在异常的气温、湿度、噪音和光线不足等环境下学习以及睡眠不足等。

(三) 对策

1. 科学用脑

如何才能科学用脑呢？首先是合理安排用脑时间；其次是优化大脑的信息储存；第三是要及时转移大脑兴奋中心；第四是理解和记忆交替进行；第五是劳逸适当结合；第六是注意大脑的营养。总之，科学用脑是学生求学、成才的基本功，也是将来事业成功的重要环节。用脑要有艺术，还要讲究卫生，只有这样，才能充分发挥大脑功能，更有效地进行学习。

2. 把握自己的生物钟

人体的各种生理和心理功能随时间推移作规律性运动。根据苏联科学家的研究，一天中，人的生物机能上午7～10时逐渐上升，10时左右精力充沛，处于最佳工作和学习状态，此后逐渐下降；下午5时再度上升，到晚上9时又达到高峰，晚上11时后又急剧下降。然而，人群中最佳学习时间的分配又存在着差异，有的人上午无精打采，晚上精力十足；有的人白天精神好，晚上反应慢。大学生应摸清自己的生物节律，把握"黄金时间"，在此期间安排难度较大的学习活动，避免过度疲劳。

3. 培养对学习的兴趣

兴趣在繁重的学习活动中起着重要作用。俄国教育家乌申斯基曾指出："没有丝毫兴趣的强制性学习，将会扼杀学生探求真理的愿望。"教育实践证明，如果学习兴趣浓厚，学习时心情愉快，即使长时间的学习也不易感到疲劳。反之，如果没有学习兴趣，则很快就会进入疲劳状态。

4. 创造良好的学习环境

学习环境尽量布置得优雅、整洁，使人感到心身舒畅；不在有刺耳噪音的地方学习，避免心烦意乱、焦躁不安；不在过暗或过亮的地方学习，避免头晕目眩、出现视觉疲劳；不在空气污浊的条件下学习，避免胸闷、呼吸困难。

总之，当出现学习疲劳时，应引起重视，及时地采取相应的措施，一般都可以得到矫正。

四、注意障碍

注意是心理活动对一定对象的指向和集中。注意障碍是指心理活动难以或过分地指向和集中于一定的对象。

(一)表现

一般来说，注意障碍主要表现为：注意的稳定性很差，难以长时间保持在特定的对象或活动上，注意力分散且难以持久；或注意的稳定性极高，对某种观念固定不变，也无法摆脱，不能转移注意。

(二)原因

1. 生理原因

造成注意障碍的生理原因很多，例如：①学习过度疲劳造成大脑脑细胞负担过重，大脑皮层觉醒功能不足，使人昏昏欲睡，不能集中注意力；②由于大脑过度兴奋，大脑觉醒过度，造成注意力涣散，容易转移，难以集中。

2. 社会心理原因

对学习的目的、作用认识不足，缺少集中注意力的自觉性；对学习内容的价值认识不足，缺乏学习动力和兴趣；学校教学制度不健全，学风、班风不正等现象也会影响学习注意力。

3. 个性心理原因

紧张、焦虑、烦躁、兴奋都妨碍集中注意力的情绪过多；自制力差、缺乏恒心、好冲动等人格因素也会造成学生注意力差。某些外部原因，如家庭意外、人际冲突等也会导致学生注意力难以集中。

(三)对策

大学生要调整注意力不集中，就要了解自己注意力不集中的原因，以利于对症下药。比如，树立合适的、明确的学习目标，培养学习兴趣，尤其是对专业课的兴趣；减少社会活动，把生活的重心放到学习上来；戒除网络依赖或游戏成瘾；正确应对挫折，减少因挫折而致的情绪困扰；劳逸结合，注意锻炼，减少学习疲劳；运用正强化等行为矫正技术，例如，要求自己做到集中注意力一节课或自习时集中注意力一小时，若达到目标，就给自己奖励，以后慢慢提高奖励的标准，等等。

五、学习焦虑

学习焦虑是指学生由于不能达到预期目标或不能克服障碍的威胁，致使自尊心、自信心受挫，或失败感、内疚感增加而形成的一种紧张不安、带有恐惧的情绪状态。适度的焦虑对于学习是有益的，但是过度的焦虑会影响学习的效率，影响正常水平的发挥。

(一)表现

学习焦虑是学生在学习过程中常见的一种心理现象，它是学生感到来自现实的或预想的学习情境对自己自尊心构成威胁而产生某种担忧的心理反应。现代心理学把焦虑分为三种情况：低、中、高焦虑，并且认为适当水平的焦虑，可以增强学习效果，但是若焦虑过度会对学习起不良作用。严重的学习焦虑表现为忧虑、紧张、恐惧、坐立不安；面对繁杂的学习内容心乱如麻、茫然无绪，不知道从哪里入手。在学习情境中总担心学习达不到自己的期望，害怕失败，表现出不能集中注意力，记忆力衰退，学习效率下降，变得更加急躁。在生理上多表现为肌肉紧张、呼吸急促、心率加快、头昏、大小便频率增加、多汗、睡眠不良、食欲不佳、胃肠不适等情况。

(二)原因

造成学习焦虑的原因很多，也很复杂，常见的有以下几方面：

(1) 学习期望值过高。有些学生对自己的能力缺乏正确认识，所树立的学习目标远远超过自己的实际水平，千方百计地希望通过努力学习保护自己的自尊心不受损害，而自信心又不足，心理压力很大，内心常常潜藏着一种恐惧感。久而久之便形成了严重的学习焦虑。

(2) 个性原因。性格敏感、易焦虑的大学生往往容易因学习上的失败或挫折体验挫伤自信心和自我效能感，从而产生学习焦虑。

(3) 能力原因。少数学生学习能力稍低，学习效率不高，通常难以取得好成绩。在外在压力下，他们感到自卑，产生焦虑。焦虑使得注意力分散，学习成绩进一步下降，从而更加焦虑和自卑，形成恶性循环，最终导致学习焦虑。

(三)调适

学习焦虑并非一成不变，心理学家们提出如下调适策略：

(1) 充分发挥自我调节的能力，控制焦虑的程度。自我调节的能力包括自我放松、自我暗示和向他人倾诉等方法，这些方法可以减轻焦虑的程度。

(2) 找出学习焦虑的原因，稳定情绪。要稳定自己焦躁的情绪，找出自己学习焦虑的原因并加以解决。如果自己无法排除焦虑和苦恼，可以向自己信赖的老师、同学、好友诉说，这样做可以不使自己的情绪得以宣泄，又能够明白学习焦虑的普遍存在，从而使心理得到平衡，增强自信心。同时，还可以从他们那里得到一些有益的指导。

(3) 正确认识和评价自己的能力。确立切合自身实际的学习目标；增强自信和毅力，不怕困难和失败；保持适度的自尊心，降低对胜败的敏感度；保持情绪的稳定；摸索总结出一套适合自己的学习方法等等，都有助于克服严重的学习焦虑。

(4) 转移注意力，做好应试准备。情绪稳定后，要努力使自己的注意力从对考试情境及结果的担忧上转移到如何做好应试准备上。一方面进行知识准备，另一方面进行心理准备。此外，要进行应试技能准备，尽量多了解有关考试的信息，如题型、题量、范围、难易程度、评分标准等，尽可能做到心中有数。在平时，有意识地训练自己，掌握一些应试技能。

(5) 努力创造一个关系和谐的集体和轻松愉快的学习氛围。一个班级、一个宿舍，良好的人际关系，可以给学习者积极向上的情绪状态；和谐静谧的学习环境会给人以愉快的心境，使学习效果倍增。

除了上述方法，还有激发和保护好奇心；保持适度的自尊心，降低对胜败的敏感度；保持情绪的稳定；摸索总结一套适合自己的学习模式等等，都有助于克服严重的学习焦虑。

六、考试心理卫生

考试是大学生面临的主要应激源之一。每个学生都希望在考场上发挥出自己的最佳水平，以取得优异成绩。可是总有些学生不得不接受一个残酷的事实，即考试成绩并非与自己的努力成正比，考试的结果总与自己的愿望有差距。于是便带来了一系列心理健康问题，诸如丧失信心、自尊受挫、精神苦闷、厌倦学习及自暴自弃等。这说明考试对大学生的身心健康有很大影响。因此，学会正确对待考试，讲究考试的心理健康，防治各种考试心理障碍，培养良好的应试能力，学会一些应试的技巧等，将有助于提高学习效率，巩固学习效果。

(一)考试心理卫生问题的主要表现

考试中的心理问题主要表现为过度考试焦虑、考试怯场和考试作弊。

1. 过度考试焦虑

大学生的过度考试焦虑是由于过分担心考试失败而出现的一种高度忧虑的情绪反应。表现为考前紧张恐惧、心烦意乱、喜怒无常、无精打采；胃肠不适、莫名的腹泻、多汗、尿频、头痛、失眠、记忆力减退、注意力不易集中、思维迟钝、学习效率下降等。

2. 考试怯场

考试怯场是过度考试焦虑在应考时的一种心理反应，是学生在考试中因情绪激动、过度焦虑、恐慌而造成思维和操作困难的一种心理现象。主要表现有心跳加快、呼吸急促、满脸通红、出汗、头昏、烦躁、恶心、软弱无力、思维迟钝，甚至大小便失禁、昏厥等。

3. 考试作弊

目前，大学校园里考试作弊的现象屡见不鲜。尽管各高等院校三令五申地重复考试纪律，不断加大对考试作弊行为的处罚力度，但考试作弊现象屡禁不止。大学生考试作弊的心理主要表现为逆反、虚荣、侥幸和不劳而获的心理过程，在考试时试图以投机取巧的方式蒙混过关。

(二)原因

1. 考试焦虑和考试怯场的原因

考试焦虑和考试怯场的原因主要有以下几方面：

（1）个性气质特点。那些敏感、易焦虑、过于内向、缺乏安全感和自信心、做事追求完美的学生在考试中容易出现考试焦虑。

（2）考试经验。大学生多数在中学时代都有考试成功的经验，而进入大学后，偶然的考试失败会加剧这部分学生的考试焦虑，将过去考试成功归于题目容易、运气好，而将大学的考试失败归结为自己不聪明、能力差，因而就会对自己失去信心，面临考试就会紧张焦虑。

（3）学习态度浮躁，知识掌握不牢，复习准备不足，缺乏自信，对考试没把握，自然就会产生考试焦虑。

（4）对考试外在价值的过分重视。考试成绩与大学生学业荣誉，如奖学金；政治前途，如入党；学业前途，如研究生保送等密切相关。因而，大学生会对考试成绩看重，特别是学业成绩优异的大学生，恐惧考试失败的心理压力更大，更容易出现考试焦虑的症状。

还有考试的重要性、难易程度、竞争程度和学生的学业期望等因素也对大学生的考试焦虑有直接的影响。

2. 考试作弊的原因

大学生之所以考试作弊，除了与大学生的自身素质和心理特点有关外，还与许多外部因素有着直接的联系。首先，大学生作弊受社会不良风气的影响。现实生活中，弄虚作假、急功近利的现象严重影响着大学生，一些学生盲目效仿、投机取巧，平时不努力学习，为了考试过关而不惜采取作弊的行为。其次，许多高校教师不重视授课的质量，对教学采取敷衍了事、得过且过的态度，给学生带来极为不良的影响。一些大学生厌学、弃学，最后想通过考试作弊蒙混过关。另外，课程设置不合理、教学内容枯燥、教学方法单一、教学手段落后和命题不科学也是大学生考试作弊行为屡禁不止的原因之一；此外，考试监管制度不健全，考场纪律执行不严等也为学生考试作弊提供了可乘之机。

(三) 防治

1. 过度考试焦虑和考试怯场的防治

预防过度考试焦虑和考试怯场可从以下几方面入手：

（1）对考试应有正确的认识。考试只是衡量学习效果的手段之一，但考试成绩不能全面反映一个人的学习能力和知识水平，更不能决定一个人的前途和命运，所以不必把考试看得过重。

（2）认真制订学习与复习计划。平时勤奋学习，及时掌握所学知识，对各科的学习"不欠账"。考试前认真总结复习，熟悉考试要求，做到"心中有数"，考试就自然不会出现异常现象。另外，对考试成绩的期望要从自己的实际出发，不可过高，否则就会给自己造成心理压力，出现过度焦虑。

（3）注意身体健康及营养。考前虽然应认真复习，但是不可搞"疲劳战术"，要注意劳逸结合，保证充足的睡眠，并且要加强营养以提供足够的能量和热量。这样就可以保证以充沛的精力、清醒的头脑、健康的身体、良好的情绪参加考试。

（4）学会自我暗示与放松。如果考试时由于过度紧张、焦虑，以致思维混乱或感到大脑一片空白、手脚发颤、头昏脑涨时，应立即停止答卷，轻闭双眼，全身放松，均匀而有节奏地做几次深呼吸，用以稳定情绪。

（5）寻求专业人员的帮助。考前若感到难以克服考试焦虑或曾出现过几次"怯场"现象，应主动寻求心理咨询人员帮助。心理咨询人员通过放松训练、自信训练和系统脱敏等方法来帮助学生摆脱考试焦虑。

2. 杜绝考试作弊

考试作弊是不正常的心理状态，不利于大学生人格的塑造和健康成长，因此必须坚决加以杜绝。

（1）学校必须加强大学生的思想品德和人生修养教育，培养大学生诚实、守信的人格特质，树立远大的人生奋斗目标和崇高理想，提高自控能力，磨炼百折不挠的坚强意志。

（2）营造良好的校风和学风。大学校园应营造积极健康的学习氛围，树立严谨求实的学风，使学生自觉、主动地学习。

（3）大学教师应该不断地提高教学水平，引导大学生好学、乐学的态度。在考试中注重基础知识和解决问题的能力方面的考查。

（4）学校要严肃考场纪律，提倡良好的考风，形成公平竞争的环境。一旦发现学生在考试中作弊，不仅取消其当次的考试成绩，还要给予严厉的纪律处分，予以警示。

第八章　大学生心理健康教育课程建设

第一节　大学生心理健康教育课程建设的内涵

一、大学生心理健康教育课程的基本概念

(一)大学生心理健康教育课程

"大学生心理健康教育"课程，旨在培养大学生优秀的心理素质、完整的人格、健全的个性心理品质及心理素质，增强大学生全面进步、增强自我认知和自我调节能力，大学生心理健康教育课程是高校心理健康教育的重中之重。

大学生心理健康教育课程功能：在促进学生身心健康和全面发展，推进学校素质教育的全面实施和推动社会文明与进步。心理健康课的任务：让全体学生了解心理健康教育的必要性，对某些有心理困扰和心理问题的学生以补救和矫治的心理咨询和辅导为主，面对教师和家长开展心理健康教育工作，从而促进学生的心理健康发展。

大学生心理健康教育课程总体规划：加强大学生的心理素质，深度挖掘大学生的潜能，培养大学生积极的心理品质，促进大学生形成健全的人格。具体目标：在校生加强自我调节与自我认知能力，加强应对挫折能力，加强环境适应能力，培养学生健全的人格和良好的个性心理品质，对某些有心理或行为问题的大学生给予正确、及时的心理辅导以便他们尽快摆脱心理或行为问题。

(二)大学生心理健康教育课程的性质

关于大学生心理健康教育课程的性质，学者有不同的观点。

学者李根强认为大学生心理健康教育课程应该是一门以高校大学生为主体，并对大学生进行理论知识传授、心理体验与心理训练的基础课程。

学者郭开宇提出大学生心理健康教育课程设置应调动高校大学生的积极性和主动性，充分调动大学生的学习热情和学习积极性，改进教学方式，促使高校大学生积极主动参与实践活动，从而在实践中提高心理健康水平，锻炼学生的实践能力，开发学生的潜能。

学者许志红认为大学生心理健康教育课程有自身的特点，大学生心理健康教育课程与传统课程不同，大学生心理健康教育课程是根据大学生心理特点和规律，并以学生为主体而展开的。大学生

心理健康教育课程要求大学生积极主动参与到课程的实践活动中来。

我们认为大学生心理健康教育课程是老师运用科学的教学方法，引导学生进行心理体验的一门基础课程。大学生心理健康教育课程的方法和形式多样，心理老师设计某种情境，启发引导大学生结合自身的实际情况，主动展开自我剖析，目的是协助大学生提高心理健康水平，开发自身潜能，进而认识自我和完善自我。

二、大学生心理健康教育课程建设的理论基础

（一）杜威课程理论的基本观点

美国著名教育家约翰·杜威写过不少重要的教育理论著作，如《学校与社会》《儿童与课程》《我的教育信条》《民主主义与教育》《教育上的道德原理》等，他建立起了以经验为核心概念的课程体系，与以往的课程体系有很大不同，杜威认为，经验不仅仅是通常认为的书本上的理论知识和对外界的认识，更是学生主动求知和能动的适应外界生活环境的经验过程，杜威特别注重学生的主体地位，而不是以课程为主体，关注学生的生活世界。

1. 杜威的课程价值观

大家普遍认为初生婴儿因为稚嫩的无知，必须依靠成年人，便觉得这是儿童的弱点，杜威并不赞同这种观点。他认为，在这里蕴藏着儿童学习和成长的要求和能力，因而使儿童最富有可塑性。杜威注重课程的实用性，杜威认为儿童学习生活经验是为今后的生活打下良好的基础，所以杜威特别注重儿童的生活过程和内容，注重儿童的兴趣和需要，培养儿童适应环境的能力、主动解决实际问题的能力。杜威认为教育的价值观就是它所要达到的目的，即教育在社会生活中的实际应用，因此，应该从"内在价值"和"工具价值"这两个标准来衡量学科价值，其理论要点是如何使经验保持它的统一性或完整性；杜威对教育价值问题上的各种二元论进行了批判，他指出，教育价值问题上的二元论表现为劳动与闲暇、知与行、自然与人、个人与世界、职业与文化等，强调把二者结合起来。

大学生心理健康教育课程不仅是理论知识的传授，让学生掌握心理学的专业理论知识，了解心理健康的概念和评价标准，学习维持心理健康的基本技能，如大学生适应新环境的技能、自我管理的技能、人际交往的技能，而且更注重的是学生的心理感受，心理健康教育非常注重理论联系实际，注重培养学生实际应用能力。让学生在课程体验中得到领悟，意识到自身的认知、情感和行为，了解自身的心理特点及性格特征，实际目的是使学生提高自身心理健康水平，能够对自己的身体条件、心理状况、行为能力等进行客观评价，增强人际交往的能力，能够正确认识自己和完善自己，能够维持积极探索适合自己并适应社会的生活状态。

2. 注重活动课程和学科课程相结合的课程模式

活动课程也称经验课程，活动课程以杜威为主要代表，杜威持儿童中心论，他批判传统的学科课程以学科为中心，杜威批判传统的教育重教师、重教材，唯独不注重儿童。脱离实际生活，完全没有照顾儿童的需要和兴趣，他的理论不同于传统的课程模式，杜威突破了传统学科课程的单一模式，强调活动课程对儿童的重要性。强调要把儿童从书本记忆背诵中解放出来，强调教学要考虑儿童的

需要，通过设置某种情景让学生体会到知识在实际中的应用。情景学习理论是在杜威的理论基础上提出来的，他指出，儿童在参加生活实践的过程中，扩充了自己经验的数量，并能增强用经验指导生活的能力。杜威的活动课程是相对于学科课程提出来的，主张教育就是生活，而不是生活的准备，儿童具有天生爱好活动的性能，凭借活动可以开发学生的潜能，要求课程要以儿童为中心，满足儿童当前的需要和兴趣，教育必须尊重和利用儿童的天性，主张以"儿童中心"取代"教师中心"和"教材中心"。杜威提倡实验活动课程，重视学科课程与活动课程的结合。

2006年5月，庞丹等人在《海德格尔与杜威的技术哲学思想之比较》一文中提到，课程模式指的是课程设计的不同类别、形式，课程模式大致可以分为四种形式，即学科课程、核心课程、活动课程和综合课程。

活动课程具有过程的实践性、活动的自主性、内容的开放性、形式的多样性等特点，它非常注重儿童在教学活动过程中的兴趣爱好和需要，认为教学重心应该由教师转向儿童，这些都是学科课程所无法替代的。

杜威认为，儿童主要通过活动认识外界，儿童认识到生活就是生长，因为儿童只有在活动中，才能形成最直接的经验，并且只有通过符合儿童身心发展和儿童社会生活实际的活动才能促进儿童的发展，教师只是学习者的参谋或顾问，不能预先规定学习者应当学习什么，只有当儿童需要学习某些理论知识或技能的时候，教师才传授给儿童，如果预先准备的教材不符合学习者的需要，教师就应当改变教学内容或教学方法，不能把现成的教本直接向儿童灌输。

杜威在重视理论知识重要性的同时，强调课程应该要以儿童的经验为起点，循序渐进地发展到知识的系统组织。杜威指出，儿童是教育的出发点，社会是教育的归宿点，正像两点之间形成一条直线一般，在教育出发点的儿童和教育归宿点的社会之间，形成教育历程。注重活动课程结合学科课程，目的是使学生在知识、技能及自我认知三个层面有所提高。

3."从做中学"的课程实施观

杜威从哲学的认识论和教育实践出发，提出"从做中学"的课程实施观，杜威认为有机体具有谋求对环境适应的能力。传统观念认为教学是传授知识的过程，教学方法多以教师为中心，教师照本宣科，却让儿童死记硬背，使儿童缺乏学习动机，这在日常教学活动中不能创造与儿童生活紧密联系的情景来吸引儿童的探索兴趣，这种口耳相传的方式严重脱离儿童的需要，不能让儿童主动去思考问题。

杜威对传统教育做了激烈的批评，认为从别人口中听来的知识也非真正获得的知识，因为儿童坐在固定的座位上，静聆讲解和背诵课本，完全处于消极被动地位，单凭教师灌输去吸收与生活无关的教条，绝谈不到积极、自觉、爱好、兴趣，更不能自由探索和启发智慧，这种以强迫灌输为手段，导致儿童常常处于消极、被动的状态，他认为教师应该成为儿童生活的伙伴或参与者，而不是儿童活动的监督者或旁观者，杜威指出传统教育之所以失败，是因为传统的课程在实施过程中忽视儿童，无视儿童的既有经验，如果以现实生活为媒介，让儿童在实践活动中学习，儿童不但兴趣盎然，而且能活学活用。

杜威的"从做中学",实际上是要求教师在教学过程中要以儿童为中心。虽然儿童的系统理论知识缺乏,但对于这些问题,当儿童全力以赴探讨感觉需要解决的问题时,他们并不是束手无策,而是会调动自己的一切积极性,会像真正科学家一样肯于动手动脑,费心血研究这些问题,实际上在解决问题的过程中,儿童自然而然地增加了经验,获得了知识,锻炼儿童良好的大脑,比消化公式和定理更有价值。

(二)罗杰斯人本主义教育思想

罗杰斯是美国著名心理学家,在教育领域的影响很大。罗杰斯最杰出的贡献是创立了"以患者为中心"的非指导性心理咨询疗法,后来,他又把以患者为中心的理论扩展为以人为中心的理论,他努力将心理咨询的方法和原则运用到改善人生活的许多方面,引起了世界性的强烈反响和广泛关注。

他的主要著作有《咨询与心理治疗》《病人为中心的治疗》《论人的形成》《学习的自由》等。在《学习的自由》一书中,详细论述了人本主义教育思想,尤其是人本主义教育的教育目的、教育过程和师生关系等方面。

教育是罗杰斯最为关注的领域之一,在教育领域,罗杰斯批判传统教育,把教师看作真理的掌握者、把学生看作被动的容器的"壶杯"教育理论(类似我国"要给学生一杯水,教师先有一桶水"),反对传统的教师角色定位。罗杰斯基于心理治疗的理论和原则,提出了许多切合教育本质和规律的独特见解,罗杰斯认为传统教育中教师是多余的,提出每个人都有学习的天赋潜能与冲动,这种冲动包括对理论知识、操作技能、人际关系、认识自我和世界的渴望。罗杰斯的"人本主义教育"与西方教育家杜威的教育理念有着深远的渊源:基尔帕特里是杜威的学生,罗杰斯曾经向他学习教育哲学。

根据罗杰斯的个人经验,总结出心理治疗的经验、个人学习的经验和个人教学的经验。罗杰斯认为高校教育的首要目的是要培养出"完整的人",即身体、心理、认知、情感相一致的人。研究者把罗杰斯提倡的教学模式称为学习者中心教学,或非指导性教学。罗杰斯提出"以学生为中心"的教学过程观,教师与学生之间是学习促进者与学习主体的关系,相互理解、真诚的关系是其应有状态。教师应该了解每个学生的内心世界、生活环境、成长经历,教师应该促进学生的具有个人意义的学习,由学生自己决定如何学习。学生处于中心位置,教师不再为学生的发展确定方向,不要对对方做定性评价,站在对方的角度去理解其思想、情感,教师要善于倾听学生的意见,维护学生的尊严与爱好。

罗杰斯的教育思想,可以为学校教育提供借鉴,他的思想使教育界开始更多地关注"大学生心理健康教育"。一方面学校教育加大了对高校心理健康教育的投入力度,另一方面,"大学生心理健康教育"的理念发生了变化,不仅有利于师生共同进步,更有利于促进高校大学生的身心发展。

(三)我国学者林崇德的教育理论

林崇德教授是我国当代著名心理学家,兼任教育部中小学心理健康教育咨询委员会主任,从事发展心理学与教育心理学的研究工作,涉及思维发展、创造性、品德发展、学科能力、教师素质、心理健康等众多领域,而且在每个领域都有独到的理论建树。林崇德对教育十分关心,他也曾担任过一些少数民族博士生的导师。理论著作有《思维发展心理学》《学习与发展》《教育与发展》和一系列论文。

林崇德区分了学校心理健康教育与德育工作的关系，指出二者既有区别，又有联系，不能简单认为有了思想政治课，就可以不要心理健康教育，学生的心理问题不能笼统地归为思想道德问题。此外，也不能把大学生心理健康教育课程视为心理学理论知识和技能的传授教育，大学生心理健康教育课程注重的不是知识灌输，而是学生通过亲身实践，提高自身的心理素质。

林崇德教授认为，判断心理健康有两个指标：一个是适应性指标，另一个是发展性指标。如果是对一切有利于心理健康的实践或活动作出积极反应的人，其心理便是健康的，这大致包括三个方面，学习方面的心理健康、人际关系方面的心理健康和自我方面的心理健康。一切不适应社会的现象便属于不健康，比如自卑、任性、孤僻、焦虑、抑郁、师生关系紧张、亲子关系紧张、同学关系紧张、对异性的看法、学习压力、厌学、自我评价过高过低、自我体验偏差和缺乏自控力等问题。

除了日常教学，林崇德教授对我国大学生心理健康教育课程的很多方面都做了专门研究，他几乎把所有的时间和精力都投入心理学的研究领域中。早在1983年，林崇德就在国内率先提出重视中小学生的心理健康问题，他建构了中国儿童青少年心理学的框架，填补了中国儿童心理学领域的空白。

林崇德强调高校开设大学生心理健康教育课程的必要性和紧迫性，他认为开展大学生心理健康教育课程是实施素质教育的要求，是社会发展的需要，是顺应高校大学生身心发展的需要。他曾经分析说，在政治经济文化发达的西方国家，随着人们生活节奏的加快，学习压力、工作压力、社会竞争压力等逐渐增大，有些人在日常的工作、学习、生活中可能会出现心理障碍，比如常见的人际关系紧张、焦虑等心理异常现象，因而西方很早便开始关注人们的心理健康问题了。但是，我国在这方面的发展相对西方而言，比较落后，包括心理健康在内的很多方面起步比较晚。马克思主义政治经济学告诉我们，经济基础决定上层建筑；著名人本主义心理学家马斯洛告诉我们，人的需要分为五个层次，他认为只有较低层次的需要得到基本的满足，较高层次的需要才会出现。当所有较低层次的需要都得到持续不断地满足时，人才会受到自我实现的需要的支配。低层次需要也叫缺失性需要，它直接关系到个体的生存，较高层次需要的满足有益于健康、长寿和精力的旺盛，所以又叫生长需要。

林崇德指出，过去我国许多地区的人们的低层次需要，即生理上的温饱问题尚未得到根本解决，以至于高层次的心理需要还未出现，人们便顾不了心理健康问题，这就是在我国，心理健康教育从无到有的主要原因之一。

林崇德还明确指出大学生心理健康教育课程的目的，根本目的是提高大学生心理健康水平，他指出心理健康是一个人健康的有机组成部分，心理健康可能会影响机体健康，良好的情绪、情感是躯体健康的重要条件，人际交往能力、对外界环境的适应能力、自我觉察能力等在某种程度上不仅是心理健康的表现，还是一个人的智力高低与能力大小的表现。

三、加强大学生心理健康教育课程建设的意义

(一)理论意义

1. 大学生心理健康教育课程是大学生提高素质的一个平台和途径

大学生心理健康教育课程有利于大学生在德、智、体、美、劳各个方面自由全面发展，是大学生提高素质的一个平台和途径。心理健康是在校大学生全面发展的需要，也是大学生未来走上社会，在社会实践中处理复杂人际关系的需要。大学生心理健康教育课程不同于其他科目，很多在校大学生对心理健康课的内容有着浓厚的学习兴趣和好奇心，渴望学习了解课程的内容，以便丰富自己的知识，提高自己的心理健康水平。此外，大学生心理健康教育课程除了课堂教学，还有部分的实践课程，在校大学生积极参加实践课程，丰富多彩的实践活动不仅丰富了大学生的生活，而且潜移默化地提高了大学生的心理健康水平，同时，大学生可以培养多种兴趣，维护良好的人际关系，发挥自身潜能，缓解压力和紧张的情绪，学会自我调节，维护身心健康。大学生心理健康教育课程有助于提高大学生的责任意识，养成遵纪守法的好习惯，有助于增强大学生的心理适应能力以及与他人齐心协力、合作共事的能力，有利于大学生保持乐观的情绪和良好的心境，增强自信心并对未来充满信心。

2. 大学生心理健康教育课程建设有利于大学生增强独立性

大学生在读大学之前都是在父母的呵护下成长，读大学之后要开始自己独立生活，这就要求大学生要克服对家长的依赖心理，学会独立。大学生心理健康教育课程主要是针对全校大一新生开设的，一般分为两个学期。目的之一就是为了促使大学生更好地适应大学生活，养成良好的作息习惯，积极主动适应新环境，树立正确的人生观和价值观、理想和信念、生活有规律、劳逸结合，与人和睦，保持和谐的人际关系，对他人的尊重、理解，信任和同情，抗拒诱惑、承受挫折、实现自我调节，更好的解决学习和生活中的问题，如焦虑、人际关系紧张等。

3. 大学生心理健康教育课程建设有利于大学生培养健康人格

每个人都有自己的心理特点，这些独特的心理特点构成了不同于别人的心理面貌。心理学家认为，心理面貌的差异表现在心理品质上，就是人格的差异，人格是各种心理特性的总和，也是各种心理特性中一个具有一定倾向性和动力性的相对稳定的组织结构，在不同的时间或地点都会影响着一个人的思想、情感和行为。

一个人的人格是一个整体，人格的各方面具有内在的统一性、独特性、整体性、功能性、相对稳定性、自然性和社会性，人格也可能随着个人的生活实践而发生变化。大学生具有自己稳定的心理特征，就是人格或者称个性，人格主要表现为气质和性格两个方面。在心理学上，比较有影响的气质类型学说，包括希波克拉里的学说在内的如下四种：体液说、体型说、血型说和激素说。典型气质类型的外在表现可以描述如下：胆汁质、多血质、黏液质和抑郁质。

大学生处于青年期阶段，青年期的突出特点是人的性生理在经历了从幼稚到成熟的过渡之后，逐渐进入活跃状态。从心理发展的意义上说，这个阶段是人生的"多事之秋"。"大学生心理健康教育"提供给学生系统的理论知识，这些知识被有选择地内化渗透于大学生的人格特质中，使其人格

不断完善，并逐渐走向成熟。当代大学生的心理特征普遍表现为思想活跃、善于独立思考、参与意识较强、朝气蓬勃的精神状态等，这些都有利于大学生的健康成长。

大学生心理健康教育课程建设有利于大学生培养健康人格。弗洛伊德把人格结构分为三个层次，即本我、自我、超我。只有三者处于协调状态时，人格才表现出一种健康的状态；当三者发生冲突并无法解决的时候，就会导致心理的疾病。健全人格有利于大学生正确处理人际关系，发展友谊，在人际交往中显示出自尊、自信，并且在日常交往中能够使自己的行为与朋友、同事、同学协同一致。人格健全者能自觉主动地把自己的智慧和能力运用到的学习、生活和工作之中，做到学以致用。培养健全的人格有利于大学生正视现实，悦纳自我，保持同现实的良好接触，不断完善自己，健全的人格有利于大学生正确认识和评价自己的所作所为是否符合客观需要，是否符合社会道德标准，有利于大学生提高对挫折的承受能力，在挫折面前保持冷静的头脑，能动地采取理性的解决方法，化压力为动力，化不利因素为有利因素，有利于充分发挥大学生的主观能动性，学会自我调节，积极适应新环境，努力实现自己的理想目标。

(二)现实意义

当前，开展大学生心理健康教育课程建设不仅具有理论意义，而且具有重要的现实意义。开展大学生心理健康教育课程建设是大学教育的职责所需、大学生身心发展特点所需、当前高校维稳工作所需以及当前社会的发展所需。

1. 大学教育的职责所需

在和平与发展的时代潮流下，全球范围内，随着社会政治、经济、文化等方面不断发展，我国各行各业也都在不断取得发展和进步，国内生产总值逐年提高，社会越来越文明，精神文明建设也在不断提高。大学生心理健康教育课程理所应当为精神文明做出应有的贡献。高校作为文化及文明的重要集散地，在新社会背景下大学教育担负的使命在不断丰富，比如对大学生的自我觉察，大学教育的重要性并不仅仅是理论知识和技能的传授，也不仅仅在于高校大学生掌握了系统的理论专业知识和技术，不仅要完成向学生传播科学文化知识，锻炼学生健康身体的责任，更重要的在于大学生心理健康教育课程还肩负起关注和引导大学生心理健康发展的历史使命，促使大学生更好地了解自己、认识自己；懂得自己对他人、对社会的责任，大学生作为有知识、有思想的社会一分子，理应承担更多的社会责任，不仅要关注自己的学业，更应关注他人，关注集体、国家和社会的发展；对知识的强烈追求与探索，大学是一座象牙塔，在知识经济时代下，通过"大学生心理健康教育"促使大学生热爱自然，热爱生命，培养他们可持续发展的世界观和判断能力，提高各方面的素质，提高大学生关心与爱护环境的素养。

目前，我国政府对大学生心理健康教育课程是非常注重的，党中央、教育部、卫生部等相关部门对高校心理健康教育做了统一部署，比如，1994年、1995年、1999年、2001年、2004年党中央和教育部先后多次出台相关文件来指导和推进高校心理健康教育工作，明确指出高校要根据大学生的年龄等身心发展特点和规律开展心理健康教育，提高高校大学生良好的心理品质与素质，指出素质教育促进大学生全面发展，提倡高校在推进素质教育的同时，还必须进一步加强大学生心理健康教育，这有利于在新形势下高校德育工作的开展。

2005年、2011年，教育部先后出台了《关于进一步加强和改进大学生心理健康教育的意见》《普通高等学校学生心理健康教育工作基本建设标准（试行）》都分别强调了"大学生心理健康教育"和"大学生心理健康教育"课堂教学实践的重要性。

2016年12月30日，国家卫生计生委、中宣部、中央综治办、民政部等22个部门共同印发了《关于加强心理健康服务的指导意见》，对于加强心理健康领域社会工作专业人才队伍建设、推动高校心理健康教育工作具有重要意义。

2. 大学生身心发展的特点所需

发展心理学阐述了2个生理快速成长的时期，分别是婴儿出生后的2年、进入青春期的2～3年。而在校大学生已经越过生理快速发展的时期，身体发育成熟，并且，他们也会意识到自身躯体的变化，意识到自己逐渐成熟，外表和成人几乎相同。还有一点是因为完全摆脱了中学时期穿校服等规则的束缚，在大学阶段，选择不同的专业，学习不同知识，在吸收人类优秀文化成果的基础上，他们更加注重自己的衣着等外表和内在精神面貌，培养积极、乐观、向上的世界观，人生观，价值观以及独特的审美观，提高自身心理健康水平，不断充实和完善自己，防止身心发展出现障碍，促进自我的全面发展。

尽管在校大学生的生理发育基本成熟，可是心理发展却尚未成熟，心理成熟赶不上生理成熟。大学时期是一个人实现自我全面发展的关键时期，在这一时期的在校大学生的人生观、价值观、世界观还可能会发生根本性的变化，特别是随着社会越来越快、形势越来越复杂，导致身心发展出现差距，这种不一致的现象造成大学生对自我的矛盾认知，这就要求在校大学生进一步提高自身的生理健康水平，还要逐步养成积极的人生观、世界观和价值观。

大学生是国家和民族的希望，在这一关键时期，有时会意识到自己已经是成年人了，精力充沛、血气方刚，散发着阳光、健康、积极、乐观的朝气，但有时又感觉自己做事力不从心、缺乏经验，不够理性。大学时期也是一个人能够接受高等教育、实现自我全面发展的关键时期，需要"大学生心理健康教育"提供启发引导，才能从这些矛盾心理中得到领悟，获得启发，不断成长。

3. 当前高校维稳工作所需

伟人邓小平同志提出稳定发展的前提，也是中国的最大利益。高校的和谐稳定关系着国家经济社会发展的整体水平，通常被认为是社会和谐稳定的"晴雨表"，更是人们评估社会稳定的一个常见的指标，党提出了经济建设、政治建设、文化建设、社会建设、生态文明建设"五位一体"总体布局，而我国在此方针下不断取得新进展，维护社会和谐稳定是我国在各方面建设过程中取得突破的一个大前提。对学生而言，高校是他们的小社会，维护高校稳定是大学生在学习和生活取得良好成绩的前提，也是高校课程改革并取得科研成果的前提，更是构建和谐校园环境的前提，所以各高校非常重视校园的维稳工作。

高校大学生的健康生长越来越值得关注，几乎每所高校的大学生都存在着不同程度的心理异常现象，常见的心理异常现象有焦虑、人际关系紧张、抑郁等。这几年校园常见的暴力事件层出不穷，心理扭曲是事件发生的一个不可忽视的因素。在校大学生是一个比较特殊的群体，很容易受到外界的诱惑和欺骗，进而可能会影响到学生的人身安全以及校园的稳定。高校为了保护学生的人身安全，维护校园和谐、稳定制定了一系列的措施。例如《安全生产工作管理责任制》《安全应急预案》《守护生命十大黄金法则》等，把学生的安全和校园的稳定视为学校日常工作的重中之重，寓安全教育于活动中，目的是针对在校大学生加强安全教育、提高学生的安全意识、培养安全第一的意识。

加强高校维稳工作是构建和谐校园环境的重要环节，高校承担着为现代化建设输送人才的重任，层出不穷的大学生负面生活事件的发生，足以引起高校的重视，促使高校充分地意识到加强"大学生心理健康教育"的必要性和紧迫性，以及"大学生心理健康教育"是否发挥了应有的作用，徐光兴指出，高校到了要反思自己的地步，如果不改变目前的大学教育现状，将来类似的负面事件还会频繁发生。

4. 当前社会的发展所需

社会发展的节奏越来越快，要处理的日常问题越来越多，也越来越复杂，人才竞争越来越激烈、学习和就业等方面的压力越来越大、人际关系越来越复杂，这对人们的心理素质无疑是一个严峻的挑战。当前条件下，科学技术日新月异，新产品层出不穷，各领域发展突飞猛进的同时，社会问题也层出不穷，这就要求人们在应对问题时，不仅仅要有健康的体魄，还要有较高的心理素质，一个人良好的心理素质，有利于处理问题时充分发挥自身潜能，更好地处理人际关系问题，更好地适应社会环境，提高自己的生活品质，从而拥有幸福感。

近年来，在校大学生在日常学习、与同学人际交往、适应新环境、毕业和就业等方面的压力越来越大，这就要求在校大学生要提高自身的社会适应能力以及缓解自身压力的能力。众所周知，我国高校出现心理问题的大学生以及促发的一系列负面生活事件，越来越受到大众媒体和群众的普遍关注，如大学生跳楼、杀人、抢劫等负性生活事件。这就要求我国教育部门、卫生部门以及党中央，必须采取有效措施提高我国"大学生心理健康教育"水平，尤其是我国教育系统，必须对大学生心理健康问题引起足够的重视。

第二节　大学生心理健康教育课程建设的现状

一、大学生心理健康教育课程建设的成绩

(一)行政部门对大学生心理健康教育做出的相关要求

1. 国家有关部门对高校心理健康教育做了统一要求

随着社会的进步发展，人们越来越深刻地认识到心理健康对个人的成长过程、家庭和睦、社会的和谐与发展有着重要作用。国家教委于1995年11月颁布试行的《中国普通高等学校德育大纲（试行）》中明确"大学生应具备良好的个性心理品质和自尊、自爱、自律、自强的优良品格，具有较强的心理调适能力"，此时，是将心理健康教育作为高等学校德育的重要组成部分提出来的，并指出心理健康教育包括心理健康知识教育、个性心理品质教育和心理调适能力培养三方面的内容。

2016年12月30日，国家卫生计生委、中宣部、中央综治办、民政部等22个部门共同印发《关于加强心理健康服务的指导意见》中明确指出，由教育部牵头，民政部、共青团中央、中国残联按职责分工负责积极开设心理健康教育课程，开展心理健康教育活动。

2018年7月4日，中共教育部党组印发《高等学校学生心理健康教育指导纲要》（教党〔2018〕41号），明确指出："深入学习贯彻习近平新时代中国特色社会主义思想，全面贯彻党的教育方针，把立德树人的成效作为检验学校一切工作的根本标准，着力培养德智体美全面发展的社会主义建设者和接班人。坚持育心与育德相统一，加强人文关怀和心理疏导，规范发展心理健康教育与咨询服务，更好地适应和满足学生心理健康教育服务需求，引导学生正确认识义和利、群和己、成和败、得和失，培育学生自尊自信、理性平和、积极向上的健康心态，促进学生心理健康素质与思想道德素质、科学文化素质协调发展。"

2021年7月7日，教育部办公厅印发《关于加强学生心理健康管理工作的通知》（以下简称"《通知》"），要求进一步提高学生心理健康工作针对性和有效性，切实加强专业支撑和科学管理，着力提升学生心理健康素养。

2. 部分省(市)教育主管部门制订大学生心理健康教育课程标准

各地教育主管部门正尝试将心理健康教育引入高校，并探索将心理健康教育课程纳入高校课程计划中，形成正规、严格的课程体系。

北京市是较早关注并实施心理健康教育的省（市），北京市将加强和改进大学生心理健康教育，作为加强和改进大学生思想政治教育的重要任务和内容。北京市教育主管部门和部分高校不仅认识到了大学生心理健康教育工作的重要性，并大胆地对心理健康教育工作进行摸索，同时也注重对大学生心理健康教育工作的理论问题进行了系统的分析。他们给大学生心理健康工作进行了定位：心理素质教育不是为大多数学生服务的健康教育，也不是为少数学生服务的咨询和辅导，而是面向全体

大学生的素质教育，是高等学校人才培养体系的重要内容。提出了具体的工作原则：在教育对象方面，坚持面向全体、重视个体；在教育方式方面，坚持教育为主、注重预防；在教育主体方面，坚持专职为主、全员参与。确定了工作目标：帮助学生"了解心理知识，培养健康心理，增强心理承受能力"。这些都使心理健康教育的实施者和实施部门明确了工作职责——教育、咨询和辅导、心理疾病预防和危机干预；探索心理素质教育的方式——通过课堂和日常教育、提高全体大学生的心理素质。

例如，湖北省举行的心理健康教育与咨询研究生年会透露，湖北省将进一步加强高校学生心理健康教育。湖北省要求高校要面向学生开展生命教育活动，建立健全校、院（系）、学生班级、学生宿舍的四级心理健康教育工作网络，配备专职教师。专职教师按照师生（全日制在校本专科生、研究生）比1∶3000～1∶5000的比例配备；学生规模较小的学校配备专职教师的人数最低不得少于2名。湖北省还要求学校应开设心理健康教育的必修课或选修课，一般学校必须保障18个学时1个学分，条件成熟的学校可以达到36个学时2个学分，保证学生在校期间普遍接受心理健康课程教育。

再如，江西省教育厅下发的关于《江西省高校心理健康教育与咨询工作检查评估标准（试行）》征求意见的通知，根据要求，江西将对照教育部颁发的基本建设标准制订该标准，拟对全省高校心理健康教育与咨询中心进行检查评估。根据评估标准，每所学校应按一定比例配备专职心理教师，并且每校不得少于2名专职教师。评估标准指出，专兼职教师还需受过系统专业培训，已获心理学、临床医学硕士及以上学位证书，或国家心理咨询师职业资格证书或持有教育部、省教育厅颁发的培训证书。每年专职教师接受不低于40学时的专业培训或参加2次省级以上主管部门及二级以上心理专业学术团体召开的学术会议。学校应将心理健康教育内容纳入新进教师岗前培训课程体系。此外，学校还应面向全校开设心理健康教育必（选）修课程，纳入学校教学计划，给予相应学分，保证学生在校期间普遍接受心理健康课程教育。要有规范的教学内容、教学大纲，要求配备教案、课件及教改方案。

还有四川省于2017年6月，由中共四川省委，四川省人民政府发布的《关于加强和改进新形势下高校思想政治工作的实施意见》中提出，要"加大心理健康问题基础性研究，做好心理健康知识和心理疾病科普工作，规范发展心理治疗、心理咨询等心理健康服务。开设心理健康教育必修课或选修课、专题讲座报告。加强心理健康教育和咨询中心建设，建立四川省高校心理健康教育培训基地，建设一批省级高校心理健康教育示范中心。按规定生师比例配备专职心理健康教师。构建高校与医院、专业精神卫生机构、家庭、社区等快速危机干预机制。完善心理健康教育工作评估机制"。

值得特别强调的是各省市出台的《标准》中都特别提到，高校应开设心理健康教育必修课或必选课，要与学分挂钩，保证学生在校期间普遍接受心理健康课程教育。

纵观从中央政府、教育部门到各省（市）政府和教育部门，都已经认识到了心理健康教育、心理健康教育课程开设的重要性，并从规章制度、文件上做了明确要求。这无疑对各高校开展心理健康教育、课程建设提供了指导和依据，也可以对高校的心理健康教育、课程建设工作起到督促和监督的作用。

(二)部分高校已经在实践中开展起心理健康教育课程建设

近年来,各地教育工作部门和高等学校在推进和加强大学生心理健康教育课程建设方面做了大量的工作,进行了积极的探索,取得了一些成功的经验和明显的效果。

按照中宣部、教育部《关于印发〈关于普通高等学校"两课"课程设置的规定及其实施工作的意见〉的通知》以及《中国普通高等学校德育大纲(试行)》《思想道德修养教学大纲》的要求,许多高校巧妙地在思想道德修养课中,科学安排有关心理健康教育的内容。部分高等学校还充分利用或主动创造条件,开设大学生心理健康教育的选修课程或专题讲座、报告等。还有一些高等学校已经将心理健康教育工作纳入学校的德育工作体系,成立专门的心理健康教育、心理辅导或咨询的工作机构,开展了相应的教育教学科研和实践活动,受到师生的广泛好评和欢迎。不少高等学校的保健医疗机构在开展大学生心理健康教育、心理辅导或咨询方面也做了大量的工作。据北京日报报道,北京70.9%的高校现在专门为学生开设了心理健康教育课程,并且把该课程作为宣传心理健康教育、提升学生心理素质的主要途径,北京市还专门制订了心理课程教学计划,每名学生在校期间都应该获得至少2学分或30个学时的心理素质教育课程;另外,类似于大学生心理健康宣传日(周、月)、心理沙龙、专家咨询等宣传教育方式也成了高校心理素质教育的重要渠道;除此之外,北京大部分高校也都成立了相关社团,调动学生的积极性,使学生在活动参与中切身受到影响,得到自我教育;还有一个重要的教育方式是各个高校都不可或缺的,那就是心理咨询和辅导,学校配备专业的心理咨询老师,为有"心结"的学生提供帮助,或进行现实的个别咨询(书信方式、面谈方式等),或开展共性的小组训练(情绪管理训练、人际交往训练等),或利用虚拟的网络平台,借助各种途径帮助尽可能多的学生。但是,这些形式不是一成不变的,由于大学生成长阶段的不同,学校也会安排不同的主题活动用以适应大学生不同的心理需求。比如针对新生入学适应性专题讲座、毕业班择业的专门咨询,都是为了更好更有针对性地帮助大学生。北京高校还通过建立五大系统预防心理疾病,进行危机干预,目的是更全面地对学生进行保护,将事故发生的几率降至最低。一是发现系统,学校组织专门的人员对新生进行心理状况普查,为有心理疾病苗头的学生建立专门的学生档案。二是监控系统,辅导员以及学生干部对学生的日常心理波动进行观察,如有问题及时上报学校负责人员。三是干预系统,各校心理咨询中心组织专业人员为学生提供专业的心理咨询和辅导,努力降低心理事故的发生。四是转介系统,高校通过与校外心理疾病治疗机构的沟通与合作,给问题严重的学生提供最大的帮助和及时的就医治疗。五是善后系统,同学、家长、班主任以及危机干预人员对于遗留问题及时总结,正确处理,以求帮助学生尽快恢复,并进行跟踪调查。

通过对大学生心理健康教育课程建设情况的调查,我们不难发现,在教育较发达、高校较密集的地区,心理健康教育、心理健康教育课程得到了较好的发展,并且,经过这些地区和学校的探索,我们得到了一些初具规模甚至非常成功的课程模式,也得到了非常可贵的经验和教训,这对我们在全国统一开展心理健康教育、开设课程积累了宝贵的财富。我们也更有理由坚信,心理健康教育课程在高校的建设具有可行性。现在困扰我们的只是形式和时间的问题,而这也正是我们心理工作者的研究意义所在,也是我们今后工作的重点。

二、大学生心理健康教育课程建设存在的问题

(一)心理健康教育缺少明确的领导部门

尽管国家出台了很多关于大学生心理健康文件，但大学生心理健康教育工作的真正"婆家"是谁，却尚不明确。目前认识较统一的是教育部高教司。但具体属于哪一教育处室尚不明确。而在实际工作中，心理健康教育往往最终被归到思政工作的范畴，造成心理健康教育德育化。各省（市）政府也在牵头、领导心理健康教育工作，但都是缺少具体专门人员和部门为心理健康教育做设计、监督、服务工作。总之到目前为止，却没有明确的领导部门，这是致使高校心理健康教育工作不规范、发展缓慢的重要客观原因。

因此，应建立专门的心理健康教育机构，配备相应的心理学专职教师，成立专门的研究会，建立与国际接轨的长效体制。省级教育主管部门应成立高校大学生心理健康教育研究会，并定期召开大学生心理健康教育专题研讨会，相互切磋，交流经验，共同进步；设立大学生心理健康教育方面的省级研究课题，组织高校心理健康教育工作者有针对性地开展研究工作，为高校开展大学生心理健康教育活动提供指导和理论支撑。各级教育主管及相应部门还应加大对高校心理健康教育的投入，建立专项教育经费，大力改善高校大学生心理健康教育基础设施，确保高等院校大学生心理健康教育工作具有充足的经费和基础条件保障。

(二)教学内容不够完善,教材理论性过强

从《普通高等学校学生心理健康教育课程教学基本要求》（教思政厅〔2011〕5号）的界定可以看出，心理健康教育课程不同于普通的专业课程，它重在学生的实际应用能力的培养和提高。所以要求课程内容更贴近学生实际心理需求，突出针对性、开放性、层次性和操作性。而从当前高校该课程的教学内容及教材使用情况来看，存在两个问题：一是教学内容不完善，二是教材理论性过强。另外，传统教材往往过于强调认知任务，重视知识的内部结构，追求逻辑性和系统性，因而理论色彩过浓而实用性不强，导致学生对教学内容不感兴趣。这显然与该课程的自身属性相矛盾，难以实现预定的课程目标。

(三)高校在大学生心理健康教育课程建设实践过程中存有问题

加强大学生心理健康教育，培养大学生良好的心理素质，是新时期造就高素质人才的需要。课程教学是学校教育的主渠道，因此在高校建立心理健康教育课程体系，将更好地承担这一任务。但是由于我国心理健康教育课程建设起步较晚，因此，大学生心理健康教育课程建设还存在诸多问题，各地区、各高校开展的情况也很不平衡。一些高校重视并且开始在实践中探索大学生心理健康教育课程的建设，然而还有很大一部分高校并没有开展大学生心理健康教育的实质工作。

高校大学生心理健康教育的现状，其实只是一对矛盾，即大学生对心理健康教育日益增长的需求和当前高校大学生心理健康教育工作远远滞后、无法满足大学生心理成长需要的矛盾。我国高校的心理健康教育出现的问题，主要表现在以下方面。

1.高校心理健康教育工作成为德育工作的附属

综观目前很多高校的心理健康教育工作，我们不难发现，心理健康教育工作的主要实施者，是

原本开展大学生管理工作的高校学生工作处领导、辅导员和高校思政教师。那些开设心理健康教育选修课程、必修课程的教授专家，很多都是思政背景出身，上课风格和模式有很强的思想政治教育意味；各院系的专兼职心理辅导员，更是那些平时对学生进行教育管理、善于做思想政治工作的院系辅导员，他们只需接受一些简单的心理常识和咨询技能的培训，参加一次难度并不高的国家心理咨询师三级或二级考试，获得相应资格证书就可以成为心理辅导员。由于目前很多高校缺乏专门的心理健康教育师资、物资，所以，心理健康教育、心理健康教育课程的建设只能由德育意味很重的马克思学院及老师承担，这既是这些老师们的无奈，也是心理健康教育工作、课程建设的悲哀。

2. 高校心理健康教育的工作重点存在偏差

一段时期里，因为对高校心理健康教育的目标定位不明确，导致了人们将心理健康教育工作的重点放在了心理咨询而非心理健康教育课程上。大学生群体确实需要心理健康帮助，但需要得到的帮助在层次和程度上是存在差异性的。大学生中有需要个别、深层次咨询的群体，不过这部分人所占比重并不高，而且，如果全员性、发展性的心理健康教育课程开展得好，有些个别咨询就不会存在。而且，对于某些心理问题如人际矛盾的解决、某些心理品质如合作能力的提高，心理健康教育课程通过活动、师生间的互动等显隐性课程资源，教育效果要比在咨询室里的个别咨询要好，达到事半功倍的效应，大大降低了心理健康教育资源的浪费。自从北京师范大学首先建立心理测量与咨询服务中心之后，许多学校先后成立了心理咨询机构。1990年，全国大学生心理咨询专业委员会宣告成立。截至2019年，据不完全统计，全国已经成立各类心理咨询机构的高校三百余所。然而，在这样如火如荼的表象下，我们看到了这样的事实：高校心理健康咨询并未起到预期效果和心理疾病防治作用。学校心理咨询作为心理健康教育重要的一部分，也是心理健康教育重要的隐形课程，它只能是高校全部心理工作的一部分，发挥着辅助促进作用，虽然也必不可少，但不能成为全部。

3. 高校心理健康教育工作方向重障碍、轻发展

大学生群体中确实存在着心理疾病患者，但是他们只占有很小的一部分。我们不能为了引起社会对大学生心理健康的关注，就扩大事实，危言耸听。如果高校把心理健康教育的重点放在个别学生的问题咨询上，而忽略了为更多心理健康的学生提供阶段性和发展性的教育，那么就会降低了心理健康教育的目标和范围，不能有效地帮助学生面对发展过程中遇到的问题，无法使学生充分发挥自己的潜力，自身适应能力也无法有效提升。但事实上，我们发现很多高校的心理健康教育工作方向都是解决学生的心理疾病，把工作重点放在心理咨询上也是这种方向的表现。对有心理障碍的学生，我们有义务为其心理健康做工作，提供适当的治疗，定期地、规范地、有针对性地对其进行个别心理咨询和小团辅导等。但不是所有的大学生都有心理障碍，或者说，困扰大学生更多的实际上都是一些简单的心理问题、现实问题，他们缺少的只是应对那些具体问题的方法，因此对大多数的大学生进行心理健康教育的目的其实可以通俗地理解为帮助他们澄清对现实问题的一些看法、缓解他们在处理现实问题过程中出现的负面情绪、教会他们一些保持良好心态的保健方法。

基于此目标，高校心理健康教育应该注重发展性。对于处于不同阶段、面临不同问题和困境的大学生，依据他们身心的发展特点，有针对性、阶段特点的设置课程。高校在对学生进行心理健康

教育的时候，要把范围扩大，把目光放得长远一些，只有这样，才能够有效解决大学生在成长中遇到的发展性心理问题，全面提升学生的心理素质。

4. 高校心理健康教育课程建设不规范

当前大学生心理健康教育课程虽有建设，但受制因素较多。大学生心理健康教育课程建设主要受制于三个因素：一是课程地位，二是学时，三是师资。尽管已有一些高校把心理健康教育课程作为学生的公共必修课或选修课，但实际上课程建设很薄弱，缺乏系统性、针对性。虽然现在已经出版了不少大学生心理健康教育、心理咨询等方面的书籍，但适应性、实用性不够强。形式各异的课程，版本繁多的教材，正说明高校心理健康教育课程体系不完善。加之心理健康课程大多是选修课，并且是根据每个开课教师的特点开课，名称各不相同，教学内容也各不相同。不仅如此，从严格意义上说现在的大学生心理健康教育课程是不符合课程建设要求的。而且，对于课程教学的研究也仅仅停留在经验总结阶段，还未从课程建设的高度去探索大学生心理健康教育课程教学的规律，无法取得较大的教学改革成果。

5. 高校心理健康教育师资人员少、力量弱

心理健康教育在高校中得到全面有效的开展，需要有一批特别能攻坚的工作团队，我国高校心理健康教育师资人员少、素质弱的现状很是制约心理工作的开展。

通过对我国27所高校大学生心理健康教育师资队伍的调查，目前我国高校从事心理健康教育工作的主要有心理学、教育学工作者，思想政治教育工作者和医学工作者，以兼职为主，女性教师多；在高校心理健康教育教师培养培训上，尚未形成制度。建议加大心理健康教育相关本科专业和研究生学位点的建设力度；加强心理健康教育培训基地建设，不断提高培训质量；协调好部门之间的关系，做好高校心理健康教育教师资格认定工作；结合实际，按师生比规定专职教师队伍数量。但从实际课程情况来看，即使按照师生1∶3000～1∶5000的低标准，我国许多高校也很难达标。长期以来，心理课程老师多经过培训的辅导员兼任，专职教师很少。在一些普通高校的心理工作尚属起步阶段，多数市属高校或者高职类院校中，专职心理教师的缺乏更加普遍。

我国高校的心理健康教育工作者人员不仅数量少，而且专业素质弱。美国、英国等发达国家对从事心理健康教育的要求非常严格，首先从学历上要求从事该工作的人员必须具备硕士及以上学历。而在我国从事心理健康教育的工作人员专业不一、知识水平参差不齐，并且多为兼职人员，只需要具备了一些相应的心理学知识，会一些基本的心理学治疗和辅导方法即可。两者对比来看，我国对于从事心理健康教育工作者的要求极不严格、不规范。兼职的心理健康教育工作者本身就缺少专业系统的学习，对心理健康教育的认识不够全面深入，他们自己还存在着一些对心理健康的错误观念，有些教育行为甚至违背心理健康教育的原则、规律和要求，导致对学生的心理健康不但不产生好的效果，甚至还会起反作用；还有兼职心理健康教育工作者不了解大学生的生活和精神状况，妄加揣测学生的内心，用德育的工作方法对于学生的心理问题进行"治疗"，这样只能加重学生的心理危机——大学生的很多心理困扰恰恰缘于他们过度受他人的、道德的支配，迷失自我，如此形式，只会使心理教育工作南辕北辙。因为心理健康教育是一种理论和实践的有机结合体，需要扎实的理论

基础和丰富的实际经验，并且需要心理工作者本身具备较高的自身修养和个人素质，所以即使是一些心理专业毕业的专职心理工作者，具备较丰富的心理学知识，但是如果他们缺乏实践经验，心理健康教育的效果也会不佳。

尽管目前我国已加强了这方面的师资培训工作，但从实际情况来看，当前乃至今后一段时期，专业化的师资人员短缺仍是高校心理教育工作中需要解决的迫切问题。这也将是今后心理健康教育工作的突破口。

三、大学生心理健康教育课程建设存在问题的成因

(一)心理健康教育尚未树立清晰正确的工作理念

大学生心理健康教育课程建设进程慢、过程难，是由很多原因共同造成的。这其中，既有起步晚、系统大等客观原因，又有教育实施者认识不足、理念存在偏差等主观原因。客观原因必然存在，我们很难改变它，因此只能通过主观努力，想办法克服、改进客观状况。我们进行原因分析就是改变现状、寻求措施的准备工作。笔者分析，影响大学生心理健康教育课程建设的主观原因有以下几个方面。

1. 对大学生心理健康教育定位不准确

高校心理健康教育应当以激发心理潜能、提高心理素质、树立健康思想、防治心理疾病为着眼点，建立和完善以预防教育为主、治疗为辅的心理健康教育模式，以面向全体学生的心理健康为教育重点，进行大学生发展性的心理教育，以心理健康教育课程为主阵地，引导学生以积极的态度和进取的方法处理生活中的事件，将发展教育在学生成才的过程中贯穿始终。在此基础上，辅以心理咨询，注重对个别学生障碍性的心理健康教育。

但目前高校心理健康教育存在重障碍轻发展、重矫治轻预防的倾向，这是由于没有给大学生心理健康教育准确定位所造成的。心理咨询是心理健康教育中的重要组成部分，但不是主要部分更不是全部。我国高校的心理健康教育起步时是多从心理咨询工作开展起来的，以解决学生的心理障碍为切入点。这就使许多人形成了这样一个印象：高校的心理健康教育的目的就是解决学生的心理障碍。在学者对高校心理健康教育的必要性进行论证时，也常以呈现许多数据、案例来证明大学生的心理问题的严重性，这无可厚非。但是，如果片面地将高校学生中的心理障碍者比例夸大就不合适了。这就往往使一些人误认为高校心理健康教育的对象就是特指有心理障碍和人格缺陷的大学生，而不涉及心理健康的大多数学生，但实际上有心理障碍的大学生只占大学生群体的很少一部分。这就导致了两个后果，第一，心理健康教育的对象就是不健康的，所以，谁接触心理健康教育、心理咨询谁就是心理不健康，所以没人敢或者愿意去接受心理健康教育。第二，对于那些没有心理障碍大学生群体，他们得不到必要的心理辅导，而成长、情感以及未来事业等现实的问题却时刻直接影响着学生的情绪、性格等心理健康水平。

2. 没有认识清楚心理健康教育与德育之间的关系

综观高校心理健康教育工作，我们可以发现两种错误倾向：一种是将心理健康教育的意义片面夸大，不承认学生的一些行为问题是因为人生观、价值观、世界观甚至政治观的偏差而引起的。当

学生出现了行为问题，就一句"他有心理问题"便总结完原因了，实际上这是德育工作者推卸责任的一种倾向——学生有心理问题，这是一个固有的既成事实，而且不是每个教育者都能为学生解决的心理问题，因此，逃避对学生进行德育的责任。另一种倾向则是把学生所有的问题一概视作思想品德问题，或者全部都从思想道德角度分析，强调应然忽略实然，不考虑受教育者的差异性，忽略受教育者的心理感受，产生心理健康教育德育化的倾向。

心理健康教育较德育而言，二者在一定程度上存在联系，但在本质上是有区别的，二者的理论依据、教育目标、教育内容和方法等方面均有区别。

综上所述，唯有走出上述误区，高校心理健康教育工作才能顺利展开。为此，应当对高校心理健康教育有一个明确科学的态度，特别应当区分其与相关教育方式在特性和规律方面的不同之处。要明确心理健康教育在学校教育中的地位，必须认清心理素质在大学生各方面素质中的重要地位。

(二)未建立责任明确的课程管理和执行机制

建立健全心理健康教育课程管理和执行机制，不仅可以做到目标明确、职责分明、有章可循，而且可以有利于提高学校对心理健康教育重要性的认识，解决好各部门间协调合作的问题，增强任课教师的职业认同感。然而，自2011年教育部办公厅印发的《普通高等学校学生心理健康教育课程教学基本要求》（教思政厅〔2011〕5号）明确提出要将"大学生心理健康教育"纳入必修课范围以来，高校的执行情况普遍不到位，尤其在高职院校中，往往更重视技能、方法等"硬知识"，对心理健康教育不够重视，或只是流于形式。

(三)未构建完善的心理健康教育课程监督机制

长期以来，高校普遍对大学生心理健康教育的重视程度不足，直至近年来，连续爆出斗殴、自杀、杀人甚至碎尸等恶性事件后，在人们"曾经是天之骄子的大学生怎么了"的疑问之下，才逐渐被重视起来。

根据2011年教育部办公厅印发的《普通高等学校学生心理健康教育课程教学基本要求》（教思政厅〔2011〕5号）提出了两种课程开设方式：一是开设一门"大学生心理健康教育"公共必修课程，覆盖全体学生。二是在第一学期开设一门"大学生心理健康教育"公共必修课程，在其他学期开设相关的公共选修课程，形成系列课程体系。然而，由于缺少配套的监督机制，仍有相当一部分高校选择视而不见，或敷衍了事。

第三节 大学生心理健康教育课程建设的策略

一、加快建立权责明确的心理健康教育课程体制

心理健康教育课程以一套完整的体制呈现在各部门面前，不仅使心理健康教育工作有了主阵地，大大减少了心理健康教育工作的难度，而且因为在完整的课程体制下，教育主管部门、高校、教师都各自有明确的职责，他们各司其职、相互之间又协调合作，使心理健康教育课程建设有章可循。另外，心理健康教育课程体制在高校的建立，还可以增强任课教师的职业认同感，提高心理健康教育工作者的工作积极性，这又会进一步促进心理健康教育的进行。

相关教育职能部门可以参考部分高校近几年来探索实践出来的体制模式，确立一套协作有力、责任到位的课程管理体制和工作机制。在全国各高校推广。在推广实施的过程中，具体细节可以以各地区、各高校自身情况作适度调整，但全局的、核心的体制不能变。

(一)各地教育工作部门要切实加强对大学生心理健康教育工作的领导

成立心理健康教育专家指导委员会，积极支持各高校大学生心理健康教育工作的开展，在财政上、师资物质配备上多予支持，帮助解决工作中的困难和问题，并且要建立相应的监督机制，督促各高校心理健康教育工作扎实有效地开展。

(二)各高校要加强落实对心理健康教育工作的领导

成立由学校分管学生工作的党委副书记任组长的心理健康教育工作领导小组，同时对心理健康教育课程的教学工作提供指导和咨询，形成学工部心理健康教育中心负责心理健康教育课程的授课、教学计划与教学内容的安排，教务处负责做好课程安排与教学管理的工作机制。

(三)各高校内部要成立专门的心理健康教育课程部门

制订规范的心理健康教育课程大纲、计划，按照教育行政部门要求，结合学校实际情况，开设心理健康教育课程。心理健康教育课程作为一门规范的课程，其实施要遵循教育教学规律，把心理健康课程纳入高校总体的教学计划中，统一安排，设课程学时，计学分；实施课堂教学管理模式，把心理健康教育课列入全校的课程教学管理中，制订教学计划和教学大纲，实施教学目标管理，建立考核考评机制等。

实践证明，以一种体制将心理健康教育、课程建设固定下来，有利于把心理健康教育工作与学生的德育工作统筹考虑，协调解决教学实践过程中出现的问题，推动心理健康教育课程的落实。实施制度化、规范化的教育，既保证心理健康教育课教学的各个环节落到实处，又促使学生更加重视，进而提高心理健康教育的效果。

二、加强心理健康教育课程师资建设

2007年6月18日，教育部在清华大学召开了大学生心理健康教育座谈研讨会。来自北京大学、

清华大学、中国人民大学等十所高校主管学生工作的党委副书记，心理咨询中心主任，就大学生心理健康教育的一些突出问题进行研讨时，提出要加强心理健康教师队伍建设，可以充分发挥学生群体及个体在心理健康教育工作中的主体作用和自我教育功能，建设一批素质过硬的学生骨干队伍和作用较强的大学生社团。要大力加强大学生心理健康教师队伍建设，进一步加强高校心理健康教师队伍培训工作。

教育部 2011 年 2 月下发的《普通高等学校学生心理健康教育工作基本建设标准（试行）》（以下简称《标准》）中规定：高校应建设一支以专职教师为骨干，专兼结合、相对稳定、素质较高的大学生心理健康教育和心理咨询工作队伍。高校应按学生数的一定比例配备专职从事大学生心理健康教育的教师，每校配备专职教师的人数不得少于 2 名，同时可根据学校的实际情况配备兼职教师。《标准》中还提到，高校应加强对心理健康教育师资的选拔、配备、培养和管理，将大学生心理健康教育师资队伍建设纳入学校整体教师队伍建设工作中。

在这些研讨成果和中央文件指导下，我们在进行心理健康教育师资队伍建设时，既有成功做法、模式学习，又有具体原则和指导方针，因此师资建设工作会更有针对性、实效性。

（一）加强心理健康教育师资的选拔、输送、培训工作

在选拔从事大学生心理健康教育的教师，特别是直接从事心理咨询服务的教师时，应注意要求其具有从事大学生心理健康教育的相关学历和专业资质。对于高校任何一门学科来说，其授课老师都应拥有扎实的专业知识和技能。但是，由于心理健康教育工作的特殊性——不仅教育对象是人，而且教育内容也是关于人自身的，其过程也需要人亲自参与，加之高校心理健康教育的受教育者——大学生，他们自身具备的一些特点——既亟须心理指导又富有个性，具有思辨、批判能力——更是提高了对心理健康教育师资的要求。因此，在选拔心理健康教育工作者时，除了对他们基本的专业素养进行考虑之外，还要对他们的综合素质进行考察。这两个方面相辅相成，相互促进。尤其对于兼职心理健康教育人员来说，专业以外的综合素质更能影响他们相对薄弱的专业技能的施展，从而最终影响教育效果。如良好的人际沟通互动能力、课堂全局的把握能力、课堂随机问题的应对能力等，教师本身的自身心理健康水平和人生观、价值观，都会影响心理健康教育工作的开展。这些标准很难也不应该完全量化。因此，教育行政部门、高校可以指定一套心理健康教育师资的选拔标准，将硬性要求（专业、学历、科研成果等）与弹性要求（综合素质、从事心理工作年限）结合起来，综合考察，最终确定人选。尽管其中有一些弹性的要求，但并不意味着心理教育工作者的选拔就可以很随意。无论怎样选拔，有一个总的原则，那就是"宁缺毋滥""少做胜于乱做"，因为不专业或不称职的心理工作者对大学生心理健康不仅起不到帮扶作用，还有可能对大学生的心理造成二次伤害。

由于心理健康教育师资的选拔标准实质上比一般学科教师选拔标准要苛刻，相对而言，在师资培养、输送方面，我们要做的工作就需要更细致、专业、严格。这一目标，可以通过在高校开设专门培养专职学生心理健康工作者方向的专业并完善培养体系来实现。如在全国师范类和部分综合性大学中开设培养专职学生心理健康教育方向的专业，如心理健康教育专业、教育管理学专业，并建立完善本科、研究生和在职培训等不同层次的培养体系。从高中毕业生中选拔一部分热爱这个专业的

学生进行系统的教育管理学本科和研究生学历层次的培养。对各高校从应届大学生中选拔出来热爱学生工作的毕业生进行心理健康教育相关专业的第二学历教育。对于心理健康教育师资的培养，目前在国内早有高校进行了探索，如2008年9月，山东师范大学心理学院开设的区别于应用心理学专业（非师范类）的心理健康教育专业（师范类）迎来了它的第一届学生，此专业的培养目标就是培养专门的心理健康教育的师资，因此，在课程设置上，这个专业与该院招牌专业应用心理学专业也有很大区别。透过部分高校专职心理健康教育教师培养专业的设置，我们有信心相信，心理健康教育师资建设是可以专业化、正规化的。

通过一定标准选出了专兼职心理健康教育老师，并不意味着师资队伍已建设完成。无论是兼职心理健康教育工作者，还是专职心理老师，都需要接受系统规范的心理健康教育工作培训，并纳入高校教师继续教育培训体系中，师资培训工作被纳入年度工作计划和年度经费预算。这种培训，不仅在岗前要进行，而且还要在教育实施过程中实现常态化、定期化。对学生心理健康教育师资的再培训，要充分发挥现有的高等学校心理健康教育硕士点和博士点在培养培训高等学校学生心理健康工作人员中的作用。以心理健康教育工作的相关学科专业为主要内容，根据专兼职心理健康教育老师各自的特点，有针对性地进行。再如，按照《标准》要求，应保证心理健康教育专职教师每年接受不低于40学时的专业培训，或参加至少2次省级或以上主管部门及二级以上心理专业学术团体召开的学术会议。适时安排从事大学生心理咨询的教师接受专业督导。对专兼职心理健康教育老师进行再培训时，要结合他们的特点和需要，按缺什么补什么的原则，进行必要的岗位培训。同时，要积极创造条件使他们能够在各自原有的学科专业上不断发展。高校还可以将心理健康教育内容纳入新进教师岗前培训课程体系。辅导员、班主任、研究生导师，他们和学生接触密切、频繁，其实是影响大学生心理健康教育水平的重要力量。因此，可以每年为这些人组织至少一次心理健康教育的专题培训。这不仅是一种心理健康教育知识技能的培训，更是引起人们对大学生心理健康的关注，并可以澄清许多关于心理健康教育的误区。这实际上是塑造心理健康教育的隐性课程。

（二）规范对大学生心理健康教育师资队伍建设的管理

大学生心理健康教育师资队伍建设要实现科学化、正规化，除了在选拔、培养、再培训等"引进来"工作中要细致严格，还要做好"留得住"的服务工作，减少心理教育工作者的后顾之忧。在职称凭聘、考核奖惩、工资待遇等主要环节上制定标准，使心理健康教育师资队伍建设有法可依，有章可循。

高校应将大学生心理健康教育师资队伍建设纳入学校整体教师队伍建设工作中，加强选拔、配备、培养和管理。专兼职教师开展心理辅导和咨询活动应计算相应工作量。聘请的校外专业心理咨询专家，也要按工作量给予报酬。专职教师的专业技术职务评聘应纳入大学生思想政治教育教师队伍序列，设有教育学、心理学、医学等教学研究机构的学校，也可纳入相应的专业序列。

（三）修订及完善课程教学内容

要依据不同年级学生的心理发展特点及心理需求，突出课程内容的针对性、实用性，遵循由浅入深、层层递进的原则，合理设计、分配课程内容，使学生获得较完整的心理健康知识，掌握认知、情感、交往、优良人格培养、压力管理、心理危机应对等知识和方法；提高学生的心理调适能力，更好地适应生活、适应环境、全面发展。可设计出21个以上不同主题、90学时的较为完善的心理健康教育课程体系，其中既包含《普通高等学校学生心理健康教育课程教学基本要求》所规定的心理知识传授、自我认知发展、心理调适能力提升三大主题的基本内容，也增加了朋辈心理辅导、生命观、价值观教育及感恩教育和生涯规划等当前大学生心理健康教育所需的热点问题。

三、建立完善的心理健康教育大课程体系

通过前文的论述，我们逐步认识到心理健康教育课程建设在大学生心理健康教育工作中的主阵地地位。心理健康教育工作要建构一种科学的体系：以全面的课堂教学为主渠道，辅以个别咨询辅导，注重开发隐性课程资源功能，形成全面展开重点帮扶、课内课外、助人自助相结合的大课程体系。

（一）发挥心理健康教育显性课程的核心作用

1. 开设相关心理健康教育课程

心理教育课程是高校实施心理教育的核心，是心理教育工作的重要载体，也是通识教育与心理教育有效结合的主要形式。从1987年2月起，浙江大学在国内首先开设了大学生心理卫生课程，现在国内有上百所高校已先后开设这门课。总结部分高校心理健康教育课程建设的经验教训，我们不难发现，设立心理健康教育专门机构或部门，专门制订、协调和实施统一的或有本校特点的心理健康教育课程教学计划，将心理教育课程设置为面向所有大学生普遍开设的公共必修课是课程建设最有效的途径，它具有干预面广、干预比较系统的优势。挑选适合各年级的心理健康教育内容，编撰教材，将其设为必修课，规定学分和课时，并通过考核评定成绩。这样，可以使心理健康教育课程首先在授课形式和程序上走向规范化，才能在内容和效果上逐步走向科学化、规范化。与公共必修课互补，高校还可以利用校内外师资资源，开设心理健康教育选修课程。这样可以满足部分同学的兴趣和需要，也是做好心理健康教育跟进工作的题中之义。

2. 选择贴近学生生活的课程内容

欧美国家的学校心理教育理念正在从"让学生适应学校"到"让学校适应学生、为绝大多数学生提供最有意义的教育"方向转变。这一理念，我们也可以借鉴。学校心理教育问题主要是阶段性的、发展性的，因此，我们可以依据不同的年级，开展"分层目标"的教学活动，以全体学生作为心理教育的对象，立足教育、重在指导，解决学生成长中普遍遇到的问题，内容要涉及生活问题、学习问题、生涯问题等诸方面，心理健康教育显性课程的内容体系结构要清晰明确，内容可涉及新的心理健康观；大学生自我意识；大学生人格发展；大学生学习与创造心理；健康的恋爱观；大学生人际交往心理；生涯规划与心理健康；大学生情绪健康；挫折、压力及应对；网络与大学生心理健康等主题。这些主题相互依存又相对独立，共同构建符合大学生特点的课程教育体系。在面向全体学生开设心理健康教育课程基础上，兼顾极少数有障碍学生的心理诊断与干预矫正，从而使学生能不断正确认识自我，增强调控自我、适应环境的能力，培养学生健全的人格和良好的个性心理品质。

3. 探索心理健康教育新的授课模式

心理健康教学实质上应该是学生自我组织的一个过程。因此，在设计心理课程的时候，我们需要从普通学科教育教导式课程模式转向自主式、对话式、探索式的课程模式，借鉴活动课程的理念和模式，给学生一个自己消解、转化、升华的成长过程。师生之间共同活动，共享经验，让学生在参与、体验中"倾听自己内在本性的呼唤"。在这一教学过程中，学生不再是被动的接受者，而是做课程、活动的主体，教师也不要做知识的宣讲者，而是要做好引导、服务工作，为学生参与、体验塑造一种安全信任的氛围，让学生在活动中感受自己，了解自己，塑造自己。为此，心理健康教育课程可以根据前面所论述的原则、标准，选择多样化的教学方法，可以采取讨论分析法、案例分析法、角色扮演法等方法。

综上论述，高校心理健康教育课程建设要开课规范化、内容综合化和授课模式多样化。

（二）注重心理健康教育隐性课程的推动作用

如果说显性课程对大学生的心理健康状况起到的是直接的、及时的作用，那么隐性课程对大学生的心理健康成长则起到了潜移默化的作用。显性心理课程与隐性心理课程共同营造了大学生心理成长的心理环境，它们共同组成了学生身心发展的全部空间，潜移默化地影响着学生的价值观念和精神追求，耳濡目染间就使学生内化了自己的心理世界。

隐性心理健康教育课程并不是一味地放任自流，因为它的作用是长期的、连续的，因此更需要学校费心思精心发现、设计、策划，才能"随风潜入夜，润物细无声"，达到"此处无声胜有声"的境界。在此，本书通过分析国内部分高校在心理健康教育隐性课程设置方面的特点，总结出心理健康教育隐性课程的实施模式。

1. 发挥高校教师全员教育的作用

首先，关注学生心理健康，除了要发挥专职心理教育老师、心理咨询人员的主力军作用，还要发挥好辅导员、班主任的"细雨"作用。因为我国当前高校任课教师多不需要坐班，加之高校扩招，因此，师生间的感情交流不深。真正与大学生接触较多的是辅导员、班主任，他们最易了解、掌握、发现学生中存在的各种心理问题及其原因。因此，对他们进行相关心理教育的培训——介绍心理教育的基本理论，讲授心理咨询的理念和方法，可以及早发现大学生群体中普遍存在的心理困惑，及时为其疏导；并且还可以有力地配合专职心理教师有针对性地进行心理教育。

其次，注重全体教师心理素质的优化。教师不只是单纯向学生传授自己的专业知识、技能，他们的言行举止、人格魅力，心理素质更是学生心理健康教育的隐性课程。教师良好的心境、乐观的态度、高尚的精神风貌都在有意识的传递和无意识的表露中，影响着学生的情绪状态。在课堂教学中教师应转变其社会角色，变成与学生完全平等的朋友和知己，尊重、关心和接纳学生的表现和行为。努力去营造和谐、宽松、民主、愉快的教学气氛。这不仅是教师角色转变的表现形式，也是提高心理辅导和教学效果的有力手段。例如，在课堂教学过程中，要在人格上给学生以平等地位。要经常使用"这个问题我们一起来研究好吗""我相信你以后比老师想得更好"的语言，而绝不用"你怎么这么笨""这样简单都不会"等对学生的歧视性语言。要尊重学生的情感，最重要的是把学生看成活生生的人，发现学生情绪低落时，应以朋友的态度，主动关心学生，倾听学生意见，"是我讲的课枯燥呢，还是你们没有休息好？"同时，及时调节课堂活动，重新激活学生的情绪。要善待愚钝的、顽皮的、自卑的学生。给愚钝的学生以爱的滋润，使其智慧开发；给顽皮的学生以爱的感化，使其行为改善；给自卑的学生以爱的抚慰，使其信心恢复；爱没有侮辱、贬损，没有讽刺挖苦、威胁和体罚。爱与平等是教师转变角色的关键，也是心理辅导的立足点。

2. 将心理健康教育与学科教学有机结合，相互渗透

学生的心理素质、人格的完善是教学的重要内容和目标，只有把学生的生理素质、认知素质、伦理素质与心理素质综合且整体地进行培养和发展，教学才会有效，才能培养健全的人才。因此，高校教师需要转变传统的教学目标观，树立现代教学目标观，以提高学生的心理品质、增进学生的心理健康、开发学生的心理潜能、培养学生的健全人格为宗旨，积极、大胆地在教学中渗透心育工作，才能切实地把心理健康教育工作贯穿学生生活的点点滴滴。教学要让学生真正的掌握知识，促进学生智慧和人格的发展。必须挖掘教材潜在的智力价值和精神价值，使教学内容既有意义又有兴趣，以惊异吸引学生，以悬念维持学生的注意，以满足增强学生的自信，以情趣感染学生。同时，还可以利用各科教学内容的特点，如人物、事物等来引导学生自我教育，完善自我意识，学会自我控制，培养自我发展能力，为学生提供生动有趣的健康成长的榜样和范例。如教师在学科教学中，要有意识地紧密结合教学内容，使学生获得积极的心理体验。不同的学科，有其独特的教学内容，而心理健康教育其实是蕴含在生活中的教育，它与各学科的教育是息息相关的。如在许多课堂上，教师常用音乐做导入，这是在营造宽松、温馨的学习环境，其实也是在营造安全信任的心理环境。音乐能调节改善人的心理状态，使之趋于和谐、平静和宁静，是促进其心理健康的一种辅助方法。一节课的时间，对于学习成绩较差的学生来说，心理状态容易表现为茫然、观望、应付。所以营造一种良好轻松的氛围就能减少课堂给他们所造成的心理压力。把一些有趣的活动提前，既使学生获得了学习的兴趣，也使他们获得了学习成功的体验，同时也树立起了自信心。也就是说教师要善于运用心理辅导原理和方法，这不仅是为自己的授课服务，更是帮助学生塑造良好的心理素质。

3. 发挥大学生社团活动的作用

社团作为大学生自由组成的团体，是大学生标榜个性、展现自我的舞台；社团自主举办的活动具有与大学生的生活贴近、形式活泼、参与性广等特点。因此，高校可以发挥校园社团的作用。可以设置专门的心理社团，定期举办活动，也可以改造现有的某些社团，增强其心理宣传的作用；可以是心理社团单独举办活动，也可以是几个社团联合开展活动；活动的形式可以是一次心理保健知识的专家讲座，也可以是学生参与互动的心理游戏、心理剧等等。大学生参与心理社团活动，完全是凭自己的兴趣或需要自由选择的，这保持了他们学习心理保健知识的自主性和积极性，他们也常会自主自愿地成为宣传主力。高校社团开展心理活动，不仅使心理保健知识、理念更容易被人接受，也为大学生主动寻求心理帮助奠定了安全宽容的舆论，在潜移默化中帮助他们塑造了健康的心态。

4. 发挥大学校园文化的渗透作用

校园文化作为文化的一种特定组成部分抑或地缘化的表现形式，对大学生心理健康、道德培养、个性塑造等起到了渗透性的影响，是心理健康教育广泛却重要的隐性课程。利用这一隐性课程，需要理清校园文化的深刻内涵，透析校园文化的功能，结合心理健康教育的原则，提出校园文化的构建和优化对策。大学校园文化主要包括器物文化、制度文化、行为文化、精神文化等几个方面。重视大学校园文化建设，对大学生心理素质的养成具有一般文化不可替代的教化功能。构建以学生发展为核心的大学理念和制度文化，营造以人为本的宽松教育管理气氛；注重价值文化的建设，营造民主、科学、尊重个体创造和追求真善美的价值气氛；注重校风、学风的培养，这些都在潜移默化地影响大学生的心理素质。优良的校园文化环境，人性化的设计，为学生提供充分的自我发展的空间和有利条件，这对提高大学生的心理素质不无裨益。

第九章 大学生朋辈心理辅导工作的探索与实践

第一节 开展朋辈心理辅导增强大学生心理健康教育工作实效

学校的心理咨询是培养大学生优良的心理素质不可缺少的环节，是心理健康教育的一个重要组成部分。由于大学生寻求心理咨询的需要日益增长和专职心理健康教师的缺乏，加之学生主动寻求咨询和老师主动提供咨询不够，教育者做到及时发现，更不可能彻底地解决学生的心理问题，使得大学生的心理健康状况无法得到根本性的改观。因此，拓宽学校心理咨询的渠道已经显得尤为必要，也一直是教育工作者关注的热点问题。其中，让全体学生成为心理咨询工作的主体与原动力的朋辈心理辅导就是一种实施方便、推广性强、见效快的学校心理咨询模式，它的出现改变了以往学生只是心理咨询的对象而只有少数专业的心理咨询师才能开展助人活动的状况，让很多受过半专业训练的学生成为专业心理咨询教师的有力助手，为学校心理咨询工作注入了一股新的强大的力量。将朋辈心理辅导引入大学校园，利用朋辈互助解决心理问题，是高校心理健康教育的一种行之有效的新途径，对促进学校心理健康教育的改革具有重要意义。

一、朋辈心理辅导的含义与特点

（一）朋辈心理辅导的含义

朋辈心理辅导是指年龄相当者对周围需要心理帮助的同学和朋友给予心理开导、安慰和支持，提供一种具有心理咨询功能的帮助。它可以理解为非专业心理工作者作为帮助者在从事一种类似于心理咨询的帮助活动，因此，有时它被称为"准心理咨询"或者"非专业心理咨询"。

它与一般人际互动存在质的区别，那就是：朋辈心理辅导人员必须经过比较严格的培训和督导，能理解和掌握心理咨询的基本原则和规范，能遵照心理学的原则科学有效地开展助人工作。未经培训和督导的朋辈互助活动，不能称为朋辈心理辅导，其实际助人效果也难以保证。

（二）朋辈心理辅导的特点

朋辈心理辅导是一种非专业的心理咨询活动，与专业心理咨询与治疗工作相比在目标、要求、方法等方面的层次和深度上存在较大的差异，它具有以下显著特点：

（1）亲情性、友谊性。朋辈心理辅导一般发生于亲人、熟人或朋友之间，而不发生在陌生人之间，而专业心理咨询恰恰要求避免咨询师与来访者之间的多重关系——"尽量不与熟人、亲人、同事建立咨询关系"。

(2)自发性、义务性。朋辈心理辅导是一种利他行为，通常情况下是自愿的，受辅导者并不需要支付报酬。自发性、义务性是朋辈心理辅导区别于专业心理咨询的一个重要特征。

(3)简便有效和直接干预性。在朋辈心理辅导中，助人者可能与当事人共同生活，空间距离接近，交往频繁，甚至休戚相关，提供安慰、鼓励、劝导等心理支持非常便利，甚至可以对当事人的言行进行直接的监督和干预。另外，朋辈心理辅导人员对当事人的基本情况比较熟悉，能节省时间及时给予当事人心理援助。

二、朋辈心理辅导的理论基础

(一)人本主义理论

人本主义心理学理论强调人的尊严、价值和自我实现。以罗杰斯为代表的人本主义心理学家在心理咨询和治疗中注重给予来访者无条件的接受和尊重，这种心理治疗方式为"以来访者为中心"。朋辈心理辅导中心理辅导员与大学生是同龄人，能够减少咨询中的顾虑，只要对来访的同学无条件地积极关注和尊重就能使其倾诉烦恼和困惑，在其倾诉时耐心的倾听就是最好的治疗方法。人本主义最大的贡献是看到了人的心理与人的本质的一致性，主张心理学必须从人的本性出发研究人的心理。

(二)社会学习理论

心理学中的社会学习理论认为，学习的方式是通过观察和模仿习得知识和社会交往的技能等。大学生中的朋辈心理辅导员经过培训和选拔一般具有同龄人认可的素质和良好的性格，在帮助他人解决心理困扰的同时，更重要的作用是潜移默化地提供了一种可供求助者参考的角色示范，并通过一种榜样示范的作用提供解决问题的模式。

(三)参与教育理论

参与教育理论认为，参与其中是学生学习社会经验和改变认知模式的有效途径。大学生的心理问题具有共性，一般涉及人际关系、学习、恋爱、就业等问题。学生之间的交流有助于相互学习、共同成长，有助于形成"自助—助人—互助"的机制。

(四)马斯洛的需要层次理论

马斯洛需要层次理论把人的需要从低级到高级分为生理需要、安全需要、社会需要、尊重和爱的需要、自我价值实现的需要。大学生朋辈心理辅导过程中，同龄人之间通过积极倾听、共情等方式能够满足求助者的安全需要和归属感的需要。

(五)积极心理学理论

积极心理学理论倡导人类以一种积极的心态来对人的心理现象进行重新解读，以此来激发人潜在的积极的力量和积极的品质。

三、朋辈心理辅导的优势

大学生朋辈心理辅导的开展很大程度上有赖于学生本身的相互信赖程度，辅导人员和来访者可以在咨询的起始阶段很快建立起互动关系，辅导人员可以更好地深入来访者内心去体验他的情感、思维，咨询所能达到的效果非常明显。

(一)涉及范围广

朋辈心理辅导是在同辈、同学、朋友之间进行的一种心理辅导。一般的专兼职心理辅导教师不能主动接触学生，了解学生的苦恼和不安，他们只能被动地等在心理咨询中心；而学生却不一样，他们每个人都生活在自己的寝室、班级中，每天都要与同学接触。因此，他们能及时地了解身边的同学，并及时通过朋辈辅导这种形式帮助同学化解矛盾，调节心理困扰。

(二)发现问题及时

学生的心理问题是一个长期的过程，每一个将要出现问题的学生在平时的生活和学习中都会表现出异常，而心理辅导教师由于不可能顾及每一个学生个体，因而也很难发现问题，但是，开展朋辈心理辅导却恰恰能够弥补这一不足。当身边的同学有异常时，朋辈心理辅导员往往能及时发现，并帮助解决或帮助找寻相关的心理辅导员教师。朋辈心理辅导能使学生当前的心理问题得到有效的缓解，为及早发现和诊治学生心理疾病提供信息和帮助。

(三)易于建立良好的咨询关系

朋辈心理辅导是同辈之间进行的一种心理辅导。同辈之间有着共同的经历和情感体验，因此更容易互相理解，便于沟通交流，这是其他的心理辅导模式无法比拟的独特优势。

四、朋辈心理辅导的意义

(一)符合学生的心理需求，辅导结果事半功倍

朋辈心理辅导符合学生的实际心理需要，是根据青少年进入青春期后的心理特点而开展的。青少年学生往往喜欢向同龄人打开心扉、相互交流、倾诉烦恼。专注的倾听，合理的劝导，理智的分析，真诚的安慰，在很多时候会有助于身陷困境的人恢复自己的思考和判断能力，脱离过激情绪，重拾信心，做出合理应对。而倾听者在助人的同时，升华了友谊，改善了心理自我调节能力，也促进了"助人—自助"的良性循环。由于人们之间相互的心理安慰、鼓励、劝导和支持多半发生在朋友和同辈身上，因而朋辈心理辅导对社会日常生活中发生的心理帮助而言具有典型的代表意义；而且，朋辈心理辅导比心理咨询的设置更为宽松，学生成为心理辅导的主体和原动力。朋辈心理辅导具有更加方便、推广性强、见效快的特点，容易起到事半功倍的效果。

(二)有效地补充了专业心理咨询人员的不足，推动心理健康教育的普及

长期以来，我国教育中的一个突出问题就是学生多方面负担过重，造成部分学生身心健康状况每况愈下。舒缓学生在情感、就业、学习、人际交往中产生的心理困扰，减轻心理压力，仅靠几个专业心理咨询师的一两次辅导是远远不够的。朋辈心理辅导人员在学习了一定的心理咨询知识和技巧后，学以致用，帮助身边的同学解决心理问题，同时也能提高自我调适的能力，对学会关心别人、接纳别人、学会共处、学会做人、学会生存都有着积极的引导作用。与专业心理咨询相比，朋辈辅导具有自发性、义务性、简便有效性、直接干预性等优点，受时间、地点的影响因素少。因此，朋辈心理辅导的引入将打破高校专业心理咨询"坐等咨询"的尴尬局面，推动心理健康教育的普及。朋

辈心理辅导模式的构建和推广，使大学生在心理问题方面能够得到及时、贴切的帮助。在社会和学校的支持下，朋辈心理辅导能够很好地改善大学生心理咨询"僧多粥少"的状况，使更多的大学生受益。

(三)弥补了学校心理咨询广度和深度上的局限,提高心理健康教育的效果

恰当地安排从事朋辈心理辅导的学生数量，可以起到以点带面的作用，在每个学生周围形成相关的群体，同时，可以通过适当的举措使得各个群体之间相互学习，互相促进，共同进步，从而将心理咨询渗透到整个学生群体之中。另一方面，辅导者和被辅导者年龄相仿，背景相近，学历相同，从而他们更能够深入到对方的心灵深处，达成共振。朋辈心理辅导的范围可以从心理健康咨询向学习咨询、职业咨询、恋爱咨询、人际关系咨询等各个方向和层面延伸，从障碍性咨询跨越到发展性咨询，从而，能够大大提高高校咨询的深度和广度，提高咨询的效果和效用。

(四)有助于大学生自助和互助技术的掌握,促进了学生在心理健康教育方面"助人—自助"的良性循环

许多人乐于帮助他人，但常常苦于找不到帮助的要领，根本无法介入，即使能够介入，收效也甚微，有点无可奈何，因而渴望了解更多的助人理念和技巧。在高校推广运用朋辈心理辅导，一方面有助于学生掌握一定的心理咨询知识和技能，改善心理自我调节能力，提高人际沟通、情感交流的能力；另一方面对大学生学会关心别人、接纳别人、学会共处、学会做人都有着积极的引导作用，从而促进了学生在心理健康教育方面"助人—自助"的良性循环。

(五)有利于大学生的自我提升,传递心理正能量

在高校培养朋辈心理辅导员，推广朋辈心理互助工作，一方面有助于学生掌握一定的心理咨询知识和技能，改善心理自我调节能力，提高人际沟通、情感交流的能力，从而提高心理素质，实现自我提升；另一方面学生在学习了一定的心理咨询知识和技巧后，学以致用，帮助身边同学解决心理问题的同时也能使关心别人、接纳别人、学会共处这些良好的心理品质影响到周边的同学，有利于在同学之间传递心理的正能量。

五、有待进一步解决的问题

(一)注意加强朋辈心理辅导人员的选拔和培养

朋辈心理辅导要求辅导人员具有一定的心理咨询的专业知识和技术，所以对朋辈心理辅导人员的选拔、培养和训练显得尤为重要。在实际操作中，专业心理咨询员可以通过开设有关心理咨询的讲座或课程，举办心理咨询技能培训班，担任学生朋辈辅导组织或社团的顾问，在学生中安排一些联络员等方式物色和培养朋辈心理辅导人员。朋辈心理辅导人员应具备丰富的知识结构、正确的自我概念、积极的人生观、和谐的价值观、完善的人格特征与灵活的技能技巧等品质或特点。

(二)强化朋辈心理辅导人员的职业道德意识

要求强化朋辈心理辅导人员遵循"职业道德"，不能将求助者的隐私拿出来与别人进行探讨，而且要尽量避免和求助者有工作以外的牵连。

(三)专业心理咨询员和朋辈心理辅导人员需互相配合

专业心理咨询和朋辈心理辅导在咨询问题、目标、要求、方法等方面的层次和深度上存在一定的差异，但是两者并不是相互独立、互不关联的。两者的关系表现在：一方面，专业心理咨询在培训学生咨询骨干、普及心理咨询知识和技巧等方面为朋辈心理辅导提供指导和重要的技术保障；另一方面，朋辈心理辅导反过来促进专业心理咨询的开展，缓解目前学生心理问题较多与专业心理咨询员不足的矛盾，为及早发现和诊治学生心理疾病提供信息和帮助，因此，有必要加强两者之间的联系和协作，共同促进学生身心的健康成长。

第二节 大学生朋辈心理辅导的培训与评估

高校大学生朋辈心理辅导工作是一个系统工程，包括人员的招聘、培训、选拔、跟踪、管理、督导、评估等环节，其中培训与评估是关键。对朋辈心理辅导人员进行科学有效的培训与评估是开展朋辈心理辅导工作的基础。

一、朋辈心理辅导员的招募和选拔
(一)朋辈心理辅导人员应该具备的素质

朋辈心理辅导的效果，在很大程度上有赖于朋辈心理辅导人员的潜质，朋辈心理辅导人员的选拔十分重要。虽然对朋辈心理辅导人员的要求并没有像对专业心理咨询员的要求那么高，但是朋辈心理辅导人员也应该具备以下素质：

1. 健康心理与健全人格

拥有乐观积极的人生态度和健全的人格的朋辈心理辅导人员，不仅能帮助来访者，将来访学生的不良情绪进行过滤，并对自我进行保护，而且其健康的心态也能够感染来访者。

2. 热情耐心，真诚负责

朋辈心理辅导人员对来访学生的问题和行为要给予积极的关注和有益的反馈，鼓励来访学生自发地做出反应。朋辈心理辅导过程中要采用共同探讨的方式，并能适当地自我暴露，所以在工作中热情耐心、真诚负责的素质非常重要。

3. 诚实可信，宽容接纳

朋辈心理辅导中需要不加批评地讨论问题，保持中立态度，这就要求朋辈心理辅导人员要诚实可信，宽容接纳，充分理解来访学生成长道路上遇到的阻力和障碍，用发展的眼光来看待来访学生。

4. 善于倾听，理智分析

若要取得朋辈心理辅导的良好效果，就要求朋辈心理辅导人员能够认真倾听，了解来访学生所述事件的来龙去脉，而不是过早地加入自己的想法和感情，并在辅导的过程中用理智的头脑进行分析和判断。

5. 具有一定的心理咨询的专业知识

朋辈心理辅导是一项"助人一自助"的工作，助人技巧会影响到助人目的的实现，所以，这就需要朋辈心理辅导人员要具有一定的有关心理咨询的专业知识和技巧。

另外，朋辈心理辅导人员还应具备帮助他人的意愿、与不同的人相处的能力、乐于履行义务和保守秘密的伦理道德、对计划目标和原则的认同等。

（二）朋辈心理辅导人员的选拔方式

高校在学生中招募甄选符合以上条件的朋辈心理辅导人员时，应当本着公开的原则，这既有利于扩大招募范围，也有利于对朋辈心理互助活动的宣传和发动。

可以通过广告招募的形式，对报名者进行面试和笔试，从中筛选出适合的人选。面试主要是通过谈话的形式，了解报名者的沟通能力、理解能力及是否有过助人经历，考察是否热衷帮助他人，是否有爱心及为什么担任朋辈心理辅导员等一些较为直观的问题。笔试主要是通过SCL90、16PF、倾听商数自评量表等的测验及自编问卷，对朋辈辅导员精神健康状况、人格特征及倾听能力做评估，最后筛选出心理健康状况良好，人格方面在乐群性、稳定性等因素上较好的学生作为下一步培训的对象。

二、大学生朋辈心理辅导的培训目标

大学生朋辈心理辅导的培训目标应该是以心理学知识为指导，以受训学生成长为前提，以心理辅导技术为手段，以自助一助人、助人一自助为理念，提倡和形成关爱心灵、珍惜生命的校园风气，能在学校心理健康教育和心理咨询工作中发挥作用，成为学校心理健康工作中的骨干分子，为广大学生的成长和发展贡献一份积极的力量。培训目标一般体现在以下三个维度上：

（一）知识拓展目标

通过理论学习、操作训练和亲身体验，促使大学生能够掌握心理辅导的基本知识与一般技能，能鉴别和发现同学中存在的一般性心理问题和困扰，了解心理治疗的常用方法，具备危机干预的初级能力。

（二）自身成长目标

大学生在培训中能够具有准确的自我形象，澄清自我价值观念，发展自我认知与自我觉察能力，自信心得到很好的提升，情商得到有效拓展，同理心与共情得到良好唤起，提高感受他人、理解他人、关心与支持他人的能力以及建立人际关系的技巧获得长足发展，形成健康、积极向上的心理状态。

（三）在心理健康教育工作中的自身角色定位目标

参加培训的大学生能够理解学生朋辈心理辅导的基本理念，增强对学生朋辈心理辅导员角色的了解与认同，明确主要工作任务和个人能力的局限性。

三、大学生朋辈心理辅导的培训指导原则

(一)自愿参与原则

由于朋辈心理辅导是义务性的工作,朋辈心理辅导人员应具有热情、真诚地帮助他人的态度,选拔、培训朋辈心理辅导人员时都应本着自愿参与的原则。

(二)培训方式多元化原则

朋辈心理辅导的培训要改变传统单一的灌输方式,综合运用多种培训方式进行。可采取小组或团体培训的形式来开展,充分调动团体的资源促进朋辈心理辅导员的成长。

(三)理论教学与实践演练相结合原则

朋辈心理辅导是操作性很强的社会活动,单纯的理论教学并不能有效地提高朋辈心理辅导人员的心理辅导能力,必须结合现实的场景和操作才能够完成。在具体的操作中,需初步构建辅导的知识与技能体系,通过讲授、情景模拟、角色扮演等多种途径,深入浅出,结合个案和朋辈心理辅导人员自身发展来展开,以提高朋辈心理辅导人员自我认识,增强对朋辈心理辅导的信心,有效完成培训,提高其对朋辈心理辅导意义的理解和志愿服务内在精神价值的认同。

四、朋辈心理辅导员的培训

(一)入职培训

1. 培训方式

可采用互动式教学、情景模拟、团体辅导等方式,教学组织形式宜多运用案例分析、角色扮演、个人体验分享、小组讨论辩论、心理训练、心理测试等。

2. 培训内容

学生朋辈心理辅导人员培训内容与培训方法的选择关系到培训效果,间接影响到全校学生心理健康教育各项工作的开展。其内容第一要符合培训目标的要求;第二要让学生能够接受和理解;第三要对学生承担的工作有实际应用价值;第四有助于学生个人的成长与发展;第五能激发学生的学习兴趣与自我成长的愿望。培训应包括以下几个方面的内容:

(1)学生朋辈心理辅导人员所必须具备的基本素养。

培养朋辈心理辅导人员了解和认同这一角色,实现从普通学生向朋辈心理辅导人员的转变与升华。

(2)帮助朋辈心理辅导人员进行自我分析。

由于大学生多处在"第二个自我中心期",对自身缺乏正确的认识,常表现出过于自卑或过于自大,这些因素不利于开展同龄人的心理辅导工作,因此对朋辈心理辅导人员的第二个培训重点应该是在对自我的探索与自我认识、寻找和澄清自我价值观、唤醒内在同理心、提升共情能力、拓展情商以及无条件接纳与宽容等方面进行辅导和培训,通过理论讲解与体验式训练,促进学生的不断成长与进步。

(3)自助的意识及技巧:包括自我管理技术、自我调控技术。

（4）了解和熟悉常见的心理治疗技巧和常用心理测量工具的使用。

在训练中除理论讲授外，还应通过对不同个案使用不同的治疗技术、对不同问题使用不同的测量工具的分析，使朋辈心理辅导人员不断掌握和消化这方面的知识，同时让朋辈心理辅导人员自己进行心理问卷的测量，以增强实际感受和使用心理测量工具的能力。

（5）心理学流派的主要理论及基础心理知识：包括认知学派、行为主义、人本主义、精神分析学派的简单的理论要点以及心理学、教育学基础课程，如人类学习理论、行为的社会及文化因素、发展心理学、社会心理学、生理心理学、学习辅导技术、特殊学生的教育等。

（6）一些职业心理课程：如朋辈心理辅导的任务和职责、职业道德、保密规范、咨询伦理与法律等。

（7）干预技术：利用行为主义的原理的消退与强化技术，用来降低或提高行为发生的频率；认知疗法中的合理情绪疗法、贝克认知疗法；认知—情感—行为干预技术的系统脱敏法、满罐法、示范法、领悟法、角色扮演等。

（8）校园危机干预。

让朋辈心理辅导人员了解大学生常见心理问题的表现特征和心理危机干预的基本常识，突出讲解校园中应该予以关注的学生及其特点，以引起朋辈心理辅导人员的重视。在介绍心理危机干预的常识中，重点是指导朋辈心理辅导人员如何应对突发心理事件以及如何进行初步干预。

（9）团体心理辅导的方法。

朋辈心理辅导人员应掌握一定的团体辅导的技能，以便于在学生中开展一些团体心理辅导活动。

（10）心理咨询技巧：包括起始技巧、倾听技巧、分享技巧、诠释技巧。

（11）心理咨询应遵守的规范：保密原则、咨询伦理等。

（12）转介的意识和能力。朋辈心理辅导人员必须认识到自己专业的局限性和自己所能提供的帮助是有限的，在遇到自己力不从心或无法处理的问题时可以做一些转介工作。比如，转介给学校的专业心理老师、寻求更多的社会支持、向有经验的人或者专业人士请教、劝导或建议来访学生向专业机构或专业人士求助等。

（二）不间断的职后培训

在新朋辈心理辅导人员经过培训入职后，继续为他们提供不间断的培训和活动，定期召开"指导老师—朋辈心理辅导人员—学生"见面会，定期召开经验分享会、案例督导会等。

五、增强朋辈心理辅导人员培训实效的体会

朋辈心理辅导人员培训的目的主要是让其将所学的知识和技能尽快地运用到实际工作中，所以对于他们的培训要区别于传统的填鸭式教学，而应采取一种灵活多样的新型培训方式。笔者在培训朋辈心理辅导人员过程中主要有以下几种体会。

（一）重要理论语言尽量生活化

心理学理论知识较多，又较为枯燥，所以培训过程中必须做到基本理论知识尽量用参加培训的朋辈心理辅导人员能理解的生活化的语言，使他们能够理解和吸收，这才能保证培训的水平和质量。

(二)案例教学与案例分析必不可少

培训中穿插案例教学是保证培训生动活泼、避免枯燥乏味的重要手段，也是加深朋辈心理辅导人员对理论知识的理解和消化的重要环节，特别是对存在于学生身边的典型个案进行分析，更容易让他们直接领悟和感受。

(三)小组讨论与实战模拟相结合

对于朋辈心理辅导工作内容和心理辅导技巧等必备知识和技能的培训必须进实战演练，让朋辈心理辅导人员亲自上阵进行实战模拟，这对参与的人员自身是一个考验，对其他学生来说也是一个很好的学习模仿过程。学生模拟结束之后，马上进行小组讨论与分享，特别是开放的、坦白的、无条件接纳的讨论与交流非常必要。经过讨论，能消化理论，催化思考，深化认识，学会合作，进而达到自我心理素质的全面提升和对基本知识的掌握。

(四)心理游戏体验训练是关键

进行体验式训练是学生朋辈心理辅导人员培训的亮点。各种体验训练首先将学生的注意力深深地吸引，同时在体验式的过程中学生积极主动地参与也会让体验培训一次次地达到高潮。在体验式培训过程中许多学生会惊讶、会流泪、会开怀大笑、会陷入思索、会产生发自内心的感触。这些深刻的体验，能改变朋辈心理辅导人员的认知，重新塑造他们的心灵。

六、如何对朋辈心理辅导员进行检验与评估

评估是对朋辈心理辅导人员的朋辈心理辅导工作的反馈，它对朋辈心理辅导人员既具有激励作用又具有导向作用，能使朋辈心理辅导人员认识到自己工作中的优缺点，并能在以后的工作中自我提高。对经过系统培训的朋辈心理辅导人员进行评估检验，是考察培训效果、检验培训质量、衡量培训收获、评估培训收益的重要环节，同时也能为下一次系统培训朋辈心理辅导人员提供资料。

评估要强调平等、理解、互动，体现以人为本的主体性评价的价值取向，强调对朋辈心理辅导人员的各方面的情况进行全面综合考察，不但要保证评价的客观、准确，而且要使朋辈心理辅导人员最大限度地接受评价结果，使评价标准逐步内化到日常的朋辈心理辅导行为之中，并在反思中变"结果"为"新起点"，在更高水平上获得发展。

评估可采取下述方式进行：

(一)总结个人成长的体会

一系列的培训结束以后，以小组为单位进行讨论，让朋辈心理辅导人员充分地表达自己的感受、分享思想，体会此时此刻的心情，借此检验学生对整个培训的满意程度。同时，学生应对已经掌握了的基本理论知识、重点收获、个人最大成长与变化等方面进行具体说明，并将个人如何利用自身资源为同学的成长服务、培训对个人今后生活观念与学习有什么影响、个人的其他感受和最突出的体会是什么等内容以总结的形式上交给进行培训的心理健康教育专职教师，借此检验学生的个人成长与进步。

(二)对自己的咨询技能的评定

朋辈心理辅导人员经过一段时间的培训与实践后，要对自己的朋辈心理辅导技能进行评定，进而对自己有一个清楚的认识，以便进一步自主地、积极地提高工作水平。

(三)培训教师给予评价

培训教师根据朋辈心理辅导人员参与培训时的表现、平时成绩、日常实习实践过程中的表现等予以评价。

(四)透过个案分析报告看学生的进步

向朋辈心理辅导人员分发个案，要求他们独立地完成对个案的分析；对学生个案分析的评判分为六个维度：

1. 对个案的分析是否准确。
2. 是否能抓住主要问题分析并进行相应归类。
3. 能否说出个案问题的主要特征。
4. 对个案问题的处理方法和手段的选择是否科学合理，并运用所学理论加以说明。
5. 能否说明心理辅导的简单操作过程和基本形式，以及应注意的问题。
6. 能否预测对个案进行心理辅导后的一般结果，并说明为什么会是这个结果。

学生通过学习对个案进行六个维度的分析后，应用到日常的案例处理中，这将有利于开展日常朋辈心理辅导工作。

(五)通过试卷考核方式评估培训效果

试卷考核主要包括对基本理论、基本辅导技巧等方面必备知识的考核，还可以通过平时的自我概念分析、自信心评估、同学互助评议等方法对学生的成长与提高进行评估。

朋辈心理辅导是一种实施方便、推广性强、见效快的助人模式，是对专业心理咨询的必要和有效的补充，对维护学生心理、减少校园危机起着重要作用。实践表明，经过培训，朋辈心理辅导人员对朋辈心理辅导的胜任力、自我效能感和健康水平均有显著提高。这说明培训能取得良好的效果，朋辈心理辅导培训是有效的。这就可以说，建立和完善朋辈心理辅导人员的选拔、培训和评估机制是学校朋辈心理辅导工作的关键，是朋辈心理辅导工作取得实效的重要保障，也是提高朋辈心理辅导人员的心理辅导水平和促进个人成长的有效措施。

第三节 加强心理委员的培训与培养，有效助力心理健康教育工作

为了进一步加强大学生心理健康教育工作，建立健全大学生心理健康教育的工作网络，近年来，很多高校都建立了班级心理委员制度，在每个班级中都选拔出了心理委员，并在开展了不同形式的培训之后，让其参与到了班级心理健康教育宣传、危机干预工作之中。这项工作有效推动了大学生心理健康教育工作的发展，提高了工作效果，预防了心理危机事件的发生。

一、心理委员的选拔

心理委员素质的高低直接关系到心理健康教育工作开展的广度和深度，因此，认真做好心理委员的选拔工作十分重要。

班级心理委员的选拔要遵循自愿和科学的原则，自愿报名、科学选任。一旦选拔到合适的人选就不要轻易更换，要保持连续性。心理委员人选的固定可以保证他们能够参加连续的培训，使知识和技能的获取具有连贯性和全面性，有助于专业素质的逐步提升，对个人发展和工作开展大有益处。

班级心理委员的选拔应该放在新生心理普查之后，向全体学生宣传介绍班级心理委员的工作性质，要尽量选取没有严重心理问题的学生。与其他班干部岗位相比，班级心理委员对于大多数高中毕业生来说是一个全新的职位，在不了解工作要求和内容的前提下很容易使新生望而却步。对岗位的全面宣传和介绍可以激发学生的热情，有利于合适人选的选拔。

另外，要根据个人意愿，结合学生以往简历和个人情况，选取对心理委员工作有兴趣，具有爱心，有较好群众基础、良好人际关系，做事细心，有服务学生的意识，为人开朗、乐观以及观察能力、语言表达能力和沟通能力较强等的学生担任心理委员。对于不同专业和不同班级心理委员的设置也可以灵活调整，比如一个班级可以设置男性和女性两名委员等。

二、心理委员的工作职责

心理委员的工作职责一是维护全班同学的心理健康，预防和及时发现不稳定因素，保证同学的心理安全，二是面向全体同学开展心理健康教育宣传活动，通过参与和组织团体心理辅导和丰富多彩的校园活动，优化、提高同学的心理素质。

具体工作包括：

(一)汇报本班同学的心理状况

心理委员平时负责收集本班同学的心理信息，掌握本班同学心理健康状况，定期向班主任或辅导员报告班级同学的心理状况，及时向班主任或辅导员反映班级中可能或即将发生的危机事件，避免恶性事件发生；平时多关注和了解同学的情绪、生活和学习等情况，发现同学中的异常行为和心理困惑后及时反馈给班主任或辅导员。

(二)协助学校心理健康教育机构开展工作

引导本班有心理问题或性格孤僻、家庭情况复杂、经济贫困、纪律观念淡薄、学习存在困难的同学接受学校心理健康教育机构的心理咨询与辅导。

(三)组织和策划心理健康教育活动

组织和策划丰富多彩的班级心理健康教育活动以及参与策划学校组织的心理健康教育宣传活动等。

(四)开展朋辈心理辅导

可以在班级中开展朋辈心理辅导工作，如在全班开展心理调查、对有需求的同学进行个别朋辈式心理辅导等，以便于及时了解和解决本班同学的心理问题。

(五)制订班级心理活动工作计划

每学期初与辅导员或班主任一起根据班级同学的心理状况制订班级心理活动工作计划，并在学期末进行书面的班级心理活动工作小结。

三、积极开展对班级心理委员的培训与培养

(一)对培训人员的要求

心理委员的培训不同于一般的学生培训，而是需要培训人员既具备心理学专业知识，又要懂得学生工作的特点，通常最好由学校心理健康教育机构组织有心理专业资质的专职教师或辅导员老师担任培训人员，统一培训。如果由二级学院负责本院的班级心理委员培训，学校心理健康教育机构应该对相关培训人员进行辅导，对各院系培训内容进行审核，以确保培训内容的规范性和专业性。

(二)培训原则

1. 设计要系统化

心理委员面临的问题包括学习、生活、人际交往、就业等多个方面，需要多种知识和技能，因此培训的设计要系统化。培训内容要尽量全面、逐步深入，培训次数每学年至少安排一到两次，这样才能保证班级心理委员的专业水平和能力能够逐步提高。

2. 内容要具有实用性

很多高校专业较多，各院系具体情况差别较大，心理委员的素质也参差不齐，各阶段学生特点不尽相同，因此要十分注重培训的实用性和针对性。

首先，培训内容可以根据年级特点分类。对于新生心理委员，主要培训内容可以包括：心理委员的工作原则、工作内容、工作方法；心理问题和心理疾病的区分；大学新生常见适应性问题介绍等。大学二、三年级心理委员可以选择人际交往、情感、生涯规划等作为主题。大学四年级心理委员可以开展职业指导、就业心理等主题培训。

其次，培训内容也可以根据各院系的具体情况有针对性地开展。比如，对于人文类学科女学生较多的情况可以开展女性心理、情感、职业选择等主题培训；对于理工科学生进行学习适应、考试

焦虑等内容的培训。

总之，培训内容要贴近学生生活，能够帮助心理委员切实解决工作中的实际问题。过于专业和理论化的培训不仅让学生难以掌握，也容易使他们产生畏难情绪，影响主动性的发挥。

3. 形式要多样化

大学生思维活跃、兴趣导向性很强，如果只是单一采用课堂授课式的培训方式，很容易导致学员的厌烦和排斥，培训效果会受到很大影响，因此在对心理委员培训时必须注意培训形式的多样性。

（1）课堂培训可以采用生动、灵活的形式。比如结合实际的案例教学，让学生阅读分析案例、开展角色扮演、进行小组讨论和集体辩论等，这样可以充分调动学生的积极性，培养他们分析和解决问题的能力，提高觉察心理危机的敏锐性。

（2）充分利用团体辅导的形式。在合适的室内或户外场地，针对培训主题设计各种游戏和活动，让心理委员参与其中。通过生动有趣的活动学生能体会到学习的乐趣；同时，通过模仿和创造，也能锻炼他们开展班级团体心理健康教育活动的能力。

（3）可以结合名师专题讲座、教学影片赏析、印发知识手册、优秀心理委员的工作展示等多种形式，激发心理委员的学习兴趣，巩固和提高培训效果。

4. 促进班级心理委员的自我学习和自我成长

现在许多高校心理健康教育教师人数和力量有限，大学生的专业学习和课外实践任务也较重，完全依靠统一培训提高班级心理委员的知识技能有很多困难，因此，应该积极鼓励心理委员开展自我学习和自我成长。

（1）以专业教学为依托。利用学校开设的专业选修课和公共选修课资源，鼓励班级心理委员主动参加心理类课程的选修，在完成学分的同时加强专业知识的积累。

（2）以学生组织为领导。通过大学生心理协会、朋辈心理辅导组织等学生团体组织班级心理委员开展读书会、案例讨论会、工作经验交流会等活动，提高他们的专业知识、工作能力和合作意识。

（3）以活动为手段。通过每年的"心理健康教育活动月"活动，推动心理委员不断学习、踏实工作、积极创新。

总之，在针对心理委员的培训工作中，只有以专门培训为主、以自我学习为辅，开展全方位的教育和培训，才能保证班级心理委员这支特殊而重要的学生队伍不断成长、更好地为同学服务。

四、加强对班级心理委员的激励

目前虽然许多高校设立了班级心理委员，但在实际工作中还存在很多问题。有些学校重视程度不够、培训不到位，使很多优秀学生不愿意担任这一职务，或者不能积极主动地开展工作，心理委员形同虚设。这样会严重影响心理委员队伍整体素质的提升，影响班级心理委员在学生中威信的树立，阻碍心理委员制度的长效发展，最终影响基层心理健康教育工作的开展和心理危机事件的防御。因此，学校应该采取多种措施保证班级心理委员的地位，激发他们的工作热情。

(一)制度保证

明确的规章制度是确立班级心理委员地位的基础。学校应该颁布相关文件，明确班级心理委员制度的建立。在二级院系的学生工作中，应该重视对心理委员的选拔和工作指导，在学生的评奖评优等政策方面给予保证。在学校和院系两个层面建立相关制度，就能保证班级心理委员的重要地位，提高这支队伍的稳定性和规范性。

(二)广泛宣传

在新生入学、学生干部换届选举等时刻，向广大同学宣传班级心理委员制度，引导他们认识到心理委员工作对自身成长的重要作用，同时明确心理委员工作的挑战性、趣味性和可胜任性，从而提高学生参与工作的热情。

(三)措施激励

在心理委员培训工作和各类活动的开展中，可以采取多种激励措施，激发班级心理委员的工作热情。比如，在每阶段的培训和考核之后，可以评选优秀学员；在每学年的心理健康工作考核中，评选优秀班级心理委员；在大型心理健康教育活动中评选优秀组织等。对于获奖的个人给予物质奖励和培养优先权等。这些激励措施不仅能提高在职心理委员学习和工作的主动性，提高他们的威信和吸引力，促进班级心理委员更好地开展工作，同时也能扩大心理委员在普通学生中的影响力，吸引更多的优秀学生加入到这支队伍中来。

虽然班级心理委员制度已经在很多高校建立并发挥了积极的作用，但这一新的制度刚刚起步，还存在很多问题。高校应该继续重视班级心理委员的培训和培养工作，结合各个学校的实际情况，不断探索和创新，逐步将高校班级心理委员制度推上规范化、长效化的良好发展轨道，以便于有效助力大学生心理健康教育工作。

随着大学生心理健康教育工作的蓬勃开展，各高校已纷纷构建了心理委员制度，建立了心理委员队伍。目前，该队伍已是大学生朋辈心理辅导队伍的重要组成部分，也是高校心理健康教育的一支重要力量。这支队伍在提高大学生心理健康教育的针对性、有效性、自助性以及学生心理危机的预防与干预等方面都发挥了积极的作用。

鉴于此，高校一定要提高对心理委员的重视水平，给予他们充分的支持与尊重，要加强对心理委员的培训和辅导，帮助他们对自己进行合理的评价与认识，提高自我效能与自我和谐性，从而为学校的心理健康教育工作做出更大的贡献。

第十章 基于生命化教育的大学生心理健康教育实践路径

第一节 生命化教育视阈下大学生心理健康教育体系构建

生命价值观教育的主要内容是强调生命自身存在的价值。对个人而言，生命是有限度的，人的生命历程具有单向性。每个人，不管是肉体或者灵魂，都无法规避生死。出生，我们没有选择；死亡，我们同样没有选择。在现实生活中，对生命的漠视及杀戮，可以称得上是最大的摧残。众所周知，生命自身是有价值的，作为个体，应该尊重和珍惜自己和他人的生命，这不仅合情合理；还是法律的硬性规定。从道德层面上讲，热爱和尊重生命是每个人的基本义务，是必须要遵守的首要原则。

一、生命价值观教育有助于大学生身心健康成长

大学生是国家的后备人才储备，是未来社会建设的主力军。生命教育是在人生观、价值观和世界观基础上不断拓展和延伸，不断提高大学生判断现实事物是非的能力，学会透过表面抓住问题本质，以更好的理论修养和价值观念指导自己的行为。爱因斯坦曾经说过："只有生活在社会当中的人，才能够在短暂的生命过程中发掘到生命的价值所在。"特别是在个人利益与国家利益产生冲突时，要树立全局发展观念，先国家后小家，只有这样才能够不断实现人生目标。通过加强生命价值观教育，可以不断提高大学生的人生观和世界观。只有在正确的生命价值观的指引下，大学生才能够把握好学习机会，努力学习专业知识，成长为国家和社会需要的栋梁之材；才能够不断提高自身思想道德水平，健全和完善个人人格，不断拓展生命的外延；才能够踊跃参与到社会主义现代化建设当中，不断发挥自己的聪明才智，发掘生命的价值，成长为社会需要的人才，在有限的人生过程中做出更大的贡献，达到新的人生发展高度。

二、生命化教育视阈下大学生心理健康教育体系构建重点

(一)建立高校心理健康教育的业务工作体系

1. 高校心理健康教育课程体系的设置

大学生的心理健康教育课程应该形成一种体系，即从开设必修课、选修课和开展专门的讲座入手，从培养学生的学习兴趣、培养成功意识和坚强的意志等方面，从加强心理健康教师队伍的建设等方面来构建大学生心理健康教育课程体系。

第一，开设心理健康教育必修课程。高校开展大学生心理健康教育，可以从开设专门的心理健康教育课程入手。高校应在思想政治理论课中开设心理健康教育课程，并有针对性地开设相关选修课程，加强心理健康教育，提高大学生心理素质，课堂心理健康教学必须结合实际，不断丰富教学内容，改进教学方法，多通过案例教学、体验活动、行为训练等形式提高教育效果。如针对刚刚入学的大一新生，开设必修的大学生心理健康课，做好大学生入学的心理健康调适工作，防范大学生可能出现的心理问题，使其尽快转变心态，找好自身的角色定位，积极投入新的学习生活中，为大学生的健康成长打下基础。

第二，开设心理健康教育选修课程。高校除了开设心理健康教育的必修课之外，还可以考虑开设心理健康教育的选修课，其目的在于调节大学生在人际交往中、在婚姻恋爱过程中以及在学习过程中存在的心理问题。针对大学生常见的心理健康问题，可以相应地开设人际交往心理学选修课、婚姻恋爱心理学选修课以及学习心理学选修课等。

第三，根据大学生心理发展开设专题讲座。大学生的年级不同，会出现不同的心理健康问题，如大一学生主要存在适应大学学习生活方面的心理健康问题，可以开设"大学新生入学适应"讲座等活动，通过让学生在同龄人群体中积极沟通交流现阶段的困惑，及时调整自己心态；大二、大三的学生主要存在人际交往和恋爱方面的心理健康问题，对大四的学生主要开展择业就业讲座，有的放矢地进行教育；大学生也可以根据自身的困惑来选择学习相应的知识，解决自身的问题，健康地成长。除此之外，对于大学生易存在的情绪管理问题、大学生自我意识淡薄、大学生生命教育以及大学生挫折教育缺失等问题，也应当在各个年级开展心理健康教育。

第四，开设团体小组训练课程。团体小组可以6～8人（寝室）为单位，针对团体成员共同感兴趣的主题，互相讨论分享，彼此支持、帮助，进而对此主题有更深入的认识，并学习更好的技巧，从而更好地应用于日常生活。每学期定期开设各种形式的团体活动课程，如体验成长团体、学生干部拓展能力团体、沟通技巧训练团体、情绪表达训练团体、挫折训练团体等。

第五，充分利用校园各种教育资源开展心理健康教育。建立心理健康教育网页，开展网上心理宣传、辅导、咨询等活动，形成良好的心理互动模式。在校报上开设心理辅导专栏，由专家定期解答学生疑问。利用校园广播、橱窗等宣传手段，宣传普及心理健康知识，加强对学生的心理健康教育。

总之，心理健康教育的课程体系是根据学生生理、心理的发展特点以及心理健康发展的目标体系，综合运用有关心理教育的方法和手段，以提高大学生心理素质为出发点，进行系统教学的。其中要注意普及必要的心理健康知识，使学生了解心理发展变化的规律；激发他们参与心理培训与自我教育的积极性；帮助他们认识自我身心的特点，掌握心理调适以及消除心理障碍的有效方法；处理好自我管理、学习成才、人际交往、人格发展和情绪调节等方面的困惑；完善个性，提高承受挫折和适应环境的能力；并针对不同阶段大学生易于存在的心理问题进行预防教育，引导他们健康成长。

2. 完善高校心理健康教育的咨询服务体系。

高校心理健康教育咨询服务体系的核心是咨询门诊，其主要的作用是帮助有心理障碍的学生恢复正常心理状态，初步鉴别需要转介的重症心理异常者。在高校建立这一体系有其客观需要。近几年的调查表明，高校学生 20%～30% 存在心理问题，其中约 10% 有较严重的心理障碍，严重心理异常者约占 1%。这部分学生的心理素质，仅靠教育或属于教育性质的咨询辅导难以解决问题，必须有咨询治疗的介入。

大学生心理咨询工作在我国虽然已经开始，但仍然有可以改进和加强之处。当前高校心理咨询的主要问题：一是被动等待大学生前来进行咨询，而非主动出击；二是心理咨询工作有头无尾，没有贯彻始终。针对目前高校心理咨询工作所存在的问题，笔者认为可以从以下几个方面来加强心理咨询工作：

（1）将心理咨询工作贯穿大学生活的始终。

第一，开展心理测试，建立学生心理档案。心理测量是一种对人的心理、行为进行标准化测定的技术。通过心理测量，为了解、把握学生的心理状况，有效地进行教育，提供较为科学的信息和依据。但在具体工作时应注意心理测量的结论在使用上要十分慎重，一般只能作为参考。其主要方法是通过各种问卷和量表进行，如智能测量、人格测量、临床测验等。通过测量建立学生心理档案并制成卡片，进行分级分类管理，为学校心理咨询工作连续、稳定地开展提供基础保证。

第二，跟踪调查，做好工作。根据学生心理档案中所提出的教育培养建议，积极地进行跟踪调查，以发现问题较多的学生和问题较严重的学生，有针对性地做好个别辅导工作，每一份学生心理档案，都提供了学生的能力、人格、心理健康、学习心理及职业能力特点等方面的较为具体的教育建议或培养策略，我们可以根据这些建议对该生进行个别辅导，由于个别辅导工作量大，所费时间长，因此，个别辅导主要是针对那些问题较多或较严重的学生。如果条件允许的话，也可以对每个学生进行个别辅导。在进行个别辅导时，可以针对学生的某一方面问题，也可以多方面或全方位地进行辅导，这要视学生的实际情况而定。

第三，关注心理发展，发现问题及时解决。学生心理发展是一个动态的过程，它反映了学生心理的成长轨迹。关注学生心理档案，不仅可以考察我们教育措施的效应，而且便于及时进行心理咨询，防止意外事件的发生。因此心理咨询工作者要注意与辅导员、班级干部经常保持联系，及时发现问题，解决问题。

建立学生心理档案进行心理咨询的目的是促进学生心理发展和人格健全，维护学生心理健康，提高学生心理素质，保障学校教育教学效果，在进行大学生心理咨询时要结合学校、年级、班级和学生本人的特点来进行，要有整体观念，把大学生心理咨询看作一个相互联系的系统，因为心理咨询的各方面内容是相互联系、相互影响、相互促进的。

（2）通过多种形式开展心理咨询。

第一，鼓励朋辈咨询。朋辈咨询指年龄相当者对周围需要心理帮助的同学和朋友予以心理开导、安慰和支持，提供一种类似于心理咨询的帮助。有研究表明，大学生遇到心理困惑，在自我调节的基础上，首先求助的对象是身边的同学和朋友，而不是心理咨询工作人员。朋辈咨询比咨询工作人员坐等学生的求询更便捷有效，可及时缓解心理压力，是大学生心理咨询的重要补充方式。其具体做法是可以在大学生中挑选少数各方面表现优秀、心理素质好的学生进行培训，帮助其掌握心理咨询的道德素质和咨询技巧，以协助心理咨询工作的开展。

第二，推广网上咨询。目前高校都有畅通便捷的校园网络，网上咨询指利用计算机网络对大学生开展心理咨询活动。大学生心理发展具有明显的闭锁性，当出现心理困惑时，一方面没有勇气去咨询室寻求面对面的帮助，另一方面又渴望与人沟通和被人理解。因此，以平等交互、虚拟隐藏性为基本特征的网上咨询就特别适合有求助必要又不愿走进咨询室的学生。这种方式可以拓宽心理咨询途径，在时空上满足学生的不同需求。

第三，书信电话咨询。当一些学生遇到面对面难以启齿的问题时，为了减轻学生内心的紧张和压力，书信和电话咨询不失为一种好的方式。这种方式虽然给咨询者带来许多麻烦，但比较受学生欢迎。据调查，30%的学生喜欢用书信方式咨询，35%的学生喜欢采用电话方式。

第四，团体与个别咨询结合。个别咨询指咨询工作人员与来访者一对一的直接接触，对来访者的个性特点及问题类型，有针对性地提供指导和帮助。目前，个别心理咨询的方式已满足不了大学生的心理需要，针对大学生的共性问题开展团体咨询便成为高校心理咨询的重要方式之一。

3. 充实高校心理健康教育的实践活动体系

心理健康教育应深入生活和实践，让个体更多地在真实情景中去操作、去体验，只有这样才能让学生在参与中、在实践中真正受到心理健康教育，其中，最主要和最直接的实现方式就是在心理健康教育中突出以活动为主的特点，寓心理健康教育于活动之中，使学生自我生存、自我调控、自我激励、自我发展和自我认知的能力不断得到提高，并学会自我心理调适的方法，消除负性情绪的心理困惑，适应复杂的社会生活的变化。校园文化中的心理健康教育活动，可以有效弥补课堂教学的不足，是心理健康教育的重要途径之一。而完整的心理健康活动体系的建立，则在心理健康教育的监护层面上，为提高学生的心理素质提供了保障。

（1）高校心理健康教育校内实践活动的开展。心理健康教育活动体系是校园文化体系的重要组成部分，业余心理咨询机构如心理协会、爱心小组、俱乐部、心灵热线、声讯电台等是协助专业机构开展心理健康活动的主力军；系统化的活动内容和多样化的活动方式则是吸引广大学生参与的重要保证。因此，构建有目标、有计划的心理健康教育活动体系有助于全方位营造有利于学生心理素质发展的校园文化氛围。大学生心理活动的丰富性和心理特点的多样性，决定了大学心理健康教育不能采取单纯知识传授的模式，而应当以多种活动方式为载体，采取多元化的教育活动措施。如组织心理健康协会活动，举办心理漫画展、心理征文比赛、心理剧表演，与学生实际相结合举办各种讨论性讲座，组织学生参与心理热线电话和网上论坛，宣传优秀贫困大学生逆境成才的事迹等。笔者列举以下具体活动以供参考。

团体行为训练。团体行为训练具有如下几方面的特点：第一，由教师进行有目的、有计划的组织，并面向心理正常和健康的学生。由于团体行为训练有别于针对深层次心理障碍的咨询与治疗，因而易于取得以点带面的效果。第二，既可针对具有相同心理发展需要的学生群体进行，也可针对改善班级、宿舍等管理型组织的人际关系进行。我们在调查和咨询中发现，正是这种小群体内密切的人际互动关系对学生的心理有着重要的影响。第三，大学生已具备较高的心理认知水平，团体训练有助于他们通过这种模拟实践来深化理性认识。如结合思想品德课程学习澄清个人价值观念、结合对人际关系的理解增强集体合作意识、结合自己的长远目标合理调整阶段性预期目标等。团体行为训练主要依赖于大学生心理健康中心团体行为训练室和大学生心理健康协会。

心理剧会演及剧本大赛、征文比赛、心理漫画比赛。举行心理健康征文比赛、心理漫画展以及心理剧会演等学生喜闻乐见的活动，让学生写"心事"，共同分享自己对心理健康的理解和看法。

心理影片观摩。通过播放心理影片，能有效引起学生的兴趣。影片开始前，有观看引导；放映结束后，有相关心理学影评；或者让学生互相讨论、交流各自感悟，分享所得，在活动中共同获得心理方面的成长。要注意的是，影片的播放要有计划，并且涵盖内容广泛、全面。

学生心理互帮咨询热线。这是由学生自行发起的心理互帮互助小组，一个完整的学生心理健康监护系统还应该包括学生的自助机制，准确地说是指学生的互助机制。心理辅导的最高目标是助人自助。学生自助机制也可以看作达到学生自我帮助目标的一个中间层次。在学生中建立起纳入学校心理健康监护系统的学生自助机制，对学生心理健康的维护作用是非常巨大的，学生最了解学生，学生自助有时还可能产生特殊而有益的效果。

建立心理健康图书角、举办心理沙龙、开展心理读书会、开展心理小测验服务日活动、发行心理小报、建设心理网站等，既是宣传方式，又是有利于学生随时参与的平台。这些方式有利于营造良好的心理健康教育氛围。

（2）高校心理健康教育校外实践活动的开展。学校要为大学生提供社会实践的机会和条件，如到社区、医院参观实践，通过广泛的社会实践活动，让大学生首先形成对自我发展（生理的和心理的）及其规律的正确认识，在实践中正确确立和评价自我在社会生活中的客观位置，形成合理的心理支点。第一，正确认识和尊重他人在社会生活中存在的价值，在充分发挥自己个性能力的同时，学会与他人融洽相处、培养协作精神。第二，尽可能地缩短他们实现自我向社会过渡的时间，在生活实践中与他人、与社会建立起良好的关系，形成自身心理健康发展的良好的环境基础。第三，使大学生在实践中树立崇高的理想和正确的人生观、价值观，通过现象看本质，有意识地培养并强化自我心理调控能力，从而成为自我心理保护的一种有效手段。

4. 加强高校心理健康教育的研究活动体系

大学生心理健康教育工作除了在日常的教育和管理中探索思路，总结经验，开拓创新外，还应对大学生心理健康状况和心理素质发展的规律进行系统的研究，要对日常教育与管理中的热点、难点问题进行深入的调查研究，分析当代大学生的心理特点，以界定不同年级、不同群体学生在心理健康教育、心理咨询和心理治疗方面的需要，从而使不同心理健康需要的学生获得不同程度的改善和发展的能力。另外，还应不断地参加心理健康教育方面的学术研讨和交流会议，在学习和交流中，通过"请进来、走出去"的方式，掌握大学生心理发展的规律，探索大学生心理教育工作的新途径、新方法，不断解决大学生心理素质培养中遇到的新问题，着力提高大学生心理健康教育工作队伍的整体水平，从而推进学生心理健康教育工作朝着科学化、规范化的方向迈进。

首先，注重多元研究，整合质与量的研究方法。现代科学研究的总趋势是提倡文理渗透、自然科学和人文科学的理论和方法的整合。唯有如此，才能拓宽研究的视野，不断发现新的学术增长点，促使研究深入进行。因此，我国对大学生心理健康的研究，需要借鉴医学、教育学、社会学、思想政治学、伦理学、家庭教育学、文化学等相关领域的研究成果，联合这些领域的研究者，促使他们共同参与和共同努力，应用质与量的多种方法进行研究，才有可能形成新的理论范式，克服单方面研究的弊端或不足，增强理论的说服力和实证研究的效度。

其次，立足于以问题为中心的研究，加强理论与实际的结合。我国的大学生心理健康教育必须立足于以问题为中心的研究，着重应用和问题解决，突显实效性。要联系社会的发展变化、大学生的身心特点和他们心理健康的实际情况展开有针对性的研究。不仅要关注和研究发达地区大城市、重点大学的大学生的心理健康问题，还应该关注和研究边疆、少数民族地区、普通大学、高等职业技术院校的大学生的心理健康问题；要进一步加强对本土化的大学生心理健康量表的编制工作，体现大学生心理健康量表的中国特色。研究者要积极开展行动研究，深入大学生的实际生活，聆听他们的心灵呼声，了解他们的心理健康状况，采取切实可行的预防和干预方法解决他们的心理健康问题。

最后，加强普及推广工作。对研究的新成果、新经验采取适当的形式，如辅导员培训、交流会等，来指导大学生心理健康教育工作。

(二)建立高校心理危机预防与干预体系

大学生心理危机的预防与干预是学校心理健康教育工作中一个重要而迫切的课题。在学校心理健康教育体系中，应形成预防和干预学生心理危机的机制，建立心理危机干预的工作制度，使危机干预工作具有科学性和操作性，做到危机前主动预防、危机中及时干预和危机后跟进辅导，实现从上到下、由下至上的相互配合与协调，形成有效的干预程序，从而把学生管理、心理健康和公共卫生几个层面有机统一，形成管理、医学和心理相结合的危机干预模式。

每个学生在发展过程中都会遇到各种各样的危机事件，虽然危机会给人的心灵造成创伤，导致紊乱和不平衡，但同时也蕴藏着成长的机会，因为绝大多数人在危机的痛苦中会寻求帮助，所以危机对人的影响是危险和机会并存的，因此危机预防和干预有特别的意义和价值，解决危机会促进学生的成长和成熟。

第一，危机前的积极预防——教育和宣传。在建立学校危机反应机制时首先要强调教育和宣传的预防作用，开展多种形式的宣传和教育。根据学生的年龄和心理发展，在学校开设心理教育课程和讲座，提升学生自我了解和认识的能力，帮助学生发展沟通能力（尤其是和成人的沟通），学习积极解决冲突和压力的各种方法，知道应急情况的处理和求助的技巧，预防危机不仅会提高学生的心理健康水平和应付能力，而且也会提升他们帮助别人的能力，增加解决危机的资源，提高学生发现问题和解决问题的能力。

要对教师尤其是对管理人员、班主任和医务人员进行危机预防的培训，使他们在处理学生异常行为和心理问题时更有针对性，而不只是把学生的行为看成思想问题或道德问题，在和学生的沟通中多一些倾听、尊重和了解，而不是一味地说教、劝诫和批评。危机预防的教育和宣传可以采用网站、报纸、广播、期刊、展板、手册、图片等多种形式，使广大的教师和学生都能识别潜在的危险，形成预防和干预危机的意识，并提高干预能力。所以，通过宣传和教育可以使学校里的每个人都成为危机预防的资源，都可以对周围的人进行有效的帮助，从而把危机事件发生的概率降到最低。

第二，危机中的及时干预——短期治疗。一般来说，短期治疗的危机干预包括多方面内容：一是迅速检查和评估当事人的危机程度，采取适当的方法评估当事人的行为、情感和认知方面的情况，以判断当事人的危机严重状况，把对自己和他人的生理和心理危险降到最低，以确保当事人和其他人的安全。二是从当事人的角度帮助他探索和确定问题，在危机干预中不要批评当事人的行为或想法，也不要评价他的行为和处境，而是和当事人进行沟通和交流，以无条件的接纳、真诚和尊重的态度让当事人感受到支持和帮助，让他在有安全感的氛围中宣泄各种情绪，表达自己，从而使失衡的心理状态恢复平衡。三是帮助当事人选择解决问题的方法。处于危机状态中的当事人思维通常不灵活或主动屏蔽了周围的资源，当当事人恢复到危机前的平衡状态后，要帮助当事人从不同角度和途径思考解决问题的方式，改变当事人应对压力的行为方式和思维模式，使其能够在危机中成长。需要注意的是，当事人应根据自己的能力和实际情况选择新的方法，而不是别人替他做选择。四是要得到当事人的承诺和保证。为了保证当事人所选择的新方法的有效性，要让当事人有所保证和承诺，否则应对问题的新方法会没有意义。

第三，危机后的跟进治疗——心理治疗和辅导。危机干预机制中一个很重要的步骤是后期干预，它包括心理治疗和心理辅导，如果当事人的精神状况严重的话，需要接受精神病学的治疗，危机后的跟进治疗和咨询以精神科医生和心理咨询专家为主，帮助当事人恢复创伤前的认知、感情和行为的功能水平，减少以后长期的心理风险，使他们可以用一种健康适当的方法处理损失，结束危机对他们的影响。所以，在危机事件处理之后，要求当事人接受心理辅导是很重要的。

在跟进咨询中一个很重要的方面是对与当事人有关的人的帮助。他们参与或目睹了危机事件，这也会对他们的学习和生活产生极大的影响。但在实际工作中，我们往往忽视了他们的心理危机，使他们难以得到关注和帮助。所以，在危机后的跟进工作中对他们进行心理辅导也是很必要的。为了保证学生的健康成长，学校的行政人员和教师都需要接受危机干预的专业培训，以提高学校在应对危机方面的能力，做到防患于未然。同时还要和当地精神病医生、心理学家和其他专业人士合作，以建立有效的危机干预体系，即预防、干预和治疗辅导相结合，做到危机前的积极预防、危机中的及时干预和危机后的跟进治疗，形成管理、医学和心理相统一的模式。

所以，建立学校心理危机干预机制需要学校的管理人员、学校各级领导、班主任和任课教师、医务人员和心理专业人员的共同参与，还要善于利用校外资源，以更好地帮助危机中的学生，帮助他们健康成长。

(三)建立大学生心理健康教育生态环境体系

心理健康教育是一个系统工程，需要学校、家庭、社会共同来进行。因此，要建立校内外心理健康教育一体化网络，形成学校、家庭、社会相互联系的立体教育模式，全方位共同为学生提供心理健康教育服务。

建设具有暗示作用的校园环境。心理环境的源泉是客观现实，它是客观环境的产物，要有良好的心理环境，首先就得有适宜的客观环境。苏联著名教育家苏霍姆林斯基曾强调："要让学校的每一面墙壁都说话。"由此可见，环境是一种主观的而又潜移默化的教育力量。大学生的心理健康离不开良好的学校教育环境，离不开全体教师的力量，所以首先要注重校园硬件环境的建设和改造，如教学设施和设备、校园的布局、周边环境等，使人一进入校园就有一种舒适感，从而对学生产生一种吸引力，进而产生对学校的热爱。整洁优美的环境、使人心情舒畅，能提高学习和工作效率，同时有助于陶冶美的情操。更重要的是要本着校园环境的育人理念，让校园的每个角落都"充满教育的力量"，其次要改善学校的"软环境"，如学科设置、教学及学生的常规管理、教师的人格特点和教育方法等，营造一个乐观、积极向上、尊重、友善、互助、宽容、朝气蓬勃的心理健康教育环境，尤其是要树立良好的学校精神。学校精神是一种非实体性的精神文化，是在长期的教育管理与教育教学活动中逐渐积累下来的、被全体师生员工所认同的一种群体意识（由群体无意识演变而成）和学校气氛。学校精神是每个学校在自己特定的文化背景下所酿就的意识形态，具有学校的个性特色。它是校园文化的主导与核心，以潜移默化的方式长期发挥复制和创造的功能。学校精神一方面以制度规范形式体现出来，另一方面又以价值观念的形式体现出来，具有深刻"强制性"的感染力，体现了一种强制性与非强制性力量的结合。校风是学校精神的核心和表现形式，它代表了该校的特色，校风是一种感染力极强的心理环境，具有较强的稳定性和延续性。校风是学校精神的基础，良好的学校精神使置身其中的师生自然而然地产生一种荣誉感、自豪感和归属感，激励其内在动力，塑造健康的人格；营造一种积极向上、团结奋进、刻苦学习、朝气蓬勃的教育氛围，加强校园文化的导向作用、调适作用和凝聚作用。

重视家庭环境的作用。家庭是大学生极为重要的生活空间和文化环境，学生的心理与言行无不与家庭的氛围息息相关。其中家庭成员作为学生成长与发展中的重要他人，家长关于心理健康教育的认识和概念将直接影响学生心理健康教育和学校心理健康教育的开展。因此，心理健康教育的开展，要争取学生家长的支持和配合，通过成立家长委员会、创办家长学校（主要针对问题学生家长）和建立家校联系制度，改变家长那种认为只要学习好就是发展得好的旧观念，帮助家长建立现代的、科学的人才观，同时使家长掌握心理健康教育的基本知识，规范教子行为，在家庭生活、家庭教育中创建健康的家庭环境，使学生在民主、平等、和睦的家庭教育环境中培养健康的心理品质。

净化社会环境的影响。大学生作为即将步入社会的"准成人"，其心理的健康发展势必受到来自社会的各方面因素的制约。任何一所学校都离不开社会现实的影响和制约，学校周围的社会风气和社会文化背景对学校成员的心理面貌有着广泛而直接的影响。如果学校周围的社会道德风尚良好，与学校主导理念一致性较高，这样的环境就有利于学校人才的培养和学生的健康成长；反之，如果学校周围的社会道德风尚不佳，社会文化与学校对立的成分较多，这样的环境就给学校教育带来阻碍。人们对自己生活的社会环境是无法选择的，也难以改变，但学校成员在与社会环境的相互作用中也不是完全被动的。学校可以通过加强思想教育，教导学生正视现实，明辨是非，自觉抵制社会不良因素的影响。因而，社会的各种传媒要大力宣传心理卫生知识，同时限制一些有害大学生身心健康的娱乐场所，杜绝各种黄色录像、书籍。现代信息社会，传播系统的发展日新月异，特别是近年来互联网的普及，大众传播系统对人们的影响越来越大了，青年学生正处于生理、心理逐渐成熟，世界观、人生观逐渐形成的时期，是其社会化的重要时期，他们对新事物比较敏感，容易受不良因素的影响。网络影视文化对学生的影响不可忽视，要加强教育管理和引导工作，有条件的社区、乡镇应设立关心下一代成长的专门组织，举办短期培训班，向家长普及心理学、教育学知识，创设出全体社会共同参与和支持心理健康教育的环境与氛围，从而使心理健康教育扎扎实实地开展下去。

(四)建立大学生心理健康教育的评估、反馈体系

在我国，关于大学生心理素质状况的研究及大学生心理健康教育工作的开展还不到二十年时间，近年来出现加速发展的趋势，并积累了许多有益经验。但是，各高校大学生心理健康教育工作的开展情况参差不齐，甚至可有可无，随意性极大，亟待规范。因此，当务之急是基于生命化教育视阈构建高校大学生心理健康教育评估与反馈体系。同时，集体参与评估工作往往还能促进校内各部门工作人员的分工与合作，为日后工作的进一步开展打下良好的基础，对于学生来说，通过评估，不仅使他们对自己的心理健康状况有所了解，而且通过学校、教师、自身的努力，可改善他们的心理健康状况，间接地为他们的日常生活、学习打下良好的心理基础，促进他们全面发展。

1. 心理健康教育评估的基本问题

学校心理健康教育绩效是在学校范围内所进行的可进行衡量的心理健康教育行为以及在这一行为上生产出的结果记录。学校心理健康教育绩效评估是指对与评估有关的学校心理健康教育绩效信息进行观察、收集、组织、储存、提取、整合和实际评价的过程。

为了更有效地促进学校心理健康教育绩效评估工作的展开，应该从宏观上设计出评估体系，为评估工作提供实施的框架，从而提高评估工作的可行性。在设计学校心理健康教育绩效评估体系时应遵循以下原则：

客观原则。学校心理健康教育工作宜根据所拟定的评估计划，设定客观的评估标准与明确的评估步骤来客观评价心理教育工作的成效，不应根据个人的好恶得出判断，然后再根据这个判断推论出结果或受以前评估结果的影响，也就是说避免出现我们常说的"光环作用"。

动态原则。所谓动态原则就是指随着时间和环境的变化、学校心理健康教育工作绩效也在变化、在发展，所以评估指标应当随着时间和环境的转移有所调整。评估心理健康教育的绩效，应当随着时间和环境的变化给予切合实际的评价，反对旧的印象观念或偏见的干扰。评估中应当以一种发展的眼光看待心理健康教育绩效。当然，一套比较科学的评估指标在一段时期应保持其相对稳定性，使学校心理健康教育能按照一定的方向努力，如果变化过快，也会使学校心理健康教育工作迷失方向，无所适从，达不到评估的目的。因此，在评估过程中，无论是评估标准、评估方法还是评估结果，都应当以变化的观点、发展的观点为指导。

封闭原则。封闭原则即评估的过程和措施系统必须构成一个连续封闭的回路，使评估自如地通过反馈总结、调整、改进以达到评估的目的。没有反馈的绩效评估就容易流于形式，达不到评估的目的，达不到合理教育的有效效果。而且，实行绩效评估的封闭原则，更有利于完善评估系统过程，达到学校心理健康教育绩效评估目的。

心理健康教育评估、反馈体系构成：学校心理健康教育绩效评估体系设计是一个遵循"提出问题—实施—验证—反馈"的解决问题模式的过程。它包括评估指标体系设计、评估过程中评估方法

的选择与应用以及评估结果的分析评价与结果的反馈。

第一，评估指标体系的设计。学校心理健康教育绩效评估指标是建立学校心理健康教育绩效评估体系的第一步，没有一个合理的、科学的评估指标体系，就无法对学校心理健康教育的绩效进行评估。因此有必要分析评估的目标，对目标做出多级分解，确定评估指标体系。

在确定学校心理健康教育绩效评估指标体系时，必须遵循绩效评估指标体系设立的可操作性原则。在注重评估标准的可操作性的前提下，在设计评估指标体系时不仅要从外在的形式和条件上来判断其优劣，还要考虑心理健康教育的内在特征，即从外在和内在两个方面来确定评估指标。如果仅仅看到指导教室设备齐全、舒适，学生资料整齐排列，就认为这个学校心理健康教育工作开展得很成功，这显然是不够的。各种心理教育活动的开展能否符合学生的需要，学生的心理困扰是否有所减少，其程度有无下降，通过心理教育能否有效地预防学生的心理问题的产生，这些才是开展心理教育更为实质的目的。只有外在体系和内在体系二者兼顾，心理健康教育绩效评估指标体系才能日臻完善。

另外，从心理健康教育的性质来看，它包括发展性教育和补救性教育。前者旨在促进和优化学生的心理健康，而后者则着重于矫正学生出现的心理问题。所以，发展性和补救性的目标也应渗透到评估指标体系的设计中去，即在心理健康教育绩效外在评估指标和内在指标中都要体现心理健康教育的发展性目标和补救性目标。

第二，评估过程中评估方法的选择与应用。对心理健康教育绩效评估的方式一般采用学校内部自我评估、校际相互评估、由教育部门主办的评估等。学校内部自我评估是由学校负责心理健康教育的人员进行自评，或者由学校领导进行评估的，还可让学生参加评估，这种评估每学期可举办两次。其优点是：①评估计划的制订，有助于心理健康教育工作者对自己所从事的工作有深入的了解；②评估的过程有助于增进全校教职工对心理健康教育工作的认识；③自我评估的结果能够促进心理健康教育工作者的自我改进；④借助评估可以指导教师有时间整理各种材料，分门别类，使其更有效地发挥作用；⑤自我评估的结果，还可作为辅导员、班主任、任课教师及学校领导协助解决问题的参考。

各校之间相互评估，是由几个学校联合起来，相互参观、相互评估的。其优点在于：①由于评估的结果涉及学校的荣誉，因此，平常的工作容易得到学校各方面的支持；②借着相互评估的机会，可以充分学习其他学校的长处；③通过相互评估，可缩短校与校之间开展心理健康教育水平和层次的差距。

评估可采用的方法有测验评价和非测验评价两大类。测验评价主要是借助于各种标准化的心理测验作为测量工具，准确地评价学生的各种心理特征，从而在一定程度上完成对心理健康教育绩效的评估。学校所使用的测验主要有智力测验、成就测验、性向测验、兴趣测验、人格测验五大类。非测验评价主要测量个人的内隐性行为，如动机、情绪及个人如何处理这些内在行为等。这种测量方法与测验评价相结合，两者互为补充，即从内隐和外显两方面更有效地评估心理健康教育绩效。观察法、轶事记录、评定量表、学生资料调查表、会谈、个案研究等构成了非测量方法。

在评估的具体实施过程中，首先，学校动员，明确评估的目的和意义；其次，评估委员会公布评估指标体系及评估方法、具体评估的程序；再次，评估前准备，包括依据评估指标体系编制评估表，通过听取汇报、实地察访、会谈、问卷调查、测验查阅有关资料等方法收集资料；最后进行评估并对评估结果进行整理。

第三，评估结果分析与反馈。对绩效评估的结果进行定量分析和定性分析，这样可以比较全面准确地反映学校心理教育的工作绩效。在进行定量分析时可采用模糊评价法和关系矩阵法。模糊评价法是运用模糊数学的一些原理进行测评的，它在对学校心理健康教育绩效进行评估时，突出心理健康教育绩效和目标管理，而对工作过程中的定量数据进行模糊处理。关系矩阵法与因素评分法有部分相同之处，但也有显著不同——引进了权重，对各评估要素在总体评价中的作用进行了区别对待，因而更加科学和实用。此法通过确定指标体系和权重体系、单项评价和综合评价等过程使评价的过程更合理和科学。

通过对评估结果的分析，学校绩效评估小组可以将学校最后确定的评估结果通知参与心理健康教育绩效评估的所有成员，主要让他们了解心理健康教育工作的状况以及学生心理健康的发展情况，并和他们一起讨论今后的发展目标，确定下一个评估目标的期限，指出他们在绩效评估中反映出的问题和不足，帮助他们加以改正和克服，同时对他们在工作中的突出表现加以表扬，以激励他们的进取心。学校心理健康教育绩效评估委员会将对学生的评估结果归入本人的心理档案，作为今后对他们进行更有效的心理健康教育的依据，从而有助于达到绩效评估的最终目的。

综上所述，学校心理健康教育绩效评估是一项系统且复杂的工作，建立绩效评估体系使学校有步骤地、有目的地从事心理健康教育，有助于心理健康教育绩效评估工作的顺利进行，同时也会更有效地促进学生的心理健康。

第二节 生命教育视野中的心理健康教育课外活动

其实人跟树是一样的，越是向往高处的阳光，它的根就越要伸向黑暗的地底。

——尼采

一、大学生心理健康教育课外活动现状

活动是生命过程的本源意义之一，培养个性生命的过程实质上也是活动的过程。国内外关于活动理论的研究发现，活动对人的心理发展具有重要作用。大学生心理健康教育课外活动是指高校在课堂教学以外有目的、有计划、有组织地对大学生进行的多种多样的心理健康教育活动。心理健康教育课外活动具有教育意义，它要解决的是学校人才培养中的特殊性问题，即培养和发展学生的个性。

课外活动为大学生个性发展创造了广阔空间，它不受教学计划和教学大纲的限制，能够容纳丰富多彩的内容和灵活多样的形式，是大学生进行自我教育的重要途径。

2021年7月7日，教育部办公厅为进一步提高学生心理健康工作针对性和有效性，切实加强专业支撑和科学管理，着力提升学生心理健康素养，发布了教育部办公厅《关于加强学生心理健康管理工作的通知》。文件明确指出，高校应面向全体学生开展心理健康教育活动，不断创新心理健康教育活动形式，拓展心理健康教育途径，充分发挥广大学生在心理健康教育工作中的主体作用。本书作者在对高校专职心理健康教育教师的访谈和问卷调查中发现，所有高校基本上都开展了心理健康教育课外活动。

二、大学生心理健康教育课外活动开展情况

（一）高校开展心理健康教育课外活动的特点

课外活动是培养学生良好心理素质的有利场所。丰富多彩的心理健康教育活动不仅增加了学生获得知识的渠道，还将学生获得的知识与实际生活紧密联系，激发了大学生强烈的好奇心和求知欲，有助于大学生独立探索和发现自我，为大学生提高心理健康意识奠定了广泛的基础。由于课外活动的内容具有广泛性，且方法具有灵活性，当前高校普遍都开展了心理健康教育课外活动。大多数高校都在不同程度上开展了心理健康教育课外活动。

这些心理健康教育课外活动的一个突出的特点是行政力量作用明显。绝大多数高校的心理健康教育机构挂靠在学工处、校团委等学校学生工作部门，学校学生工作部门与院系学生工作部门是一种上级与下级的关系，学校学生工作部门对院系开展的各项学生工作有一种行政命令和目标考核的性质。学校学生工作部门下属的心理健康教育机构下发的各种关于心理健康教育活动的策划对院系和学生来说具有明显的强制性，因此，当前院系和学生开展心理健康教育活动的主要动力来源于学校学生工作部门对该项工作的行政主导力量。有三所高校的心理健康教育专职教师认为，在他们所

在高校的心理健康教育课外活动中，行政主导力量发挥着重要作用。笔者对他们在访谈中的体会归纳整理如下：

A老师："我们开展心理健康教育课外活动至今有十来年了。在学校心理咨询中心成立以后，每年都开展一次全校性的心理健康教育月活动，活动的形式基本不变，如心理健康教育讲座、知识宣传、主题班会等。前些年，学校不太重视心理健康教育工作，学校下发通知要求院系开展心理健康教育课外活动，只有少数学院会认真组织并积极参与活动，大多数学院比较敷衍。近些年情况好很多，一是学校越来越重视心理健康教育工作，二是院系心理问题学生的比率越来越高，三是学校和院系会给予一部分经费支持。院系心理健康教育活动方案的执行力度比以前要大很多。"

B老师："课外活动的学生普及面较大，成本不高，我们中心一直坚持开展心理健康教育课外活动。加上这项工作纳入了院系年终思想政治教育工作考核体系，院系也不敢怠慢该项工作。"

C老师："我们学校每年都开展心理健康教育课外活动，我们心理健康教育与咨询中心的老师通过到校外学习交流、借鉴经验等，举办了形式多样的活动，效果也很明显，但院系开展心理健康教育课外活动积极主动性不够。我们中心没有专项经费，无法给予经费支持，也没制订指标评估和考核课外活动。"

（二）心理健康教育课外活动的组织管理

课外活动的组织主要有以下三种情况。一是由学校统一组织开展全校性心理健康教育课外活动，督促院系学生广泛参与各项活动。大多数高校都是由学校心理健康教育机构举办"心理健康教育月""心理文化节""心理健康日"等活动，形式包括主题班会、大学生校园心理剧大赛、大学生心理健康知识竞赛、知识讲座、团体辅导、素质拓展等。二是学校统一组织和院系学生自发组织相结合开展心理健康教育课外活动。学校统一组织心理健康教育课外活动是刚性规定，要求院系学生必须参加各项活动，而院系学生自发组织的心理健康教育课外活动自由性则比较大。院系对学生开展各种心理健康教育课外活动没有明确限制，只做一些柔性要求。三是大学生心理卫生协会自发组织开展一些心理健康教育活动。结合以上两种或三种形式开展心理健康教育课外活动的高校一般都比较重视心理健康教育工作，而只采用第三种活动形式的高校则不太重视高校心理健康教育工作。作者在走访和访谈中发现，大多数高校采取第一种组织管理形式，采取第二种和第三种组织管理形式的高校占少数。

（三）心理健康教育课外活动的经费

心理健康教育课外活动的经费与学校心理健康教育工作的经费拨款情况一致。心理健康教育工作经费比较充裕的学校，会从多方面对心理健康教育课外活动进行经费赞助，如学校心理健康教育机构会举办一些高水平的心理健康教育讲座，印刷宣传册等加强心理健康知识的宣传；会设置一定比例的经费对院系心理健康教育课外活动进行评比；会对心理卫生协会进行拨款，鼓励他们自主性地开展一些课外活动；会支出经费对课外活动的学生组织者进行系统培训等。心理健康教育工作经费不足的高校，心理健康教育课外活动的经费受到限制，由于缺乏经费支持，加上学校课外活动种类繁多，院系和学生投入心理健康教育课外活动的精力和时间明显不足。因此，比较重视心理健康教育工作的高校会把心理健康教育课外活动当作一项思想政治教育工作，从上而下强制性要求院系和学生开展课外活动，而不太重视心理健康教育工作的高校则由心理卫生协会自发组织开展一些心理健康教育课外活动或者不开展任何课外活动。当前心理健康教育工作经费比较充裕的高校比例不高，绝大多数高校心理健康教育工作经费不足。

(四)心理健康教育课外活动的群体特征

在当前高校中，由于心理健康教育资源有限，全校性或班级性的心理健康教育课外活动因其群体覆盖面广、效率高等优势，在所有心理健康教育课外活动形式中所占比例较大。全校性或班级性的心理健康教育课外活动覆盖群体主要为大一学生。大一学生是课外活动开展的主要群体，这与大学生的心理发展特点有关。在关于大学生心理发展的理论研究中发现，大一学生是参与各项课外活动、社团活动的主要群体。大一学生也是参与课外活动最多，参与时间最长的群体。

覆盖面较窄的团体辅导活动或素质拓展活动等，学生群体呈现多样化，大一到大四的学生都有。比如，具有矫治性的团体辅导活动，一般由教师领导，团体成员由招募人员组成，异质性较大，各年级的学生都有，团体成员的某些背景或个人特质也有很大差别；具有竞赛性质的心理健康教育课外活动，学生群体会局部覆盖大二、大三学生。

(五)心理健康教育课外活动的主要形式

根据心理健康教育课外活动的规模大小，高校心理健康教育活动的形式可分为小组或团体辅导活动、班级活动和全校性活动。

1.小组或团体辅导活动

小组或团体辅导活动既包括由教师带领的团体辅导活动，也包括由学生带领的朋辈团体辅导活动。由教师带领的团体辅导活动具有明显的矫正性质，主要面向部分存在某些心理困惑的学生，由教师进行招募并组建团体。由于高校心理健康教育专职教师有限。所以，由教师带领的团体辅导活动数量有限，覆盖面不大。由学生带领的朋辈团体辅导活动是发展性的团体活动，面向团体中的所有学生，主要通过活动为每一个学生提供发展机会，使学生的心理潜能得到发掘，比如针对大一新生的新生适应成长团体等就属于这一类。朋辈团体辅导活动针对性高，覆盖面广，时效性强，简便可行。朋辈团体辅导是指由经过系统培训的朋辈心理辅导员作为团体领导者，以大学生团体为单位，以活动为载体，通过团体成员的自我体验、成员间的相互分享，达成促进每位成员生命成长和发展的目标。所有学生可以根据自己感兴趣的主题有选择性地参与，学生具有自由性和自主性。朋辈团体辅导的地点可以选择教室、会议室或活动室等，每一个团体的人数控制在 10～15 人。心理健康教育重视的是大学生自身的感悟和体验，通过朋辈团体辅导这种小团体人际交互作用的方式，可以促进学生的自我认识、共同分享，获得生命成长的能量。

小组或团体辅导活动在课外活动中所占比例较小，主要原因在于，一是教师带领下的团体辅导活动覆盖面很窄，二是高校心理健康教育专职教师有限，教师对团体辅导投入的时间和精力不够，三是高校不太重视朋辈团体辅导活动。在作者走访的高校中，大多数高校都举办了教师带领的团体辅导活动，但数量不多，只有极少数高校推行朋辈团体辅导活动，对朋辈辅导员进行团体辅导系统培训并推广朋辈团体辅导活动。

2. 班级活动

在当前大多数高校中，班级依然是学校的基本组成结构，因此，高校的一部分心理健康教育课外活动是以班级为单位展开的。班级除了具有一般社会组织的共性外，还具有自身的独特性，即教育性。班级组织的功能在于育人，其目标是促进班级组织内部所有成员的成长和发展。班级是学生心理发展最切近的成长环境，适合实施心理健康教育。在班级心理健康教育活动中建立的良好人际关系、营造的和谐轻松氛围等，有利于促进学生的个体生命发展。根据对班级心理健康教育活动筹划的程度来分类，班级心理健康教育活动可分为结构式和非结构式。结构式活动要求组织者对课外活动进行周密的计划和安排，对活动的全过程进行系统的筹划等；非结构式活动灵活性较大，活动的进程依赖于活动组织者和参与者的临场发挥。就当前班级心理健康教育活动而言，大多数高校的心理健康教育活动偏向于结构式，一是为了提高活动的效率，二是为了防止因活动过程出现各种意外，以致无法掌控活动进展，也正因为如此，班级心理健康教育活动都比较注重活动前的准备和策划。与课程教学相比，班级活动具有较大的灵活性和自主性，首先，班级活动的实施者主要由学生管理者或者心理委员来担任；其次，班级的集体活动空间可以在教室内，也可以在户外；最后，班级活动的时间安排具有一定的灵活性。

班级活动是高校心理健康教育课外活动的主要形式，覆盖面广泛，普及率高，绝大多数高校心理健康教育课外活动都采用了主题班会这种形式。心理健康教育主题班会活动既可以由学校统一策划、由院系和学生负责实施，也可以由院系和学生自由策划并实施。大多数高校对心理健康教育工作重视不够，导致学生对心理健康的认识程度不深，院系和学生主动开展心理健康教育主题班会活动的动力不足。大多数高校的心理健康教育主题班会都是由学校心理健康教育机构统一策划和指导，再由院系和学生具体开展实施的。

3. 全校性活动

全校性活动是指规模较大、能基本覆盖全体学生的心理健康教育课外活动，主要由学校心理健康教育机构统一组织策划并实施，如校园心理剧大赛、心理健康教育系列讲座、心理征文大赛等。有的学校根据某一心理健康专题策划系列心理健康教育活动，有的学校不拘泥于心理结构体系，主要根据学生的实际心理发展需要，策划涵盖多个专题的心理健康教育活动。

在对高校心理健康教育工作的访谈和走访中作者发现，绝大多数高校都开展了不同规模的心理健康教育课外活动，其中，全校性的心理健康教育活动在高校心理健康课外活动中所占比重很大。绝大多数成立了心理健康教育专门机构的高校每年或每两年会开展一次全校性的心理健康教育课外活动，活动由学校心理健康教育机构负责统一策划并实施，如前文所述，全校性的心理健康教育活动覆盖群体主要为大一学生，而活动的形式主要为心理健康教育专题讲座及各种与心理健康教育相关的比赛活动，如全校心理话剧展演、心理微电影征集、心理健康知识展板征集大赛等。例如，三峡大学首届"心理文化节"包括心理健康趣味知识竞赛、心理健康宣传作品征集大赛、心理美文征集大赛、专业知识心理讲座等活动；北京师范大学的大学生心理健康教育系列活动包括两项北京市高校活动、23场心理讲座、心理剧体验、心理微电影征集活动等。在这些活动中，心理健康教育专题讲座是所有高校必不可少的课外活动之一。

(六)心理健康教育课外活动中的活动者

在心理健康教育课外活动中，既有活动的组织者，也有活动的参与者，这两者缺一不可，构成了活动中最活跃的因素——活动者。从参与活动的目的出发，活动者可以分为两种：一种是以完成心理健康教育工作任务、履行工作职责为目标的专职教师；另一种是以健全人格、完善自我、陶冶心灵为目标的学生。这两种活动者在活动中扮演着多种不同的角色。

1. 教师在心理健康教育课外活动的角色

心理健康教育工作涵括的内容很多，心理健康教育专职教师承担了多重角色的工作：在心理咨询中，心理健康教育专职教师扮演的是心理咨询专家的角色；在课堂教学中，心理健康教育专职教师扮演的是教师的角色。在这两种工作中，心理健康教育专职教师扮演的角色比较单一，工作性质单纯，但在心理健康教育课外活动中，心理健康教育专职教师则扮演着多重角色，工作性质复杂。

第一，作为行政管理者组织活动。由于院系和学生自主开展心理健康教育的积极主动性不够，当前大多数高校心理健康教育课外活动都是自上而下进行的。心理健康教育机构中的专职教师承担了对全校心理健康教育课外活动的组织、管理和考核等工作，包括活动统筹安排、经费预算、工作考核等，这已经成了专职教师的日常教育管理工作。在活动开展前，心理健康教育专职教师对活动进行总体筹划，包括时间安排、经费预算等；在活动过程中，督促和检查活动的实施效果；活动结束后，对院系和学生开展的各项活动进行总结、考核和评估。专职教师在课外活动的组织、管理和考核过程中扮演着行政管理者的角色。

第二，作为教育管理者指导活动。由于大多数高校心理健康教育专职教师有限，专职教师对学生课外活动主要进行面上（整体）的教育指导工作。一是对活动进行整体策划和指导。心理健康教育课外活动具有一定的专业性，需要专职教师从心理健康教育的专业出发，精心设计课外活动，把活动的进程预先呈现。大多数高校进行心理健康教育活动策划，都通过限定活动的主题、形式、过程等对活动进行精心设计，此外，再在活动附件中对每一个具体活动进行详细策划。二是对具体实施活动的心理委员等进行课外活动专题培训指导。心理委员在高校班级中是一个比较新的管理角色，大多数心理委员对自己要从事的工作概念都很模糊。对心理委员进行系统培训和指导有利于他们更好地开展心理健康教育工作。专职教师对心理委员的课外活动专题培训指导涉及心理委员的角色扮演、课外活动形式介绍、课外活动策划头脑风暴、课外活动方案撰写和修改、课外活动过程预演，以及课外活动效果反思等，这些培训对心理委员开展课外活动发挥着一定的指导作用。三是在学生带领的朋辈团体辅导活动中，专职教师扮演的是幕后的教育培训和指导者。专职教师对朋辈辅导员进行系统的团体辅导培训，带领学生设计团体辅导方案，让学生亲身体验团体辅导活动，训练团体辅导技能，讨论和反思团体辅导效果，培养朋辈团体辅导员的领导者特质等，使学生在经过朋辈团体辅导的系统训练之后，可以主动实施朋辈团体辅导活动。

第三，作为专家教师实施活动。在心理健康教育课外活动中，专职教师还扮演着专家和教师的角色。在心理健康教育系列讲座中，专职教师作为讲座的专家，开展全校性的心理健康教育讲座；在团体辅导活动中，专职教师作为心理咨询师带领矫治性团体，在具体的团体辅导中，还扮演着多重角色，既是专家也是成员，既是"局外人"也是"局内人"，既是团体中的中心人物又以团体成员为中心。在团体辅导活动，教师是活动的策划者与实施者，设计并实施团体活动方案；教师又是活动的参与者与旁观者，作为团体活动的一员，教师既需要全心全意地投入活动，又要善于跳出活动，以旁观者的身份审视活动；教师在活动中兼具中心者与边缘者两个角色，既要以中心者的角色对活动的阶段和过程等进行指导和掌控，充分调动团体成员的积极性，又要以边缘者的角色突出团体成员学生在活动中的中心地位。

2. 学生在心理健康教育课外活动中的角色

学生既是心理健康教育课外活动的组织实施者也是课外活动的参与者。无论是在班级活动中，还是在社团活动中，少数学生会发挥自己的创意，运用自己的组织管理能力，组织实施各种心理健康教育课外活动。心理健康教育教师对活动的策划是在课外活动开始之前，进入活动之后，学生需要根据活动的进展对之前的活动策划进行不断修正，使活动得到深化。活动的对象是学生自己，大多数学生作为参与者参加课外活动，只有学生作为主体积极参与活动，活动才能顺利完成。学生既是活动中的助人者，也是自助者。心理健康教育课外活动的宗旨是促进学生的心理发展，课外活动一方面可以使学生参与者在良好的活动氛围中体验心理过程，反思心理问题成因，改正不良行为，获得心理收益，另一方面可以使学生组织者在活动的组织开展中获得启发、激励与感悟，实现与活动参与者共同的心理成长。

课外活动应具有这样一些特点，如以学生为主，学生自愿参加，学生在学校指导下独立开展各种活动，在活动中体验生活，学生在活动天地里能自由驰骋，学生在课外活动中处于中心地位。但在当前高校心理健康教育课外活动中，学生开展活动的积极主动性不够，学生参与活动处于被动状态；教师积极谋划，组织实施，评估考核，是活动的主导者。学生的主体性无法体现。

三、健康教育课外活动反思

(一)心理健康教育课外活动的价值取向：维护学校稳定

高校心理健康教育应回归到思想政治教育视域下，高校心理健康教育要想实现可持续发展，就必须主动引领思想政治教育向微观领域延伸。在具体的心理健康教育课外实践活动中，高校已将心理健康教育纳入思想政治教育的范畴。当前高校思想政治教育最突出的现象是把维护高校稳定当作大学生思想政治教育工作的目标，甚至是最重要、最基本的目标。处于思想政治教育范畴之中的心理健康教育也以维护高校稳定为基本目标和价值取向，高校在思想政治教育视域下开展心理健康教育工作，心理健康教育的专业性受到忽视。

课外活动本是学生在课堂之外自愿选择参加的一种活动，可以充分考虑学生的兴趣爱好及特长。学生因为自愿参加，其参与活动的积极性和主动性就会非常高，能把参与的活动当作自己的非常重要的事情，负责任地去完成，把自己参与的小组和团体当作自己的组织，认可自己是团体中的重要一员，能够遵守团体规范并积极参与各项活动。正是因为这种自愿性，课外活动才具有某种优越性。

然而，在思想政治教育视域下，高校心理健康教育课外活动被打上了深深的思想政治教育烙印。作为一项必须完成的、维护学校稳定的思想政治教育任务，所有学生必须参加由学校组织的各项心理健康教育活动。学生在行政管理的强迫与命令下被动参与各种课外活动，教师作为行政管理人员对课外活动大包大揽，对活动策划、实施和考核实行全程监控，课外活动既有教师的监督，也有考核的压力，学生无法成为课外活动的主人，无法自由自主地开展活动，就会对心理健康教育课外活动失去兴趣，最后导致教师对心理健康教育课外活动进行过多行政干预、学生疲于应付检查的后果，而使心理健康教育课外活动流于形式。

(二)心理健康教育课外活动以预防和适应为主要目标，忽视了发展性目标

从活动对象来看，目前的大学生心理健康教育课外活动大多凸显其适应性目标。大多数高校心理健康教育课外活动以大一新生为主要活动对象。大一新生进入大学后，面临的最大心理发展问题是入学心理适应，以及解决进入大学之前存在的情绪困扰等心理问题。大一新生从中学过渡到大学，正经历着其人生的重大转折点，面临着生活、情绪、自我、学习、人际关系、生涯规划等一系列问题，稍有不慎，大学生就会陷入心理困惑之中。还有少数新生在进入大学之前就存在不同程度的心理问题。从众多的调查中可以发现，对大学生进行心理健康教育，要从大一新生抓起，且刻不容缓，为满足大一新生的心理发展需要，适应他们的心理成长规律，多数高校大学生的心理健康教育课外活动以入学适应为主要目标，开展不同主题的入学心理适应活动。

从活动经费来看，由于当前绝大多数高校心理健康教育工作经费存在不足，要想物尽其用，达到最佳效果，就只能从短期目标着手，如对心理问题学生进行危机干预及知识普及，鼓励他们主动寻求心理咨询服务，对可能存在入学适应问题的学生开展入学心理适应方面的相关课外活动，使学生尽快融入大学生活，适应大学的学习方式，建立新的人际关系，做好时间管理以及生涯规划等。多数高校对开展心理健康教育课外活动的效果没有进行调查评估，学校管理决策者对增加心理健康教育课外活动的经费投入始终热情不高，多数高校没有专项经费投入到课外活动中来，一些高校的心理健康教育课外活动流于形式，限于应付检查。要想实现心理健康教育课外活动的长期目标，必须要有一定的经费投入，在当前高校心理健康教育经费普遍不足的情况下，心理健康教育课外活动只能兼顾其短期目标，即预防和适应性目标。

维护学校稳定是当前高校心理健康教育课外活动的价值取向。在影响高校安全稳定的诸多因素中，大学生因心理问题和精神疾病而引起自杀和冲突事件是重要因素之一。自进入21世纪，高校每年都会发生于大学生有关的校园安全事故，这些事故的发生，除了社会矛盾和学校管理方面的原因外，最主要的原因就是大学生的心理健康问题。针对影响高校稳定的心理因素，必须采取大学生心理健康教育的方法。程家福等认为，一方面，心理健康教育是促进高校稳定的重要手段，另一方面，心理健康教育要以维护高校稳定为基本目的。有调查研究显示，影响高校稳定的主要心理因素依次为政治心理问题、人际交往问题、就业心理问题、情绪管控问题和学习心理问题。运用心理健康教育的手段来消除这些影响学校稳定的不良因素，可以促进和谐稳定校园的构建，并为高校的人才培养目标奠定一定基础。从应对学生可能存在的心理问题角度出发开展心理健康教育课外活动，维护

学校稳定，达成的是心理健康教育的消极应对目标和短期目标。消除影响学生稳定的不良心理因素，从某种程度上可以促进学生的生命发展，但其出发点和根本目标并没有完全考虑大学生的心理发展任务和规律。

以维护学校稳定为基本价值取向的心理健康教育活动没有从整体上规划、设计并完成其发展性目标，心理健康教育课外活动内容较少涉及生命意义探索等相关主题。当前高校心理健康教育课外活动，对教师来说，是一种阶段性的工作任务；对学生来说，只是帮助他们尽快适应大学生活的重要途径之一。

（三）以知识传递为主要内容的心理健康教育课外活动忽视了学生生命体验

在相关文献研究和对教师的深度访谈中作者发现，高校要普及心理健康教育课外活动，心理健康知识宣传、心理健康教育讲座、主题班会等是实现其目标的重要形式，而这些形式也是开展心理健康教育集体教育的主要形式。

专题性的讲座有特定的心理健康教育主题，主要内容涉及学生心理发展中的问题；形成系列讲座则要经过系统设计。心理健康教育专题讲座的内容、形式与心理健康教育课程教学差别不太明显，实际上是课堂教学的一种延伸，讲座形式的课外活动带有明显的学科教学的痕迹。传统的学科教学体系，无论是赫尔巴特的"明了—联想—系统—方法"，还是凯洛夫的"准备—感知—理解—巩固—运用"，都单纯突出认知的组织方式。教室是展开心理健康教育专题讲座的主要场所，一名专家教师同时面对几百名学生，讲座内容具有浓厚的认知特色。心理健康教育专题讲座无法回避知识内容和认知特色，在教室内开展的心理健康教育活动无法回避以知识为中心的载体形式。当前高校开展心理健康教育活动以促进人的心理发展为目的，讲座的内容与主题相较课堂教学具有更大的灵活性，尽管没有陷入传统学科意义上的封闭知识体系，但教育方式还是以理论讲授为主，"空洞的说教""理性的分析""理论知识的把握"在心理健康教育专题讲座中依然处于中心地位。

（四）心理健康教育课外活动中的师生关系：教师主导

心理健康教育课外活动需要在活动中融入心理健康教育的目标，而心理健康教育又具有较强的专业性，这对心理健康教育活动的开展提出了较高的要求，如果活动操作不当，容易导致心理健康教育的目标被掩盖，出现活动目标上的偏差。

因此，高校心理健康教育课外活动不仅要以学生为中心，发挥学生在课外活动中的积极性和主体性，而且需要心理健康教育专职教师对课外活动进行适当指导，教师和学生都应该是课外活动中的活跃因素。然而，思想政治教育视域下的心理健康教育课外活动行政管理色彩浓厚，教师对心理健康教育课外活动行政干预过多，在活动中占据主导地位，学生在课外活动中的主体性被遮蔽。

1. 以教师为主导的师生关系导致学生主体性缺失

教师对心理健康教育课外活动行政干预过度，会导致学生处于被动地位，缺乏积极主动性。当前大多数高校心理健康教育课外活动由上而下展开，采用行政和强制考核方式督促实施，是一项必须完成的行政和思想政治教育任务，院系和学生为了完成任务而被迫开展各种心理健康教育活动。学校将各种心理健康教育活动方案强加给学生并要求其实施，大部分心理健康教育课外活动是一种"装饰品"，不受欢迎且强迫人接受。在这种被动的课外教育活动中，学校管理者和教师利用各种手段要求学生接受各种心理健康知识。有时，他们也会采用游戏等形式使学生枯燥无味的知识学习变得有趣，但无论管理者和教师采用何种手段和技巧，在心理健康教育课外活动中，学生仍然被视为被动的客体，他们被动地参与和完成各种心理健康教育活动。

学生"静听"在心理健康教育课外活动中所占比重很大。如心理健康教育讲座，发生在教室，采用理论讲授的方法进行大班讲座，教室的座位无法移动，学生在固定的座位上一味地听讲而毫无探究和体验的行动；以灌输知识为中心的心理健康教育主题班会活动，学生发挥主动性的空间有限，使得活动的"静听"本性展露无遗。虽然心理健康教育专题讲座、心理健康教育主题班会不像课堂教学，这两种形式没有考试，学生不用为分数发愁，但是这种以知识为中心的活动形式使学生失去了兴趣和耐心，只剩下倦怠和无奈。学校和院系以完成任务为目标，强行要求学生去参加各种心理健康教育讲座，忽略学生的主观意愿；学生对心理健康教育主题班会的热情不高，活动过程中全班积极参与的人数有限，只有少数学生主动参与活动。学生的主体性在"静听"式的课外活动中被遮蔽。

2. 以教师为主导的师生关系导致课外活动成为教师的"主战场"

如前文所述，教师在心理健康教育课外活动中扮演着多重角色，如行政管理者的角色、教育管理者的角色以及教师的角色等。教师相较学生而言，在课外活动中扮演的角色更多样化。尽管教师在课外活动中扮演的角色并非都如本人所愿，但其在课外活动中似乎比学生更活跃，课外活动俨然成为教师开展心理健康教育的"主战场"，教师从整体上掌控全局，从局部上把握细节，对课外活动进行全程操控。湖北省 63.6% 的高校心理健康教育专职教师对课外活动的形式、内容、管理等进行指导，9.1% 的高校辅导员和班主任对课外活动形式和内容进行业余指导，27.3% 的高校学生发挥创造性，自由组织各种心理健康教育课外活动。当前高校对心理健康教育课外活动管理的出发点在学校，主导性在管理者（教师），以学校和管理者为本位，在突出和重视学校心理健康教育课外活动效益的同时，背弃了学生的主体地位，在课外活动的所有环节中充斥的都是学校、院系和管理者的身影，体现的也是他们的意志和想法，学生成了活动执行者，活动管理呈现的是学校和管理者向学生的单向传输。

3. 以教师为主导的师生关系导致师生对话失落

心理健康教育课外活动中师生之间对话缺失，体现在以下三个方面。一是行政管理者在课外活动的开展过程中具有绝对的话语主导权，学生无法参与活动中的管理，教师与学生之间无法实现思维共享，课外活动完全体现的是管理者的想法，学生不是活动的主人，而是被管理的对象，这导致学生缺乏自由发展的空间和氛围，其内在的价值和潜能得不到开发和彰显。二是由于心理健康教育专职教师人员有限，工作事务繁杂，对心理健康教育课外活动培训投入的精力明显不足，师生之间对话机会缺乏。三是心理健康教育课外活动主要以知识讲座培训为主，较少开展团体辅导活动培训，师生之间缺乏良性互动，心理距离拉大，学生在心理健康教育课外活动中处于一种被动的参与状态。

四、生命教育视野中的大学生心理健康教育课外活动构建

(一)心理健康教育课外活动要树立关怀生命的价值取向

课外活动在学校教育中具有重要的地位和作用。首先,课外活动与学校教育的任务和培养目标密切相关。学校的教育目标是培养全面发展的人。仅仅在课堂教学中开展"德、智、体、美"教育还无法实现教育目标,只有同实际活动相结合,才能促使学生得到全面发展,因此,课外活动是一种不可或缺的、非常优越的教育方式,只有开展多种多样的课外活动,才能使学生的智力、能力、创造力得到更好发展。课外活动的发展可以弥补课堂教学的不足,培养和发展学生的实际活动能力,如组织工作的能力、人际交往的能力、解决问题的能力等。其次,课外活动在学校教育中具有重要地位和作用,且与学生身心发展规律密切相关。处于不断发展中的大学生群体,身心有一种强大的内驱力,促使他们去活动。他们特别需要丰富的、种类繁多的、充分而又得当的活动,在这些活动中他们的身体和心理能够更好地生长和发展。处于青少年晚期的大学生正处在一个活动能力不断增强、不断发展的时期。活动能力的不断增强促进大学生产生更强大的活动动力,大学生通过不断试验、展示和证明自己的活动能力,不断提高自己的活动能力,由此,也使其活动的领域和范围不断扩大。大学生在多种多样的活动中不断探寻自我、发展自我,使自己的个性不断得到完善和发展。可见,培养全面发展的学生,促进学生的生命发展是高校开展课外活动的本体价值。为了更好地实现心理健康教育课外活动的本体价值,高校心理健康教育课程要树立关怀生命的价值取向。

1. 拓展课外活动形式,实现认知与体验联动

当前高校心理健康教育课外活动以知识为中心,以知识传递为主要形式。尽管以一定的知识为载体,但整个活动过程绝非传统意义上的学科教学,又不仅是一个认知问题。在心理健康教育课外活动中,要不断拓展活动形式,实现认知与行动并进,认知与体验联动。认知与行动是相生相伴、相辅相成的。学生在行动中认知,以行动促进认知。列昂捷夫指出,主体活动过程起先总是外部的、实践的,之后才具有内部活动的形式,即意识活动的形式。学生在行动中获得体验,并通过体验最终获得真切、内化的认知。高高在上的、外来的说教,片面强调认知的活动内容,只会导致学生认知发展的畸形、情感体验的萎缩,而正在经历的体验,才能真正触摸心理成长的真谛。只有把认知与行动融通起来,在行动中获得体验,实现知情互补、情知交融,才能体现心理健康教育课外活动的独特魅力。

2. 有针对性地开展专题教育课外活动,覆盖全校所有学生

高校心理健康教育课外活动主要针对大一学生群体,以入学适应教育为主,主题内容单一,群体覆盖范围要覆盖全校所有学生,学校应对不同学生群体有针对性地开展专题教育课外活动,使专题教育可以满足不同学生群体的心理需求。不同年级的大学生,他们的心理发展任务各有差异,大一年级学生面临入学适应、人际关系处理、大学四年生涯规划等任务,大二、大三学生面临自我管理、情感管理、学业管理等心理发展任务,大四学生面临就业择业、目标确定等任务,学校可根据不同学生群体的心理发展任务策划开展不同主题的课外活动。

3. 普及小组或团体活动,关怀个体生命

相较全校性的统一活动和班级活动而言,小组或团体活动更能达到关怀个体生命的目标。小组或团体心理健康教育课外活动是指在团体或小组的情境中开展心理健康教育的一种活动形式,这种活动形式既能兼顾个体,也能兼顾团体,它通过团体或小组成员之间的相互影响和作用,促进个体的自我认识、自我发展和心理成长。该活动的人数可控制在几人到十几人之间,团体或小组成员主动进入活动情境,期待活动能给自我带来愉悦的身心体验,具有较强的活动动机。在成员之间良好人际互动的基础上,小组或团体活动通过轻松的团体氛围,促进活动者的心理成长。团体成员可以在真实情境中进行角色模仿,从他人视角审视自己和他人的行为,从而实现相互支持和相互学习的效果。小组或团体活动可以呈现生动的生活场景,团体或小组中的每个成员在这种安全的场景中能够暴露自我的内心世界,这对问题的解决和探索自我而言有一定的积极作用,而且成员间可以实现情感共享,包括体验情感的喜怒哀惧。小组的环境就像一个微型社会,能够改进和塑造个体的心理品质。

(二)普及发展性的朋辈团体辅导活动,实现心理健康教育的发展性目标

朋辈辅导模式是当前美国大学中比较流行的辅导模式。它以人本主义为理论基础,辅导以他助—互助—自助为机制,是一种积极的人际互动过程。活动成员具有相同的兴趣爱好,有相似的价值观和人生观,具有同辈之间的同理心等。它是一种助人自助的过程,主要内容是耐心而积极地倾听,进行情感反映、总结和探索,实现自我表露、解释和对质。朋辈团体辅导是朋辈辅导的一种形式,它是指在多个团体成员参与的情境下,借助游戏、讨论、分享等方式使成员获得心理支持、情感体验、知识增加以及行为改变的心理帮助过程。朋辈团体辅导对学生群体没有限定,既可以是同质性团体,也可以是异质性团体,大学一至四年级的学生都可以自由选择不同性质的团体辅导。朋辈团体辅导的优势在于,能够通过团体内成员之间的人际互助,促进成员之间的相互了解,通过成员之间的积极倾听,学会设身处地地体察别人、理解别人,从而提高求助与人际沟通的能力。朋辈团体辅导具有普及性。对国外学生、国内学生所做的有关求助行为的研究显示,当遇到心理问题而需要外界帮助时,他们更多向家人或朋友求助。中国青少年研究中心的调查结果显示,当大学生出现心理问题时,首先选择的是向朋友倾诉(79.8%)。朋辈团体辅导比朋辈个体辅导覆盖面更广,具有全员性,可以通过不同方式使全体学生参与到朋辈团体辅导中来。朋辈团体辅导具有趣味性,主要以游戏形式贯穿整个活动过程。以人际关系朋辈团体辅导为例,活动内容可包括轻柔体操、连环自我介绍、"我的心愿"、"爱在指间"、"信任跌倒"、"猜猜我是谁"、"我说你做"等运动和游戏。要想在高校普及朋辈团体辅导活动,必须从以下三个方面着手。

1. 选拔朋辈团体辅导员

朋辈团体辅导员有两种选拔模式,一是先培养再选拔,二是先选拔再培养。先培养后选拔是基于这样一种观点,即每个学生经过培训后都有可能成为一名潜在的领袖模范。这种模式的好处在于,通过培训可以使学生掌握一定的心理学知识、自我调节的方法、人际沟通的技巧等。培训后,结合学生的考核成绩,以及学生是否具有团体领导者的特点,再安排朋辈团体辅导工作,其他朋辈辅导

员可以安排知识宣传、个体辅导等工作。先选拔后培养，是基于以下观点：朋辈团体辅导是一项专业性较强的工作，对朋辈辅导员的素质要求较高，不仅要具有朋辈辅导的技巧，还要有团体领导者的特质，因此先通过一定程序的考核，然后对符合标准的学生进行系统培训，培训结束后，通过再次考核的学生即可以作为准朋辈团体辅导员。当前高校心理健康教育资源有限，采用先选拔后培养的模式有利于高效完成朋辈团体辅导员的选拔工作。

2. 对朋辈团体辅导员开展培训

朋辈团体辅导员培训的主要内容分为三部分：第一部分为朋辈团体辅导员的自我探索，朋辈团体辅导员在助人前首先要对自己有正确、清晰的认识和了解；第二部分是团体辅导的基础理论和基本技能，这是实现团体辅导目标最重要的内容，是团体辅导专业化的坚实基础；第三部分是团体辅导的领导者特质培训。团体辅导的成效与领导者的人格特质和行为特性是绝对相关的，有效的团体辅导领导者特质包括自信、开放、坦诚、有个人魅力、有活力、富有觉察力、有幽默感、客观、乐观、情绪稳定等。团体辅导领导者在团体中扮演着促进、活化和维持团体的角色。朋辈团体辅导员的培训可以采用团体辅导形式集中、系统地完成。

3. 对朋辈团体辅导员进行专业督导

对朋辈团体辅导员进行专业督导，是指团体咨询督导人员对朋辈团体辅导员在专业技能和实践操作上的指导与监督，对朋辈团体辅导员在团体辅导过程中遇到的各种问题进行具体恰当的帮助，以不断提升朋辈团体辅导员的专业技能和辅导效果。朋辈团体辅导督导形式多样，根据督导人员性质可分为专业团体辅导员（教师）督导和有经验的朋辈团体辅导员（学生）督导；根据督导人数的多少可分为一对一督导和一对多督导等。在高校，既可以采用专业团体辅导员（教师）定期举办团体督导的形式，帮助朋辈团体辅导员进行澄清、面对、分析和提升，也可以采用朋辈团体辅导员定期举办成长训练营的形式，即朋辈之间相互进行辅导，共同学习朋辈团体辅导技术，共享团体辅导资源，探讨团体辅导中的疑难问题等，还可以采用自我督导的形式，即朋辈团体辅导员加强自我学习、自我总结、自我反思等，提升个人心理素质，促进自我成长。

（三）开展游戏式心理健康教育课外活动，增强生命体验

游戏对活动参与者的心理发展意义极其重大，它在形成个体个性、发展兴趣、培养意志和性格等方面发挥着不可替代的作用。在当前高校心理健康教育课外活动中，游戏较少得到应用，这与活动组织者对游戏活动的作用重视不够有很大关系。大多数活动组织者认为游戏在学龄期儿童中应用比较适宜，在大学生中运用游戏开展活动的意义和效果并不明显，而事实上，游戏作为活动的特殊类型，在人的生活的所有阶段，包括少年期、青年期、中年期甚至是晚年期，都存在着它的各种表现形式。在当前高校心理健康教育课外活动中，广泛运用游戏形式不仅对活动参与者具有矫治性意义，也具有发展性意义。

1. 游戏对活动参与者具有心理治疗意义

弗洛伊德认为，游戏可以为儿童提供满足愿望和掌握损伤性事件的途径。游戏使活动参与者成为环境的积极的主人，活动参与者在游戏中模仿什么人和什么东西具有较强的选择性，角色和情境

的选择建立在由游戏主题引起的特殊的动力和动机基础之上，如活动参与者常常根据他们对一个特定的人的热爱、钦佩等情感选择角色，从而满足他们想成为与这个人一样的人的愿望。引起恐惧与愤怒的那些人或事也激起模仿，这是活动参与者试图体验与那些人有关的焦虑。埃里克森认为，游戏创造了一种能以演戏或表演的形式表现困惑、焦虑和期望的自我解决的活动场所，其采用的形式随着心理社会问题和自我情境的变化而变化，游戏可以促使情绪稳定、成熟地发展。皮亚杰认为，游戏就是同化，心理适应是通过同化和顺应过程之间的平衡而获得，在同化时，活动参与者把事件、物体和情境纳入现存的思维方式；游戏显示同化的作用大于顺应，这种同化倾向所引起的行为反映了活动参与者的心理发展水平。

这种具有心理治疗意义的游戏可以在团体辅导活动中得以实现。要使游戏在活动情境中达到最佳的心理治疗效果，团体辅导活动必须要有专业人员或教师带领。专业人员在团体辅导中指导游戏活动时，一方面，要着重关注使活动参与者获得最大限度的快乐、享受和满足，即不应采用功利主义态度去看待游戏，不应只看活动参与者知道了什么、记住了什么、学会了什么，而是要促进活动参与者的愉快感受；另一方面，要以专业人员的角色去理解团体成员的思想观念，敏锐觉察团体成员对角色和情境选择的意义，共感活动参与者的各种情绪情感体验，接纳团体成员的行为，鼓励和支持团体成员之间的自我暴露，使团体成员在游戏中形成一种平等、安全、相互尊重和相互接纳的轻松氛围，并自动获得心理修复的能达到某种治疗的目标。

2. 游戏对活动参与者具有心理发展意义

在游戏中，角色的相互影响和制约关系促进了人际间的交往。游戏在大学生职业定向的经验性自我鉴定、人际交往、个性形成、个人兴趣爱好发展等方面发生着作用。主题角色游戏、话剧表演等是非常复杂的游戏活动，在这些活动中，活动参与者重现着职业活动中的各种画面，扮演着现实中、童话中、书籍中的各种人物，这种游戏类型是一种"只为自己的即兴艺术"，这种艺术表演形式不一定需要观众，可以不用舞台进行，没有排练和严格的体裁限制，但所有活动参与者都伴随有丰富的情感和内心体验。

游戏能够最大限度地调动活动参与者的智力或体力的能量，使活动参与者表现出机敏和灵活，即使活动参与者高度紧张，动用游戏情境中所需的知识和经验，从大量可行的方案中选取最佳方法解决问题，这就是一种创造性活动，它伴随着情绪的高涨、稳定的认识兴趣，成为个性积极性的最强刺激剂。每一次游戏的进行都对活动参与者提供了全新的障碍和困难。活动参与者把克服这些障碍和困难作为一种个人的成功或对自我、对自己某种能力的发现，期待着并体验着"我能够"的快乐。

游戏不是自发产生的，而是在教育的影响下逐渐形成的。在高校心理健康教育课外活动中广泛应用促进大学生心理发展的教育性游戏，脱离单一的知识授受的课外活动形式，可以使大学生产生强烈的动机去学习心理健康知识。游戏是大学生从他们生活的世界中获取文化知识和技术技能不可缺少的工具，是连接大学生与校外生活的桥梁，高校在心理健康教育课外活动中应用形式多样的游戏，可以使大学生对心理健康教育课外活动产生浓厚的兴趣，并产生强烈的动机去学习被认为枯燥乏味的心理健康理论知识。更重要的是，游戏可以使大学生在特定的情境体验中获得丰富的生命体验。在心理健康教育课外活动中，游戏既可以采用自由游戏形式，即不受约束，也可以采用督导下的游戏形式。无论是何种形式，游戏都是一种特定情境表现、一种交往行为、一种情感体验。游戏是一种有意义的情境体验，它表达了游戏参与者对游戏所持的看法，在这种情境表现中，交往是游戏时产生的相互行为的基础，游戏参与者在交往情境表现中会产生丰富的情感体验，或焦虑或放松。

(四)在心理健康教育活动中实现师生对话

1. 课外活动要以学生为中心，充分彰显学生的主体性

课外活动是学生活动的场所，是他们自由发挥的空间。课外活动的教育目的和特点确定了学生的主体性，学生应在课外活动中处于中心地位。学生在课外活动中需要更多的选择和创造的权利与机会来充分发挥自身的主体性。离开了学生的主体性，心理健康教育课外活动就失去了精髓。把学生看作具有一定主体性的人，把学生培养成为具有一定主体性的人，是高校开展心理健康教育课外活动的前提和价值追求。苏联教育学家休金娜明确指出，学生是活动的主体，学生应该占据主体的位置，而不是指定的执行者的位置。有效课外活动的标志是学生具有主体地位，离开了学生主体地位的课外活动不是真正意义上的课外活动。教师在心理健康教育课外活动中的作用是引导、指导，不是包办乃至代替学生参与活动过程。

教师通过在幕后组织学生精心策划、充分准备和组织实施活动，通过举办心理健康教育活动培训，激发学生组织和参加活动的兴趣，把学生真正推到主体位置，并相信学生的能力，彰显学生在课外活动中的主体性，消解学生和教师之间的不良对立和懈怠情绪。

2. 运用对话管理，引导学生自觉自愿地行动

在心理健康教育课外活动中进行对话管理，可以使传统的行政命令式管理转变为对话式的引导和商谈管理，强调对话管理方式可以引导学生自觉自愿地开展心理健康教育活动。教师在课外活动中的行政命令和大包大揽，不仅不利于课外活动的良好开展，也不利于学生心理健康发展，还会造成学生与教师之间的隔阂和对抗。在课外活动的对话管理中，教师应充分尊重学生的人格、兴趣等，学生在人格上与教师平等。教师在指导大学生心理健康教育活动时，应充分考虑大学生的心理发展特点，学生与教师一起商讨活动的内容、形式和方法时，双方都应尊重彼此对课外活动的设计意见。学生在心理健康教育课外活动中所获得的丰富生命体验和形成的良好心理品质会激发他们主动参与下一次的活动。在对话管理中，教师转向幕后，对学生开展课外活动进行合理引导，可以提高学生策划课外活动的积极性和热情，使学生真定产生自觉主动组织开展活动的动机，从而从根本上改造"静听"式、被动式、低效式和泛于形式的传统课外活动。对话管理的方法有很多，如各抒己见、共享思维、主动参与管理等。

共享思维是课外活动管理的根本思维方法。共享思维模式是指人们将事物作为一个整体来看待，世界万物之间都互相参与和分享，每个对话者都以某种方式参与和分享对话的进程，各种思维、情感和观念在对话者身上生长，并对对话的顺利进行有所贡献。行政管理者和学生在思维共享中消除拒绝和排斥，对话者之间既是贡献者，也是受益者，最终达到共赢。共享思维具有一种强大的凝聚力，可将管理者和学生紧紧团结在一起。

学生参与活动管理指学生以各种形式和身份参与学校的各种活动管理，实现自身主体建构的过程，这是一种主体性参与，学生从被管理者变成了管理的主人。

学生与学生之间、学生与行政管理者之间在交往和交流中又渗透着对话管理。将课外活动的管理者和参与者置于一个互动的情境之中，可以使学生与学生之间、学生与管理者之间平等交往。学生参与管理的过程也是一个共享过程，它提供了共享责任、分享和成功的机会，在共享过程中，学生能深刻体会，并认可自我的价值和他人的价值。

第三节　基于生命化教育的大学生心理健康教育实践路径

大学生很多从表层可以发现的心理问题，实际上都和大学生深层的对生命的思考、价值取向、人生态度有关。大学生的健康成长除了学习相关知识外，更需要引导心灵成长方面的教育。因此，高校德育工作中需要补充生命化教育的内容。生命化教育关注学生的心灵成长方面的工作，能够补充目前日常教学工作中的不足，可以帮助大学生完成健全人格的培养与塑造，并且还能"反观生命，形成更高层次的追求"。因此，在心理健康教育中融入生命化教育的内容，做到德育生命化，帮助大学生发现自己的生命意义，可以提高心理健康教育工作的实效，促进大学生的健康发展。

马克思的生命意义观以及弗兰克尔的意义治疗理论，为我们科学地认识、引导大学生的生命意义观奠定了基础，可以帮助有心理问题的同学重拾健康与快乐。因此以这两种理论的契合点为理论基础，结合生命意义观对大学生心理健康状况影响的现实依据，基于生命化教育视角开展大学生心理健康教育实践可以从以下四个方面来做。

一、贯彻心理健康教育目标

虽然目前很多高校确定了关注生命发展的心理健康教育的工作目标，在实际的工作中对预防、补救大学生出现的心理问题做了大量工作，但是相比之下，对关注大多数学生的生命长远发展的工作所投入的力量不够。而且从研究结果中可知，每个学生都上过学校开设的心理健康课程，但是课上的内容难以启发学生用课上所学知识去面对自己的生活。因此，高校心理健康教育工作应该顺应当今德育生命化的趋势，以德育生命化工作的根本原则为指导，调整并落实好关注学生生命长远发展的教育目标。在今后的工作中，不仅要注重解决学生当下出现的心理问题，还要坚持贯彻利于学生生命长远发展的目标，从大学生成长中真正的生命诉求出发，挖掘学生自身潜藏的心理潜能，使学生自己为今后的长远发展储备强大的心理力量。

(一)树立重视生命健康发展的教育理念

本研究发现，一些大学生对自己生命的意义定位得越来越模糊、现实。例如，有的大学生没有明确的生活目标，生活中遇到挫折后会出现不同程度的心理冲突。反思其中的原因，导致部分大学生的人生理想定位模糊，承受挫折能力差等状况的出现，教育在其中承担着很大的责任。良好的教育是启发大学生用自己的眼睛去看、用自己的耳朵去听。真正的教育是从学生的生命出发的，不是让学生被动地接受知识，而是引导学生主动关注和思考自己的生命。如果做不到这一点，就算学生学到了再多的技能，取得了再多证书，也不是真正成功的教育。因此，高校的心理健康教育工作，在教育理念上就要从大学生的生命主体出发，注重学生生命长远发展。心理的健康不仅指拥有健康的身体，还包括拥有健康的心理状态、生活态度及环境的健康等多方面。因此，在心理健康教育工作中不能局限于解决学生当下的心理问题，更应从大学生的心理状态、生活态度、生活环境等方面出发，与家庭、社会合力为他们营造良好的生活环境，帮助他们自身健康成长，鼓励他们在应对生活各方面的问题时思考自己的生命，使大学生具备对价值的正确判断力和思考力，深入思考自己的人生理想，合理安排好自己的生活，使高校的心理健康教育工作真正成为生命发展意义理念上的德育工作。

(二)塑造生命化的全员教师队伍

高校心理健康教育工作是一个需要全员努力的系统工程，学校里的每个教师都会对学生的生命成长起到潜移默化的影响作用。因此，要把高校的整个教师队伍塑造成具有生命的力量。学校的领导在管理高校德育工作时，要树立切实为学生和教师服务的意识，除了为学生学习知识提供条件外，还可开展一些供师生体会自然、感悟生命的活动，如组织教师、学生参加登山等健身类活动，在强身健体中更加珍惜生命；要创造一些渠道让学生了解学校的管理机制，实施民主管理，让学生把自己当作学校的主人，使学生对学校的管理制度能畅所欲言，在转变角色的过程中提升自己的责任感，认识到学校开展各项工作的意图以及自己读大学的意义所在，进而更加积极地规划自己的大学生活。任课教师在实际教学中除了传授知识之外，应增加对学生生命的关怀。例如，在课上和课下多和学生交流，根据大学生目前的困惑讲述一些积极的事例与经验，启发大学生合理规划好自己的生活，积极地为未来努力，改善大学生浮躁的风气，不在玩手机、打游戏、睡懒觉中荒废年华。学校心理咨询室的教师可以和学院一起合作，针对不同年级的不同问题，通过工作坊等形式为学生做一些团体辅导，例如，针对大一新生开展如何尽快适应大学生活的辅导，针对大二、大三学生开展如何处理人际关系、提高学习效率的辅导，针对大四学生开展如何规划职业、调整心态的辅导。辅导员教师则要更加深入地了解每个学生，建立学生家庭、学校生活档案，对生活压力大、家庭背景复杂等有特殊情况的学生要重点关注，提前做好危机预防工作。

(三)激发学生尊重生命、热爱生活的态度

个人的心理健康水平与其对待生活的态度密切相关。在研究中笔者发现，在人际关系层面上，有的大学生把他人认可看得过于重要以至于在他人面前隐藏真实的自己，还有学生因不能适应他人生活习惯而出现摩擦，甚至有学生因为人际关系受挫而出现对生活悲观绝望的心理危机。大学时期虽

然只是人生中一个阶段，却是大学生心智走向成熟的阶段，这就启示我们的心理健康教育工作要培养大学生具有尊重生命、热爱生活的积极人生态度，能接纳认可自己，肯定自己的生命意义。激发学生积极的生命态度并不是像书本上的知识那样简单说教就可以做到的，这需要在平时对学生进行潜移默化的教育。因此，在实际工作开展中，高校心理健康教育工作应注重对学生积极人格的培养，从生命个体本身出发，关爱每一个学生。不仅向学生传授心理学的知识，还要真正把学生看作一个完整的生命存在，引导大学生找准自己的位置，还要能够不带偏见地看待身边的人和事，认识到生命的不易和平等，不虚度自己的生命，不践踏他人的生命。此外，还要引导学生从消极问题的处理上转移到积极情感的体验上，例如，学习如何避免负面情绪及怎样发现自身的优点，培养自信、乐观等积极品质，使学生充满热情地面对今后的生活。

(四)构建生命在场的课堂教学

有学者认为，"所谓生命化课堂教学是以学生的生命为教育的基点，通过对生活世界的关注，还给学生学习的自由、丰富的精神生活和自主探究的权利，使学生得到情感体验、人格提升和个性张扬，生命活力得以焕发，生命价值得以提升的过程"。生命化教育理念最重要的就是生命的在场和到位，是教师和学生的生命与生命的交往互动和共同经历，它在教学相长中使师生的生命不断生成和丰富，不仅使学生获得生命体验和人格提升，也使教师的职业生命活力得以焕发。生命化教育理念下的心理健康教育基本特征表现在：

1. 教学的生命共时性

生命在场首先在于师生的生命共在，是师生的共同在场（不仅是身体的，也是心灵的），是教师和学生此时此刻通过对知识的思考、事物的探讨和情景的体验重新进行意义建构，使自己获得持续不断的成长。因此，生命化心理健康教育生命在场的课堂教学，是以师生的生命体验与生命关怀为旨归，并在师生的生命体验与生命关怀中感悟生命的意义的。

2. 教学的交往互动性

我们经常用"以心灵赢得心灵，以人格塑造人格"这句话来形容教师的工作，其正是强调了师生的互动性。交往是教学的本质属性，生命在场的课堂教学打破传统以教师为主的教学模式，凸显了教学交往，这种教学交往是人（师生）的本质力量的交互作用，是生命与生命之间在本体层面的平等交流，它使教师的主导性和学生的主体能动性都得到充分发挥和体现，在师生的双主体的互动中，师生双方的潜能都得到激发，教师与学生在互动交往中相互感染，相互促进，真正实现了教学相长。

3. 教学的生成发展性

生命在场的教学过程作为一种特殊的社会实践活动是具有生命性的，体现出师生生命存在的意义和价值。这种生命的意义预示着教学不是预设的、模式化的，而是在一定的时空由教师与学生共同创造的。在这一教学中知识不再是教师预设的教案、不再是教师规划好的知识，而是在师生的相互启发中所产生的理解、体验与看法。学生不再是单纯的接受者，而是主动、积极的探索者，是真正的思考者。因此，生命在场的课堂教学不再是传统教学中的教师教、学生学的过程，也不是单纯以知识为载体，而是赋予教学以情感与思想，也给予教师职业生命的满足，使师生双方生命都得以生成和丰满，实现完整而高效的教与学相互促进的过程。学生在教学活动中成长自己，教师在教学活动中彰显自己的生命价值。

4. 学生的主动参与性

生命在场的课堂教学应当注重以学生的学为主，教师借助有效的教学策略激发学生的学习自主性，让学生主动地参与进来，充分实现课堂的"翻转"，让学生的主动参与性发挥作用，实现生命化教学。新媒体时代，大学生不一定是那个"闻道有先后"的后者，而"术业有专攻"在大学生身上也表现得淋漓尽致。大学生获取知识途径的多样化，是教师无法预料的。所以，教师应当积极地引导学生主动参与课堂，发现学生身上所蕴含的智慧，真正实现因材施教，才能更好地驾驭课堂，学生的积极性才能被调动起来。

5. 增强学生的体验性

古人云："纸上得来终觉浅，绝知此事要躬行。"因此要真正掌握知识必须要去亲自实践、体验。尤其对于大学生心理健康教育来说，没有亲身的体验是无法体验到那种心理感受的。如一个濒临死亡的人才会产生死亡的恐惧，一个人际关系出现问题的人才会体验到人际不和谐给自己生活和学习带来的影响，所以要让学生去体验。体验式教学可以引发学生的思考，调动其主动性来解决问题。因此教师教学中要善于为学生创设一个探索、猜想和发现的环境，使每一个学生都参与到探求新知识的活动中去，以"做"为中心，在动手实践和自主探索中促进知识的形成，最终达到学会知识、理解知识、运用知识的目的。这也是大学生心理健康教育的最终目的之一，即学会用心理知识和技能解决实际问题而不只是记住单纯的心理知识与规律。

6. 注重学生的差异化发展

差异化教学是新课程改革所关注的一个重要课题，是指在课堂教学中要针对学生之间的差异进行有层次的教学。美国人本主义心理学家马斯洛说，"教育是让一个人成为最好版本的自己"，这也是心理健康教育的最终目的。大学的教育不再只是强调知识，而是让每个人成为一个会思考、独立的人。大学生心理健康教育作为一门课程，其教学出发点面向全体学生，因为大部分学生的心理是健康的，所以更多的是普及、预防和提高，但并不能解决班级中一些确实存在心理不健康因素的学生的问题，因此，教师在教学过程中既要以群体为主，又要兼顾一些同学的个别问题，做到因材施教、因人而异，体现心理健康教育课程本身的"以人为中心"的理念，切实做到差异化教学，提升层次教学的效益。

二、丰富心理健康教育内容

现有的高校心理健康教育工作主要通过相关课程的开设、心理咨询的开展、心理健康的宣传等形式来展开预防、治疗、发展工作。心理健康教育课程已经向学生讲解了关于心理学方面的基础知识，心理咨询工作开展了如针对新生的心理普查、危机排查及干预工作，而且也举办了一些心理健康类的比赛、讲座等来宣传心理健康的相关知识。但是大学生心理问题的深层原因仍启示我们，要更全面地丰富以生命为主线的心理健康教育内容，使其能够真正地切合学生的实际需要。把生命化教育理念引入心理健康教育，形成以"生命在场和生命成全"为核心的生命化心理健康教育的课程教学模式，这在心理健康教育的课程教学改革中是有意义的新尝试，其目标就是通过生命的在场与互动，实现生命的成长与成全，体会到生命的意义与价值。

(一)开设关注学生生命发展的心理健康课程

高校的心理健康课程在内容上除了向学生介绍心理学的专业知识外，还要关注学生生命的长远发展，在马克思的生命意义观与弗兰克尔意义治疗理论的指导下，在其中融入生命化教育的内容，从知、情、意、行方面给予学生指导，帮助他们深刻地认识生命，找到自己的生命意义。

1. 通过认知教育加深大学生的生命认知

第一，帮助大学生通过认知自我发现自己的生命意义。高校目前的心理健康教育课程中已经含有教育大学生正确认知自我的内容。但是本研究中的一些学生因为之前的生活经历对自己的外貌、成绩不满意，把更多的关注点放在他人对自己的认可上，并没有对自己有正确的认识和接纳，会因他人对自己的看法而产生情绪困扰等心理问题。这反映出心理健康教育课程在大学生的自我认知内容方面应继续深化。大学生对自己的认识分为理想的"我"和现实的"我"，理想的"我"是大学生对自己的完美期待，而现实的"我"总是和理想的"我"存在不同程度的差距。当大学生对自己理想的"我"过度追求，却又找不到合适的方法缩短现实的"我"和理想的"我"的差距时，会出现不同程度的心理问题。而且大学生的自我认知影响其对自身生命意义的探索。个体对自己生命意义的理解是以对自己的看法、认知为基础的。高校的心理健康教育课程可以通过激励教育，培养大学生的自尊，在肯定自己优点的同时，接纳自己的不完美，能够学会合理地调整对理想的"我"的标准。教师要帮助大学生正确认识自己和周围的人、物的关系，正确对待他人对自己的评价，明白自己生命的自主性，不要做任何事都被他人的看法牵绊，知道自己为什么活着，启发大学生正确认知自我，进而充分发挥自己的能量，真正实现自我的成长与发展。

第二，帮助大学生认识实现生命意义的途径。每个人对自己的生命都抱有不同的期待，都有自己想达到的人生目标。而研究中的一些大学生因为没有明确的生活目标，沉湎于荒废学习，打发时间，长此以往，越发感受不到生命的意义，失去了努力和奋斗的动力。心理健康教育工作要引导大学生学会管理自己的生活，不仅对自己的人生有明确的目标，而且还要有推动自己不断努力实现目标的动力。作为学生，本职责任就是学习，因此，心理健康教育课就要让学生明白现阶段踏踏实实地学习就是实现人生意义的一个途径。在课堂上，心理课教师要抓住时机，启发学生让其感受到学习是可以给自己带来成就感的。例如，当学生把教师讲授的知识活学活用，创造性地运用到生活中时，要给予学生肯定和鼓励，让学生体会到通过学习带给自己个人能力提升的自豪感、欣喜感。当学生一次次地通过学习感受到成就感、价值感后，会从思想上看到学习带给自己的意义，切实地看到自己身上所具有的创造能力，进而激发学生主动学习的热情。

2. 通过情感教育提升大学生的生命责任感

情感会影响人的认知。马克思认为人对他人和社会是有责任和义务的。正是这种对他人、社会的不断奉献才使人的生命有了意义。而从本次访谈研究中笔者发现，一些学生没有明确的生活目标，或者把自己的生命意义仅仅局限于传承生命、吃喝玩乐的维度，缺失对他人、社会的责任感，还有的大学生当无力承担对家人、社会的责任后会出现自我认同危机。高校心理健康教育课程可以通过情感教育，让大学生意识到自己身上肩负的责任，并且能够正确地看待这些责任。爱是情感中最强烈的表现，一个人学会爱他人，才会使自己变得不再自私，一个人也只有学会爱自己，才不会因为现阶段无法实现对他人、社会的责任而怀疑自己。这就要求高校的心理健康教育工作在空间上要拓展，从课堂扩展到课外，组织大学生参加一些社会实践活动，在这些活动中学会爱他人、爱自己。例如，去贫困山区支教、去孤儿院做义工等，让大学生通过反差感受到自己生活的幸福，感受到有父母家人疼爱的幸福，进而感受到对家人的责任，而这些弱势群体则能让大学生思考自己的生命，生命总是短暂的，既然无法延长生命的长度，那么可以通过对他人、社会贡献自己的力量来拓展生命的宽度，并且要让大学生认识到自己现在的力量是有限的，只有努力学习，才能在今后为自己、为他人、为社会更好地贡献自己的力量。

3. 通过挫折教育培养大学生的生命意志力

生命当中遇到的挫折看似是生活给我们的阻碍，其实这也是生活给我们成长的机会。虽然目前高校心理健康教育课程中包含挫折教育的内容，但是访谈的结果发现，接受过挫折教育的大学生虽然明白如何不被挫折打倒的知识，可当自己处于自由意志受阻、现阶段无法实现自己价值的情境时，仍会出现自我认同感低、学习动机不足等心理问题。弗兰克尔的意义治疗理论告诉我们，人生当中的不幸是无法避免的，但是面对这些不幸我们仍旧可以选择的就是自己的态度，从挫折中依然可以体会到生命的意义。因此，我们的心理健康教育课程在对大学生进行挫折教育时，不仅要帮助他们从现实的挫折中走出来，还要改变他们今后对待挫折、对待自己的态度，要帮助大学生认识到苦难是有两面性的，从挫折中可改变提升自己，学会怎样确立更加合理、切合自身实际的目标，增强价值评判能力，学会如何乐观应对成长中的挫折，积极调适自我，提升自己的意志力，让自己不被挫折打败，从挫折中寻找自己存在的意义和价值。例如，以大学生遇到的学业挫折为契机，可以让大学生全面地审视自己，正视自己已做的努力与自己能力的不足，在提高现实能力的基础上降低对理想自我的要求，通过失败的教训为自己今后取得进步积累经验，而且，将一些名人的事例和大学生自己之前战胜困难的经历进行对比，可以激发大学生培养意志力，使他们在今后的学习生活中再遇到挫折时能够坚持下去。大学生向往能够自主决定自己的生活，因此在自由意志受阻时会受挫，挫折教育可以使大学生认识到自由是相对的，在处理自身和社会、环境等矛盾和冲突时，能保持积极健康的心理，积极调适自我，顽强地应对生活给予他们的挑战。

4. 通过严格管理加强对大学生生命化教育的行为训练

在课程管理方面，学校开设了相关的心理学课程，但是课程管理上要求不严格，这就导致一些学生因为容易修学分而选心理健康课程。大学生以这样得过且过的态度选择心理健康课程，自然不会认真对待，导致从根本上削弱了心理健康课程的效果。由于大学生对课程的态度易受学校管理工作的影响，因此，要想引起大学生对心理健康课程的重视，保证生命化教育、心理健康教育的效果，就需要对心理健康教育课程严格管理，从对学生的严格要求中，加强对他们的行为训练，使他们认识到生命化教育的内容就在我们身边，通过我们日常生活中的自律行为就可践行我们所学的知识。心理健康教育课程虽然被大多数学生从思想上认为不是"主课"，但是这并不代表课程的设置像部分学生认为的那样可以应付过去，相反，更要让学生认识到这些课程的重要。心理健康教育课程应该延长课时，增加课时，保证让心理剧表演、课上互动等活动有足够的时间进行，让大学生能真正地参与其中。而且要严格保证上课的人数，通过对学生上课情况的考核，让学生认识到按时上自己选修的课程也是对自己生命的一种负责，通过对课程的严格管理，督促学生行动起来，通过自己的行动来践行生命化教育的内容。

(二)开展促进学生生命健康发展的心理咨询工作

高校的心理咨询工作在心理危机的预防、排查、干预上做了很多工作，而且帮助一些有心理问题的学生调节恢复到正常的状态，并且鉴别出需要转诊治疗的重症患者。但是高校的心理咨询工作也同样应该对大多数学生的生命长远发展给予更多的关注。

1. 帮助学生把心理咨询当作生命成长的机会

大学生对心理咨询工作能否正确地认识和评价，从侧面也反映出了其心理健康的水平。通过访谈可以发现，大学生知道心理咨询的途径主要是通过教师的宣传、学校的心理普查活动以及心理健康类的活动，但是访谈中也有学生不知道心理咨询的过程，甚至地点，这就说明学校的心理咨询工作宣传得不够。例如，有的同学碍于面子，认为做咨询就是代表自己心理有问题，有的做过心理咨询的大学生指出心理咨询在一定程度上帮他们缓解了压力，但是咨询的效果难以长期地影响自己，而且反映教师给出的具体建议少。这些在一定程度上都反映出大学生对心理咨询的无知和误解。所以学校教师等相关负责人员在宣传心理咨询工作时，不仅要注意宣传的广度，更要注意做到深入的宣传，让大学生能正确认识并接受心理咨询，把心理咨询看作一次能帮助自己成长的机会。例如，在进行心理咨询的宣传时，首先让大学生了解心理咨询保密的原则，让他们放下担心信息被泄露的包袱。关于心理咨询的过程，要让大学生认识到心理咨询并不是由教师代替学生去解决问题，相反却是一个助人自助的过程，而且心理咨询是在一个可以信任的安全的环境中，通过自己的倾诉、教师的引领，以及自己帮助自己成长的过程。在宣传心理咨询的形式时，除了宣传大家较为熟知的个体、团体辅导外，还可以加入网络心理咨询等的宣传，让大家了解到这些形式都不仅仅针对出现的心理问题，还是一次让自己生命成长的机会，通过做咨询可以让他们深度地探索自我，了解自我，使心理咨询对一部分大学生来说不再仅仅是个摆设。

2. 通过学业支持对学生进行生命关怀

高校的心理咨询工作不能坐等学生主动上门求助，应该提前针对学生出现的生命问题给予关怀。目前困扰大学生的心理问题中很多是和学习相关的，如学习动机不足、学习成绩不理想而无法获得成就感等。尽管学校心理咨询室的教师具备心理学方面的知识以及咨询的实践经验，但是咨询教师的力量是有限的，因此应该加强对其他任课教师生命意识的培训及对学生学业的支持。为任课教师提供一些技术支持，通过"工作坊"的形式培训任课教师处理学生学习动机不足、上课玩手机等常见问题的能力。而且生命化教育的课程内容可以和很多其他课程结合，在对教师进行学业技术支持的同时，要培养专业教师的生命化教育意识。例如，对历史课教师的要求是，通过讲述历史人物激发学生对生命意义的思考；对生物课教师的要求是，在讲述生理知识时能启发学生了解生与死的过程，使学生能够善待生命等。在学生的心理需求中，有已经发生的显性需求，还有经过一段时间才能显现的隐性需求，而高校的心理健康教育工作要从学生生命发展的角度开展，不能被动等待那些隐性的问题出现后再补救。因此要从学生入学后就关注学生的潜在心理需求，为他们提前提供各种学业支持。例如，在大一新生刚入学时，通过工作坊的形式加强对大学生学习技能的培训，而且在对全体学生进行集体辅导的基础上，对一些有学习困难、承受力较差的学生要重点关注。

（三）推行贴近学生生活的生命化教育宣传工作

高校心理健康教育工作中对学生群体的宣传教育也起着非常关键的作用，成功的宣传工作可引起学生对心理健康教育的重视。但是目前高校的心理健康教育宣传工作实际的效果却并不理想。因此，在宣传工作中，不仅仅局限于其重要性的宣传，更要贴近学生的生活，通过生活化的课程、生命化教育公开课等贴近学生生活的新形式进行宣传，启发学生对自己的生命进行深入的思考。

1. 通过生活化的课程进行宣传

从访谈中发现，一些学生对心理健康的重要性产生怀疑，因此就要通过学生平时接触最多的课程来对他们进行宣传，让他们从生活化的内容中感受到心理健康对我们生活的重要影响。高校现有的心理健康课程中会涉及如学生情绪、就业、人际关系等方面的内容，但主要向学生讲授一些心理健康方面的基础知识和基本技能，其目标也在于普及知识。在访谈中，一些同学指出课程内容比较空泛。"觉得有的地方讲得比较空、比较泛，无法清晰地体会，觉得有点没意义。"还有的同学认为课程的内容对自己影响的持续性不强，难以长期影响自己。"听过了之后我还是那样生活啊，有时候你想改变吧，但是改变几天之后又回到老样子。""当时的收获比较大，今天听完这个课我会挺有信心的，蛮正能量地去学习，但他讲的那些东西可能事后不会记得多少，对短期是有用的。"也有个别同学谈到了心理课上对自己有深刻影响的内容，对自己有激励作用，与自己的生活经历相联系，与自己有关的内容易让大学生印象深刻。"我记得最清楚的是，她播放了一个短片，那个短片就是……从这个短片中我有一个体会就是你越努力地做一件事情，最后你能越幸运地做成一件自己喜欢的事。"因此，高校心理健康教育课程要从学生的实际生活入手，把他们生活当中的问题搬到课堂，真正在课堂上帮助他们以一个小问题而联想到自己平时的生活，引起学生对心理健康的重视，做好心理健康教育的宣传工作。例如，可以把西方国家心理健康教育工作的优秀经验借鉴到我们的课堂上，把关于学生生活中遇到的问题细化到课堂中，以小见大，如从"如何应对丧亲"深化到"如何对待自己及他人的生命"，从"如何克服拖延症"深化到"如何规划好自己的生活"。

2. 通过走进学生生活的新形式进行宣传

心理咨询中心的教师可以采用一些走进学生生活、拉近与学生距离的形式对全校学生开展生命化教育的宣传，以此来大范围地影响大学生。欣赏高雅艺术表演成为很多高校文化生活的一部分，心理健康教育工作可结合高雅艺术、利用网络等与学生生活密切联系的形式来开展宣传工作。"心教育"是北京大学心理健康咨询中心根据北京大学学生的实际情况和特点，结合残疾人的顽强精神，创造出的心理健康教育的新形式。"心教育"通过残疾人的励志表演给大学生以视觉上的震撼，在他们表演完之后，对这些顽强的残疾演员进行采访，用他们的人生故事来触动大学生的心灵。从这些感人的表演和发自肺腑的访谈中，让大学生和这些残疾演员进行一次心与心的交流，在和自身对比后，深刻地体会到生命的不易与伟大，感受这样身体残疾心灵却充满阳光的美，启发他们传递助人利他的大爱精神，珍惜自己现在的所有。这样的形式可以推广开来，针对全体大学生进行这样生命的洗礼，让学生在欣赏高雅艺术的同时反思自己的生命，通过这样励志的故事让学生深刻地体会身处逆境与命运抗争的顽强乐观精神，给他们的心理注入积极的力量，让大学生在以后的学习生活及人生中不会因挫折而轻易放弃，更加珍惜、热爱生活。除此之外，还可以借助大学生普遍使用的网络等形式进行宣传。例如，在学校建立关于生命化教育和心理健康教育讨论的公众平台，设立生命化教育的专门板块，及时更新网站的内容，让学生可以就这些生命化教育的故事和观点进行自由的交流，并且配备专门人员做好回复工作，使大学生在网络这种快捷隐蔽的形式中畅所欲言，在和他人分享自己的感情与倾听他人的想法中加深对生命的思考。

三、拓展心理健康教育方式

心理健康教育关注的是人内隐的心理活动，因此，需要通过拓展体验式的教育方式，让大学生对自己的生命进行更多深入的思考，最终达到心理上知、情、意、行的统一，进而更好地指导自己的行为。

(一)注重学生体验的教学方法，引导学生思考生命

一些学生通过心理健康教育知识，可以意识到自身存在的心理问题，但是不能恰当地解决，而且，学生已经对说教的模式产生了免疫，不从生命本身出发的问题已经难以让他们产生兴趣。这源于在学习过程中缺乏让学生切身地体验，难以让学生产生认识、情感上的共鸣，继而对自己的生活进行反思。心理健康的课堂教学只有让学生的内心也真正受到感染，通过思维、情感的交流产生内在的体验，才会真正让学生学有所得。德育的主阵地是课堂，现有的上课形式主要是大班授课，在课堂上加入一些游戏类的互动方式来调动学生的兴趣。但是大班授课的方式难以达到培养每个学生良好心理素质的目的，而且目前很多高校案例分析、游戏体验的方式难以让每个学生参与其中，心理健康教育的实际效果受到了限制。"因为班太大了，交流起来是很有障碍的，其实教师都特别想让我们互动起来，她给我们分组了，但是人太多，实现不了深入有效的沟通。"因此，高校可以开设一些小课堂或者通过团体交流的形式，让大家真正参与其中，通过教师的亲身体验来帮助大家学习。例如，借鉴西方国家"工作坊"的形式，促使参与者和成员一起思考、调查、分析、讨论、行动，使其真正地参与到活动中；举办一些"如何看待自己的生命""怎样与人相处""丧亲的应对"的主题交流活动，引发学生对生命的思考。这些活动形式都可以作为心理健康教育的辅助课堂，通过和不同的人之间交流思想，真正启发大学生对自己生命意义的思考。此外，还可以在课堂上播放关于生命主题的纪录片以及加入一些情景模拟的环节，如《人生七年》等，为大学生设置自己突然变成孤儿等情境，来引导大学生认识生命的不易，感悟生命的伟大，对生命从心底里产生尊重和敬畏，启发他们对生命意义的思考。

大学生心理健康教育课程应有许多活动环节，这是心理健康教育课程教学的特色所在，心理健康教育的课程教学活动是一种独特而富有成效的教学方式。生命化的心理健康教育课程教学的活动环节成为心理健康教育课程教学的独特风景。

1. 设计合理的教育情景

情景是指为了激发学生学习的兴趣和动机而创设的一种具有时空维度的教学活动或形式，这种教学方式的心理场与物理场交替重叠，构成了多视角、多维度的教育方式，综合地对学生产生影响。心理健康教育应创设具有强烈的情感吸引力和感染力的情景，让身处其中的学生不由自主地跟随着这种情感而跌宕起伏，使学生的记忆、联想、想象以及思维活动都带上一定的情感色彩，并因情绪的感染而使心灵更具接纳性和包容性。

2. 彰显学生的主体性

主体性即在整个活动中由学生全员参与、全面参与和全程参与，各种活动均由学生自己来完成，教师只是起监控和指导作用。这就充分调动了学生的积极性和能动性，学生以主体的身份，创造性地完成各种有创意的活动，促进自身的才能发展和素质提高。

3. 突出活动的体验性

体验性是指学生主动、自愿地融入心理活动中进行体验和感悟，充分感受蕴藏于这种活动中的欢乐与愉悦，在身临其境中获得各种情感体验和深切感受，思考和领悟其中的道理，学会避免、战胜和转化消极的情感和错误认识，发展、享受和利用积极的情感与正确的认识，促进其良好习惯的养成，提高自己的身心素质。

为了更为有效地使学生以体验的方法思考生命，应引导学生品味过去，立足当下，展望未来，以此来丰富学生生命的内涵，为他们提供前进的动力，使学生自觉用心去享受生活，实现自我的人生理想，收获幸福和快乐。

（1）品味过去。

经验是一个人最大的财富，是一个人人生的积累，体现了他在过去的生命中所留下的痕迹。人往往是步入中年或老年时期才开始回顾过去的，而大学生年轻气盛，风华正茂，更多的是关注当下，展望未来，殊不知正是过去的经历塑造了今天的自己。人在选择自己的人生道路前往往要学会认识自己，而要看清自我，就需要我们不断地品味过去，反省自身，认清当前我们的所得与所失，只有这样才能找准方向，创造更好的未来。正如中国古代大思想家荀子所曰："君子博学而日参省乎己，则知明而行无过矣。"

品味过去可以从以下三个方面入手：首先，应时常回味自己过去的幸福时光。生命的进程并不是一帆风顺的，难免会遇到各种困难和挫折，会感到痛苦、悲伤。如果一味地沉浸在这些负面情绪中，将这些感觉当作生命的全部，将会影响自身正常的生活，忽视生命，甚至选择抛弃生命，造成严重的后果。人的生命是由过去、现在和未来所构成的一个过程，大学生在面临困境时应该看到生命的过程性，回味自己过去所感受的幸福、快乐的时光，意识到当前的痛苦只是暂时的，减轻自己的心理压力和人生重负，重拾面对生活的信心和勇气。其次，应积极咀嚼自己人生中的失败。回忆过去快乐的情绪能够给人带来积极的力量，提供生活的动力；而咀嚼自己的失败则能收获丰富的经验和教训，意识到自身的缺点和不足，为享受当下、创造美好的未来而不断磨砺自身，努力奋斗。正确面对自己的失败，反省失败所产生的种种原因是人认识自己的重要环节，大学生应该学会勇敢地接受自己的失败，并从失败中获取经验和教训，有针对性地提升自己，为下次的成功奠定坚实的基础。如果一味地沉浸在痛苦中，逃避失败，将这份宝贵的经历弃之如敝屣，不愿回首，这样只会在以后的人生中不断地重蹈覆辙，羁绊自己前进的脚步。最后，应不断品味自身经历，获取新的领悟，寻求更大的价值和意义。品味自己过去的生命经历，是一个重新接受和认识的过程，它使人能够从一个新的角度来看待自己的亲身体验，从中挖掘出新的意义和价值，从而不断丰富自己的生命。哈佛大学幸福课的主讲师在他的课程上提出了"静谧"和"冥想"等观念，他在每节课程中都会拿出几分钟时间来让学生自己思考，回味刚刚课程中所提到的内容，来让学生重新进行梳理和学习，以获得更大的收获。品味过去也正是这样一个过程，大学生应该时常花费一些时间来实践这个过程，回顾自己的过去，反省和思考过去生命中的各种体验，使自己的人生内涵更加丰富，生命质量得到提升。

（2）立足现在。

现在是过去和未来的承接点，是指人们当下的生活。回味过去为我们当下生活的开展提供了动力和指向，而把握现在则是创造美好未来的前提和基础。人们都活在当下，对当下生活的感受是人们最直接的体验。只有立足当下，珍惜今天，活出自我，才能在自己的生命中留下鲜明的色彩，积蓄自身力量，为随时降临的机遇而做好准备，进而收获成功。

大学生要立足现在，把握当下，可从以下三个方面入手。首先，应学会认识自我，认识自己可以说是我们一生都必须研究的课题。良好的自我意识能够提高我们感受生活、认识世界的能力，能使我们更好地规划自己的人生之路。大学生正处于自我意识高速发展的时期，应该积极地融入当前的环境，构建自己的人际交往圈，通过与外部世界的沟通和交流，自觉地感受生活，正确地面对生活中的幸福和困境，逐渐构建自己科学的、独特的人生观和价值观，指引自己继续向前迈进。其次，应学会用"心"生活，注重情感体验的培养。对当下生活的感受是生命积累的重要来源。如果一个人没有用心地生活，整天浑浑噩噩地过日子，那么他的时间流逝得非常快，回忆过去也只是一片空白，这样的生活是单调而没有意义的。如果一个人懂得用心去感受生活，特别是注重自身的情感体验，关心家人、善待朋友，享受生活中的美好与温馨，也勇敢承受生活中的各种悲伤和痛苦，那么他的生命必将精彩纷呈，随着岁月的沉淀将变得愈加意味隽永。最后，应懂得"立即行动"。古语有云："千里之行，始于足下。"再美好的梦想如果没有行动，也只会流于空想罢了。

人要想获取成功都要付出自己的努力和汗水。通过自己努力奋斗获得的成功也才会更加有意义和有价值。因此大学生要想实现自己的人生理想，就得从现在做起，把握当下，珍惜每一个今天，踏踏实实走好每一步路，最终收获成功，实现自己的人生价值。

（3）展望未来。

展望未来是自身对未来的理想和憧憬，它为我们立足当下、努力奋斗提供了指向和动力。每个人的未来都是不可预料的，但是人们可以通过展望未来，树立自己的人生理想，制订自己的人生规划，并以积极的人生态度去感受生活，接受挑战，经过自身不懈的努力和奋斗，来构建一个属于自己的美好未来。大学生经过多年知识和能力的培育，正站在人生的十字路口上，拥有着强烈的好奇心和探索欲望，对未来充满憧憬。

如何做好人生的这个重大选择呢？首先，应树立积极的人生态度。人生态度是人们在实践活动和对生活的感受中逐渐形成的对人生问题的一种心理倾向。树立积极的人生态度能引导人们用积极的、乐观的心态去看待生命，勇于接受生命中的各种挑战，从而开创自己的人生道路，实现自己的人生价值。大学生在面对人生中的各种问题的时候，不仅要自觉感受生活带给自己的各种体验，还要从生活上升到生命，意识到生命是一个过程，在有限的生命中，个人的生活感受和经历越丰富，那么他的生命也越有价值。这里的人生经历既包括幸福、快乐、满足等积极因素，又包括悲伤、痛苦、困境等消极因素。在这种积极心态的引领下，大学生的视野将更加开阔，意志更加坚定，更加拥有勇气和动力去创造自己的未来。其次，应树立自己的人生理想。个体的人生理想是个体对自己未来发展的一种向往和追求，是自己人生观和价值观的重要体现。人生理想对自己的行为和实践有着重要的引导作用。大学生应树立自己的人生理想，并将人生理想与社会的共同理想相结合，来促进自身的全面发展，实现自己的价值，并为社会建设做出应有的贡献。最后，应制订自己的人生规划，这是大学生需要完成的一个重要课题。在大学生树立自己的人生理想之后，应在综合分析当前社会职业需求的现状和自身实际情况的基础上，将人生理想具体地划分为各阶段的人生目标，从当下做起，积累丰富的知识和技能，培养积极的人格特质，提高自身的精神素养，一步一个脚印，实现自己各阶段的人生目标，最终实现自己的人生理想。

（二）不间断的朋辈互助促进学生生命成长

国内的一些高校在朋辈互助的建设上已经做了一些工作，例如，一些大学设立了"心灵使者""发展委员""心理委员"。但是在大学班级里朋辈互助的影响力并不大，有些大学生出现困扰时并不知道该向谁求助。即使学校设立了心理协会这样和心理健康密切相关的社团组织，但它在现阶段并没有充分做好大学生心理健康教育的辅助工作。班级心理委员带领学生开展心理类活动的次数更是少之又少。从访谈中笔者收集到大学生所知道的心理协会举办的活动主要有游戏、看电影、发报纸等。这些形式让学生参与其中，但是活动偏离了心理协会的初衷，又因缺乏专业指导，效果不尽如人意。因此，朋辈互助的影响力受到了限制。学生群体之间因为年龄、生活环境差不多，交流起来更容易获得彼此的支持和理解。因此，通过对学生群体进行朋辈互助的培养，可更好地帮助大学生。心理咨询室的教师可以对学校的朋辈互助工作进行持续的指导，不至于使互助的活动只进行一两次就成为一个形式化的符号。在朋辈互助员的选拔上，可以选择具有积极生命观、良好心理素质的心理委员及心理协会里的大学生等，先对他们进行培训，使他们有能力去帮助他人。在对他们培训的时候，除了培训心理学知识和咨询技能外，还要对他们进行生命化教育的培训，使他们在助人的时候真正地发挥促进自己及他人生命成长的作用。朋辈互助的形式可以通过不间断地开展一些小组讨论活动，如每周开展一个和大学生平时生活中的问题相关的主题交流活动，长期地为大学生的生命发展提供支持，让每个大学生在倾听和诉说的过程中，通过真正的体验加深对生命的领悟和思考。

(三)生命化教育实践活动帮助学生增长生命智慧

通过心理治疗，求助者能够重新体验、感受到生命的意义，并且能主动为了实现这种意义而努力。因此，心理咨询中除了为学生提供咨询服务外，还可以带领大学生直接参加实践活动，大学生通过切身体验增长生命的智慧，真正地得到成长。例如，针对大学生在生活中遇到的挫折等状况，高校在条件允许的情况下可以组织学生到边远贫困地区支教，使大学生真正参与其中，通过亲身体验，感悟到生活的不易，在以后的生活中遇到挫折时不会轻易放弃，也对自己平时浪费大学时光的行为进行反思，不再浪费时间、浪费生命，学会掌控自己生活的智慧。此外，还可以在重阳节的时候带领大学生去慰问孤寡老人，通过和孤寡老人的接触，让大学生联想到自己的父母、亲人，对他们进行亲情教育，培养他们对家庭的责任感，使他们学会和亲人更好相处的智慧。当社会上发生一些如自然灾害、人为伤害等事故时，尽可能地组织大学生参加一些捐助、救灾、献爱心的活动，并且让大学生设想如果这些不幸的事情发生在自己身上时的场景，让大学生对自己和他人的生命进行深入的思考，学会在生活中少一些自私，多一份奉献，增强他们对社会的责任感，学会和他人处理人际关系的智慧，在爱他人的同时也让自己的心胸更加宽广。这些生命化教育实践活动都可真正让大学生参与其中，通过切身体验，增长他们的生命智慧，加深他们对生命、生活的认识和理解，使他们在今后的生活中学会爱自己、爱他人、爱社会，并从中得到成长，明白自己活着的意义。

四、营造心理健康教学环境

生态心理观从宏观的空间和时间中来认识个体的行为，把个体的行为放在与其相关的整体系统中，认为人和环境任何一方的活动都会影响到另一方。德育生态化提倡内部系统和外部系统的密切配合。内部教育系统包括高校内部的管理、教育部门、教师，外部系统则指的是家庭和整个社会大环境。然而当前高校的心理健康教育工作主要由学校在做。要在生命意义观视角下推动学校心理健康教育的发展，就需要通过学校、家庭、社会的配合，合力营造关怀生命的高校心理健康教育环境。

(一)发挥学校生命化教育的主导作用

大学生出现缺乏人际支持、生活目标缺失等与大学生活的改变息息相关。大学跟高中生活有很大不同，大学学习虽然还是以班级为单位，但是只有在上课、班级活动的时候大家才会聚集在一起，下课后又各自做自己的事情，班级活动也是有限的，这就使大家之间交往的机会减少，集体归属感缺乏，会出现情绪困扰等问题。由于从之前高中紧张的生活状态一下子到大学相对放松的环境中，一些大学生不知道该如何安排生活，不知道该如何管理自己的学习、生活，一时对自己放松却又无法心安理得，内心产生矛盾因此会出现情绪困扰、学习动机不足、适应不够等问题。学校是开展大学生心理健康教育工作的主要阵地。因此学校内部需要各个部门积极配合，在心理健康教育工作中融入并开展生命化教育。学校心理健康教育的整体工作理念要从预防、解决学生出现的心理问题转变到关注学生的生命长远发展上来。而学校的全体教职工也要经过生命化教育和心理健康教育的培训，从教师的角度真正明白"人生导师"育人育心的责任。学校开设的心理健康教育课程中要增加生命化教育的内容，其他各个学科也要从教师到授课内容真正做到从学生的角度出发，还要通过一些生命化教育实践活动让大学生在体验当中更深刻地认识自己、他人的生命。

(二)增加对家庭的生命化教育

从大学生生命意义观中可以看出,家庭是一个重要影响因素。从访谈中发现:大学生在大学阶段开始相对独立的生活,渴望能够自由安排自己的生活,而且大学生长期生活在学校的氛围中,想法相对单纯,因此当父母向自己灌输一些社会性的思想以及为自己做决定的时候会感觉到受束缚;在选择出国、读研等问题上,有的家长给大学生做决定,导致他们虽然按父母想法选择,心理的认同感却很低。父母的关爱是让大学生感受爱、学会爱的重要因素,一些从小感觉没有得到父母关爱的大学生可能会显得自私冷漠,使他人难以亲近,进而出现情绪困扰、自我认同等问题。家庭经济状况对大学生来说也是影响他们对自己生活安排的因素,当有经济压力时会导致他们在自己的选择上出现迷茫,会因为不能养活自己,不能承担对家庭的责任而产生无意义感。

在中学阶段,学校会通过定期开家长会,用微信群、打电话等方式和家长保持密切的联系。但是到大学阶段,除了极少数出现严重心理问题的学生外,学校甚至都不会和家长联系,这就造成了高校心理健康教育在家庭教育方面出现盲区,而大学阶段,家长和学生的暂时分离,学生心智趋于成熟、独立能力增强的这段时间更会暴露出一些成长中的问题。因此,高校更应该通过举办一些活动加强和学生家庭之间的联系,做好对家庭的生命化教育。在新生开学时对新生家庭举办相关的生命化教育的讲座,让家长了解大学生活中大学生存在的一些烦恼与问题,如大学的学习方式、生活环境和高中不同会使一些学生出现不同程度的适应问题;大学生开始谈恋爱了,在恋爱中会遇到困扰;当前,大学毕业后不见得能找到理想的工作,出现了毕业即失业的现象,面临严峻的就业压力等。通过这些内容的介绍,家长更了解孩子的生活,对孩子多一些理解和支持,而且,学校可以设立一个给家长学习家庭教育的网站,通过这个网站,使家长了解到如何更好地做家长、如何培养良好的亲子关系、如何更好地给予孩子支持等。通过做好家庭的生命化教育工作,使家庭成为高校心理健康教育的有力后盾。

(三)利用社会资源进行生命化教育

高校自扩招以来,大学生的人数明显增加,再加上近些年科学技术突飞猛进的发展,对人才的要求日益提高,使大学生面临巨大的就业压力。就业难的现实压力也无形当中影响了大学生对自己人生道路的选择。从访谈中发现,一些学生在就业难的严峻形势下,由于自己能力不足、学历不够,选择了自己不喜欢的道路,造成大学生产生自由意志受阻之感。而且周围大环境不重视心理健康教育也在潜移默化中影响到了大学生,社会现实对大学生产生误导,让他们认为这些课不重要。例如,受传统教育的影响,大学生形成了只重视语数外这样的"主课",其他的课都不重视的思想。

社会大环境对大学生的生命健康成长具有潜移默化的导向作用。健康积极的社会风气能在无形中给大学生正确价值观的引导。因此,高校要创造一些条件,加强和社会的合作,利用社会资源对大学生进行心理健康教育和生命化教育,促进大学生生命健康发展。例如,针对大学生过于注重知识、分数、技能,轻视心理健康的现象,高校可以和企业合作,让大学生深入企业之中,了解企业对人才的要求,让大学生认识到能证明一个人的并不只是他的学历、证书,更包括他在工作中表现出来的能力,这个能力包括业务能力、人际交往能力、调适自我能力等。提高他们对心理健康的重视，针对目前高校学生身体素质普遍下降、生活缺乏激情的现象，高校可以和一些互联网合作，开展一些如长跑等关爱健康的健身活动，让大学生通过这样的活动既感受到身体健康的重要性，也感悟到自然的美丽，而且这些互联网的宣传也可为社会传递正能量，让大学生从活动当中加深对自己生命的思考，也看到通过自己个人微薄的力量而为社会带来的影响，感受到自己的力量和价值。

总之，生命在场和生命体验是生命化心理健康教育的实现形式，它以师生双主体投入为前提，在生命的互动与交流中，体验生命的在场状态、生命能量激发与创造性迸发的快乐。在这样的教育场域中，教与学融为一体，从而避免一般课堂中教师负责传授、学生被动接受的分离状态，在师生的教学交往中，实现师生双主体互动，充分调动师生双方的积极性和能动性，不仅使学生在当下获得真实的生命体验，而且也能促进教师思想的变化，从而相互促进，共同成长，最终达到生命的成全。

第十一章　网络环境下大学生心理健康教育实践研究

第一节　网络环境下大学生心理健康教育模式的构建研究

一、重视和加强大学生心理健康教育网络模式是时代的迫切需要

其实针对大学生而言，如果从更加深刻的一个层次去理解，他们很多心理问题的产生总是离不开一些外界的因素，比如说社会文化、时代背景和外在的环境因素等等，他们的心理问题和这些因素紧密相关。当代的大学生正处于一个社会变革的关键时期，随着社会科技、经济和信息技术的飞速发展，社会变革日益频繁，社会环境日益复杂，这一系列社会变革加剧了大学生在思想观念、行为方式上的变化。

在当今这个日益变化、迅速发展的现代社会，快节奏的生活和残酷的竞争给大学生的心理带来了极大的压力和冲击，因心理问题导致人格偏差乃至引发犯罪的事例正呈上升趋势，大学生的心理疾患变成了亟待解决的突出问题之一，因此加强大学生心理健康教育势在必行。

然而，传统的大学生心理健康教育模式无法满足时代对心理健康教育的需求。传统的高校大学生心理健康教育主要是教育者根据学生的心理发展的特征以及生理上的特点，结合教育学、心理学相关的知识和理论，通过开展心理健康教育课程、心理辅导、心理咨询以及优化心理健康教育环境等有关心理健康教育的途径和方法，帮助大学生学会解决自己成长过程中遇到的心理问题，促进学生心理素质提高和心理机能健康发展，传统大学生心理健康教育模式运行的基本形式是在教育教学的全过程中进行渗透，主要是开设专门的心理健康课并开展心理辅导与咨询活动，基本上是以教师"教"为主，把教育过程变成了单纯的"知识继承"的加工过程，虽然能够在较短时间内让学生掌握系统、扎实的心理学的理论和概念，但该模式忽略了学生自主学习的主动精神，把心理健康教育过程变成了教师表演的舞台，而学生则成为观众，处于比较被动的地位，这样肯定难以达到比较理想的教学效果，更不可能培养出心理健康教育方面的创新型人才，然而基于网络环境下的心理健康教育模式，不仅继承了传统教学模式中教师指导作用的优点，利用网络教育平台，为学生提供丰富的心理健康学习资源，而且又克服了传统教育中"复制有余，创新不足"的弊病，加强了学生自主

学习、创新思维的培养，将心理健康教育过程变成了师生交往、互动的舞台，变成了引导学生探究心理学知识，培养心理能力的场所，顺应了素质教育发展的需要。

因此，利用网络的灵活性、生动性和互动性等特点，开发大学生心理健康网络教育平台，在自由、平等、开放的网络环境中引领大学生形成健康的认知、情感、道德情操，建设高校心理健康网络教育主阵地，对大学生心理健康发展有很深远的意义，是时代发展的必然要求。

二、构建大学生心理健康教育网络模式是全面推进素质教育和培养全面发展创新人才的迫切需要

我国自20世纪80年代末以来，教育界对素质教育的理论和实践进行了大量的研究和探索，如今，素质教育已成为统领整个教育全局的指导思想。

高校担负着培养现代社会高素质人才的重要使命，大学生心理健康教育是影响到高校人才培养工作成败的重要因素之一，而大学生网络心理健康教育对大学生整体心理健康水平的提高又起着关键作用。所谓高素质的人才，不仅要有良好文化道德素质、身体素质，而且要有良好的心理素质，良好的心理素质直接关系到人才自身的质量，直接影响到人才各种能力的培养和开发，因此，良好的心理素质是成为高素质人才的重要基础。一个民族，没有振奋的精神和坚强的意志，不可能屹立于世界民族之林；一个人，没有振奋的精神和坚强的意志，不可能成为符合现代社会要求的高素质人才，许多事业失败、人生遭遇挫折的人，很少是因为能力素质的原因，而往往是心理意志脆弱，在困难面前不战而屈。心理素质在人的基本素质的获取或形成中起着关键的作用，因为良好的心理素质是培养其他素质的基础，良好的心理素质可以促进其他素质的形成，因此，大学生心理健康教育工作越来越受到社会的重视，重视和加强大学生心理健康教育是全面推进素质教育和培养创新人才的需要。

在信息网络时代，大学生心理健康教育需要不断创新，需要与时俱进。利用网络优势，建立网络教育平台，提高大学生心理健康教育的效率，使大学生的素质和能力得到全面的发展，因此，重视和加强大学生网络心理健康教育是与时俱进地推进素质教育的必然要求，是培养全面发展创新人才的迫切需要。

三、构建大学生心理健康教育网络模式是以人为本，满足学生成长成才的迫切需要

以人为本是构建大学生心理健康教育网络模式的核心理念。以人为本的大学生心理健康教育网络模式是以提高大学生的心理素质、增进学生心理健康、培养学生健全人格、促进学生全面发展为目标，根据大学生的心理发展特点，运用心理学的理论和技巧，统合校园网络信息技术，开展大学生心理健康教育。构建以人为本的大学生心理健康教育网络模式符合现代教育理念。按照现代教育理论的观点，教育的核心问题是人的问题。这里的"人"，绝对不是一个抽象的概念，而是一个感性的、真实存在的人。在教育中，人的问题的实质应该是关于人如何存在、如何生活、如何去探寻和建构人的生活的问题。从这个意义上说，构建大学生心理健康教育网络模式的根本在于对大学生的关注，要融入大学生的学习、成长、成才的每一个过程之中。构建以人为本的大学生心理健康教育

网络模式是培养高素质人才的迫切要求。高等学校担负着培养现代社会高素质人才的重要使命，而大学生心理健康教育网络模式的构建对大学生整体的心理健康教育效果的提高又起着非常重要的作用。高素质人才，不仅要有良好的文化道德素质、身体素质，而且要有良好的心理素质。在人的素质结构中最基础的素质就是心理素质，它渗透进其他素质之中，对其他素质的发展产生影响和制约。从人才学的观点来讲，心理健康是学生成才的基础。作为现代社会的一个年轻人，如果没有一个健康的心态，没有较强的心理承受能力和较高的心理素质，就很难立足于社会。因此，高校应站在时代发展的高度，遵循科学发展观的要求，构建以人为本的大学生心理健康教育网络模式，做好心理健康教育工作，促进学生的全面发展。

构建以人为本的大学生心理健康教育网络模式是大学生健康成长的迫切需要。从发展心理学的角度看，在校大学生正处于人生发展阶段的成年初期。在这一时期，大学生在人格上将逐步完成从青年向成年人的过渡和转变，从而建立起自己的稳定的人格结构；在心理上和经济上将逐步脱离对父母和家庭的依赖，从而走向成熟与独立。大学生在成年初期会面对各种发展的机遇，同时也要面临各种人生的课题。如怎样对待挫折和困难、如何适应社会环境、如何调整人际关系、如何改变不良心态等等，这些问题必然会给大学生带来各种矛盾和困惑，由此产生的复杂多变的情绪会一直伴随着大学生的成长而存在。这样，就从客观上决定了当今高校必须认真分析影响学生心理健康发展的各种因素，主动关注学生的心理健康；努力提高学生的心理素质，构建以人为本的大学生心理健康教育网络模式。

四、构建大学生心理健康教育网络模式是加强和改进大学生思想政治教育工作的迫切需要

心理健康教育和思想政治教育工作分属于两个独立的学科，心理健康教育主要是运用心理学的专门知识和技术，解决心理问题，维护心理健康；思想政治工作则主要诉诸人们的思想实际，帮助人们树立正确的世界观、人生观、价值观，树立崇高的理想和坚定的信念。虽然两者的工作侧重点和具体的操作过程都存在一定的差别，但随着网络时代的来临，网络在两者中的广泛运用，使得两者的关系逐渐紧密起来，形成了相互依赖、相互促进的格局。实践表明，大学生良好的思想政治品质的养成和健康心理的形成有着十分紧密的联系：一方面良好的思想政治品质是塑造健康心理的基础，个性心理发展的方向要受到主体思想的支配；另一方面，好的心理状态是接受思想政治教育的前提，个体的思想养成受个体的心理发展的影响和制约。也就是说，外在的思想政治教育能否内化为大学生的自身需要，主体的自我意识、情感、性格等心理素质和心理状态起着决定和调控作用。然而，这种思想政治教育内化所需要的心理基础，不是思想政治教育自身所能完成的，它需要心理健康教育的支持和协助。研究表明，人们的思想意识、道德品质问题与心理问题往往是同时存在，心理问题和思想问题经常是你中有我、我中有你，解决思想问题必须与解决心理问题结合起来。因此，在对大学生开展心理健康教育的过程中，可以同时对大学生进行思想政治教育，发挥心理健康教育的德育功能。

大学生网络心理健康教育网络模式的构建，是有效提高心理健康教育实效性的重要技术手段，属于心理健康教育模式的拓展应用研究，所以构建大学生心理健康教育网络模式同样与思想政治教育工作紧密联系，是高校德育工作的重要组成部分，这就必然要求在加强和改进大学生思想政治教育工作中重视和加强大学生心理健康教育网络模式的构建。

第二节　网络环境下大学生心理健康教育模式的构建依据

一、大学生心理健康教育网络模式构建的意义

大学生是整个社会最富朝气、最具创造力和生命力的群体，是祖国的未来、民族的希望。随着科技的飞速发展和社会竞争的加剧，个体的生存压力越来越大，与此相伴，大学生的生理和心理问题也越来越多，给他们的成长带来的影响也越来越大。因此，重视大学生心理健康教育，已经成为当今世界各国教育发展的共同课题，也成为我国学校教育的必然趋势。

目前各高校很多都已开展心理健康教育，但教育模式单一，成效不尽如人意，这也是目前普遍存在的心理健康教育的难题。现行的大学通行的教育模式不适合心理健康教育，并不是说传统的教育模式是落后的，因为这种教育模式在目前高校的学科教育中收效还是比较好的，但是对于大学生心理健康教育来说，现行的教育模式有它的局限性，具体表现在几个方面：

首先，现行的教育模式的重点是放在课程和学科设置、校园文化建设、师资队伍建设、提高学生研究创新能力等方面，强调学生的"学"。但是心理健康教育仅靠学生学是行不通的，需要教师与学生共同努力。心理健康教育的许多知识是书本上难以找到的，需要教师通过自己的知识底蕴及丰富的社会阅历帮助学生，才能使学生有较好的学习效果；其次，教育的内容更多地体现为理论层面上的东西，而真正属于操作层面的内容比较少。心理健康教育目的是通过对心理学相关知识的认识来更好地提升自己的心理素质，对心理知识的认识的飞跃并不是掌握了足够的知识就可以的，是需要通过持续的实践经验才能实现的。再次，现行的教育模式基本上是通过考试的形式检验学生的学习效果，但心理健康教育不能通过这种考试的形式考核检验效果，对心理学知识的掌握并不是心理健康教育的目标。

从以上可以看出，当前大学生的心理成长有不同于以前大学生的特点，而且心理健康教育不同于一般的学科教育，现行的教育模式并不适应时代的发展和要求。因此，根据心理健康教育的特点，构建大学生心理健康网络教育模式，对落实心理健康教育并取得真正的实效，减少大学生心理危机事件的发生，帮助大学生健康成长以及改变我国在心理健康教育领域研究相对薄弱的现状有重要而深远的意义。

二、大学生心理健康教育网络模式构建的理论基础

大学生心理健康网络教育模式属于一种创新的教育模式，核心在于"德心共育"的教育理念，重点在于教育模式的构建与运行，现实依据是当今大学生的心理接受特点，而其实现教育目标的理论根基源于接受机理理论，从学理和内在逻辑上看，构建大学生心理健康教育网络模式，应在"德心共育"的教育理念指导下，深刻剖析当代大学生的心理接受特点，综合各方面相关学科的知识，形成全面合理的学理基础，为大学生心理健康网络教育模式的构建树立坚固的理论基石。

(一)德心共育的教育理念

"德心共育"，即德育与心育相融合。"德心共育"的内涵是：在开放的教育环境中，以发展教育思想为主导，整合各种教育资源，既灵活运用德育的方法，也巧妙借助心理学的原理、方法和手段，解决德育工作中的困惑与难题，将德育与心育科学地结合，兼而施之，相互借鉴、互为转化，寻求最优化的"交融和渗透"。"以德养心，以心存德，德心共育，德心交融"，是德心相融的理想境界。德心相融，最终形成德心美，较好地体现了以人为本思想，是一种至善、至真、至美的教育。

实现德育和心理健康教育的双向结合应做到：

第一，德育应从心理健康教育中吸取有益的成分，融入自己的工作中，为"我"所用。"具体说来，一是德育应真正将学生心理品质的培养作为自己的目标和内容之一，把心理健康的相关内容看作德育工作目标和内容合理地扩张与延伸，使德育工作在关注社会对个人的政治、思想、行为规范方面的同时，更加重视学生最一般、最基本的心理需求。德育工作者应更新德育观念，充分尊重学生在品德形成中的主体地位，少一点说教，多一点心理健康教育的理念，为有效实施道德教育提供良好的心理背景。二是可以从心理健康教育中移植一些方法作为德育工作的新途径，来提高德育工作的成效。

第二，心理健康教育应该依靠德育为自己引导方向。心理健康教育应主动地在心理健康教育实践中渗透正确的世界观、人生观和价值观，从而使学生的心理健康发展既有更坚实的后劲，还要通过丰富的德育实践来增强学生的心理承受能力，磨炼意志品质，从而提升其心理素质。德育实践能培育锻炼学生的道德水平、法律意识及思想境界。

第三，应把"健全人格"的构建与培养作为德育与心理健康教育有机结合的最佳切入点。这是因为：首先，健全人格的构建和培养是德育与心理健康教育的共同目标。心理健康教育的根本目的在于形成健康的人格模式，而德育的最终目的是培养出具有符合社会要求的坚定信念、高尚情操，又具有主体意识、健全人格和个性才能的人。其次，通过健全人格的构建与培养，通过对大学生进行人格教育，可以把道德认识、道德情操、道德行为统一协调起来。其实，人格健全是个体心理健康的核心，而良好的道德品质的形成过程实质上也是健全人格的形成过程。

(二)接受机理理论

大学生对于心理健康教育网络模式的接受的大脑运行机理可作如下解读：

反应状态。大学生主体的感觉系统，对网上的心理健康教育信息做出的大脑反应，移入人脑，是外来信息在主体意识中形成相对应的观念形象，这是接受活动的起始环节，是网络上的心理健康教

育信息接收的准备阶段。

接受状态。大脑把外来的心理健康教育信号所具有的物理能量转化为思想信息予以接受，但并未涉及思想信息的潜在意义，并未注意其信息意义的不确定性。接受状态受其心理准备状态的影响。

解读状态。对已接受的思想信息做出自己的解读，这是对外来的心理健康教育信息的对应状态，这是由感性反应向理性反应的过渡，即产生第一印象。对心理健康教育信息的解读，受到以需要和认知为基础的双因素影响。

筛选状态。这是接受、解读后对心理健康教育信息的分解、选择过程，这是大学生主体的理性反应。大学生主体根据对心理健康教育信息的解读与自身的需要，对心理健康教育信息进行甄选、过滤，进入思想库。每个人各有不同的甄选标准。

整合状态。即对心理健康教育信息的容纳、加工与整合，进而产生自己思想的重构过程。只讲新的心理健康教育信息的获得，而忽视新知与已知的整合、重构，则心理健康教育的信息接收难以到位。一般说只有外来心理健康教育信息与已有知识产生谐振，在思想自组织规律的作用下，才能重新认识自身的心理状况。

化解状态。心理健康教育信息经过加工整合，转化为自己新的思想认知结构以后，接受活动并未停止，后续接受活动仍在进行。一是内化，经过接受者的自省、反思过程，内化为情感，融入意志、信仰等主体意识，使认知深化，出现稳定性的思想状态。二是经过社会生活的验证，转化为社会行为方式，在劳动、交往、生活的各个方面表现为行为习惯，转化为接受新知的预备状态。三是外化，融入人群、社会，影响周围人，扩散为社会意识和行为，表现为新的思维释放与吸纳。

三、大学生心理健康教育网络模式构建的实践基础

目前我国各个高校心理健康教育的网络化正处于良好发展的态势，心理健康教育的理念在各个学校的校园网络平台中都得到了很好的体现：学校为广大学生的全面发展提供了良好的网络环境，营造了积极健康的氛围；几乎所有的大学中都设有专业的心理健康教育的网站、有专业的心理咨询人员，很多高校还有学生自发组织的网络心理社团，用来帮助心理方面有困惑的同学；在网络课程设置方面，包括思想政治理论课及其他课程中，都涉及这一方面的内容，学校在各种场合都会强调生命、实现人生价值的重要性。这为我们开展大学生心理健康教育网络模式创新提供了很好的基础。

但是不可否认的是，由于我国网络信息技术的发展起步较晚，目前我国高校在利用网络进行心理健康教育的过程中还存在不少问题：第一，网站的更新速度慢，更新较快的也是一两个月更新一次，更新慢的，从建立网站到后来，几乎没有内容的更新。如今的社会，生活和工作的节奏越来越快，要是大学生心理健康教育网站上总是摆着那些陈旧的内容，跟不上时代发展的步伐，这样的心理健康教育网站形同虚设，很多学生有问题不能随时得到解决，也会带来非常严重的后果。第二，互动性不足，教育形式单一。在部分高校心理健康教育网站中，有着比较完善的整体框架，有较多的网络教育板块，例如心理测验、心理论坛、网上心理咨询、留言板等等。但是这些板块在表达形式上很单一，多以纯文本形式存在，只有少量的音频、影视资料等网络教育形式比较吸引人，但是这些多媒体的形式很少，这样就使学生觉得枯燥无味，降低了网站的访问量。第三，网站内容不全面，

没有联系实际。从心理健康教育网站的板块分布上看，整体的感觉是内容不少，但是对学生真正有价值的信息却不多。心理健康教育网站大部分的重点知识向学生们提供一些关于心理学方面的理论和概念，以及心理咨询的案例和心理疾病的预防等等，很少涉及大学生突出关心的问题，如学习、人际、情感与情绪、择业与就业等。

四、大学生心理健康教育网络模式构建的现实依据

（一）大学生接受心理的独立性增强

随着社会主义市场经济的发展，人们逐渐由"单位人"变为"社会人"，这些都潜移默化地增强了大学生自主、自立、自强等意识，随着我国的民主法制建设，特别是基层民主的推进，大学生的民主意识不断增强，思想活动的独立性进一步强化。因此，在对大学生进行心理健康教育时，必须尊重大学生的个性，采用大学生能够接受和喜欢的方式与途径，利用网络丰富的表达方式，引导大学生学会关心自我、关心他人、关心自然、关心社会，热爱生命，理解生命的意义，提高心理素质。

（二）大学生接受心理的多变性

人的思想从来就不是一成不变的，总是随着社会实践的改变而改变，在社会转型的活跃时期，思想活动的变化则显得尤为突出。当前大学生思想活动的多变性，也是符合这个时代的特征的。在利用网络对大学生进行心理健康教育时，必须保持敏锐性、洞察力和针对性，随时关注大学生心理变化的最新动向，及时洞察苗头性的问题，以科学的预测性和网络多种传播渠道去适应大学生思想活动多变性的特点，引导大学生随着社会实践的深化，不断补充、修正、丰富自己对自身心理发展的认识，使大学生的世界观、人生观、价值观向积极健康的方向发展。

（三）大学生接受心理的选择性增强

随着现代科技的发展，信息传播工具和传输手段越来越多，现代传媒加上传统传媒，为大学生提供了大量的信息，形成了一个巨大的信息"买方市场"。随着大学生生活独立性的增强，这种选择表现为一种自主性的选择。直接影响大学生信息选择的因素，一个是大学生的接受心理，一个是被选择对象的吸引力。大学生思想活动选择性的特点，对心理健康教育的工作提出了更高的要求，需要心理健康教育工作增强"阵地"意识，一方面要研究大学生的接受心理，利用现代科技手段增强各渠道信息的吸引力，另一方面对一些会导致大学生产生错误的观念和认识的信息进行果断而有效的遏制，以减少这些负面信息的影响。

（四）大学生接受心理的非理性凸现

非理性是指对问题缺乏理性的思考，对任何事物抱一种无所谓的态度，不讲原则，或者在处理问题是易冲动，喜欢感情用事，情绪处于一种浮躁的状态。在社会经济发展处于转型期的大背景下，青年大学生的心理情感受到极大的压力，容易产生强烈的孤独、焦虑和不安情绪。这就要求心理健康教育工作努力提高教育和引导的质量，通过预防教育，提高大学生的自我保护意识和生存能力，提升他们的心理素质，防范可能发生的危害；同时，对已经出现问题的学生，给予科学有效的心理干预。

第三节　网络环境下大学生心理健康教育模式的构建

一、大学生心理健康教育网络模式构建的目标

大学生心理健康网络教育模式的构建应树立以大学生为本、为学生服务的思想，充分发挥网络教学资源的优势，创建有利于大学生心理健康教育和创新能力培养的多样化的网络教学模式。尤其是心理健康教育网站的建设必须有明确的目标，以利于保证心理健康网络教学活动的顺利进行。

心理健康教育网络模式构建的目标，就是将网络作为信息载体，占领大学生思想政治教育网络阵地，在网络中利用大学生广泛接受的方式，将有利于大学生心理健康发展的信息通过网络方式传递给大学生，消除消极心理对大学生的负面影响，从而引导大学生拥有良好的心态，正确面对自我，提高心理素质。

二、大学生心理健康教育网络模式构建的原则

（一）实效性原则

1. 针对大学生自身特点，提高网络教育效果

大学生是一群年轻人，他们思维活跃，对外界的新鲜事物充满了好奇，自我意识和自我认识已经达到了较高水平，在对社会上的事物进行评价的同时无一不追求个性和创新。网络教育是开放性的，是对全体大学生进行心理健康教育的网络平台，但是每个人的认知水平、精神意志、道德情操是参差不齐的，而且对于人生和社会的态度也是各有不同，如果面对这样一个群体进行千篇一律的教育，效果肯定不佳。因此，必须针对大学生个性多元化的特点，设置多样化的教学内容，丰富心理健康教育的手法，使得大学生的真实想法能够在网络教育的空间内得到发挥，使得他们乐意去接受并关注心理健康教育。

2. 克服网络教育弊端，开发网络教育优势

相对于传统教育而言，网络教育有很多的优势，比如资源丰富，涉及面广泛，学习具有开放性、自主性等等。同时也存在着弊端，首先是缺乏有效管理，学习效率较低。大学生的上网时间基本上都是自主控制，且以交友娱乐为主，学习的时间较少。由于心理健康教育网站上刊登的文章多数理论性很强，往往容易让大学生们忽视甚至排斥，学习效率较差，这也是广大从事大学生心理健康教育的教师们的困惑；其次是缺乏情感交流。利用网络教育基地进行心理健康教育，必须要重视交流，包括教师和学生之间的交流、学生与学生之间的交流。因为心理健康教育毕竟是纯思想及理论层面的教育，精神上的交流较少，使得心理健康教育效果较低。

因此，大学生心理健康网络教育模式必须全面开发网络教育的优势，一方面，教学表达的内容不能只是简单的图表和枯燥的文字，而是应当结合生动形象的影像和声音；另一方面，为学生提供交流思想的平台，使得学生在学习心理健康方面知识的过程中，不再只是被动地看和听，而是自由

地参与实际的探讨,这样同时也让教师方便得到教学的反馈,便于对学生进行指导和帮助。

(二)主体性原则

网络教育模式依托着网络这样一个先进的信息存储、递送媒介,在提供创新性学习环境与创造性学习条件方面具有得天独厚的优势,必须予以充分利用,让大学生在老师的指导和帮助下,创造性地学习心理健康的知识,使其协作能力、探索能力、创造能力得到提高,个性得以发展。同时要尊重大学生的主体意识和心理接受机制,发展互动性板块,比如知识竞赛、网络辩论等活动,一方面满足了大学生求新、求异的心理需求,另一方面也提高了大学生参与心理健康教育的积极性。

此外,还可以通过开设师生个人主页、博客、BBS、电子邮件、QQ群等方式丰富大学生心理健康教育网络平台。用这些方式与学生交流思想,了解学生的真实想法,对发现的问题和思想倾向进行针对性地指导,也可以针对个别学生的具体问题,提供单独的指导和帮助,实施个性化心理健康教育。

(三)整体性原则

一般教育中,整体性原则强调的是从全局的角度把握整个教育的环节,大学生心理健康网络教育模式也应遵从这一整体性原则。心理健康教育是一个系统工程,它有不同层面、不同对象的内容。面对复杂多变的社会,面对不同个性的群体,我们的心理健康教育网络模式,既要具有针对性的措施,也要从心理健康教育的整体上、全局上进行把握,对心理健康网络教育的内容、实施等要从整体上实行规划部署。大学生心理健康网络教育模式整体性原则要从时间维度和空间维度两个方面来把握。

1. 时间维度上注重心理健康教育的终身制

注重教育的全面持续发展是教育的一个重要目标。大学生心理健康网络教育正式作为一项系统工程,应该在其实施网络教育过程中围绕心理健康教育的目标,进行有计划的、分阶段的整体规划,对大学生心理健康网络教育的各个层次的目标,进行具体的分解,具体地进行落实,及时在网上收集学生对教育的反馈意见,并做出相应地调整,只有这样才能真正实现大学生心理健康网络教育的目标,达到教育效果。学校期间的心理健康网络教育要在大学生入学、学习、毕业到就业的各个阶段,根据学生身心发展规律和全面发展的需要,分层次、分阶段、有针对性地建心理健康网络教育板块,利用网络教育平台把人生观教育、价值观教育、思想教育,以及学生的生涯规划与学生的成长阶段紧密联系起来,让学生实现健康成长。同时做好大学生心理健康网络教育与家庭和社会教育的良好衔接,例如建立网上家长邮箱,与家庭建立网上心理互助机构,了解学生在家的心理状况以及今后就业时,心理发展的趋势,对于家长和学生提出的疑问进行解答,帮助学生解决自身存在的心理障碍。这样,就能够让学生养成关心自我心理发展、及时解决自身心理问题的习惯,实现终身心理健康教育的意识和自觉。

2. 空间维度上注重心理健康教育的全方位发展

对大学生进行心理健康网络教育,既要发挥学校的积极引导作用,又要积极发挥利用家庭和社会的教育资源。在大学生心理健康教育网络平台中落实网络课程教学、网上心理咨询、网上心理论坛等教学活动的同时，还要通过家长、社区等多种途径，在网上开展心理健康教育方面的讨论，积极探讨关于大学生心理健康教育的方法和经验，让学校的专家和教师通过网络引导家庭和社会培养学生健康的生活习惯、与人和睦相处的技能和积极的生活态度。让家长和其他社会成员通过网络反映心理健康教育的效果和自己的意见，形成心理健康教育网络合力，在空间维度上实现大学生心理健康教育的全方位发展。

总之，要根据新形势下大学生的特点，积极探索和创新纵向衔接、横向联系，学校、家庭、社会沟通，课堂教育、环境熏陶、社会实践相互补充的人性化的心理健康教育网络模式，为帮助大学生健康发展而不断努力。

(四)发展性原则

人的生存是一个无止境的完善过程和学习过程，人的生命成长是不断追求人生意义，全面、均衡发展的过程。心理健康教育的目的在于促进个体生命的全面发展。所谓全面发展是个体生命身心各方面的发展，是基于个体内在潜能的、适合自己特点的一种个性发展。这种个性发展优势体现个体主体性品质的主动发展，是个体的存在要求，而非外在的强迫和压制。这种发展是生命价值的体现和超越，应有明确的方向和动力；心理健康教育网络模式要帮助大学生掌握必要的生存技能，提高认知和感悟事物的能力，培养大学生的自信心的同时学会尊重、欣赏和关怀他人，树立积极的人生观，健康而自由地成长。要实现个体全面发展的目标，心理健康教育网络模式还必须依靠网络技术对大学生进行预防性教育和干预性教育。有一个合理、有效的干预机制是促进大学生心理健康发展的重要条件。

三、大学生心理健康教育网络模式的设计

(一)大学生心理健康教育网络模式的构成要素

接受主体：即接受者，在心理健康教育活动中，是指接受心理健康教育的大学生及其群体。接受主体是人，但不等于人。人在活动中并非总是主体，只有通过自己的能动性，在一定的关系中获得对客体的主动态势，并取得了支配地位，发挥了积极作用的人，才能视作一定关系中的主体。在实践中，接受者之所以能够成为主体在于接受者的实践活动，从根本上说，是主体活动与活动对象的关系。在大学生心理健康网络教育活动中，大学生及其群体是现实的、生动的、多样的，具有鲜明的心理接受特征。接受主体的接受活动由注意信息、保持信息、接受信息、心理内化、改变认知、影响行为等六个环节构成。接受活动的流程，即受教育者的视觉、听觉等感官对外界的教育信息发生的反应，然后将这种反应较长时间地留在大脑内进行甄选，选择性地接受来自外界的信息。接受信息后，在心里产生内化行为，逐渐将自己关注和认同的新观念、新思想同过去的思想观念重新组合成为一个新的系统，并且具有持久性。经过接受主体心理内化而形成的新的思想观念系统，会引起接受者态度发生改变，从而影响到接受者的行为。这六个环节相互影响，紧密联系，构成了接受主体的心理接受活动。

接受客体：大学生心理健康教育作为接受主体的一种对象性活动，总是收到接受关系系统的另一级——接受客体的信息。接受客体是外部世界中那些客观存在并被设定同接受主体相关联而被纳

入大学生心理健康教育网络模式系统结构，同接受主体一起发生了接受上的功能关系的心理健康教育信息。在大学生心理健康教育活动中，接受客体是由具体的接受主体根据自己的接受图式和接受能力有目的有选择地进行，设定以外的不是接受客体。接受客体是一个复杂的系统，一方面，接受客体有较严格的规定，并且构成因素和属性较多，因而在客观上它的各个方面对接受主体的意义也不相同；另一方面，每一个接受主体都有自己不同的接受图式和接受能力，在面对同样一个接受对象时，都会从不同的角度、不同的层面来选择性地接受客体。接受客体决定着教育内容。即心理健康教育的内容，主要包括六个方面，即自我意识教育、学习心理教育、个性心理教育、人际交往心理教育、恋爱心理教育、择业心理教育。

接受中介：从哲学层面讲，是指事物之间借以相互联系和相互转化的条件或中间环节。马克思主义哲学认为，世界上的一切事物都是相互联系和相互转化的，这种联系和转化只有通过一定的中介环节和条件才能实现。在大学生心理健康教育网络模式中，接受主体和接受客体作为接受活动的两极，具有一般联系的特点，在其两者之间，存在一个中介系统，我们称之为接受中介。它把接受主体和接受客体连接起来并使之发生相互影响和相互作用，从而使大学生心理健康教育得以展开。在大学生心理健康教育网络模式中，接受中介是校园网络系统，由若干要素构成，教育者在接受中介中居于主导地位。心理健康网络课程、网上心理咨询、网上心理测验、网络论坛、网络心理互助相互影响，相互作用，构成了接受中介的主要内容。

(二)大学生心理健康教育网络模式的教育内容

1. 自我意识教育

自我意识是一个人对自己的认识和评价，包括对自己心理倾向、个性心理特征和心理过程的认识与评价。正是由于人具有自我意识，才能使人对自己的思想和行为进行自我控制和调节，使自己形成完整的个性。

自我意识是人对自己身心状态及对自己同客观世界的关系的意识。自我意识包括三个层次：对自己及其状态的认识；对自己肢体活动状态的认识；对自己思维、情感、意志等心理活动的认识。自我意识不仅是人脑对主体自身的意识与反映，而且人的发展离不开周围环境，特别是人与人之间关系的制约和影响，所以自我意识也反映人与周围现实之间的关系。自我意识是人类特有的反映形式，是人的心理区别于动物心理的一大特征。

自我意识在个体发展中有十分重要的作用。首先，自我意识的存在是认识外界事物的基础。一个人如果连自己都不知道，也无法把自己与外界相区分时，他就不能对外界事物产生正确的认识。其次，自我意识能有效推动自我教育，也是形成人的自控力、自觉性的前提。人首先应该意识到自己是谁，自己该做什么，才会有行为的指向和动力。一个人意识到自己的优点和缺点，就有助于他发挥自己的长处，克服不足之处，在自我教育方面取得积极效果。再次，自我意识是改造自身主观因素的途径，它能使人在不断地自我监督和自我修养中，完善自我，提高自我能力。可见，自我意识影响着一个人个性和道德判断的形成，尤其对个性倾向性的形成更为重要。

2. 学习心理教育

学习心理是人和动物在后天经验或练习的影响下心理和行为变化的过程。学习心理的教育立足于学生的学习本质，从学生的学习过程、思维方式、行为方式、生理机制、学习类型、认知理论、信息加工、记忆原理、学习策略、学习技巧、学习迁移等领域进行研究，运用学习心理学理论和方法，从根本上解决学生的学习和行为问题，达到科学学习的目的。

3. 个性心理教育

个性是一个多层次的、结构复杂的、内容繁多的概念；既包含社会学的概念和内容，也包含生理学的概念和内容。就内容来说，有积极向上的，也有消极堕落的。个性心理问题的研究和了解，不仅有心理学、生理学、神经生理学的意义，当前更重要的是社会学的意义。现代社会中，特别强调人性、人本，而人的品质中最重要和最关键的是个性心理。例如一场体育比赛中，双方的实力相当，可谓势均力敌，如何能在比赛中胜出，不仅仅是要有狭路相逢勇者胜中的"勇"，更重要的因素，是要有稳定的心理素质。如今各级学校，已经把心理素质教育纳入重要的教育课程，而大学生入学后被学校考察的第一项便是个性心理测试，在国外各种用人单位的招聘标准中，心理测验已经成为不可或缺的一部分。这就是说，个体心理的发展与健康程度如何是当前社会极其重视的一项课题。

4. 人际交往心理教育

人际交往是大学生促进自己心理健康发展的重要途径：

第一，人际关系影响大学生的生理和心理状况。处于青年期的大学生，人际交往的要求非常强烈，人人都渴望真诚友爱，每个人都在力图通过人际交往获得朋友和友谊，从而满足自己精神和物质上的需要。但大学生在面对新的环境、新的同学的同时，也要兼顾紧张的学习和生活，一部分学生由此而导致了心理矛盾的加剧。此时，积极的人际交往，良好的人际关系，可以使人精神愉快，情绪饱满，充满信心，保持健康向上的生活态度。通过专家的调查和分析，如果一名学生拥有很好的人际关系，那么他的性格大都比较开朗，待人态度热情，能够正确地调解学习和生活中的矛盾，迅速适应大学的生活，从而正确地认识和对待社会的种种现实问题，形成积极向上的良好品质。相反，如果一名学生缺乏积极的人际交往，那么他就会变得心胸狭隘，目光短浅，自私自利，更容易在精神和心理上形成巨大的压力，不能正确地认识和对待自己和他人，甚至会导致病态心理的产生。如果不能及时得到疏导，就会形成恶性循环，严重影响身心健康。

第二，人际交往影响大学生的情绪和情感变化。大学生出于青年发展时期，是人生的黄金时期，在生理、心理和社会化方面逐步走向成熟。在这个过程中，如果遇到了不良因素的影响，就容易产生紧张、恐惧、焦虑、愤怒等不良情绪，使大学生正常的学习和生活受到影响。良好的人际交往，能够提供一个和谐、友好的人际环境，使得大学生的不良情绪得到发泄和控制。

第三，人际交往影响大学生的精神生活。大学生有着丰富的情感，在紧张的学习之余，需要与他人进行情感交流，互相讨论人生和理想，倾诉自己的人生态度，而实现这一愿望的最好方式就是人际交往。通过人际交往，大学生可以找到归属感和安全感，也可以满足大学生对友谊的需求，可以更加真实和深刻地体会到自己在集体中的价值，并产生对他人和集体的依恋和亲密的感情，从而获得充实的、愉快的精神生活，促进身心健康。

5. 恋爱心理教育

大学生恋爱心理是指大学生在生理、心理能量、环境的共同作用下，所表现出来的对异性的求知、接近、进行恋爱、追求爱情等行为，以及由此产生的各种心理现象。如今的大学校园恋爱已成了一个热门话题，部分大学生甚至把恋爱列为大学必修课之一。爱情是一种特殊的人际关系，是人类独有的一种强烈而美好的感情，是一对男女基于一定的客观物质条件和共同的人生理想，在各自心中形成的真挚爱慕，并渴望对方成为自己终生伴侣的一种最强烈的情感。作为当代的青年大学生，应该从以下几个方面努力，培养健康的恋爱心理和行为，树立正确的恋爱观，提倡志同道合的爱情，摆正爱情与事业的关系，懂得爱情是一种相互理解、相互信任，是一份责任和奉献；有健康的恋爱行为，恋爱言谈要文雅，行为大方。恋爱过程中要平等相待，相敬如宾，还要善于控制感情，理智行事；培养爱的能力与责任，包括接受爱的能力，拒绝爱的能力，发展爱的能力。

6. 择业心理教育

大学生择业是一个极其复杂的心理过程，不仅受社会、家庭等诸多外因的限制，而且受自身心理的制约，是社会环境、群众舆论、个体心理的集中反映。近年来，随着国家就业政策和社会经济的不断发展，大学毕业生就业制度改革也在不断深入。面对就业矛盾日益尖锐、社会竞争日益加剧的形势，大学生思想渐趋成熟，能够做到正确地面对和接近现实。但是，在具体择业的过程中，大学生的择业心理却呈多种幼稚、不成熟的表现形式，主要包括焦躁、自卑、盲从、悲观等心理状态。大学生在就业过程中遇到不可避免的挫折时产生的矛盾心理是可以理解的，也是正常的。但这种心理障碍长期困扰着大学生，在很大程度上影响大学生的择业和今后的工作，甚至造成心理和生理障碍。因此必须加强大学生心理健康教育，有效地帮助大学生解决所遇到的心理矛盾和冲突，排除心理困扰，增强心理承受能力，克服就业心理障碍，以良好的心态去寻找职业。

(三)大学生心理健康教育网络模式的实施路径

1. 开设心理健康知识网上课程

针对大学生的身心发育特点，充分发挥网络媒体的特点，在网上建立大学生心理健康教育知识系统，开设心理学方面的课程，普及心理健康知识，并且在网上举办有关心理健康知识的专题讲座等心理健康网络教育活动。通过文本、图形、声音、动画、视频等多种媒体形式的有机结合，向学生介绍心理健康的基本知识，传授心理调适方法，让大学生了解心理健康的重要性，帮助他们更好地了解自己的内心世界，找到适合自己的心理保健方法，培养健康的心理状态。

2. 网上心理咨询

在网上开展心理咨询活动，是以校园网为媒介，运用心理学的各种理论和方法，在网上指导大学生以合理的方式解决自身存在的心理问题的过程。网络心理咨询主要是针对在现实生活中有心理困惑、情绪困扰的学生，并且这类学生还须有个共同的特点，就是希望求得帮助，但是由于某种原因不愿意直接找心理专家或者去心理咨询室进行治疗。而网上的咨询方式对咨询者是保密的，可以打消大学生的心理顾虑，有利于大学生打开心扉，使得心理咨询工作能够顺利进行，因此许多大学生更愿意在网络这个隐蔽的环境中向心理学专家和老师寻求心理援助，在专家和老师的指导下，缓解自己的心理紧张和冲突，解决自身存在的心理疑惑，保持心理健康，更好地适应生活和学习。

3. 网上心理测验

首先，开展网络心理健康调查，积累心理资料，科学地确定大学生心理问题的特点及其类型，为研究大学生心理发展规律以及开展心理咨询提供科学的依据。传统的心理调查大多采取书面问卷等方法，但这种调查费时、费物又费力，而网上心理调查较之书面问卷等传统调查法更便捷、快速、高效，且可以降低成本、节约资源。通过网络对大学生进行心理调查，了解其基本心理特征、需要，就可以有效、及时地发现大学生的心理问题及其心理问题的特点和严重程度，从而提高心理教育工作的针对性和有效性。其次，建立网络心理测验系统。网络心理测验是心理学工作者依据一定的心理学理论，按照一定的系统程序给人的心理特性以数量化的过程，能对贯穿于人的全部行为活动中的心理特性做出一定的推论和量化的科学分析。心理测验主要目的是全面了解大学生心理健康状况，建立大学生心理健康档案，同时让学生了解自己心理状态，有意识地注意培养自己，使自己的心理素质不断提高。基于大学生自身的特点，网络心理测验至少应该包括学习、人格、交往、挫折等方面。网络心理测验要将科学性与趣味性相结合，科学性是指心理测验的准确性和可靠性，要根据心理健康的标准设计测验题。趣味性就是要采用丰富多彩的形式，吸引同学们参与心理测验，可以通过一些图片或动画故事，甚至游戏，设计一些心理测验的内容，让学生在松弛、愉快的心态下进行心理测验，以达到正确反映学生心理健康状态的目的。

4. 网上心理论坛，开展专题讨论

针对市场经济、知识经济条件下的社会热点、焦点心理问题，结合大学生心理健康教育的现状以及大学生面对心理困惑时应采取的应对措施等相关的具体案例，让学生们来共同讨论，倡导大学生关注心理健康教育。建立使个性与人格得到健全发展的良好氛围，同时邀请有关专家学者参与讨论，并对大学生心理问题进行积极引导。大学生年龄相仿，基本相同的生活经历使他们面对着基本相同的人生问题，因此在他们心理发展中产生的问题也大体相同，对大学生中存在共性的、普遍性的问题，通过网络化交流、探讨可以共同解决。

5. 网上心理互助

学校应充分利用计算机网络的交互性，制作专门的校园网虚拟社区，作为老师、学生与家长进行相互交流的场所。虚拟社区可通过不同的论坛，将教师与学生、家长有机地联系在一起，通过对某一个求助者的心理问题，共同探讨解决方法。以教师、同伴、家长支持的方式进行，既可以使求助者获得支持和帮助，同时也使得其他学生通过思考、讨论，获得问题的解决方式，这种讨论较为自由、宽松，不受时间和地点的限制，教师、学生、家长都可以随时上网对论坛中其他学生的心理问题或观点发表自己的意见。这样，不仅提高了学生参与心理教育的热情，也使一些学生在活动中对自身对社会有了更多的认识，其效果是常规心理交流无法达到的。

四、大学生心理健康教育网络模式的运行

上一节介绍了大学生心理健康教育网络模式由接受主体、接受中介和接受客体三部分组成。那么这三者是通过怎么样一个过程实现大学生心理健康教育网络模式的运行呢？接下来将会对整个模式的运行作详细介绍。（见图11-1）

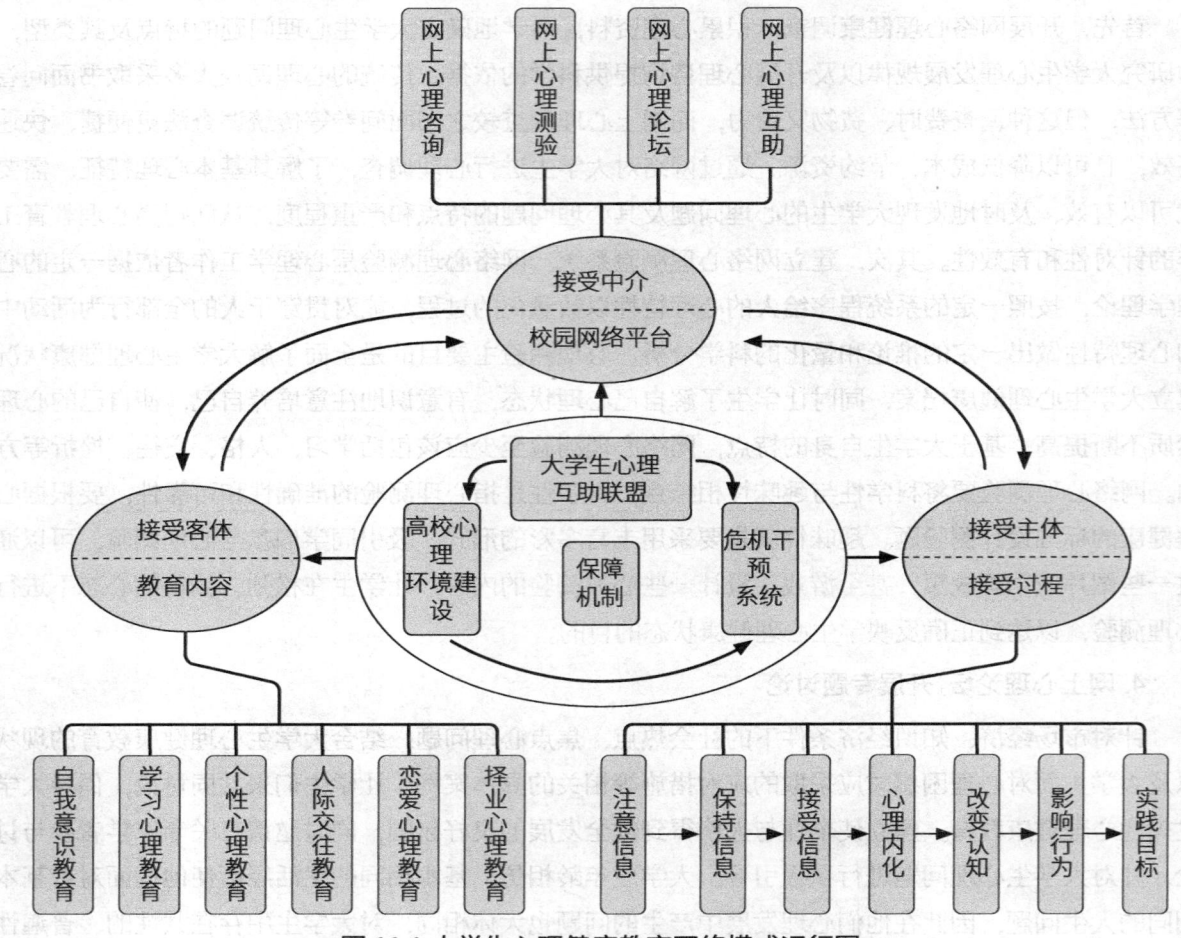

图11-1 大学生心理健康教育网络模式运行图

（一）大学生心理健康教育网络模式的运行分析

大学生心理健康教育网络模式的构建与运行由接受主体（大学生）、接受中介（校园网络平台）和接受客体（心理健康教育内容），通过方案实施、信息反馈、方案调整，三个环节的有序循环，有效地促进了接受主体、接受中介和接受客体之间的相互联系、相互作用、相互影响，形成了教育由物理过程向心理过程的转化。接受主体通过注意信息、保持信息、接受信息、心理内化、改变认知、影响行为最终实现教育目标这样一个循序渐进的接受过程，表现出相应的外化行为。从而形成了一个良性循环的整体运行机制，最终实现心理健康教育的目标。

大学生心理健康教育网络模式的三个组成部分，接受主体（大学生）、接受中介（校园网络平台）、接受客体（心理健康教育内容）通过方案实施、信息反馈、方案调整，三个环节共同构成一

- 218 -

个整体性的运行机制。首先接受客体通过心理健康网络教育模式中的网上心理课程、网上心理咨询、网上心理测验、网上心理论坛、网上心理互助五个教育途径输送给接受主体，即接受心理健康教育的大学生。接受主体在接受过程中所表现出的正面信息和负面信息都会通过这五个渠道反馈回来。由于教育者在接受中介中处于主导地位，在对这些反馈信息做出判断和处理后，会对接受客体的教育方案进行调整，使其以更合适的方式受教于教育主体。

在这个运行过程中，还有大学生危机干预系统、大学生心理互助联盟、高校心理环境建设三项保障措施组合成一个集学校、家庭、社会三位一体的保障支撑系统来维持模式的正常运行，从而构成了一个层次鲜明、不断循环、有序有效的大学生心理健康教育网络模式。

(二)大学生心理健康教育网络模式中大学生的心理接受过程

1. 注意信息

心理学上注意分为二大类，一是由外刺激引起的结构性注意，二是由人的主观状态引起的功能性注意。反应的强弱由双因素所致，一是外刺激的强弱度，二是内需要的切合度。因此，我们在实行大学生心理健康网络教育的过程中，需要注意和引起注意的两大要素，结合实际情况调整两大要素的比重关系，以实现合理的外部刺激与内需的切合，实现教育效果的最优化。

2. 保持信息

人们对信息的普遍注意通常持续较短时间，而对感兴趣的信息则会保持一个较长时间的注意。对于信息的保持，除了接受者自身的兴趣外，外界刺激的不断强化与持久刺激也是重要的方面。因此在大学生心理健康网络教育的过程中，需要不断通过多种网络途径和方式强化教育内容，使被教育者在相当长的一段时间可以保持对教育内容的注意，为之后的接受与内化打下良好的基础。

3. 接受信息

接受信息的过程包括对信息的解读、信息的筛选和信息的整合。这个过程是教育目的实现的重要一环。只有对教育内容接受，才能通过后来的努力内化为自身的一致价值观或价值取向。信息的解读包括两个方面，一是对思想信息传递源的意图性解读，二是对思想信息与自己的相关性的解读。在教育的过程中，必须让学生明确进行心理健康教育的意图，同时使学生明确心理健康教育对于自身发展的重要性。对于信息的筛选，由于被教育者因其思维习惯的不同各有其一定的筛选程序，因此在实施心理健康教育活动的过程中，不能一概而论，而应把握不同学生的不同接受方式，因材施教。信息整合是被教育者依据信息化发展趋势，按照其自身发展的需要，对信息资源分配和共享，进而实现信息资源配置最优化、拓宽信息资源应用领域和最大化挖掘信息价值的接受过程。

4. 心理内化

心理内化是外在的教育理论转化为个体内在价值取向的必然过程，也是个体学习外界理论知识，形成符合社会需求与个人发展的理论取向的必由之路。现代认知心理学的研究表明，任何信息的获得必须经过主体对外界输入信息进行不同层次的心理转化才能实现。人们根据信息本身的特性和联系，在头脑中进行一系列的认知活动，将新信息内化于学习者原有的认知结构中，以建立新的认知结构。由此可见，心理内化是制约教育效果的重要环节之一。

5. 改变认知

被教育者在接受了教育内容并内化为自身的认知结构的一部分以后，就会逐步改变以往的认知结构，开始按照新的认知来理解和对待周围的人和事物。当大学生树立正确的价值观后，必然会呈现出与以往不同的价值取向。

6. 影响行为

当大学生将心理健康教育的内容内化为自身的理念意识之后，他们的行为就会随之发生变化。他们对待周围的人、事、物的态度也必将更加客观和理性。面对困难和挫折的时候也会更加坚强和勇敢。在很多关键事情和问题上能够做出正确的选择。

(三) 大学生心理健康教育网络模式运行的保障

为了保障大学生心理健康网络教育模式有序、有效地运行，本研究进行了一系列创新性的探索和实践：将大学生危机干预系统、大学生心理互助联盟、高校心理环境建设三者结合起来，形成一个完善的保障系统，在大学生心理健康网络教育模式的运行中，发挥查漏补缺、完善保障的功能。

1. 危机干预系统

危机干预系统是通过家庭、学校、社会各方面形成合力，预防大学生心理危机的发生。建立大学生心理危机干预系统，确定心理危机预警指标，对预测危机、防范危机和应对危机的策略具有十分重要的意义。心理危机预警机制的建立有助于引导当代大学生认识心理危机、理性面对和处理心理危机，适时把握转机，获得健康发展。危机干预系统还有助于及时发现和识别潜在的和现实的危机，以便采取措施，减少危机发生的突发性和意外性。主要包括建立心理档案、确定预警指标、形成监控网络及高危对象发现与主动干预四部分。

（1）建立大学生心理档案。

第一，大学生基本情况。主要提供一些背景资料，以帮助教师深入分析大学生心理，诊断心理问题产生的原因。

第二，能力情况及其教育建议。主要是指大学生的智力水平、智力特点如何，怎样进行有针对性的智力训练；学生的言语智能和数学智能水平如何；能力倾向鉴定及创造力测量等。

第三，人格特征分析及培养建议。主要是指大学生的性格类型及特征、气质类型及特征、个性心理特征，教育手段，大学生的兴趣、态度、人际关系及品德特点等。

第四，心理健康状况及辅导策略。主要是指大学生的心理健康水平鉴定，有无心理问题或心理障碍，程度如何，怎样进行教育或矫治。

第五，学习心理分析及教育对策。主要是指大学生的学习态度、学习动机、考试心理等的诊断及因素分析。

第六，职业能力倾向类型分析及指导。主要是指大学生的职业兴趣、职业能力的诊断，分析其适合哪一类工作，从而为大学生作职业生涯规划和就业指导。

(2) 确定预警指标。

大学生心理危机的预警指标通常包括预警的重点对象、指标体系、信息评估和危机处理。通过分析预警指标，可以获取预警信息，从而评估信息，评价危机严重程度、决定是否发出危机警报，进行危机预告。

(3) 形成监控网络。

大学生心理危机监控网络包括监控机构和监控队伍建设。心理危机干预工作是系统工程，需要学校相关部门的配合，通过学校、心理健康教育与咨询中心、学院、校医院保卫处教务处、学生社区、学生班级与寝室的学生心理危机干预六级网络，建成危机应对的快速反应通道，做到早期预防、早期发现、早期诊断、早期应对。

学校心理危机干预工作队伍分成专业人员与相关人员。专业人员主要为高校心理健康教育咨询中心的专职人员，相关人员包括各学院全体学生工作者，教务处、保卫处、校医院等职能部门人员，学校心理协会会员、学院班级学生骨干分子以及校外相关精神卫生与医疗机构人员。

(4) 高危对象的发现与主动干预。

高危对象通常是指有自杀心理倾向的大学生。这些有自杀意念的大学生在遇到难以解决的问题时，想逃避现实，为解脱自己而准备把自杀当作解决问题的手段。一旦发现高危对象，就必须及时进行主动干预，以便其将自杀意念消灭在萌芽状态，从而避免不堪设想的后果。第一，建立心理健康教育机构。由专门从事心理卫生专业人员和负责学生工作人员共同负责心理健康教育。同时开展培训工作，使班主任、辅导员和学生干部等了解大学生自杀的心理特点和过程，掌握对高危对象自杀危险性的早期评估知识和干预技巧。第二，对大学生进行心理监测，筛选高危对象。对新入学的大学生应有心理监测专业培训人员为其进行心理测试。第三，对大学生进行心理健康教育。心理健康驾驭的内容必须根据大学生的整体心理素质，完善大学生的个性，培养社会适应性，树立正确的婚恋观，在建立和谐的人际关系以及控制能力等几个方面下功夫。第四，及时发现心理危机，给予紧急干预。研究发现，许多自杀现象并不是突然发生的，从自杀念头形成到自杀行为的选择有一个心理发展过程。第五，熟悉大学生自杀危机干预的步骤，做好经过成功救助的学生心理修复工作。

2. 大学生心理互助联盟

建立大学生心理互助联盟，为大学生心理健康网络教育模式的运行提供主体支撑。将传统的"管理本位"转变为"学生本位"，以学生主体作用发挥为抓手，建立大学生心理互助联盟，具体负责心理互助网络平台、心理互助热线、心理互助飞信、心理互助 QQ 群、心理互助 E-mail、心理互助信箱的日常工作和组织开展丰富多彩的课外活动。充分调动大学生自我教育、同伴教育的能动性，构筑起大学生心理自助互助能动体系。为机制的运行提供强有力的主体支撑，确保大学生心理健康网络教育模式的有效运行。

3. 高校心理环境建设

建设和谐的高校心理环境，为大学生心理健康网络教育模式的运行创建能动的教育环境，奠定良好的心理基础。"用环境进行教育，这是教育过程中最微妙的领域之一。"精心设计、创建良好的校园环境是培养全面和谐发展的人的前提,同时,它又是对学生精神世界施加潜移默化的影响的手段。受教育者在各种教育活动中受到的影响,要经过一个内化的过程,即经过上述矛盾运动过程,会使其原有的思想和心理状态得到进一步的发展和提高,外因转化成内因;而新的思想境界和认识水平一经形成,就会产生一种新的能动力量,并反作用于外部世界,使外部环境得到改造,内因又转化为外因。而心理环境的工作重点就是要促进这个内外因的相互转化,从而形成高校心理环境的良性循环系统。

大学生作为我国重要的人才储备资源,是我国走向繁荣富强的希望。加强和改进大学生心理健康教育,对我国经济社会发展和政治稳定具有不容忽视的战略意义。笔者简单地介绍了网络教育与心理健康教育,并分析了网络教育的优势以及网络教育对大学生心理健康教育的影响,阐述了构建大学生心理健康教育网络模式的必要性和迫切性,概括了大学生心理健康教育网络模式构建的依据,创新点在于提出了一套切实可行的大学生心理健康教育网络模式的设计方案,重点论述了大学生心理健康教育网络模式的运行机制以及保障机制。不足之处在于理论研究相对薄弱,未能提出一套针对大学生心理健康教育网络模式的完整理论。在今后的研究中,笔者将尽自己最大的努力运用自己学到的知识和工作实践对上述问题进行探索,借鉴西方的心理健康教育理论与方法,并与我国高校心理环境建设研究相结合,充分利用一切有利因素与教育资源,营造一种具有时代气息、高品位的校园心理健康教育网络文化氛围,使学生受到耳濡目染、潜移默化的心理健康教育,提高他们的心理素质。挑战是不可避免,应当对这项事业充满自信。努力聚合一切可支持的力量,以人为本,不断改进和推动大学生心理健康网络教育工作,开创大学生心理健康教育的新局面。

第四节 网络环境下大学生心理健康教育的策略体系与应用效果

网络作为崭新的信息技术,与其他媒体相比较,具有信息量大、传播速度快、信息获取便捷以及信息交流互动性、网络时空虚拟性、网络行为匿名性、共享资源丰富性、价值观念多元性等特点,为开展大学生心理健康教育带来许多优势。同时,互联网的内容良莠不齐,难以监控和筛选,而其超乎想象的刺激性和娱乐性,又极易使人上瘾,对大学生群体具有特殊的吸引力。大学生具有创造性强、接受新事物快等特点,但由于涉世不深、追求刺激、喜欢娱乐,自我控制力较弱。网络的特点和大学生自身的特点不但使他们成为互联网的极大受益者,也容易使他们沉迷于其中,在心理健康方面受到较大的负面影响。可以说,互联网对大学生来说是一把双刃剑,网络已经成为大学生活不可或缺的部分,网络对大学生心理健康有积极影响也有消极影响。如何利用网络特点和优势的积极影响、避免网络的负面影响,是制约网络时代高校大学生心理健康教育工作发展的关键所在。

一、基于网络环境的大学生心理健康教育策略研究

(一)基于网络环境的大学生心理健康教育原则

基于网络环境的大学生心理健康教育工作，应坚持以下原则：

1. 预防性

传统的心理辅导侧重矫治，这是一种被动消极的方法。网络环境下我们应当更加强调坚持预防性的心理辅导原则。预防性原则目的是"防患于未然"，具体来说，应当在新生入学以后，对他们进行心理健康普查，建立心理档案，做到对心理问题的早期发现，以及对心理危机的早期觉察和干预。面对网络环境的复杂多变，大一新生容易沉溺于网络，要特别加强网络使用的正确引导，大二、大三要抓巩固，大四要抓考研、就业指导等。同时，在新生入学后，就开展有针对性的心理教育，并提供有效的心理适应方法。

2. 发展性原则

要以发展的观点看待大学生心理问题，大多是发展性的而非障碍性的。发展性原则的重点是教师有意识地为学生创造成功的经历，发展学生的潜能。要把大学生心理健康教育作为全体大学生心理发展的必需，而不能等到出现问题后才去做。网络环境的复杂多变使大学生心理发展变化更加复杂频繁，要随时跟踪出现的新问题、新动向，营造良好的网络环境，促进大学生心理健康发展。

3. 灵活性原则

在心理健康教育中，大学生心理健康水平存在明显差异，所以开展大学生心理健康教育要关注和重视学生的个性差异，要根据不同学生的不同需要采取不同的形式，在不违背心理健康教育基本原则的情况下，因人因时因地而异，灵活地应用各种教育理论和方法，采取灵活的形式、灵活的步骤、灵活运用多种媒体工具，以求得到最佳效果。具体而言，对待不同的问题应选择不同的方法，不同的阶段实施不同的方法，不同的对象采用不同的方法。针对不同的问题、不同的阶段、不同的对象选择不同的网络媒体、运用不同的网络工具。

4. 主体性原则

大学生心理健康教育的目的是培养大学生良好的心理素质，大学生是心理健康发展的主体。因此，在心理健康教育过程中，应充分调动学生参与教育活动的积极性和主动性。把学生作为主体，尊重他们的客观现实，调动学生的积极性，给他们以充分的理解和信任，尊重他们的人格，增强他们利用网络环境进行自我教育的能力，要让学生积极地面对心理健康教育，不断正确认识自我，增强调控能力、挫折耐受能力、网络环境的适应能力，让有心理障碍的学生通过自主学习主动地配合心理咨询和心理辅导，尽快摆脱障碍，学会自我调节，提高心理健康水平，增强发展自我的能力。

(二)基于网络环境的大学生心理健康教育机构建设策略

1. 完善三级指导机构校级、院级、班级

大学生心理健康教育是一项系统工程，健全的工作网络，是优化大学生心理健康教育的重要组织保障。大学生心理健康教育的有效指导，有赖于三级机构网络——校级心理健康机构、院系级心理

健康组织、班级学生心理健康小组的完善。校级心理健康机构应由专职的教育工作者进行管理，组织协调校、院系学科教师、德育工作者和医务人员等人力资源，通过对学生的辅导及心理训练活动，为学生提供有效的心理健康指导。院系心理健康组织，应由院系主管学生工作的领导和班主任、政治辅导员组成，在学校心理健康机构的领导下，有针对性地对学生的心理问题给予及时、必要的干预。班级学生的心理健康小组，应由志愿为同学服务且心理素质较好的学生组成，在与同学朝夕相处的学习生活中，给予那些需要心理关怀的学生以经常性的帮助，并能将有严重心理障碍学生的情况及时地向所在院系和学校心理保健组织与机构反映，避免学生由于心理健康问题而引发安全事故。

2. 建立全国性心理健康教育网络系统

通过建立全国性心理健康教育网络系统，形成心理教育的合力，成员间可以互通信息，相互合作使那些未能开展心理健康教育工作的地区和学校的学生也能及时接受教育，解决他们所要解决的问题。

设立大学生心理健康网络教育机构。可以设在高校的网络教育学院，作为一个研究所与大学生心理健康教育中心协作，专门开展大学生心理健康网络教育，负责大学生心理健康网站教学、咨询、测验等，利用网络普及并推广心理健康教育。

(三)基于网络环境的大学生心理健康教育师资培训策略

1. 培训大学生心理健康教育专兼职教师、咨询师

开展网络环境下的大学生心理健康教育工作要求建设一支以少量精干专职教师为骨干，专业互补，专兼结合，结构多元，相对稳定的大学生心理健康教育工作队伍。高校要开设大学生心理健康教育专业，加强专职心理咨询师培训和资格认证工作，为高校心理健康教育培训高质量的专职师资，再由心理健康教育专职教师、专职咨询师对兼职心理健康教育工作者包括心理健康兼职教师、医生、班主任、辅导员等进行培训，不断提高他们从事心理健康教育工作所必备的理论水平、专业知识和技能。

2. 培训大学生心理健康教育工作者的多媒体网络技术

网络时代要求大学生心理健康工作者不仅具备心理健康教育的专业知识和技能，而且要具备熟练操作计算机网络、运用网络技术和网络软件的能力，自觉把网络技术整合到心理健康教育实践中，才能使心理健康教育更深入、更有效。没有熟练的网络知识技能就无法与学生对话，无法开展网络心理健康教育。所以，应在大学生心理健康教育专兼职人员中开展多媒体网络技术培训，使其能够熟练地运用常用网络软件、工具，增强心理健康教育信息的表现力，进而提高心理健康教育的工作效率。

(四)基于网络环境的大学生心理健康教育途径

传统的高校心理健康教育主要通过两种途径来实现：一是依靠高校为大学生提供的心理健康教育课程、讲座、报告；二是依靠专职或兼职教师对大学生进行心理咨询。随着网络介入到高校心理健康教育中，它为传统的心理健康教育注入了全新的活力，使心理健康教育开辟出新的途径。

1. 创设网络心理健康教育

网络心理健康教育既是心理教育新的发展方向，也是一种专门的网络教育活动，它专门针对学生的网络心理问题进行防范和治疗。通过网络心理健康教育，引导学习者正确认识虚拟世界与现实世界的人际关系，关注学生的内心世界和情感世界，使之构筑起现实社会与网络社会和谐如一的完善人格。通过网络心理健康教育，实现心理健康教育资源的集合与共享，全面加强大学生心理健康教育工作。

2. 新媒体渗透于传统心理健康教育

21世纪心理健康教育方法的现代化包含两方面的含义：一是心理健康教育过程的现代化；二是心理健康教育手段的现代化。充分利用网络信息资源，促使大学生心理健康教育方法的现代化，关键就是充分利用教育信息化的资源和优势，把信息网络技术充分运用、渗透到每一个传统的心理健康教育途径和环节中去，建立一种学校、家庭、社会、媒体四结合的大学生心理健康教育网络。21世纪心理健康教育方法现代化改革的思路应紧跟教育信息化发展的时代步伐，在传统的大学生心理健康教育途径基础上充分利用信息网络资源和媒体技术，抓住机遇，扬长避短，充分发挥信息网络技术的优势，认真研究网络环境下大学生心理健康教育工作的特点和规律，积极探索进一步加强和改进大学生心理健康教育工作的新途径和新办法，全面推进素质教育。

(五)基于网络环境的大学生心理健康教育资源优化策略

1. 加快网络过滤技术研究，优化心理信息资源

要努力净化网络环境，抵制消极、腐朽思想的渗透和影响，抑制低俗文化趣味和非理性文化倾向，引导网络文化气氛向健康高雅方向发展。在整个网络信息资源建设中，高校校园网和心理健康教育网站应成为最好的小环境之一，向大学生提供科学的、经过筛选的、优质的心理健康信息资源，并向大学生推荐绿色的心理网站。同时，要净化网络信息空间就必须对网络内容进行监控和过滤，加快对抵御信息污染能力的技术的研制和开发。包括开发和安装先进的过滤软件，对网络信息的内容进行审查和筛选，及时发现和剔除不良信息，减少信息欺诈，采取多重信息保护措施，对网络上的非法信息进行屏蔽。确保高校心理健康网络信息的真实性、科学性、健康性。

2. 加强网络规范立法、净化网络环境

面对网络多元文化的冲击，面对色情、暴力网络信息及网络游戏的诱惑，心理素质欠佳、辨别能力尚弱的青年大学生们常常感到难以适应，极易陷入压抑、不安、不知所措的心理状态，甚至导致网恋、网络成瘾、网上暴力和犯罪等。为了大学生的健康成长，全社会要倡导健康的网络文化氛围。高校要向大学生推荐绿色优秀网站，并积极营造良好的校园（网）精神氛围（物质环境、精神环境、制度环境），建立和完善高校校园网络有害信息监察制度。但是，要改变网络信息传递的无序状态及"黄赌毒"等丑恶现象泛滥的状态，制定网络法律才是当务之急。必须实施网络法制，依法打击网络犯罪、网络色情传播、网上暴力和利用互联网从事非法活动者，维护正常的网络秩序。

(六)大学生心理健康教育的网络服务策略

1. 建立校园网大学生心理健康与咨询管理系统

在高校校园网上建立大学生心理健康与咨询管理系统网站，综合进行网络心理健康教育，开通心理健康网络课堂、开展在线心理咨询、在线心理测验、心理健康电子档案管理等工作，面向全体学生普及大学生心理健康知识、心理测验和心理训练等教育服务。目前，各高校校园网心理健康资源数量、质量还不平衡；大学生心理健康与咨询管理系统开通使用情况也不尽一致，该项服务是最近两年刚开发的大学生心理健康电子档案管理软件，现在处于探索阶段。

2. 延长在线心理咨询服务时间

目前，高校在线心理咨询开放时间与学生课余时间不匹配。有的高校在线心理咨询只在每天晚上8~10点开放两小时；有的只在每天上、下午各开放三小时；极少数高校从早上9点到晚上10点开放。这样，在线心理咨询开放的时间与学生上课的时间并行；而中午、晚上和周末学生课余有时间咨询的时候，在线心理咨询却很少在这些时间段开放或者根本不开放。如此在线心理咨询形同虚设，起不到应有的作用。应该安排人员在学生课余时间和周末时间在线值班，使在线心理咨询开放时段与学生课余时间段相匹配。

(七)基于网络环境的大学生心理健康教育课程教学策略

1. 系统开设大学生心理健康教育课程

大学生心理健康教育工作是一项系统工程，许多高校将它游离于课堂教学之外，仅开展课外咨询辅导，虽然零敲碎打地解决了一些问题，但受益面十分狭小。课堂学习是一种系统严密、循序渐进的学习，是大学生学习心理健康知识的主渠道。把心理健康教育纳入到课堂教学体系，系统开设相应的必修课和选修课，并且积极开展心理训练，能够调动全体学生自我心理发展的自觉性和主动性，有助于学生集中、系统、全面地了解自身心理发展规律，掌握心理调节的方法，全面提高自我教育的能力。

2. 采用多媒体教学

采用多媒体教学技术，在课堂上充分运用电影、心理访谈、音乐、纪录片、电视录像等音频、视频材料，给学生较大的感官刺激，充分调动学生的学习积极性。更重要的是，多媒体课件里的超链接可通过各种搜索引擎随时切入到网络庞大的信息库中，选取有价值的心理知识、心理理论、心理案例、心理测验、心理咨询等信息。通过多媒体教学，让学生明白网上不只有游戏、电影、QQ、E-mail等，更有取之不尽、用之不竭的包括心理健康在内的各种科学技术知识和学术期刊全文数据库等专业学术资源，从而引导大学生转变"上网就是娱乐"的观念，把上网的主要精力和时间用在专业学习和增进心理健康上来。

3. 延伸到网络虚拟课堂

要充分发挥环境对人"潜移默化"的影响，营造良好的大学生心理健康教育网络环境，展开多种形式的网络心理健康教育。网络心理健康课堂应该成为网络心理健康教育新的发展方向，它整合了大学生心理健康教育的内容和多媒体网络技术的优势，可以系统地、集中地、秘密地解决某一类人的某一类心理问题，并突破传统课堂的时空限制，随时随地聆听、观看，且可以下载后反复观看，直到问题解决为止，非常便于学生的自主学习和心理健康的自主维护。

(八)基于网络环境的大学生心理健康知识获取策略

建构主义提倡在教师指导下的以学习者为中心的学习，既强调学习者的认知主体作用，又不忽视教师的主导作用。教师是意义建构的帮助者、促进者，而不是知识的提供者与灌输者，学生是信息加工的主体、是意义的主动建构者，而不是知识的被动接受者和被灌输的对象。建构主义为大学生主动获取心理健康知识提供了强有力的理论指导。

1. 基于问题的搜索

网络信息获取的快捷性、便利性特点，为大学生提供了大胆尝试，不断开拓，获得丰富心理健康知识的舞台。网络拓展了大学生的信息来源渠道，开阔了大学生的视野，扩大了信息量。学习者主要从在线学习资源中获取信息，基本上可以在不与教师或其他学习者发生交流的情况下达到学习目标。面对互联网海量的信息，准确、快速获取知识的最佳策略就是基于问题的搜索策略，即从自己想要了解、想要解决的心理问题出发，在各种搜索引擎上输入问题关键词进行搜索，就能获得大量与问题相关的心理知识，再沿着问题发散出去，又能获得更多、更广泛的心理健康知识。

2. 网页浏览式搜索

现在，因特网大约有1.5亿个网页，有五六百亿字，要想在这么大的一个资源库中查找一条具体的信息，犹如大海捞针一般。因此有人发出这样的感叹："我们淹没在数据资料（data）的海洋中，却又在忍受着知识的饥渴。"因此要从互联网上获取有价值的心理健康知识信息，除了应用搜索工具采用基于问题的搜索策略外，另一个有效的策略是浏览知名高校校园网心理健康教育或心理咨询的网站。这些优秀网站上提供的丰富的心理健康知识足以支持四年大学学习、生活的需要，大学期间利用业余时间不断浏览并下载积累下来，对大学生心理健康大有裨益。

(九)基于网络环境的大学生心理健康的自主维护策略

心理健康广义上指一种高效而满意的、持续的心理状态；狭义上指人的基本心理活动的过程内容完整、协调一致，即认识、情感、意志、行为、人格完整和协调，能适应社会，与社会保持同步。因此，开展大学生心理健康教育工作既要重视心理健康知识的传授，又要注重学生建构、维护心理健康之技能的培养。

1. 加强大学生的自我保健教育

"心病还得心药医"，心理问题的解决是一个积极的自我锤炼的过程，从这一意义说，每个人都应该成为自己的心理医生。因此，我们要引导大学生加强自我保健，让他们成为自己的心理保健医生。在课外教育指导中，注意引导大学生主动参加"素质拓展"等多种社团活动，使大学生自我生存、自我调控、自我激励、自我发展和自我认知的能力不断得到提高，促进心理健康的自觉意识不断得到增强。开设系统的心理健康知识和心理训练课程、推荐优秀的心理健康网站，让大学生学会自我心理调适的方法，消除负性情绪的心理困惑。

2. 鼓励大学生做自己的心理成长博客

很多网站上提供免费博客，让大学生在上面申请一个属于自己的空间，尽情倾诉自己的心声，记录自己的心路历程，直面自己心理的成长过程并且进行自我管理、自我完善。这就是让大学生对自己的心理成长过程进行初步的管理，并更多关注自己每天的成长在博客上的内容反映。在网络世界里，信息是流动的、是双向的、是多点对多点的。在博客系统里，每个用户都是信息的提供者，也是信息的享用者，互动性体现得淋漓尽致。大学生可以随意写下自己看到、听到或想到的信息，发表评论和看法，在写博客的过程中，大学生要调动自己的判断能力和语言文字表达能力；在浏览自己博客的过程中，大学生要调动认知、情感、价值观念、道德判断、审美等心理因素进行积极活动。因此无形中加深了知识理解、进行了意义建构，锻炼了心智、陶冶了性情。这是突出大学生主体地位、调动大学生心理健康教育内部因素的最佳选择。

二、基于网络环境的大学生心理健康教育策略体系

通过实践和研究，本书构建了一套以基于网络环境的大学生心理健康教育原则为指导、以心理健康自主维护为核心的大学生心理健康教育策略体系（见图11-2）。

让大学生学会自我保健，提高大学生心理健康的自主维护能力是大学生心理健康教育的最终目的和要解决的核心问题。基于网络环境的大学生心理健康教育策略要在"五结合"基本原则、预防性原则、发展性原则、灵活性原则、主体性原则的指导下，建立并完善大学生心理健康教育机构、培训专兼职大学生心理健康教育师资的心理健康教育业务技能和多媒体网络技术，开拓心理健康教育的新途径，积极开展网络心理健康教育并使新媒体渗透于心理健康教育各个环节，优化心理健康信息资源、净化网络环境，加快高校校园网心理健康与咨询管理系统建设、延长在线心理咨询服务时间，开展大学生心理健康教育多媒体课堂教学和网络教学，促进大学生心理健康知识的获取，进而提高大学生心理健康自主维护的能力。

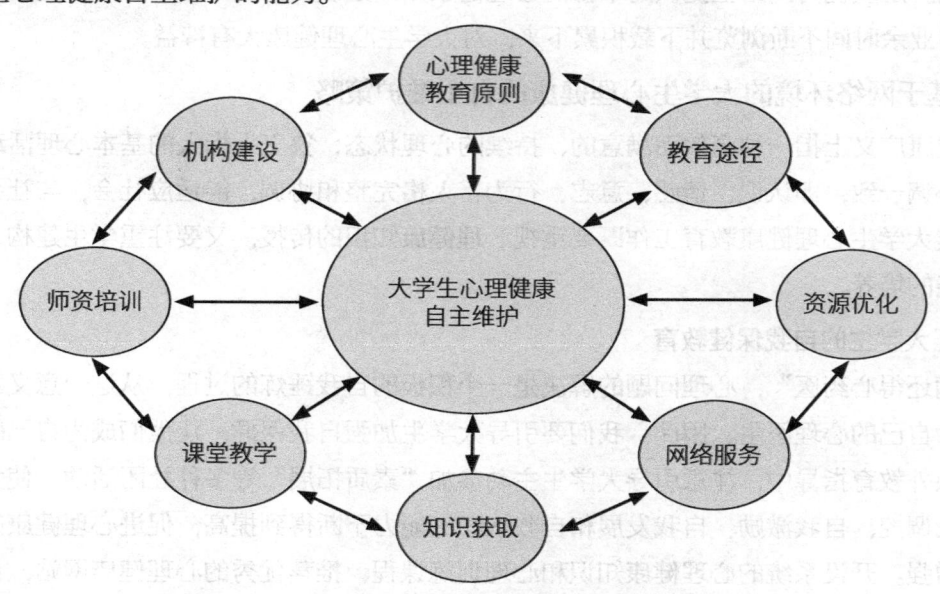

图11-2 大学生心理健康教育策略体系

(一)拓宽了大学生心理健康教育的服务面

采用网络心理健康教育途径，实施资源优化策略、网络服务策略、多媒体教学和网络教学策略、心理健康知识获取策略、心理健康自主维护等策略，极大地拓宽了高校大学生心理健康教育的服务面，大大提高了工作效率，具体表现在：大学生心理健康教育的服务由面向少数有困惑的学生扩大为面向全体学生（即任何在校大学生都可以申请校园网使用账号，于任何时间、任何地点的网络端都可以共享网上的心理健康服务）；由重障碍咨询变为重发展咨询（网络的海量信息几乎囊括了大学生心理发展过程中遇到的所有问题的相关知识、测验、诊断及化解途径、治疗方法等）；由校内服务扩大为校外服务（只要不加限制，某高校的心理健康教育网站不仅可以为本校大学生提供服务，而且可以为全国各高校大学生所共享）。真正实现了任何大学生、任何时间、任何地点随时可以享受大学生心理健康教育服务。

(二)提高了大学生心理健康自我维护的技能

实践中采用了多媒体教学，并采用 E-mail、博客进行课后辅导答疑，向学生推荐优秀的心理网站、精选网上心理健康信息分类放在博客上供课堂教学和学生课后学习之用。心理博客的信息主要包括心理知识、心理故事、心理案例、心理电影、心理音乐、心理测试、心理幽默等。

通过多媒体教学和 E-mail、博客辅导答疑，学生学会了对于心理困惑，可以自主到网上寻求心理健康知识、做心理诊断测验、用心理博客或心理论坛进行倾诉、搜集对自我心理健康有帮助的信息放在自己博客上反复学习，直到问题解决为止。有许多学生表示"上了您的课之后对心理学产生了浓厚的兴趣，下学期还选其他心理学选修课"，而且已有六十多位学生以此博客为例建立了自己的心理博客，在网络上搜集对自己有价值的心理信息放到博客上，从中受益匪浅。经过正确引导，大学生完全可以通过上网自学掌握心理知识和心理调节的方法，提高自主维护心理健康的技能。

互联网为大学生呈现了一个五彩斑斓、无所不包的信息世界，网络已成为大学生活不可或缺的部分。而网络是把双刃剑，网上信息良莠不齐、难以控制，如果能够引导学生很好地利用网络的优势，将会促进大学生学业进步和心理健康成长，否则，大学生极易受网上不良信息的侵害，导致一系列网络性心理障碍。面对极其复杂的网络环境，开展大学生心理健康教育策略研究是防止网络负面影响、引导大学生利用网络优势增进心理健康的迫切需要。

本章重点论述了基于网络环境开展大学生心理健康教育的策略，创新点在于用行动研究的方法对基于网络环境的大学生心理健康教育资源优化策略、网络服务策略、课堂教学策略、知识获取策略、心理健康自主维护策略做了深入细致的探讨，并构建出一套策略体系，其中有自己的实践、观点和见解。在教育原则、教育途径、机构建设、师资培训等管理层面策略研究中，参考了国家有关文件和现有的文献资料，借鉴并总结了兄弟院校相关网站的成功经验，对一些具体策略提出了有限的思考。

大学生心理健康教育是一项复杂的系统工程，有些策略是高校可以完全实行或部分实行的，如大学生心理健康教育师资培训策略、课堂教学策略、知识获取策略、心理健康自主维护策略，而有些策略仅靠高校单方面力量，实施难度较大，如大学生心理健康教育机构建设策略是全国性的大工程，涉及面广，建设难度较大；心理健康资源优化策略既需要高校的落实，更需政府协调以及全社会的长期努力。对于大学生心理健康自主维护能力的评价问题，目前是采取课堂教学评价的办法，课程结束后如何评价还有待进一步的研究。

第五节　高校网络心理健康教育的评估

评估是任何一项教育工作的重要环节，是改进和完善教育工作的重要依据。随着网络心理健康教育实践的不断深入，对高校网络心理健康教育工作的评估也要相应地跟进。实践表明，评估方法与技术的"滞后"，已经成为制约一些高校开展网络心理健康教育的"瓶颈"。因此，加强网络心理健康教育评估的研究具有重要的现实意义。

一、高校网络心理健康教育评估的概念

要了解网络心理健康教育评估的概念，首先必须了解心理健康教育评估的概念。关于心理健康教育评估目前尚无统一的定义。代表性的观点主要有：傅文第认为心理健康教育评估是运用科学的方法和手段收集关于学校开展心理健康教育工作的客观资料，考察其目标达成情况，并对其效果与存在的问题做出符合实际且恰如其分的评价的工作。杨忠健认为心理健康教育评估是对整个心理健康教育过程及效果做出事实分析与价值判断。钱兵认为心理健康教育评估体系是利用反馈的原理，通过评估活动，反馈信息，并调节与控制教育行为，以达到预期的教育效果的一个系统。综合以上观点，我们可以看出，心理健康教育评估的概念主要包括以下几点内容：

第一，心理健康教育评估的目标是心理健康教育的目标；

第二，心理健康教育评估既包括对教育过程的评估，也包括对教育效果的评估，是事实分析与价值判断相结合的过程；

第三，心理健康教育评估的目的包括监督鉴定和指导改进两方面，但主要以指导改进为主。

作为网络时代的产物，网络心理健康教育的评估应该更主要地借助于网络这一载体。基于此，我们可将网络心理健康教育评估的概念表述为：依据网络心理健康教育的目标，制定相应的评价标准、指标和程序，运用科学的评价方法，对网络心理健康教育过程及结果进行实事求是的评价，以达到指导改进网络心理健康教育工作的目的。

高校网络心理健康教育目标评估要依据网络心理健康教育的总体培养目标，通过教育目标评估、过程评估和结果评估等方法，提高大学生心理素质，开发他们的心理潜能，培养心理健康发展的人。高校网络心理健康教育的过程评估重在形成性评估，旨在对网络心理健康教育过程进行及时监控，诊断教育过程中存在的问题，及时反馈信息，以达到提高网络心理健康教育质量的目的。高校网络心

理健康教育结果评估重在总结性评估，主要从大学生的心理变化与心理成长入手总结网络心理健康教育的成效。

二、高校网络心理健康教育评估的特征

（一）评估主体多元化与专业化

高校网络心理健康教育评估的主体是对网络心理健康教育进行主动性评价的承担者和实施者。在高校网络心理健康教育评估中，主体呈现出多元性与专业性特征，传统的大学生心理健康评价的主体主要包括教育者和有关主管部门等，较为单一。网络的开放性、交互性特征为实现评价主体多元化创造了条件。网络心理健康教育专家、心理健康教育工作者、教育主管部门领导、学校教职工、大学生及其家长都可以成为评价主体。同时，由于网络心理健康教育对评价者的要求更高，在知识结构上，不仅需要心理健康教育方面的知识，也需要有关网络技术知识以及专业评估的知识，因此，专业性更强，这就需要评价队伍专业化。

（二）评估内容的全面性与针对性

在高校网络心理健康教育评估中，评估内容呈现全面性与针对性的特性。网络心理健康教育是一个系统工程，因此，高校网络心理健康教育评估内容具有全面性。要确保评估内容的全面性，首先应当制定全面的评价指标。要求评估指标能全面反映网络心理健康教育的各个环节和各个层面的情况，不得遗漏任何重要内容。其次，必须全面考察网络心理健康教育工作的目标、过程及结果的各个方面，并力求做到覆盖所有网络心理健康教育的相关要素，这样才能提高评估的可信度和效果。

高校网络心理健康教育评估内容具有针对性：一是在评估中，重点对网络心理健康教育的实效性进行评价。要针对与网络心理健康教育实效性相关的教育内容、教育方法和教育过程等方面进行重点评价；二是要针对网络心理健康教育自身的特点确定重点评价内容。网络心理健康教育与现实心理健康教育相比，更适合进行发展性辅导，在咨询方式上更适合进行团体咨询等。在高校网络心理健康教育评估中，应当结合网络心理健康教育的这些特点进行重点评价。

（三）评估场所的虚拟化与现实性

在现实心理健康教育过程的评估中，评估者之间以及评估者与被评估者之间以面对面的现实交流为主。对高校网络心理健康教育的评估仍然需要这种面对面的现实交流。同时，高校网络心理健康教育评估具有虚拟化的特点。

由于信息技术特别是互联网的普及和广泛应用，高校网络心理健康教育评估突破了传统的地域界限，无论是网络心理健康教育的哪类评估主体，都可以在互联网上的多媒体终端进行跨空间评估。计算机网络为在时空上分散的评价者提供了一个类似于传统评价方式的"面对面"和"你见即我见"的协同工作环境，支持多个时空上分散又相互依赖的成员的协同工作。在这个虚拟的评价场所中，评价者之间、评价者与被评价者之间可以进行"面对面"地交流，而这一切都是由于有虚拟评价场所的存在。

(四)评估方法的智能性与自主性

在高校网络心理健康教育评价中,评价方法呈现智能性与自主性的特性:传统心理健康教育评价技术多半采用人工对受众各种数据的登记、变更、统计、计算等,因而效率低、费用高。而网络心理健康教育的评估,评估者综合运用网络信息技术等智能化评价工具,代替了人工统计、计算和跟踪调查等方法,因而效率高,节省经费开支。同时在网络心理健康教育评估中,由于许多高新技术的广泛应用,使评估信息能以数字化的形式保存,评估者可以通过网络传输数据、检索数据,克服了传统心理健康教育评估信息采用文字材料形式记录并保存造成的表格繁多、查找困难、使用不便等缺点。

高校网络心理健康教育评估方法具有自主性。评估者可以通过电子图书馆、数据库等自由查找与网络心理健康教育评估有关的资料,可以自主运用网络心理健康教育评估网站、评估专家个人网页等专业化的评估资源,可以通过网络与评价客体进行平等、自由地交流、探讨,不受时空限制,从而可以科学、快速、准确地分析评价数据资料,得到评价结果。

(五)评估行为的社会化

因受到时间、地点、环境等因素的限制,传统心理健康教育评价的社会化特点表现得不是很明显。随着网络信息技术的广泛应用,高校网络心理健康教育评价活动可以不受时间、地点等因素的制约,使心理健康教育可以在任何时间、任何地点进行,使全社会都可以成为评价资源的提供者。从而使高校网络心理健康教育评价活动日趋社会化,可以在更广阔的时空领域进行。

三、高校网络心理健康教育评估的指标

(一)建立高校网络心理健康教育评估指标的原则

1. 客观性原则

客观性原则是指评估指标要具有科学性、客观规律性,这样,我们才可以得到正确的评估结果。指标设计客观,是评估科学、准确进行的依据。所以,高校网络心理健康教育的评估指标的建立,必须切实可行,实事求是,要能更准确地反映评估对象的真实状况。为此,在制定评估指标时,应当尽量减少主观因素的影响。同时,应尽量使用量化指标,这对评估指标体系的有效实施起着关键的作用。

2. 整体性原则

作为一个系统的评估指标,应保持其完整性,能反映所要达到的工作目标。各级指标能体现工作目标很多方面的规定性,但它们不是目标本身,而各级指标的总和中又包含着工作目标的要求,在各级指标系统内部相互协调、相互配合的运行之中,实现总体目标原则的内在要求。因此,高校网络心理健康教育评估指标设计应贯彻整体性原则,不能只强调某一方面,也不能仅关注某些关键指标,应对评估指标体系作综合研究,避免只顾局部、忽视整体的情形发生。

3. 独立性原则

在确保评估指标体系符合完整性原则的前提下,也需要考虑各项指标之间的相对独立性,使各项具体指标的考核、评估可以独立地进行并能做出相应的判断。独立性原则要求同级别的指标不可

以重合，也不能相互包含。当然，由于高校网络心理健康教育的各项具体工作之间存在着内在的联系，因而反映高校网络心理健康教育活动属性的各项评估指标之间也必然存在一定的交叉和重合的现象，但是，为了做到准确、客观地进行高校网络心理健康教育的评估，关联性指标中交叉和重合的不宜太多，从而可以避免增加一些指标的权重，也保证更多独立意义的指标合理存在。

（1）方向性原则。

建立高校网络心理健康教育评估指标应坚持方向性的原则。高校网络心理健康教育评估指标的方向性原则包括：一要坚持正确的思想政治方向；二要遵循高校网络心理健康教育自身的发展规律，使网络心理健康教育与网络德育相结合，网下心理健康教育与网上心理健康教育相结合，发展性的整体心理健康教育和个别心理辅导相结合，他助、互助与自助相结合。

（2）可行性原则。

评估指标建立的目的主要是在评估实践中得到应用。这就要求高校网络心理健康教育评估指标具有可行性。所谓评估指标可行性原则，具体包括：第一，评估指标的可操作性，指的是评估指标体系结构不太复杂，末级指标数不宜过多，简单易行，便于操作；第二，评估末级指标具有可测性；第三，评估对象之间存在可比性，操作评估指标体系的可行性，决定能否将评估工作作为一个常规性的工作来定期开展。遵循可行性原则，要依据高校网络心理健康教育现状，根据评估目标确定评估方案，选择科学的评估方法，根据评估对象建立评估指标体系。对评估结果的统计、分析和应用，也必须从工作实际情况出发，从"可行"的角度来组织实施评估工作。

（二）高校网络心理健康教育评估指标的构成

1. 高校网络心理健康教育组织管理工作的评估指标

对高校网络心理健康教育组织管理工作可从以下方面进行考察：第一，高校网络心理健康教育工作的总体情况。主要包括高校网络心理健康教育工作的总体规划；高校网络心理健康教育工作领导机构；高校应成立由主管校领导负责的专门工作领导小组工作制度建设情况；经费投入和设备的配备情况。第二，高校网络心理健康教育队伍情况和网站建设情况。是否建立了一支强有力的网络心理健康教育队伍，队伍的业务建设和组织建设情况，其中包括对网络心理健康教育人员的培训、考核等，是否建立了高水平的网站。第三，高校网络心理健康教育机制建立情况。高校应有健全的校、院（系）、学生班级三级网络心理健康教育工作机制，各级各部门应有明确的职责分工和协调机制。学校应有负责大学生网络心理健康教育和心理咨询的机构，并纳入学校思想政治教育工作体系，具体组织协调开展全校学生网络心理健康教育工作，院（系）应安排专兼职教师负责落实网络心理健康教育工作。

2. 高校网络心理健康教育内容的评估指标

大学生是网络心理健康教育的受教育者和受益者，是开展网络心理健康教育的价值所在。因此，大学生对网络心理健康教育内容的需求是我们评估高校网络心理健康教育工作的重要指标，要对高校是否根据大学生对网络心理健康教育的需要建立或完善相应的课程体系和咨询体系的情况进行评价。包括网络心理健康的标准，网络心理咨询的功能与类型，正确的心理健康观念以及自助求助的意识；网络自我教育与网络心理素质养成教育；与网络有关的常见心理困惑及异常心理；网络心理障碍和网络失范行为及其应对；网络心理危机的预防与干预；网络学习心理、情绪管理与挫折教育、网络人际交往心理及性心理等。教育者在整个网络心理健康教育过程中起着主导作用，对教育者的评估主要包括对教育者各种素质和教育效果的评估，以此来判断教育者在网络心理健康教育中发挥的作用。

3. 高校网络心理健康教育平台的评估指标

开展大学生网络心理健康教育工作依托的阵地是心理健康教育网站，心理健康教育网站提供的信息资源的丰富性和信息内容的完整性影响着大学生需要的满足程度，因此，对网络心理健康教育平台的评估是高校网络心理健康教育评估的重要内容。评估指标主要涉及内容为：网站信息资源建设、网络资源利用情况以及配套制度建设。高校网络心理健康教育平台建设情况的评估可依据网站信息内容、点击率、网站信息或资料下载次数或数量、网站内容更新和维护的频率、网站总体功能评价等，具体还可以考察心理健康教育网站的栏目设置、界面设计、内容链接、交互性、信息数量和形式以及有效性、网站吸引力和满足需求程度等。

4. 高校网络心理健康教育途径的评估指标

大学生网络心理健康教育可通过多种网络途径进行。本文在建立高校网络心理健康教育途径评估指标时，选取现在学生中比较流行的网络交流途径作为考察对象，进行量化处理。在评估中主要考察即时通信工具（如ICO、QQ、MSN等）使用情况、电子公告系统（简称BBS）使用情况、邮箱系统使用情况、博客使用情况、微博客使用情况、社交网络平台（简称SNS）使用情况、手机短信使用情况等方面。在网络心理健康教育途径的评估中，要特别重视网络心理咨询效果评估。心理咨询评估一般分为两大类：过程评估和结果评估。"过程评估"重在考察规划所涉及的服务和策略的执行情况，需要回答如下问题：服务受益群体的总人数有多少？提供服务要花费多少时间？服务的种类有多少？结果评估侧重于对学校心理咨询规划中咨询员所提供的服务的效果进行评估。

5. 高校网络心理健康教育师资队伍的评估指标

学校通过过程考核和政策保障，定期对网络心理健康教育师资队伍的各方面情况加以考核、督导与激励，从而进一步提高其工作积极性。对网络心理健康教育师资队伍的工作考核也可纳入到学校教职员工的考核范畴，可参与学校先进工作者评选。其考核评估可以从几个方面综合考虑：教学和对各群体培训的工作量；接待来访学生咨询的人次及其心理咨询效果评估情况；心理危机干预案例数及效果；组织开展心理文化活动情况；开展网络心理测试、心理普查和心理排查的工作量；发表论文篇数、主持或参与课题研究情况；参与其他日常行政事务的情况等。

学校心理健康教育中心与院系可以从以下几个方面对朋辈心理互助员的工作进行考核，促进其工作更好地开展：参加学校心理健康教育中心和学院组织的会议及培训情况；在学校、院系或班级中开展心理健康知识的宣传与普及情况；协助学院心理辅导老师做好学生心理健康状况的普查和排查工作的情况；探索提高学生心理素质、创新能力等的途径和方法的情况；其工作态度和职业道德遵守情况。

四、高校网络心理健康教育评估的组织实施

(一)高校网络心理健康教育评估组织实施办法

高校网络心理健康教育评估是一项由针对评估指标进行全方位、多角度的考察过程，既涉及对工作开展的评估，又涉及对教育者和受教育者的评估。对不同内容的评估需要在总的目标和标准要求下，采取不同的组织实施办法，提高高校网络心理健康教育评估工作的有效性和可信度。

1. 心理教育与科学评估相结合

高校网络心理健康教育的评估既需要通晓心理健康教育的知识，也需要懂得网络技术，因此网络心理健康教育评估小组应由心理健康教育专家和网络技术专家等组成。心理健康教育专家主要对网络心理健康教育平台内容进行评估；网络技术专家主要进行技术性评估。

2. 专家评估和自我评估相结合

由教育主管部门抽调的心理健康教育和网络技术等方面专家进行的评估具有很多优势，他们能够发现工作中的不足和缺点，并提出相应的改进意见，有利于进一步提升高校网络心理健康教育工作水平。但专家评估难以经常进行，因此，高校应当还要进行自我评估，它可以随时随地进行，能够做好时时关注学校的网络心理健康教育工作的变化并及时对教育的内容、方法、手段进行改进。

3. 整体发展与系统测评相结合

高校网络心理健康教育是以知、情、意、行等心理因素的整体发展为目标的。因此，要以系统论的观点对大学生网络心理健康教育进行评估。首先，要"树立学生'全人化'发展观念"，不仅仅对个别现象、具体问题评估，还要揭示学生心理品质的整体发展和深层发展情况；其次，对教育过程中学生所表现出来的个别心理行为，要置于联系的、整体的背景上加以评定；对特定的时期某些学生的心理困扰不应该固化，而应该着眼于心理发展的未来。

4. 网上评估和网下评估相结合

由于网络心理健康教育是以网络为载体的心理健康教育，因此对高校网络心理健康教育的评估要注重网上评估，要注重利用网络中的现实表现，建立网络评估体系，直接在网络上进行一定的评估工作。同时，由于"网上"的时空限制，对一些问题的评定，如学生的心理状况需要把评估的触角延伸到互联网之外，和"网下"情况相结合，能掌握比较全面的信息。

5. 评估与指导相结合

对高校网络心理健康教育评估的目的是为了促进心理健康教育工作的发展，不是"为了评估而进行评估"。因此，高校网络心理健康教育评估要与工作指导相结合，通过对高校心理健康教育工作和心理健康教育者的评估，总结经验，发现教育问题，进行及时反馈和修正，以指导高校网络心理健康教育实践。

(二)高校网络心理健康教育评估具体实施步骤

第一，高校网络心理健康教育在评估步骤、评估对象和评估原则确定的前提下，评估包括以下步骤：

1. 确定评估目标。评估目标为指标设计规定方向与范围。

2. 分解评估目标。根据评估指标及指标体系的特征与设计的要求,将评估目标逐级分解,设计分级指标集合,直至末级指标。

3. 构建体系结构。分析指标体系,明确各个指标集合的内容及具体的末级指标在体系中的位置。

4. 选择权重确定方法。常用的确定权重的方法包括特尔斐法、层次分析法和主观经验法等。可以根据具体问题选定不同的权重确定方法。

5. 选择评估方法。评估方法是由评估主体根据评估的类型与评估对象的特性来选择。完善指标体系。

6. 评估指标体系的完善是对评估体系的补充和调整,从而使得高校网络心理健康教育评估指标体系更加清晰和全面。

7. 进行评估并得出结论。在全面细致评估的基础上,形成结论。

8. 结果反馈。将评估结果逐校进行反馈,使高校了解自己的优势和不足,以便在今后的工作中不断改进。

第二,高校网络心理健康教育评估结果统计评估方法是开展评估的必要手段和有效保障。高校网络心理健康教育评估因为网络环境的特色要求,将不可避免地运用到网络搜索工具进行网络内容及统计工作。对于传统调查问卷数据统计、分析工作将应用SPSS分析、Excel等软件。高校网络心理健康教育评估涉及多个方面的指标体系,假设某一指标体系为M,其末级指标分别为M1、M2……Mi,该指标体系在整个评估当中占的权重为N,末级指标占权重分别为N1、N2……Ni,且权重的分配因评估体系的不同应该做相应的调整。

总之,高校网络心理健康教育评估体系的建立和实施,是为了发现教育工作中存在的问题,分析问题并提出解决问题的方法,以保障高校网络心理健康教育的良性可持续发展。由于多方面原因,文中选取的高校网络心理健康教育各项评估指标还不足以完全反映其特征和效果,需要进一步挖掘和完善。同时,高校要高度重视网络心理健康教育评估,统筹考虑,长远规划,真正达到"以评促建、评建结合"的目的。

第十二章 大学生心理健康教育方法与技术的探索与实践

第一节 整合应用心理咨询方法增强心理咨询实效

心理学虽然只有百余年的历史，但却是学派林立，百家争鸣，各种流派对心理咨询方法的发展各有建树。20世纪80年代以来，心理咨询理论和方法出现了整合的趋势。在心理咨询的实践中，有针对性的综合方法往往比单一的方法更有效。当然，这些方法应是互相配合、互相促进的，因为综合的方法往往针对人心理的各个方面，针对人不同层面的心理需求，有利于实现多层次协调统一的咨询目标。

一、心理咨询的概念

心理咨询是一个非常宽泛的概念，它涉及心理健康、婚姻家庭、日常生活、教育辅导、职业指导等各个方面，心理咨询能提高人们的心理自立能力，使人走出心理困境，更好地适应生活，从而提高健康水平、生活质量，进而愉快地学习和工作。

那么，到底什么是心理咨询呢？中外学者有不同的定义。有的学者说"心理咨询是通过与个体持续的、直接的接触，向其提供心理帮助并力图使其行为、态度发生变化的过程"；有的学者说"心理咨询是通过人际关系，运用心理学方法，帮助来访者自立自强的过程"。总结世界各国不同心理学家对心理咨询的理解，结合我国心理咨询的实际情况，我国部分心理学家认为，心理咨询是咨询师协助求助者解决各类心理问题的过程。

心理咨询的目的是让求助者分析自己，认识自己，促使其心理成熟，增加适应能力并发挥自己的潜力，靠自己解决问题。通过心理咨询，可以使接受咨询的大学生的认识、情感、态度有所变化，以解决他们在学习、生活、爱情、疾病等方面出现的心理问题，从而更好地适应环境，保持心理健康。

二、心理咨询的主要理论流派和常用的方法

从20世纪20年代初始到如今，各种心理咨询的理论此起彼伏，发展迅速。其中，对心理咨询过程的性质、目标、方法等方面影响最大的流派有四个，即精神分析学派、行为主义学派、人本主义学派和认知行为疗法。在高校心理咨询师进行心理咨询时，比较常用的心理咨询技术与方法主要

有：心理动力学方法、家庭疗法、绘画疗法、音乐疗法、沙盘疗法、催眠疗法、格式塔疗法、认识领悟疗法、叙事疗法、系统脱敏疗法、冲击疗法、厌恶疗法、合理情绪疗法、贝克认知疗法、以人为中心疗法、积极心理学疗法、认知行为矫正疗法、森田疗法、焦点咨询技术、元认知技术、内观疗法、心理剧疗法等。

各种方法与技术虽然不同，但在心理咨询上仍具有共同的因素，都可以取得一定的效果，也都有着各自的优缺点，具体在咨询过程中怎样应用，应该因来访者的问题以及咨询师本人而异。

三、心理咨询方法整合应用的原因

（一）心理现象和心理问题的复杂性

由于心理现象和心理问题的复杂性，没有任何一种单一的理论和方法能在所有情境下解决所有人的所有心理问题，各种心理咨询方法都或多或少地存在一些缺点。比如，精神分析疗法效果不够稳定，疗程太长，人本主义疗法似乎过于理想化，重视来访者而忽视咨询者的作用；格式塔疗法的概念过于模糊，缺乏系统性，它所提供的试验的方法，控制不好易使来访者陷入多愁善感和混乱；行为疗法有些支离破碎，过于重视目标行为，缺乏对行为背后的深层次原因的探索；认知疗法显得简单化和常识化，且过于强调来访者的责任而忽视社会力量的影响，对解决复杂的问题难免缺乏效果等。鉴于上述情况，在进行个体心理咨询时如果采用整合的心理疗法，不倾向于某一理论，而是根据来访者的症状而采取相应的方法和技术，则能提高疗效，缩短治疗时间。

（二）咨访关系对于心理咨询效果的重要作用

美国心理学家杰里·柯里（G.Corey）说过，咨询师需要深厚的理论根基和丰富的技巧，但如果没有良好的咨访关系，这一切都将失去作用。的确，在相关的研究和实践中，人们越来越同意这样的看法，即制约心理咨询成功与否，最具决定性的因素是咨询师和来访者自身的特点以及他们互动关系的特点，而咨询过程中所采用的手段和技术远没有人们想象的那么重要，咨访关系对于心理咨询效果的重要作用是过去数十年心理咨询研究中最为肯定的结果之一。相关研究表明，在理想的咨询效果中，咨询技术所起的作用只有10%～12%。这意味着我们应该采取一种新的研究策略：对各流派所采取的技术先搁置一下，而从各种咨询的实际过程中去考察咨询师和来访者的相互作用活动，看在实际咨询中到底发生了什么事情。咨询师应从各自原先的某种特定的咨询取向中走出来，以更为宽广的视野去理解和思考问题。

（三）短程心理咨询的需要和发展

心理咨询史的发展表明，我国的心理咨询正沿着由非正规化向正规化和专业化方向，由借鉴西方咨询理论向心理咨询本土化方向，由多种理论、方法林立向多元化、综合性方向发展。另外，由于来访者的经济或其他原因，往往只能来一两次或几次咨询，因此迫切需要短程的心理咨询，随之而来的是其理论和方法呈现出发展趋势。短程心理咨询的关键是更多地关注来访者面临的焦点问题和现有的资源，强调建立和发展平等、合作，有明确咨询目标的咨询关系，注重咨询的实效性，尊重来访者，帮助来访者，最终是使来访者自己解决焦点问题，而且得到成长。短程心理咨询强调多种方法的灵活运用，它的基本思想也正是在于充分应用各种咨询方法中最重要的因素。因此，在心理咨询过程中吸收短期心理咨询的基本思想和精神，整合应用各种咨询方法是有利于提高咨询效果和效率的。

四、心理咨询方法整合应用遵循的原则

（一）人性化原则

来访者由于其特殊的生理、心理和社会因素导致了目前的症状，但来访者仍然具有完整的人格价值，况且他依靠自己和其他方面的力量，是能够克服和战胜心理问题的，因此，只要尊重、关心来访者，真诚地对待来访者，与其建立良好的关系，就能充分发掘来访者潜力，为咨询成功打下良好的基础。

（二）实用性原则

心理咨询治疗属于实用心理学科，其目的就是解除来访者的心理痛苦、困扰，因此在符合道德原则的前提下，在进行咨询时可采取任何有效的方法和理论达到治疗目的，而不必拘泥于某种模式或理论。

（三）整体性原则

心理活动具有整体性，从刺激到反应、从认知到行为是一个紧密联系的有机整体，只有对这个有机整体进行全面深入的分析，才能彻底地解决来访者的心理问题。单一心理咨询方法的最大缺陷就是只注意心理的某一部分，由此导致其疗效必然会受到限制。

五、如何整合应用心理咨询方法

（一）选择方法要富有针对性

要因人、因事、因时、因地地选择咨询方法。不同的问题选择不同的方法，不同的阶段、对象采用不同的方法。例如，对于焦虑程度较轻的来访者，放松训练效果良好；对于较严重的焦虑症，特别是广场恐怖症和社交恐惧症，系统脱敏的效果很好；而认知疗法对恐惧症有独特的疗效。再如，为达到咨询"助人—自助"的目的，在咨询开始的时候，应尽量给来访者更多的指导和安排，但随着咨询的深入，应逐渐让来访者自己思考和安排咨询中的事情，以加速其独立生活的进程，培养其独立解决心理问题的能力。

（二）要根据自己的个性特点选择适合自己的咨询方法

咨询师要选择适合自己人生观、价值观、知识结构、生活经历、特长和个性特点的咨询方法作为自己的主要方法。由于不同的专长和经验会影响咨询方法的应用，故咨询师应尽可能学习一些主要咨询方法的理论和实践，懂得对特定求助者应采取的应对方法及应取得的效果，从而广泛、灵活并且恰当选择、改变方法，来配合来访者的特点和需要，以最经济的方法来达到最佳效果。否则，咨询工作便有较大的局限性。

(三)将不同的咨询方法有机结合起来

最有效的咨询是将不同形式的咨询方法有机结合起来，几种方法要相互配合，互相促进。比如，当用认知疗法为来访者提供他缺乏的信息和知识、解决问题的方法及纠正错误认知后，他的不良情绪就会得到缓解。但有时，还需要理性—情绪疗法中的肌肉放松法、想象放松法、深呼吸放松法、借助于生物反馈仪放松等让其进行进一步的放松，调节情绪，加强合理信念。认知得到矫正后，行为一般会随之改变。但是，对于一些习惯性的、难以纠正的症状，仅仅在认知方面矫正是不够的，还必须用模仿学习、角色扮演、强化、系统脱敏、暴露疗法等在行为上进行矫正，从而达到治愈的目的。认知、情绪和行为三方面的矫正工作并不是顺序进行的，而是交叉并行的。每方面可采取的矫正方法技巧很多，当然不必全部使用，而是根据具体情况选择有效的一种或几种。

在咨询过程中，实行宣泄、领悟根源、调整认知、矫正行为、模仿学习等在许多咨询案例中都可以见到。由于信奉某一种理论和方法的咨询师往往只使用一种方法、模式，有特定适应面，难以适用更多的人，所以我们提倡咨询方法向有效的兼容和整合化方向发展，即综合方法。这种方法比一种方法省时，效果也更好。

(四)要根据咨询效果的反馈及时调整咨询方法

咨询效果有近期的，有远期的；有表面的，有深层的；有积极正面的，也可能有负面的。对咨询的有效性，要全面观察，做到必要的追踪，然后，根据咨询效果的反馈及时调整咨询方法。

咨询方法的整合使用，是为了更好更快地取得咨询效果。咨询师根据不同的咨询对象、不同的心理问题、不同的情景和自身的特点选择相匹配的咨询方法，并妥善使用，以追求可能达到的积极咨询效果，努力避免"负面治疗效果"，则成为咨询顺利进行和提高质量的重要保证。

六、前景及展望

21世纪以来，心理学受到后现代主义思潮的影响，为心理咨询方法的整合提供了一种全新的框架。后现代心理学认为所有的知识都是社会建构的结果，而各种各样的咨询理论方法都是对问题的叙述，即建构和叙事，而不是终极的"真理"，这就确定了各种理论模型的平等性，各种理论只是从问题的不同角度或方面对问题的叙述而已。既然各种理论模型都不是终极"真理"，那么心理咨询方法的整合就不必要以所谓的客观真理为基础，而只需要确定心理咨询作为一种"叙事"，同其他"叙事"有哪些区别，并找出心理咨询的"叙事"在内容方面的共同特征，以作为整合各种心理咨询方法模型的基础。心理咨询的终极目的是育人，而育人的方法很多，它们是可以融合的。

虽然心理咨询方法的整合是一种主趋势，但我们不可能寻求一个融合各家的、尽善尽美的、宏大的体系。矛盾是发展的动力，而差异就是矛盾，有差异才有发展。心理咨询方法整合研究的目的是在保持各种方法的基础上以更为开放的态度和更为开阔的眼光，多维度地探索各种方法之间相得益彰的方式。

第二节 开展团体心理训练优化大学生心理品质

团体心理训练（又称团体咨询或小组辅导）是在团体情境中提供心理帮助与指导的一种心理辅导与治疗形式，是通过团体内人际的交互作用，促使个体在交往中通过观察、学习、体验，认识自我，探讨自我，接纳自我，调整和改善与他人的关系，学习新的态度与行为方式，以发展良好的生活适应的助人过程。心理学研究证明，团体对一个人的成长与发展有重要的影响。人是社会动物，每个人的成长都离不开团体，在帮助那些有类似问题和困扰的大学生时，团体训练是一种经济而有效的方法，它可以培养与他人相处及合作的能力，加深自我了解，增强自信心，开发潜能，加强团体的归属感、凝聚力及团结。因此，团体训练在心理健康教育工作中能发挥重要的作用，是大学生心理辅导（尤其是发展性心理辅导）的有效形式。

一、团体心理训练的理论基础

群体动力学是团体心理训练辅导的重要理论基础之一。一个良好运转的团体，具有吸引各个成员的凝聚力。这种力量来自成员们对团体内部建立起来的一定的规范和价值的遵从，它使个体的动机需求与团体目标紧密相连，使得团体行为深深地影响个体的行为。群体动力学研究者、德国心理学家勒温认为，整体比部分重要，群体作为一种内在的关系组成的系统，其影响力或作用远大于孤立的个体。个体在群体中生活，不仅取决于个体的个人生活空间，而且也受群体心理场的制约。因此，团体心理训练比个别心理辅导有更大的影响力和更好的辅导效益。

社会学习理论的提出者班杜拉指出，学习是直接经验学习和间接经验学习的综合，实验表明，观察他人的行为及其结果，有替代强化的作用。人从一出生就处于不断成长及改变自身的过程中。人的潜能随着对社会的适应与再学习而不断增长。团体心理训练能够提供有指导的社会学习情境，通过团体的经验与现代心理学智慧，增进个人身心的健康发展。

此外，卡尔·罗杰斯以人为中心的咨询理论，柏恩的交互作用分析理论，社会心理学中关于人际沟通、信息传播、人际吸引等的研究，也是团体心理训练的重要理论基础。真诚而又温暖的团体气氛有助于人与人之间建立良好的关系，在互相关心和帮助中克服恐惧、焦虑心理，建立安全感；在这样的团体中可以使人更多地开放自己，增进相互了解，在交流中取长补短。

二、团体训练的过程

（一）关系建立阶段（一般用1～2次活动时间完成）

运用"群体动力学"理论，创设和谐、温暖、理解的团体心理氛围，使团体成员有安全感、肯定感、归属感。在活动开始，可以设计一些游戏，如"猜猜我是谁"——将个人的资料做成名片展示并介绍，通过游戏让成员们彼此相识、彼此认同，消除沟通的障碍，引发成员参加团体的兴趣和需要，促进成员参与互动活动。

(二)主题实施阶段(一般用 6～8 次活动时间完成)

营造充满理解、关爱、信任的气氛，创设特殊的游戏或讨论情境，使成员通过对他人的行为进行观察和模仿来学习和形成一种新的行为方式。成员开始融入团体之中，并找到自己在团体中的位置。他们彼此谈论自己或别人共同关注的问题，分享成长体验，争取别人的理解、支持，利用团体互动，增加对自我与他人的觉察力，借助团体心理辅导练习和改善自己的心理与行为，以期能扩展到社会生活中去。每次活动后，团体指导者还要请成员们做出反馈，及时地交流种种新的认识及感受。

(三)团体结束阶段(一般用 1～2 次活动时间完成)

经过多次的成功团体心理辅导之后，成员之间已建立了亲密、坦诚、相互支持的关系，对团体心理辅导的结束可能会感觉依依不舍，有的还可能有强烈的情绪反应，因此系列团体辅导要提前几次预告团体活动的结束。要处理可能的分离焦虑，做好结束活动，这对巩固团体心理辅导的成果，是非常重要的一环。在这个阶段设计游戏活动的主要目的，是为了使成员能逐步摆脱对团体的依赖，把团体学习成果应用到日常生活中；而团体成员之间在可能的情况下也可以继续保持联系，在必要时可互相鼓励、互相帮助。成长评价也是团体心理辅导结束阶段的一个重要程序，让成员填写"成员评价表"，交流个人的心理体验和成长经历。

三、部分团体心理训练的开展以及对优化大学生心理品质的作用

为了研究与探索团体心理训练对优化大学生心理品质的作用，笔者在日常工作中与同事一起陆续开展了以下几种团体心理训练，并将情况总结如下：

(一)"人际交往"团体训练

为了探讨人际交往团体训练对大学生个性发展的作用，我们在实际工作中以人际交往小组活动的形式进行了为期 9 周的训练，训练前后分别测查卡特尔十六种人格因素问卷（16PF），并在训练后使用自我评价主观量表进行评价。结果显示了 16PF 问卷中有 4 项人格因素及 2 项相关因素有显著改善，提示团体训练对于促进成员的某些人格品质的发展是有效的。

成员们在聪慧性、敢为性、敏感性、忧虑性等 4 项人格因素方面均有显著改变，提示团体成员向智力发展、敢于冒险、注重实际、沉着自信方向有显著发展；在"内向与外向型"方面显著向外向型方向改变；在"新环境中有成长能力的个性因素"方面有显著改变，提示成员经过团体训练后，个人成长能力增强，团体成员的综合人格得到了一定的发展，向更开朗外向、更乐于与人交往、更开放自己的方面转变。主观量表结果显示，在"愿意理解别人""了解自我""乐于交友""会与人沟通""接纳自己"等项目上有较大的改善，提示成员在团体训练后更愿意与他人交往，向积极、健康的人际交往方向转变，同时更加认识自我并愿意接纳自我，提示成员在培养更加客观、积极的自我意识和更加积极的个性品质方面有所发展。

(二)"自我肯定"团体训练

为了考察团体心理训练对提高大学生自我肯定水平的有效性，我们实施了 16 周的"自我肯定"团体心理训练，每周一次，每次两个小时，用 16PF 作为测量工具，并运用自我肯定量表进一步确

定参训者自我肯定水平状况。

训练前后成员在自我肯定方面呈现出非常显著的增值变化，这表明团体心理训练对提高大学生的自我肯定水平具有积极作用。同时，团体心理训练优化了他们的心理素质，成员的自信心、自我肯定和自我评价水平得到了显著提高。

成员在参训后学会了自由地表达自己的感受、情绪，并能用开放的心态去感受自我和接受他人评价；能够逐渐主动发现自己的优点，体验来自自己和他人的积极评价，促进了自我肯定与接纳；了解了自我肯定的含义、自我肯定和生活发展的关系，并探索了个人行为模式，由日常生活中找出了自己无法自我肯定的原因；实现了从较客观和积极的方面认识和评价自我；习得了一些新行为，并能在某种程度上，将这些行为泛化到日常生活中。团体成员的行为在训练后都变得更积极、主动和自信了，成员都不同程度地表示活动使他们对自己增进了了解，自信心得到提高。

(三)"自我效能感"团体训练

自我效能感是指人们对自己实现特定领域的行为目标所需能力的一种主观判断或信念，是个体对成功实施并达成特定目标所需行为能力的预期、感知和信心，是介于动机和行为之间的动力因素。自我效能感不仅对学生的学习活动起调节和控制作用，而且与学生的学业成绩密切相关，还会影响学生的身心健康。我们的整个训练分为三个阶段：初始阶段，主题活动阶段，结束阶段。每周一次，共进行了九次。使用修订的大学生自我效能量表作为研究工具，并由团体成员填写"活动反馈表"，写出活动结束后的心得和体会，同时设计自信心自我评定问卷，让学生就自信心状况进行主观评定。

结果表明，参加训练的学生经过了系统的训练后自我效能感显著改善。训练后有62%的成员认为自己能够正确认识自我、评价自我和接纳自我；83.4%的成员认为自己比以前更了解自己，更自信，更愿意与人分享经验；91.8%的成员认为团体辅导对他的积极性影响很大。成员在团体训练后自我评估，认为自己在参与活动中认知、情绪、行为有所改变。部分成员在活动中表现出的不自在感、自卑感和焦虑都有所降低，认为自己在团体辅导后自信心有所增强。大部分成员学会了换位思维，更能客观地认识、评价自我，从而发展、提高自我的认同感。

(四)"增强自信心"团体训练

为探讨团体训练在提高大学生自信心方面的作用，我们共设计了10次团体训练活动，并选择抑郁自评量表、社交回避与苦恼量表、个人评价量表、自卑感量表作为测量工具。每次活动都有一个明确的主题，包括一些精心设计的游戏、讨论、行为演练等内容，活动后都布置家庭作业，写出自己在团体中的感受、对团体的建议、练习团体中学会的新行为等。

经过训练，团体成员在社交方面已有了很大提高，已能主动、积极与人交往，这是与团体中的实践与演练分不开的。同时，团体训练也使团体成员对自己有了一个正确的认识，不再陷入自设的自卑陷阱中，而开始变得自信、积极起来。也就是说，团体活动不仅使团体成员的观念（自卑感、个人评价）极大地改变了，同时也使团体成员在行为（社交回避与苦恼）上有了较明显的提高。团体训练在促进大学生自信的培养与发展方面是极其有效的。

(五)"克服人际敏感"团体训练

在大学生群体中，人际敏感是常见的心理困扰，主要表现为羞怯、退缩、自卑心理较重，不安、多疑、防卫心理较强，消除人际敏感对于提高大学生适应能力、维护大学生心理健康具有重要意义。为此，我们通过人际交往团体训练来克服大学生人际敏感，最后用症状自评量表和自编的主观评价量表评估团体训练的效果。

团体训练后，团体成员认为自己发生了积极、显著的变化。自卑心理、不自在感、防卫心理明显减轻，悦纳自己、接受他人、平等相处方面明显增强，交往能力有所提高，人际关系得到改善。躯体化、强迫症状、抑郁、焦虑、恐怖、偏执、精神病性等负性情绪也得到了不同程度的改善。这可能是因为，在团体训练中团体成员的自我意识也得到了改善，而自我意识与多种负性情绪存在负相关。

(六)"情绪管理"团体训练

情绪对于大学生心理素质水平的提高起着至关重要的作用。我们根据大学生情绪特点及问题现状开展了改善大学生情绪自我管理能力的团体训练，采用症状自评量表进行了前、后测试，并将成员的学习收获与体会作为补充材料。

根据症状自评量表因子统计结果分析，在10个因子数据中，除了躯体化因子外，后测的数据平均值都比前测的数据平均值要小，并且在强迫症状、人际关系敏感、焦虑以及偏执这四个因子方面差异显著。这说明，团体训练可以在一定程度上减轻学生的心理问题，特别是在以上四个维度方面有比较明显的效果。

从受训者的学习总结中可以看到，学生主要有四方面的收获：①对自己的心理状态有了新的了解；②掌握了调整自己的情绪和心理状态的一些知识与技巧；③不同程度地解决了自身的心理问题与心理困惑；④在一定程度上改善了自己的心态与情绪。

团体心理训练可以节省大量的时间和精力，能使来访者发现自己有"和别人一样"的体验而克服困扰；同一团体的人都可以提供更多观点和资源，使来访者获得的资源和观点多样化；团体成员彼此间认同，体验被接受，能拥有归属的感觉；每个团体都拥有一个安全的练习场所，成员可以在一个支持性环境中先行练习、尝试某些新技巧和行为，这将促进成员更有效地生活；在团体中，成员有机会听到他人的建议、反映以及与自己类似的忧虑，通过观看他人怎样解决个人的问题，从而受到启发；在团体内部相对安全的氛围里，情感、行为以及一些负面态度都可以被辨别出来，并加以讨论，在团体环境中暴露负面状态，可使个体成员学会表述及应对的方法，并扩展到他们的日常生活中去。基于以上原因，团体训练对优化大学生心理品质的效果较好。

四、团体心理训练优化大学生心理品质的原因

团体心理训练对优化大学生心理品质之所以有很好的效果，笔者认为有如下的原因：

(一)团体活动效率更高

团体使多个为共同目标而来的来访者聚在一起作为团体进行活动，可以节省大量的时间和精力，效率更高。

(二)"和别人一样"的体验

多个来访者聚集在一起时,他们会发现自己并不是独一无二的,许多人拥有类似的担忧、想法、情感和体验,这种体验对克服心理困扰有帮助。

(三)资源和观点的多样化

不论是交流信息、解决问题、探索个人价值还是发现他们的共同情感,同一团体的人都可以提供更多的观点和资源。

(四)归属的感觉

人类对于归属感有强烈的需求。通过参加团体,这种需求可以部分得到满足。成员间彼此认同,体验被接受的感觉,感到自己是整体的一部分。

(五)技巧练习

团体提供了一个安全的练习场所,成员可以在一个支持性环境中先行练习、尝试某些新技巧和行为,如应聘面试、交朋友、沟通等。练习这些技巧将促进成员更有勇气面对生活。

(六)提供反馈

团体为成员提供了可以给予和接受反馈的机会,即成员有机会听到他人的建议、反映等。团体提供的反馈比个人的反馈更有力量。当团体中的多数人说相同一件事时,很难否定其真实性。

(七)间接学习

团体有间接学习的价值。成员们有机会听到和自己类似的忧虑,通过观看他人怎样解决个人的问题,从而受到启发,学到许多东西。

(八)模拟真实生活

团体是社会的缩影。在团体相对安全的氛围里,情感、行为以及一些负面态度都可以被暴露出来加以讨论。在团体环境中暴露这些,可使个体学会表述及应对的方法,并扩展到他们的日常生活中去。

(九)承诺

如果在团体中针对某个问题做出承诺,这个承诺通常更具有约束力。因为承诺是面对许多人做出的,所以遵守它的动机就强得多。如戒网瘾、减肥等。

在研究中,笔者也感到有一些问题值得进一步探索。虽然团体训练在短时间内对于优化大学生的心理品质具有促进作用,但其远期效果及临床验证尚待扩大案例以进一步深入研究。

第三节　运用校园心理剧提高大学生心理健康水平

随着心理健康教育的日益普及，国外许多心理学学派理论和治疗方法被介绍进来，并在大学生的心理健康教育中得以应用，心理剧方法即是其中之一。

一、校园心理剧的心理治疗理论基础

心理剧又称社会剧，是集体心理治疗中最早出现的一种戏剧式治疗手段。起源于维也纳精神病学家莫雷诺于1921年在维也纳创办的"自发性剧院"。校园心理剧是受莫雷诺创立心理剧的启发而在校园里应运而生的，它集戏剧、小品、心理问题于一体，是通过学生扮演当事人或由当事人自己借助舞台来呈现他们各种典型的心理问题，在心理辅导老师和全体参与演出者及观众的帮助下学会如何应对和正确处理心理问题，从而既能解决自己的心理问题又能使全体学生受到教育和启发的一种团体心理治疗方法。

校园心理剧的心理治疗理论基础是角色扮演，是扮演某个人，或某件事或者自己在某个情景下的行为。当个体对自己如何表演这个角色有了觉察，一个人就有了改变自己行为的自由度。

角色扮演在心理剧中有三个功能：帮助治疗家评估来访者所想所感受；指导来访者使用新的处理问题的方法；训练来访者实践新的技巧。此外，角色扮演是主动的，它可以帮助来访者消除被支配感并感到主动。

二、校园心理剧的构成要素

（一）人物

人的生活方式、行为习惯、内心矛盾与冲突正是心理剧研究、探讨和解决的主要问题，心理剧的结构、情节、情景、主题等也必须围绕人物来进行。校园心理剧涉及四种角色。

1. 心理辅导老师：作为心理剧的策划者、组织者，把握和控制心理剧的进行，在需要时进行点拨。在暖身阶段对群体行为作评估，并进行角色分配和组织热身；在演出阶段描述探索问题、维持演出过程和进行解释；在分享阶段组织问题，引导学生分享各自的体验和感受。

2. 当事人：指遭受心理困惑并急需解决这些困惑的学生，他们在表演过程中提出问题并获得指导帮助，或者通过他人的表演演绎问题，领悟问题的原因，解决问题的方法。

3. 参与者：饰演当事人生活中重要角色，以其所饰演人物的口吻和行为方式同当事人交往并坦诚说出自己的想法。

4. 观众：心理剧的观众不是欣赏心理剧演出的，而是来体验心理剧的感受的。通过观看演出对当事人提供支持或领悟心理问题产生的实质，提高心理健康水平。

（二）活动场所

活动场所是人物活动的地点和事件发生、发展的空间，主要是舞台、观众席，包括灯光的设置、明暗，道具的摆放，背景音乐等。

(三)内容

心理剧不塑造人物典型，而是围绕问题展开，重在通过问题展现心理发展历程和对问题的感受，探寻事件对个体心理发展造成的影响，并且通过对心理问题的陈述、辨别和澄清，来明确问题或调整心态。心理辅导老师利用丰富的知识、经验对表象进行分析，挖掘隐藏在背后的深层问题和意义，把零碎的片段连接起来，找到造成心理问题的深层原因，通过表演、直观形象的显现，有助于当事人了解问题的真相和实质，更好地体验和领悟。

内容包括：

1. 事件：事件是引起当事人内心冲突的导火线和造成心理问题的原因，是其真实生活中发生的，对其造成重要影响的事情。心理剧围绕事件展开，通过对事件的演绎进而对其进行重新思考和领悟，达到认知改变和行为矫正的目的。

2. 人物关系：人物关系是人在社会生活中通过交往所形成的人与人之间的各种关系，是个人生活甚至生命的一部分，对个人的成长发展起着极其重要的作用，从各个方面影响着人的心理。心理剧通过角色扮演的方式，展现造成心理问题的各种关系，使当事人通过观察或领悟来调整自己的行为，从而为自己在现实生活中恰当地处理各种人物关系奠定基础。心理剧是一种以现实生活为模式的团体心理辅导方式。它以特殊的戏剧化形式，让参加者通过演出这个角色，体验到一些以前没有意识到的情感和态度，并达到宣泄情绪、减轻压力的目的。

三、校园心理剧的演绎过程(结构组成部分)

校园心理剧是探讨和解决心理问题的，以问题为主线展开剧情情节，其结构包括提出问题、分析问题、解决问题、分享感受四部分。

(一)提出问题

1. 开端的任务：①交代故事发生的时间、地点、背景、时代特点等。②交代人物之间的关系。③引出全剧的主要矛盾和问题。

2. 开端的形式：①心理辅导老师说明和旁白（也可以学生自己完成）。②情节引出：通过演员一连串的动作来暗示时间、地点和事件的起因。

(二)分析问题

问题提出以后，就要分析造成这些问题的原因和各个事件的影响程度及相互关系。通过对造成心理问题的相关事件和人物关系的精心演绎，使问题层层展开，不断深化，从而探讨这些问题对个人心理产生的影响程度以及他人如何看待这些问题。

人物的内在心理感受不能仅仅通过表白来说明和揭示，而要以角色扮演的方式，以第一人称的身份通过相应动作表现出来，通过动作表现人物对某一具体事件的情绪反映和内心体验，真实地再现当时具体的情景，从而使当事人有所领悟和感受。角色扮演提供了在假设、不用负责的情况下尝试应付问题，以发现问题所在，从而可以使得学生学习及练习应付问题的技巧。通过对这些问题的演绎，使演员和观众受到震撼和得到感悟。这部分情节讲究曲折有致，起伏跌宕。

(三)解决问题

心理和行为问题的改变不是通过一两次角色扮演就能实现的,这是一个持续的过程,需要当事人在领悟的基础上通过日常生活的训练来完成。解决问题只是指当事人症状有所减轻或有所领悟,找到了问题的原因和解决问题的方法。

心理剧的结局要有深意,能够引起观众的回味与反思,要通过内心冲突与斗争,使观众有所体验和领悟,改变一些不恰当的行为。

结局可以通过心理辅导老师的解释来完成,也可以通过旁白来进行。

(四)分享感受

心理辅导老师在扮演结束后把大家组织起来,相互交流角色扮演的感受和领悟,使当事人从不同角度看待问题,了解别人的反应和感受,学会换位思考,改变不正确的认知;同时使团体气氛更融洽,使当事人获得安全感和归属感,获得团体的支持和帮助,从而消除无助感,增强信心和勇气。

四、校园心理剧的编演形式

校园心理剧的编演形式主要有两种,其要求是不同的。

一种是在班级内进行的编演。在心理辅导课或者班会课上由本班同学自编自演（可以是即兴表演）,或者播放他人编演的心理剧录像,然后由心理辅导老师组织讨论分享。这种校园心理剧的编演形式要注意服从于心理课或者班会课的目标及主题。

另一种是为在专门场所演出进行的编演。针对学生身上所存在的共性的心理问题,编排心理剧并形成稳定的剧本和表演形式,在专门的场地进行演出,演出后组织讨论、分享感受。剧本编写和剧的演出可以由课外心理活动小组等类似组织的成员去完成,讨论和分享可以采取书面形式。

五、校园心理剧在心理健康教育中的效能

(一)校园心理剧创作过程中的效能

校园心理剧的创作直接来源于学生的实际生活,反映学生关心的热点问题。在创作过程中,剧本的创作更多地依靠广大学生自己完成。一方面,可以满足学生的创造欲望,增进学生的参与精神,更好地发挥学生的主动性和创造性,有助于增强学生的自信心。另一方面,在选择题材、确立主题的过程中,学生不仅要提出自己或同学心理方面的困惑、问题,还要尝试对问题进行分析,找出其中的症结所在,并在一定程度上提出解决问题的方法或方向,这本身就是一种学习、体验的过程,可以积累他们对生活的体验,加深对自己和他人以及人际关系的了解,使学生的个性和社会性得到发展,这一过程是学生自我剖析、自我教育的过程。同时,校园心理剧一般由团队、集体进行创作,在创作中,难免会有不同意见,这就需要剧组成员之间互相交流,求同存异,这样也可培养学生的合作意识。

由此可以看出,校园心理剧作为一种新的艺术探索,从学生的生活实际出发,他们既是生活的经历者,又是剧本的创作者,有的也是剧中人。创作过程中,既总结了自己生活中的得失,促进了他们自己的心理健康,又在不同方面得到了不同程度的锻炼,提高了创造能力、协作能力,起到了

既教育别人又教育自己的作用。

(二)校园心理剧表演过程中的效能

校园心理剧可在多方面提高学生的心理健康水平，是心理健康教育的一味良方。它的表演过程更具有良好的效能。

1. 帮助学生发现问题、解决问题的效能

校园心理剧可以帮助学生了解心理过程中的内心冲突与外在表现，为解决心理问题提供切实有效的途径。当学生的问题难以用语言表述时，可以通过心理剧表演，让学生的喜怒好恶不由自主地流露出来，自由地表现自己的观点、情绪，使他冲破现实生活中的种种束缚，看到问题的症结和解决问题的方式，挖掘出深层的情感，清晰地认识自己，从而在选择解决问题的方法时更具创造性。有时候，学生难以判断某一行为所造成的后果时，通过戏剧表演，可以有助于学生获得有关行为结果的反馈。这种以戏剧表演的方式，引导学生深入探索自己的行为以及其行为对他人的影响，要比说明、描述的方式更形象、生动，更具效力。

2. 促使学生体验角色、疏导情绪的效能

在校园心理剧中，学生往往根据自己的喜好或教师的安排扮演一定的角色。这种角色扮演使他们能够更好地理解他人的处境，体验他人在各种不同情境下的内心情感，增强自身对人际关系的理解，改善固有的自我中心特点。在演出过程中，教师鼓励学生扮演多种和多重的角色，通过角色间的灵活转换和不同层次角色的扮演去扩充角色的经纬度。如在一个以同伴冲突为背景的校园心理剧中，让学生分别扮演与问题相关的老师与学生、同学与同学或者学生与其他各种人的角色，重温问题情境，然后彼此交换角色，体验另一个人的所思所想。这种角色互换有助于加深学生对自己当时行为的反省，更有助于学生体验他人的情感，从而使师生、同学等之间的关系变得融洽。

扮演者可以体验角色愉悦的情绪，也可以将扮演者内心的不满和积压的情绪通过所扮演的角色这一不算真实却很安全的情境表露出来，将平时积郁在心中的消极情绪、难以表达的想法宣泄出来，以获得情绪的疏解。在这一过程中他人的语言行为对自己而言是一面镜子，从中能映出自己的影子，使自我获得洞察力；同时，每个人又可以从其他成员处得到自己语言、行为的反馈信息，使学生学会从别人的角度来看待问题，促进角色的相互理解，缓解人际交往中的紧张、焦虑、冲突或对立的情绪。

3. 帮助学生塑造行为、改变心理结构的效能

校园心理剧的背景一般是具体的冲突情境，这就使学生在整个扮演过程中拥有许多直接学习的机会，它可以成为辅导教师帮助学生改变行为、塑造行为的有效手段。如有的学生特别害怕在众人面前讲话，教师可以把这些学生聚集在一起，让他们与健谈的人一起表演心理剧，并设计一些特定的场面，随时对他们不敢大声说话、表情羞愧、神情紧张等行为进行纠正，直到他们能理直气壮地大胆表达自己的感情为止。

不仅如此，心理学家在研究中还发现，较长时间的角色扮演经验还可以改变人们的心理结构。由于扮演中真实、直接的情感体验的支持，所扮演的角色的某些特征最终能被内化在扮演者的心理结

构当中，从而使扮演者的个性发生实质变化。因此，一个经常扮演优秀角色的学生在生活中也常常会以优秀学生自居。辅导教师可以依照此理让一些学生经常扮演优秀的、正能量的角色，以促进他心理的变化。

4. 引导学生探索现实社会、完善自我的效能

校园心理剧可以帮助当事人扮演自己希望充当的角色，从而获得直接的体验和心理成长。校园心理剧可以超越现实，充分运用想象力，引导学生深入探索外在的现实社会，了解自己和别人，最终接受自己、改变自己或是完善自己。它的演出过程为促进学生对社会的了解，养成关心他人、友爱同学、理解尊重别人等积极的情感和良好的行为习惯，为提高学生解决问题、处理问题的能力，学习处理问题、解决问题的方法，提供了一个生动的舞台，从而影响学生行为的改变，促进学生心智的成长，走上健康的自我之路。

第四节 利用校园文化活动加强大学生心理健康教育

大学校园文化活动是大学课堂的拓展和延伸，有利于丰富大学生的精神生活。通过参加多种校园文化活动，学生可以进行自我教育，培养能力，拓宽知识面，展示个人特长与爱好。一直以来，校园文化活动深受广大学生的欢迎，而大学生心理健康问题日渐突出，是社会、学校、家庭所面临的重要问题。大学生作为校园文化活动的直接参与者，决定了校园文化活动对其心理健康教育具有重要的意义。

一、校园文化活动的心理功能

(一)陶冶功能

校园文化活动可以通过创造独特的场所和氛围，陶冶学生的人格和灵魂，并使学生的学习及课余生活内容得到充实。这种陶冶作用虽无质无形，但无所不在，影响巨大而深远。

(二)社会化功能

这主要是指校园文化活动使生活于其中的个体有意或无意地在思想观念、行为方式、价值取向等方面与现存社会合拍，达到社会整合的目标。

(三)教育促进功能

开展校园文化活动能够弥补课堂教学之不足，为每个大学生提供更为广阔的活动背景，扩大其知识面，激发其求知热情，促进其思想成长，同时促进其健康个性的形成。

(四)凝聚功能

校园文化活动的核心是追求一个整体的优势，树立一种群体的共同价值观，从而对学生形成一种无形的向心力，把学生的行为系于共同的文化上。开展校园文化活动的一个重要作用就是通过培养学生新的群体归属感、新的文化认同意识，也即所谓的"爱校如家"的意识，使大学生真诚团结、取长补短。

(五)调适功能

校园文化活动通过创造一致的精神需求和融洽的文化氛围，从根本上消除学生心理和情绪上的自我干扰和相互摩擦，减少内耗，协调人际关系，使个体的潜能得到创造性的挖掘和发挥。

(六)塑造功能

校园文化活动是大学生个性自由发展的广阔天地，囿于校园中的大学生可以充分发挥想象力、创造力，在深刻认识自己的价值、了解自己的基础上，在筛选各种信息和相应的选择过程中，不同程度上提高并且发挥组织管理能力、社交能力、自主能力和创造能力，从而最大限度地挖掘自我的潜能。

二、利用校园文化活动加强心理健康教育的意义

(一)营造和谐的心理健康教育氛围

开展各种校园文化活动，可以创建和谐的校园环境，营造和谐的心理健康教育氛围。大学生在参与各种校园文化活动以及学术活动的过程中，一方面，从各种活动中使自己的能力得到锻炼和提高，而且也可以学到新的东西，拓宽知识，开阔眼界，加深对课堂以及书本知识的理解；另一方面，接触到新的交际对象，从同龄人中学会人际交往的技巧，学会处理师生以及同学之间的关系，可避免产生心理问题。在由于共同的爱好、兴趣、特长以及理想所组成的学生社团中，学生们能够更融洽地相处，他们会觉得大学生活是轻松和谐的，没有了刚入校时由于缺乏交流经验而产生的不适、迷茫和紧张感。在这种和谐的氛围中，学生们的身心都得到健康成长。

(二)培养学生健康向上的精神风貌

大学生校园文化活动的参与者是由于共同的兴趣、爱好、愿望、价值观而走到一起的，他们跨越了院系、专业、年级以及性别的界限，形成了一个多层次、多方位的交流平台。在这里，他们可以找到知己，找到可以倾诉的对象，释放内心的焦虑以及困惑。同时，从自己与师长、学长们的交往中了解到大学校园的交际是广泛的，不应仅局限于狭小的范围内，也学会如何处理与异性的交往，学会正确解决情感矛盾。在这个和谐的大环境中，可以与周围的同学以及老师建立起互信、互爱的新型人际关系，能够保持心情舒畅、愉悦，不会自我封闭，不易使自己陷入情感的泥潭之中而不能自拔，从而培养了学生健康向上的精神风貌。

(三)可以充分调动内在的驱动力和激励力

大学校园文化活动是学生课堂的延续，是课余生活的有机补充。在单调乏味的学习之余，能够学会自我心理调节，明确学习目标，保持浓厚的学习兴趣和求知欲非常重要，而校园文化活动正好为同学们提供了这样一个平台。通过参加学术讲座与交流，可以增进与他人的交流，共同解决学习

中遇到的难题，也可以学习他人好的学习方法与技巧，营造出一种积极向上、刻苦学习、朝气蓬勃的学习氛围。在轻松的学习氛围中学习，展示自我，有助于释放学习压力，恢复信心，以更好的姿态投入到新的学习中，进而可以充分调动学习积极性和创造性，形成一种内在的驱动力和激励力。

(四)有助于大学生的人格健全

青少年时期是人格逐步形成和完善的关键时期，对处于青少年阶段的大学生在认识、情感、意志等方面的发展起着极大的推动作用。健康的文化、优良的传统无疑对复杂的社会环境中的消极因素起着过滤、筛除的作用，从而为青少年学生形成正确的世界观、人生观、价值观，形成良好的心理品质和健全的人格起着促进作用。所以说，良好的校园文化活动是塑造学生健康人格的载体，有助于大学生的人格健全。

(五)有助于大学生社会化任务的完成

所谓"社会化"，是指一个人自觉或不自觉地接受社会规范、道德和价值观念并以它们指导行动的过程。校园文化的社会化功能，实质上是指校园大学生个体社会化的过程。从婴儿期开始，经过童年、青年、成年直至老年，每个人都在不断地进行着个体的社会化过程。大学阶段是青年人生理和心理发展的黄金时期，也是其个体社会化的关键时期。校园文化活动的多元性、可塑性、实践性使校园个体与社会环境之间达到平衡与协调成为可能，从而实现对人的精神、心灵及性格的塑造，达到社会化目的。

另外，校园文化活动的各种社团以及社会实践活动，与外界社会建立了交流平台，为大学生提供了提前了解社会的窗口，提供了接触社会、服务社会的渠道，能够很好地培养学生的公关能力，增强社会适应性，更好地促进大学生的社会化，也为学生顺利跨入社会奠定了扎实的基础，为学生日后的择业起到一定的导向作用。

三、利用校园文化活动加强心理健康教育的对策

高校应该充分发挥校园文化的心理健康教育功能，来调控大学生的心理状态，提高大学生的心理素质，促进大学生的心理健康。利用校园文化活动加强心理健康教育应该做到以下几点：

(一)设定9月或10月为大学生心理健康教育宣传活动月

要矫正学生对心理问题、心理咨询的回避心态，必须做长期、深入、细致的宣传和教育工作。目前，高校有关心理健康宣传和教育的大型活动主要集中在每年的5·25心理健康节，这不仅从活动数量、开展时间上来说比较少，且不利于新生的教育。要使学生形成对心理问题和心理健康教育的科学认识，一定要抓住新生入学这一关键时期。具体做法是，可把9月或10月定为心理健康教育宣传月，通过广播、网络、橱窗、板报、讲座等宣传媒介，让学生从进校之日起就了解心理咨询的意义、内容、方式和原则，形成对心理问题、心理咨询机构的科学认识，增强维护自身心理健康的意识和能力，在必要时候能够积极寻求老师或心理咨询机构的帮助。

(二)在班会中开展心理健康主题教育活动

由心理健康教育机构牵头，联合校团委，结合各院系收集的普遍性问题，在团日活动或主题班会中穿插相关主题，如恋爱问题、人际关系问题、网络成瘾问题、学习方法问题等，给学生以思考。可采用的方法很多，如现身说法、辩论赛、自由讨论等，但需由辅导员或班主任和班干部精心组织。通过班上的讨论与交流，来解决学生当中一些普遍性的心理问题。

(三)心理健康教育讲座和经典活动的制度化

目前，在很多高校举办的讲座中，心理健康教育方面的讲座所占的比例较小，可由心理健康教育机构的老师牵头，定期举办各种有针对性的讲座，如针对网络成瘾的学生、贫困生、毕业生等开展相应的心理宣传教育。在心理健康教育活动中，可选择影响力较大、学生喜欢的活动，将其固定下来，作为心理健康教育的保留节目。例如，校园心理情景剧大赛反映的都是大学生当中比较常见的心理冲突与心理问题，并且须由学生自己去体验剧中人物的心理并把它表达出来，所以一直以来颇受大学生的欢迎；又如，心理趣味运动会等团训类活动，是学生比较喜欢的形式。

(四)善于利用校园宣传栏和广播站

宣传栏和校园广播是对学生进行心理健康教育的很好形式，要善于利用这两种图文并茂的、有声的、宣传面广的渠道，为学生提供一些心理健康常识、案例和调节方法，并针对大学生可能出现的心理问题进行预防和疏导。

(五)充分发挥社会实践的心理健康教育功能

以社会实践活动为载体，依托社会舞台，提高大学生的适应能力。

对于大学生自负、自卑、过于理想化等就业心理问题，可以充分利用社会的各项资源开展学习活动，使其通过与社会的接触获得准确的信息得以调节。大学生在社会实践过程中会通过不断调试心态，修正成才目标以适应社会，并从中体验到自己的价值。例如开展"学习雷锋精神，参与志愿服务"活动、三下乡活动、社会调查活动、勤工俭学活动等。

参考文献

[1] 彭丹,田艳,冉龙彪.大学生心理健康教育[M].北京:北京大学医学出版社,2023.10.

[2] 任凤桃,张慧超,杨晓峰.大学生心理健康教育[M].天津:南开大学出版社,2023.01.

[3] 王慧芬.大学生心理健康教育管理与实践[M].北京:中国商务出版社,2023.01.

[4] 宫树华.大学生心理健康教育[M].北京:中国纺织出版社,2023.08.

[5] 张萍.大学生心理健康教育[M].重庆:重庆大学出版社,2022.08.

[6] 王珲.大学生心理健康教育[M].北京:北京理工大学出版社,2022.06.

[7] 徐爱兵.现代大学生心理健康教育研究[M].北京:中国原子能出版社,2022.09.

[8] 赵新.大学生心理健康教育的理论与实践研究[M].天津:天津社会科学院出版社,2022.09.

[9] 蒋立,李丽贤.积极心理学视域下大学生心理健康教育与辅导[M].北京:中国原子能出版社,2022.11.

[10] 薛香.大学生心理健康教育[M].苏州:苏州大学出版社,2022.01.

[11] 许璘琳.大学生心理健康教育[M].合肥:合肥工业大学出版社,2022.01.

[12] 王静,张文熙,蔡娜娜.大学生健康素养与心理健康教育研究.哈尔滨:北方文艺出版社,2022.04.

[13] 李培培,田帅,乌日娜.大学生心理健康教育与心理咨询研究[M].长春:吉林人民出版社,2021.08.

[14] 谷庆明.大学生心理健康自助教育[M].长春:吉林人民出版社,2021.06.

[15] 任琳.基于健康理念的大学生心理发展教育研究[M].长春:吉林人民出版社,2021.08.

[16] 王金海,郭海峰.乐思爱行大学生心理健康教育[M].上海:上海交通大学出版社,2021.05.

[17] 吕春梅.当代大学生心理健康教育研究[M].北京:畅想兴明文化书店,2021.11.

[18] 秦晓丹.体验式大学生心理健康教育[M].合肥:合肥工业大学出版社,2021.10.

[19] 陶文芳.大学生心理健康教育课程改革研究[M].长春:吉林人民出版社,2020.07.

[20] 陈艳.大学生心理健康与安全教育[M].天津:天津科学技术出版社,2020.06.

[21] 薛春艳.生命教育视野中的大学生心理健康教育研究[M].武汉:华中科技大学出版社,2020.06.

[22] 胡春霞.大学生心理健康教育与素质教育研究[M].北京:北京工业大学出版社,2020.07.

[23] 谭华玉,马利军主编.大学生心理健康教育积极心理学的运用[M].广州:华南理工大学出版社,2020.08.

[24] 程从柱.尼采的生命教育观[M].太原:山西人民出版社,2018.06.

[25] 张大凯,聂彩林,胥长寿.社会主义核心价值观教育读本[M].镇江:江苏大学出版社,2019.01.

[26] 沧桑."微时代"高校社会主义核心价值观教育研究[M].北京:九州出版社,2020.07.

[27] 张钱. 思想政治教育视域下大学生创新创业教育研究 [M]. 北京：光明日报出版社，2019.01.

[28] 李菁华. 大学生心理健康教育，做一个心理阳光的人 [M]. 天津：天津科学技术出版社，2019.01.

[29] 胡雯，余梦月，范卫国. 心理学 [M]. 成都：电子科技大学出版社，2020.06.

[30] 姬建锋，贾玉霞. 心理学 [M]. 西安：陕西人民出版社，2017.09.

[31] 江西省教育厅，江西省高校心理健康教育专业委员会编. 大学生心理健康教育教程. 南昌 [M]：江西高校出版社，2019.08.

[32] 李中斌. 情绪管理第 2 版 [M]. 沈阳：东北财经大学出版社，2019.08.

[33] 鞠强. 情绪管理心理学 [M]. 上海：复旦大学出版社，2019.12.